الكتاب
في تعلّم العربية

الجزء الثاني

الطبعة الثانية
مع أقراص DVD

Al-Kitaab
fii Ta^callum al-^cArabiyya

with DVDs

A Textbook for Arabic

Part Two
Second Edition

Kristen Brustad Abbas Al-Tonsi Mahmoud Al-Batal

كرستن بروستاد عباس التونسي محمود البطل

As of January 1, 2007, 13-digit ISBN numbers will replace the current 10-digit system.
Paperback: 978-1-58901-096-3

Georgetown University Press, Washington, D.C.

This book is printed on acid-free paper meeting the requirements of the American National Standard for Permanence in Paper for Printed Library Materials.

13 12 11 10 09 08 07 06   9 8 7 6 5 4 3 2
First printing

Printed in the United States of America

Library of Congress Cataloging-in-Publication Data

Brustad, Kristen.
  al-Kitāb fī taʿallum al-ʿArabīyah, maʿa aqrāṣ DVD. al-Juzʾ al-thānī / Kristin Brūstād, ʿAbbās al-Tūnisī, Maḥmūd al-Baṭal = al-Kitaab fii taʿallum al-ʿArabiyya, with DVDs. Part two, A textbook for Arabic / Kristen Brustad, Abbas Al-Tonsi, Mahmoud Al-Batal. -- 2nd ed.
    p. cm.
  ISBN-13: 978-1-58901-096-3 (pbk : alk. paper)
  1. Arabic language--Textbooks for foreign speakers--English.   I. Tūnisī, ʿAbbās. II.. Al-Batal, Mahmoud. III. Title. IV. Title: Kitab fī taʿallum al-ʿArabīyah, maʿa aqrāṣ DVD. V. Title: Kitaab fii taʿallum al-ʿArabiyya, with DVDs. VI. Title: Textbook for Arabic.
PJ6307.B782 2006
492.782'421--dc22
                                                            2005049053

TABLE OF CONTENTS

PREFACE

أهلاً وسهلاً إلى الجزء الثاني من سلسلة "الكتاب في تعلم العربية"!

Welcome to a new level of Arabic study! These materials are designed to help you move from the intermediate level of proficiency, which centers on daily life and your immediate world, to the advanced, which broadens to include topics of general and professional interest. Toward this end, the structure and focus of *Al-Kitaab Part Two* differ from those of *Al-Kitaab Part One* in several respects. These differences are important because they affect the way you study.

• The basic texts of Part Two come from printed rather than audiovisual media. This means that you need to work harder at connecting the written and aural/oral aspects of Arabic. In Part One, the main story was presented orally, and this allowed you to build pronunciation and listening skills and concentrate on comprehension. Now, you must not only read for comprehension, but also think more about grammar and pronunciation. It is important to read examples and sentences aloud while you study and do the drills, so that you continue to reinforce all of your language skills.

• Lessons in Part Two contain substantially more vocabulary than the lessons in Part One. For this reason, we have provided a large number of drills and exercises that aim to help you memorize and gain *active* control of this vocabulary. Active control means that you should be able to comprehend and produce the vocabulary in reading, listening, speaking, and writing without memory aids. It is crucial that you learn the vocabulary of each lesson actively before moving on to other parts of the lesson.

• Everything is longer in Part Two. This length reflects your progress in language proficiency and is designed to push you toward an advanced level of skill. At this level, you can begin to do more reading exercises outside class. Of course, these exercises will demand increased concentration and mental effort on your part; your reward for this extra effort will be increased fluency in Arabic.

What should I know before beginning this book?

The vocabulary and grammar of this book build upon that of *Al-Kitaab Part One*. We assume that you have active control of the vocabulary of Part One and good control of the grammar. It is also crucial that you have solid skills in vocabulary acquisition. Rather than memorizing only the dictionary form of the word, you should know how to practice using new words in context, in singular and plural, in past, present, and future, and first, second, and third persons.

Many of the same strategies and techniques that we utilized in Part One continue to play an important role here:

• Prepare vocabulary and grammar at home. Expect your teacher to spend class time doing activities in Arabic that help you to activate vocabulary and grammar. You should not be spending class time listening to explanations. The book and DVD provide all the information you need to prepare the vocabulary and grammar on your own; any minor adjustments can be made during the course of class activities *in context*.

• Use context to learn and guess. In addition to contextualizing vocabulary as an aid to memorization, use context to guess the meaning of new words in reading and listening. Even if you decide to use the dictionary to look up unfamiliar words, you need to have a rough idea of what you are looking for beforehand, and this means guessing what you can from the context. Train yourself to look at phrases rather than words.

• Relisten, reread, repeat. Whether you are listening, reading, speaking, or writing, you will always benefit from repeating the activity. To paraphrase an old adage: "It's what you learn after you have understood the meaning that counts." After you have understood *what* was said in a text or passage, go back over it again to see *how* it is said so that you can use it in your own speaking and writing.

What are we focusing on in this book?

These materials are structured around two axes: the raw material of vocabulary and grammar, and the skills of reading, speaking, listening, and writing. Vocabulary and grammar are the stuff of language muscle, and they need drilling on a daily basis to be internalized and activated. The most effective way to practice vocabulary and grammar is in a realistic context that will help you shape this raw material into the skills of reading, listening, speaking, and writing.

• Vocabulary, Vocabulary, Vocabulary

Vocabulary lists in each lesson are long because reaching advanced proficiency in Arabic requires active acquisition of a large vocabulary bank. Our experience suggests that the first four or five class hours of each lesson should be spent activating new vocabulary and expressions through the exercises presented at the beginning of each lesson, in addition to the homework drills, which take approximately two to three hours of homework for every hour in class. Thus, we expect that an approximate total of twelve to fifteen hours of time in and outside class will be needed to study and activate vocabulary in each lesson.

Good language learners instinctively know to use more than one skill to memorize and activate vocabulary. They repeat while they listen, they may write the word over and over again while saying it aloud, or they may write the word as they listen to it. They pay attention to grammatical information given in the vocabulary lists, they know that the dictionary form of a word is usually not the one they need, and they *play* with various forms of new words: past, present, future, different persons, singular, and plural. They know that learning vocabulary actively means combining mechanical practice, personalization, and play. Mechanical practice involves using your DVD, listening to, repeating aloud, and writing out the words and their contextualizing sentences. Personalization involves using the word in a context meaningful to you. Playtime, having fun with words and sentences, may be the most important of these three. There is much work involved in learning a language, but there should also be fun!

• Grammar

This book focuses on two key areas of Arabic grammar: the root and pattern system, and complex sentence structure. The elegant system of roots and patterns in Arabic provides us with powerful tools for learning vocabulary and guessing the meaning of new words. You must learn to recognize and produce the *awzaan* in order to read and listen fluently and to talk about what you read. A substantial amount of the grammar presented in this book rests upon the foundation of *awzaan*, and knowledge of them is essential to working at an advanced level of Arabic. Notice, for example, that the new vocabulary is divided into two parts: the first, "Remember and Learn," lists new words from familiar roots and helps you use roots and patterns to help you remember new words. For this to work, however, you must practice the *awzaan* so that you can *recognize and produce* them easily.

A second area of focus is complex sentence structure. In reading increasingly complex texts written by and for educated speakers, you will need to develop a high level of grammatical accuracy. Toward this goal, you will be asked to translate selected passages from the basic texts from Arabic to English. We have included in this edition an index of Arabic grammatical terms that include page references to Part One as well as to the present volume.

Building skills in Arabic

• Reading

You will be doing two different kinds of reading in this book. Each type of reading has its own expectations, procedures, and goals.

The first kind of reading you will do is reading the basic text, the main article around which the lesson is constructed. This kind of reading is called intensive reading, and you will prepare for this reading quite thoroughly by internalizing the vocabulary and learning about relevant cultural background beforehand.

Learn the vocabulary *before* rather than *during* reading. Do not let the process of reading the text become one of flipping back and forth to the new vocabulary section. Never write English definitions of words on a reading text: this crutch will slow the development of reading skills, distract you from the far more important overall context, and will make it harder for you to remember vocabulary.

You will read this text outside class several times—first skimming or scanning, then again without stopping, then reading once more to finish answering the assigned questions. It is important to read each text at least once through without stopping and without looking up any words so that you develop fluency. You will notice that the context helps you remember vocabulary and that you understand much more during the second reading even without looking up anything. After reading this text several times for comprehension, you should understand approximately 85–90% of the text. You will then go back to certain sections of the text to work more intensively both inside and outside of class.

The second type of reading exercise is called reading comprehension, and it aims to push you beyond your present linguistic level and ability. Reading comprehension texts, which appear towards the end of each lesson, *should not be read word-for-word or read aloud*. Their level of difficulty is slightly higher than that of the basic texts; thus, you should not expect to understand everything in them. Do not look up unfamiliar words or try to translate these texts; rather, focus on answering the questions provided, which reflect an appropriate set of expectations for your level. Reading comprehension is critical to developing reading fluency at an advanced level and beyond.

• Listening and Speaking

Al-Kitaab Part Two contains two different kinds of listening activities, each with distinct expectations and goals. The first, a close listening exercise, demands a high degree of accuracy in understanding composed texts (texts that we have constructed to be at your current level of comprehension). These passages appear in the first part of each lesson in order to sharpen accuracy as you activate new vocabulary and review old vocabulary and grammar. The second kind of listening exercise is listening comprehension, which involves the same skills and strategies that you use for reading comprehension. These passages are authentic texts, unedited except for length, taken from Arab media. The questions that you are asked to answer are difficult but accessible if you listen several times and focus on overall meaning. Listening comprehension passages also contain some close listening work to further develop those skills in a real world context. These passages are intended for global comprehension, which means that you are not expected to understand everything in them, and they should not be used to teach new vocabulary.

The key element in any description of advanced language proficiency is the word paragraph. The ability to speak in paragraph length discourse marks one as an advanced speaker of the language. Paragraph here means how the ideas or arguments are structured and how they are connected. This means that word and sentence level exercises are not enough. Begin to think about what your read, hear, say and write at a paragraph level rather than one sentence at a time.

These materials continue the practice of *Al-Kitaab Part One* in offering students and teachers exposure to Egyptian colloquial, this time through the story of Maha and Khalid as it unfolds in Egypt. Each lesson on the DVD contains a scene from the family's visit to Cairo. In addition, a short list of basic vocabulary, expressions, and structures is presented in the book and on the DVD. These colloquial materials are available for those who believe, as we do, that spoken Arabic is part and parcel of the Arabic language and has a place in the classroom, and that students benefit from exposure to spoken Arabic at all levels of proficiency.

• Writing

Writing at the paragraph level and beyond is important at this stage even if you never plan to write in Arabic professionally on a regular basis. Writing is key to building speaking fluency. Taking the time to formulate paragraph and essay-length written pieces is a necessary prelude to being able to produce them orally. Writing helps you internalize and synthesize vocabulary and grammar. These materials contain a minimum of mechanical writing (such as completing sentences) and a maximum number of open-ended or free writing assignments.

We have not included an English-Arabic glossary in this text because we believe that at this stage it is important for you to speak and write by thinking in Arabic, and that means expressing your thoughts as best as you can using the words and roots you know. In this in-between phase, you still need to focus more on what you can say than what you want to say in order to build this fluency. Overreliance on an English-Arabic lexicon can keep you stuck thinking in English.

Challenges and Rewards

Keep in mind that the intermediate level is perhaps the most tedious in learning any language. It is somewhat like going through your teenage years, a roller coaster of ups and downs, and it is often difficult to see where you are in the process. You must review constantly, pay more attention to detail, and realize that things are not completely new and fresh like they were when you were seeing them for the first time. Ask your instructor for specific feedback on how you are doing. Keep up your motivation by reading outside of class on your own, with and without a dictionary. You are ready to begin reading and listening to anything you like: explore your school's library or look for Arabic newspapers and magazines. Watch Arabic news broadcasts or listen to the radio where available. This exposure to "real world" Arabic will help you to maintain your interest and stay motivated, as well as reinforce what you learn in class. As you progress through these materials, you will notice that many of the words you are learning appear regularly in the news, and you will begin to understand chunks of the news rather than just words.

Where will I be upon completion of these materials?

If you take the time to acquire vocabulary actively and develop your productive skills (speaking and writing) along with the receptive ones (reading and listening), then by the time you finish these materials you should be at an advanced level of proficiency and be able to:

• Read a range of styles in Arabic, from formal to informal and journalistic to expository
• With economical and intelligent use of a dictionary, understand texts of general interest
• Carry out basic research and understand main ideas in non-technical writing
• Use context and grammar to identify the form and guess the meaning of unfamiliar words
• Initiate and sustain discussion on topics of general interest
• Understand simple conversations in Egyptian colloquial
• Present information and basic narratives in semiformal language
• Understand the main points of lectures and media programs on familiar topics
• Be able to write essays and opinion pieces on topics you have studied
• Read, write, and speak with increasing grammatical accuracy
• Identify a range of important figures and ideas in Arabic literary and cultural history

Most importantly, we hope that you have fun along the way!

نتمنى لكم تجربة ممتعة

وكل نجاح في دراسة اللغة العربية !

تقديم

حضرات الزميلات والزملاء ،

يسرّنا ان نقدم اليكم الطبعة الثانية للجزء الثاني من *الكتاب في تعلم العربية* المحتوية على عشرة دروس وثلاثة أقراص DVD . وتأتي هذه الطبعة الجديدة تكملة لسابقتيها الطبعة الثانية من *ألف باء: مدخل الى حروف العربية وأصواتها* و*الكتاب في تعلم العربية، الجزء الأول*، وتشمل تغييرات قمنا بها في ضوء ما تجمع لدينا من تجارب وخبرات صفية عبر ما يقرب من عشر سنوات في تدريس الطبعة الأولى، وإضافات جديدة أتاحتها التطورات التكنولوجية التي فتحت أمامنا مجالات جديدة لإغناء المادة التعليمية عن طريق استخدام الـ DVD وجعله جزءاً أساسياً منها. وأملنا هو أن تجدوا في هذه الطبعة الجديدة ما يلبي حاجاتكم وحاجات طالباتكم وطلابكم ويزيدكم استمتاعاً بتعليم العربية.

يهدف الكتاب، بشكل عام، الى تعزيز كافة المهارات اللغوية عند الطلاب والى الوصول بهذه المهارات الى المستوى المتقدم . وسعياً لبلوغ هذا الهدف فقد التزمنا في هذه الطبعة الجديدة بالخطوط العامة للمنهج الذي كنا قد اتبعناه في الطبعة الأولى مع إدخال بعض التعديلات التي ارتأينا أنها تسهم في تنشيط عملية التعلم وتفعيلها. وفيما يلي عرض موجز لهذا المنهج والتعديلات التي طرأت على الدروس في هذه الطبعة الجديدة.

في المنهج وتنظيم الدروس واسلوب تناولها

يحتوي هذا الجزء من *الكتاب* على عشرة دروس تغطي بنشاطاتها المختلفة ما يقرب من مئة وخمسين ساعة داخل الصف. وقد تم تنظيم كل درس منها على الشكل التالي :

أ . المفردات والعبارات الجديدة

ينطلق الكتاب من عدة قناعات منهجية أهمها أن المفردات تلعب دوراً جوهرياً في تطوير المهارات اللغوية المختلفة وأنها يجب أن تُعطى حقها من العمل والنشاط داخل الصف وخارجه. ونود ، بادىء ذي بدء، التأكيد على ضرورة تخصيص ما بين ثلاث الى خمس ساعات صفية بالإضافة الى ساعات من الواجب خارج الصف للعمل على المفردات والعبارات الجديدة وتفعيلها قبل أن يتعرض الطالب لها في النص الأساسي في الدرس وذلك بهدف أن تصبح الكلمات والعبارات الجديدة مألوفة لديه قبل الدخول الى عالم النص. هذا الاهتمام بالمفردات وتفعيلها قبل التطرق الى النص الأساسي من شأنه تيسير عملية قراءة النص وفهمه مما يعزز الطلاقة في القراءة ويبعدها عن أن تكون مجرّد قراءة قاموسية متقطعة. ولذلك فقد اولينا المفردات جانبا كبيرا من الأهمية وجعلنا العمل عليها مدخلا للتعامل مع النص وقمنا بإعداد تمارين ونشاطات أكثر تتناول المهارات المختلفة وتهدف الى تعزيز اكتساب الطالب للمفردات.

يتم تقديم المفردات في كل درس في قسمين: القسم الأول يندرج تحت عنوان «تذكروا وتعلّموا» وهو يضم المفردات الجديدة التي وردت في النص والتي سبق للطالب التعرض لكلمات أخرى مشتقة من نفس جذرها ، وكذلك المفردات التي سبق له التعرض لها ولكن بمعنى آخر. والهدف من تخصيص هذه المفردات بقسم مستقل هو التركيز على نظام الوزن والجذر وتعويد الطالب على تعلم المفردات الجديدة بالاستفادة مما تقدمه اللغة في النواحي الصرفية والاشتقاقية . اما القسم الثاني فيأتي تحت عنوان «من القاموس» وهو يضم الكلمات الجديدة التي اخترناها من النص باعتبار انها أساسية لفهم النص الأساسي. وقد قمنا بادراج المفردات الأساسية في كل درس في هذين القسمين لكونها هي الكلمات التي ينبغي العمل عليها وتفعيلها

وصولاً الى تمكّن الطالب من إنتاجها واستخدامها بصورة صحيحة في سياقات مختلفة دون الرجوع الى الكتاب أو القاموس. وفي سبيل مساعدة الطالب على تعلم المفردات الجديدة فقد قمنا بتسجيل كل الكلمات الجديدة على الـ DVD وقدمنا كل كلمة في سياق يحتوي على كلمات وتراكيب يعرفها الطالب من الدروس السابقة بحيث يقوم بالاستماع الى الكلمة الجديدة بمفردها أولاً ثم يستمع اليها في سياق مألوف فتتعزز معرفته بها وفهمه لاستخداماتها قبل أن يراها في النص الأساسي في سياق جديد.

ونود الاشارة هنا الى اننا ، في اختيارنا للكلمات الجديدة في كل درس ، تعمدنا أحياناً عدم التعرض لبعض المفردات التي وردت في النص الأساسي انطلاقاً من كونها غير مهمة من الناحية الوظيفية بالنسبة الى مستوى الطلاب في هذه المرحلة وكذلك انطلاقا من قناعتنا بان الطالب يجب ان يكون قادرا على التعامل مع النص بقدر من التخمين من جهة واستخدام القاموس استخداما فعالا حين يقوم بالقراءة الدقيقة من جهة اخرى.

وما نود اقتراحه على الزميلات والزملاء في التعامل مع المفردات هو أن يُوجّه الطلاب الى دراسة المفردات الجديدة في البيت والاستماع اليها والى الجمل المصاحبة لها على الـ DVD وكتابة بعض تمارين المفردات المقترحة في الكتاب كواجب بيتي قبل الحضور الى الصف وذلك استعداداً لاستخدام هذه المفردات داخل الصف. وفي الصف يقوم الطلاب بنشاطات جماعية أو في مجموعات صغيرة تهدف الى تفعيل المفردات ومساعدة الطلاب على ربط الكلمات ببعضها البعض واستخدامها على مستوى الفقرة . ويمكن للمدرس(ـة) هنا الاستعانة بالنشاطات التي اقترحناها للصف كنشاط «أجيبوا عن هذه الأسئلة» او «اسألوا زملاءكم» الذي يتطلب محادثة وتفاعلاً بين الطلاب ، وبذا يتدرب الطلاب على المفردات الجديدة عن طريق قراءتها والاستماع اليها على الـ DVD واستخدامها في تمارين الواجب البيتي ثم يأتون الى الصف مستعدين لاستخدامها في نشاطات متعددة ثم يشاهدونها في النص فتزداد رسوخا في أذهانهم.

والى جانب المفردات الجديدة قمنا باختيار عدد من العبارات التي وردت في النص والتي رأينا ضرورة تدريب الطلاب على استخدامها فقمنا بشرح كل عبارة منها بالانكليزية وقدمنا مثالا او مثالين على السياقات المختلفة التي يمكن ان ترد فيها ثم أتبعنا هذا بتمارين كتابية يقوم الطالب فيها بترجمة الأمثلة المعطاة لكل عبارة أو يقوم باستخدامها في جمل أو فقرات.

ب . الثقافة

تمشيا مع النهج الذي سرنا عليه في الجزء الأول من *الكتاب* فقد حرصنا في هذا الجزء ايضاً على التعامل مع الثقافة على انها مهارة وثيقة الصلة باللغة وبالتالي ينبغي ايلاؤها قدراً كبيرا من الاهتمام. لذا فقد جعلنا الثقافة ركنا أساسيا في كل درس وقمنا باختيار نصوص ذات أبعاد ثقافية وقمنا بتقديم شروحات ثقافية موجزة تهدف الى مساعدة الطلاب على فهم النصوص ومدلولاتها الثقافية وتتيح لهم التعرف على جوانب مختلفة من الثقافة العربية في الماضي والحاضر. والجديد في هذه الطبعة هو نقل الثقافة من المقروء الى المسموع بحيث أصبح الطلاب الآن يقومون بالاستماع الى شروحات الثقافة على الـ DVD ويشاهدون بعض الصور والرسومات التي تضيء لهذه الشروحات، مما يتيح لهم فرصاً إضافية للعمل على مهارة الاستماع في نفس الوقت الذي تتعزز فيه معرفتهم بالثقافة العربية. وبعد ان يقضي الطلاب عدة ساعات صفية في العمل على تفعيل المفردات وتعزيزها عبر الأنشطة الإنتاجية، نقترح ان يقوم الطلاب بنشاط كتابي قصير يتّصل بما سمعوه وتعلّموه في قسم الثقافة قبل الدخول الى النص. كما يمكن أن يوسّع العمل على الثقافة عن طريق قيام الطلبة بابحاث موجزة خارج الصف تتصل بالشخصيات أو الموضوعات التي تم تقديمها في قسم الثقافة ثم عرضها على زملائهم في الصف بشكل يؤدي الى ربط الثقافة باللغة.

جـ . القراءة

تمثل مهارة القراءة أساسا ينطلق منه هذا الكتاب في تقديم مختلف مواده ومُرتَكَزا تقوم عليه المهارات الأخرى. وبهذا فان هذا الجزء من *الكتاب* يختلف عن الجزء الأول الذي اتّخذ مهارة الاستماع منطلقا له. وليس معنى هذا التحول ان مهارة الاستماع لم تعد مهمة في هذه المرحلة ، بل على العكس، فهي ما زالت في رأينا في طليعة المهارات التي ينبغي العمل على تعزيزها. ولكن ما جعلنا ننطلق من مهارة القراءة هنا هو اقتناعنا بان الطلاب في هذه المرحلة هم بحاجة الى نقلة نوعية تساعدهم على بلوغ أعتاب المستوى المتقدم ، وبأن مهارة القراءة ، بما توفره من امكانيات لتوسيع المفردات واغناء الفهم وتعزيز الدقة اللغوية، هي وسيلة أساسية لبلوغ هذا الهدف. وقد حرصنا في اختيارنا لنصوص القراءة على مبدأ التنوع رغبة في تعريض الطلاب الى موضوعات وانواع واساليب مختلفة، وقمنا بتطعيم بعض الدروس بنصوص قصيرة من التراث العربي بحيث يشعر الطالب من جهة بانه قادر على التعامل معها ويتضح لديه من جهة اخرى مدى استمرارية اللغة في ماضيها وحاضرها. كذلك فقد التزمنا بمبدأ الأصلية في اختيارنا للنصوص واقتصرت التعديلات التي قمنا باجرائها على حذف بعض المقاطع من النصوص الطويلة ، ولم نقم بـ«تصحيح» لغة النص. وقد حاولنا ، في اعادة طباعتنا للنصوص ، المحافظة على الشكل الأصلي لكل نص.

ويركز الكتاب على مهارة القراءة بانواعها المختلفة: فهناك القراءة الدقيقة التي تهدف الى فهم النص الأساسي بكافة دقائقه وتفاصيله وتراكيبه، وهناك القراءة للفهم أو القراءة الموسعة التي ترمي الى دفع الطلاب الى التعامل مع نص فوق مستواهم بقليل، لأن الدراسات أثبتت أنّ هذا النوع من النشاط مهم جداً في تطوير مهارة القراءة. أما القراءة الجهرية --التي تختلف أهدافها عن أهداف القراءة للفهم --فيتمّ العمل عليها في آخر مرحلة من العمل على النص الأساسي بعد أن يكون الطالب قد قرأ النص عدة مرات وفهمه واستوعب مفرداته جيداً. وقد جعلنا في طليعة اهدافنا فيما يختص بمهارة القراءة التركيز على مبدأ ان التعامل مع اي نص ينبغي ان يتم على مراحل بحيث تكون هناك قراءة أولى وثانية وثالثة تتوسع وتتعمّق مع كل منها دائرة فهم الطالب للنص واستيعابه له.

النص الأساسي وطريقة تناوله

يقوم كل درس على نص أساسي يمثل المحور الموضوعي للدرس والركيزة التي تستند اليها نشاطاته المختلفة. ويرتبط بكل نص أساسي نوعان من التمارين والنشاطات يمثّلان مرحلتين في القراءة هما مرحلة القراءة للفهم العام ومرحلة دراسة القواعد والتراكيب التي تمثل نوعاً من القراءة الدقيقة للنص ومكوّناته. وقد وضعنا لكل مرحلة تمرينين: تمرين يعتمد على فهم الأفكار الرئيسية في النص ويقوم الطالب بالعمل عليه خارج الصف ثم يقوم بتقديمه مكتوباً الى الأستاذ(ة) ليُصحّح خارج الصف أيضاً، وتمرين يهدف الى فهم النص بقدر أكبر من التفصيل ويقوم الطلاب بالعمل عليه في مجموعات صغيرة داخل الصف، حيث يناقشون ما فهموه معاً. وقد قمنا في الدرس الأول بتقديم شرح مفصّل للطلاب بالانكليزية لكيفية القيام بقراءة النص الأساسي. ونقترح على الزملاء مناقشة هذه الطريقة مع الطلاب في الصف أيضاً للتأكد من وعي الطلاب بأهمية القراءة للفهم العام أولاً بدون اللجوء الى القاموس وضرورة الاستماع الى النص مسجلاً على الـDVD، كما يجدر لفت انظار الطلاب الى أهمية القيام بالقراءة مرات عدة لأن القراءة المتكررة للنص من شأنها ان تتيح لهم فرصة اكتشاف العلاقات القائمة بين المعنى والتراكيب والتركيز على المعنى وعلى الطريقة التي يستخدمها الكاتب(ة) للتعبير عن هذا المعنى.

أما مرحلة دراسة القواعد والتراكيب في النص فتركز على استخراج تراكيب سبق للطلاب ان تعلموها في دروس سابقة بحيث تتم عملية التدرب على القواعد بشكل تطبيقي من خلال النص الجديد وتهدف أيضاً الى لفت انتباههم الى قواعد وتراكيب جديدة سيتم تقديمها بشكل مفصل قريباً وبذلك يجري تعريضهم

الى هذه التراكيب في السياق قبل أن يتم تقديمها بشكل "رسمي". وكذلك ادرجنا في هذا القسم تدريبات على ترجمة بعض مقاطع النص او قراءتها قراءة جهرية بعد تشكيلها لمعرفة مدى المام الطالب بتفاصيل النص ودقائقه. ونود ان نقترح اجراء القراءة الجهرية للنص أو بعض أجزائه في مجموعات صغيرة بحيث تتاح للجميع فرصة المشاركة في هذا النشاط.

نصوص القراءة للفهم

يتضمن كل درس نصا (أو أكثر) خُصِّص لغرض القراءة للفهم أو القراءة الموسعة لا لغرض القراءة الجهرية أو الترجمة. والهدف من هذه النصوص هو تعزيز قدرة الطالب على القراءة السريعة وعلى استخراج معلومات من نصوص تتضمن مفردات وتراكيب لم يسبق لهم التعرض لها من قبل وبالتالي دفعهم الى مستوى من الفهم يفوق مستواهم اللغوي الحالي. ومن فوائد هذا النشاط انه يولّد عند الطالب شعورا بالثقة في قدرته على الفهم ويشجعه على التعامل مع النصوص دون الاعتماد على القاموس ويعزز لديه القدرة على التخمين. ونود التشديد هنا على ان تضمين نصوص القراءة هذه في الدروس لم يتم بقصد التعامل معها على انها نصوص «اساسية» تجري قراءتها قراءة جهرية في الصف أو تُستخدم بهدف تدريس مزيد من المفردات أو بهدف أن يقوم الطلاب بترجمتها، فهذا ابعد ما يكون عن الغاية التي قصدناها منها لان القيام باستخدام النصوص بهذا الشكل من شأنه ان يولّد لدى الطلاب شعورا بالاحباط والعجز ازاءها.

د. القواعد

لا تمثل القواعد، في نظرنا، مهارة لغوية ولكنها، شأنها في ذلك شأن المفردات، مكوّن أساسي ينتظم المهارات جميعا ويلعب دوراً في تشكيل مستوى الكفاءة اللغوية لدى الطالب. ومن هنا فقد وضعنا نصب أعيننا في هذا الجزء رفع درجة الصحة اللغوية في المهارات المختلفة بحيث يتمكن الطالب من القراءة والكتابة والاستماع والكلام بمقدار أكبر من الدقة. وقد قصدنا في تعاملنا مع القواعد ان تكون موظَّفة في خدمة المهارات والوظائف اللغوية المختلفة وان تأتي تابعة لمادة الكتاب لا مُحدِّدة لها. ومن هنا، فلم يكن اختيارنا لنصوص القراءة قائماً على القواعد والتراكيب التي فيها فحسب ولكنه تمّ على أساس مدى ملاءمة هذه النصوص لمستوى الكفاءة العام لدى الطلاب ولمفرداتهم وكذلك على أساس المضمون الثقافي الذي تحتويه هذه النصوص. وقد حرصنا في تقديمنا للقواعد في هذا الجزء على مبدأ التراكم التصاعدي الذي كنا قد اعتمدناه في الجزء الأول فقمنا في هذا الجزء بتفعيل وتوسيع بعض القواعد التي تم تقديمها في الجزء الاول بشكل مختصر بهدف تعريض الطالب لها فقط وصرنا هنا نتوقع من الطالب استخدامها بشكل أكثر دقة.

ويقوم قسم القواعد في كل درس بتقديم القواعد والتراكيب الأساسية التي وردت في النص، وقد حرصنا على تقديمها بلغة غير معقدة بحيث يسهل على الطالب فهمها دونما حاجة الى شروحات ومحاضرات من الاستاذ(ة). ونود ان نوضح هنا اننا نتوقع من الطلاب دراسة القواعد في البيت حتى لا يُصار الى انفاق وقت في شرحها داخل الصف لان ذلك سيحرم الصف من وقت يمكن استخدامه لممارسة اللغة والتدرب على تراكيبها عن طريق الكلام والقراءة والاستماع في نشاطات تفاعلية يقوم بها الطلاب. وسيلاحظ الزملاء أن هذه الطبعة تحتوي على نوعين من التمارين والنشاطات المخصصة للعمل على القواعد وتفعيلها: النوع الأول يتضمن تمرينات ميكانيكية (كالتصريف وملء الجداول والفراغات في الجمل) هدفها التأكد من قراءة الطلاب للقواعد في البيت ومساعدتهم على استيعابها، والنوع الثاني يتضمن نشاطات وتدريبات مخصصة للصف لأنها تتيح قدراً أكبر من الإنتاج اللغوي والتفاعل بين الطلاب وتساعد على تأطير التراكيب الصرفية والنحوية الجديدة في سياقات مختلفة بشكل يسهم في تعزيز ما درسه الطلاب عن هذه التراكيب في البيت.

هـ . المحادثة

ان تركيز الكتاب على تنمية حصيلة الطالب من المفردات يهدف ايضاً الى تحقيق هدفين أخرين نطمح اليهما ويتصلان بمهارة الكلام، وأولهما هو توسيع دائرة المواضيع التي يمكن للطالب التعبير عنها وثانيهما تنمية قدرته على الانتقال في هذا التعبير من مستوى الجملة الى مستوى الفقرة بكل ما يتطلبه ذلك من قدرة على الربط واستخدام الجمل المركّبة. وعلى ذلك فقد قمنا بتضمين كل درس نشاطات للمحادثة الموجهة تُحضَّر في البيت وتُؤدّى في الصف هدفها إتاحة فرص للطلاب لتعزيز ما تعلّموه ويتعلّمونه من مفردات وتراكيب في سياقات مختلفة. وتتراوح نشاطات المحادثة التي اقترحناها بين التقديمات والمناظرات والمواقف التي تستلزم تفاعلاً بين الطلاب في مجموعات صغيرة ، فبعد أن يكون الطلاب قد حضّروا النشاط في البيت مركّزين على استخدام المفردات والعبارات الجديدة، يطلب منهم أن يقدّموا ما حضّروه لبعضهم البعض في مجموعات من اثنين أو ثلاثة، ثم يعاد تقسيم المجموعات بحيث يقوم كل طالب بعرض تقديمه(ها) لمجموعة اخرى ، وهكذا يتدرّب الجميع على الكلام والاستماع. ونودّ أن نقترح هنا أن يسأل الأساتذة الطلاب الامتناع عن الإتيان بمفردات من خارج المفردات التي يعرفونها حين قيامهم بنشاطات المحادثة وذلك بغية التركيز على تفعيل الكم الكبير من المفردات التي تعلموها أو هم بصدد تعلمها والتحقق من أن الآخرين قادرون على فهم ما يقوم الطالب(ـة) بتقديمه. كما نقترح أن يُطلب منهم الابتعاد عن قراءة تقديماتهم كلمة كلمة من الورقة حتى لا يتحول التقديم الى نشاط للقراءة ينقطع فيه المقدم(ـة) عن الجمهور . وتحقيق مثل هذا الهدف يتطلب من الطلاب مزيداً من الاستعداد والتدرّب الشفوي في البيت

و . العاميّة

انطلاقاً من إيماننا بوحدة اللغة العربية فصحى وعاميةً واقتناعنا بضرورة تعريض الطلاب الى العامية في مختلف مراحل الدراسة فقد تابعنا المنهج الذي بدأناه في الطبعة الثانية من ألف باء والجزء الأول من الكتاب والذي يقوم على تعريض الطلاب الى العامية بشكل تدريجي يسمح لهم بادراك مدى عمق الصلة بين الفصحى والعامية ويساعدهم على تطوير قدراتهم في كلا الدائرتين. ويتضمّن قسم العامية في كل درس في هذا الكتاب ما يلي:

(١) مفردات عامية: يقدّم هذا القسم عدداً بسيطاً من مفردات العامية المصرية الأساسية التي قمنا باستخراجها من حوارات الفيديو الموضحة في رقم (٢) أدناه ويقوم الطلاب بالاستماع الى هذه المفردات على الـ DVD وتعلّمها قبل الاستماع الى الحوار.

(٢) حوار بالعامية المصرية تستمرّ فيه قصة مها وخالد التي بدأناها في الجزء الأول ولكن بالعامية المصرية هنا على أساس أن كل هذه الحوارات تدور في مصر. ويقوم الطلاب بالاستماع الى هذه الحوارات لفهم ما يجري في القصة ومعرفة كيف تستخدم المفردات العامية التي تعلّموها في السياق.

(٣) تراكيب عامية: يقدّم هذا القسم بعض التراكيب الأساسية من العامية المصرية التي تهدف الى إتاحة الفرصة أمام الطلاب للتعبير بالعامية وكذلك باستخدام هذه التراكيب الأساسية لمساعدتهم على الإحساس بالتفاعل الذي يحدث بين العامية والفصحى وجعلهم أكثر وعياً وإحساساً باللغة العربية في سياقاتها المختلفة وبكيفية تعايش هذه السياقات.

ز . الكتابة

سعينا في هذه الطبعة الجديدة الى اعطاء الكتابة حقها من الاهتمام فقمنا بزيادة عدد أنشطة الكتابة في الكتاب ككل وقمنا بتوزيعها في أقسام مختلفة في كل درس. وقد اقترحنا في كثير منها عدداً من المفردات والعبارات الجديدة التي يهدف النشاط الى تفعيلها. ونود هنا ان نقترح على الزملاء ان يشجعوا طلابهم على

الاهتمام بالكتابة كميدان يعبرون فيه عن أرائهم ومشاعرهم وعلى أهمية اتباع مبدأ اعادة الكتابة وتصحيح ما تمّت كتابته . وانطلاقا من التوجه العام الذي يستهدف تنمية قدرة الطلاب على الارتقاء من مستوى الجملة البسيطة الى مستوى الجملة المركبة والفقرة فقد قمنا باقتراح نشاطات كتابية تستلزم التعبير على مستوى الفقرة وبدأنا بتشجيع الطلاب على استخدام ادوات الربط لما لها من دور في توفير اللحمة العضوية لأجزاء النص ، وقمنا في بعض نصوص القراءة بلفت أنظارهم الى بعض الخصائص الأسلوبية في الكتابة التي يحسن بهم ملاحظتها وصولاً الى تفعيلها بشكل تدريجي.

حـ . الاستماع

يهدف هذا الجزء من *الكتاب* كذلك الى تنمية مهارة الاستماع لدى الطلاب. ومن هنا، فقد قمنا في هذه الطبعة الجديدة بتضمين كل درس نصين للاستماع على الأقلّ: واحد مخصص لاغراض الاستماع الدقيق يقوم فيه الطالب بالاستماع الى نص مسجل تمهيداً للقيام بملء فراغات تركز على المفردات. ونقترح ان يخصص هذا النشاط للعمل خارج الصف بحيث يقوم الطالب بالاستماع الى الـDVD مرات عديدة والعمل بالسرعة التي تناسب قدراته(ـها) اللغوية. اما النوع الآخر من الاستماع فهو مخصص لاغراض الفهم العام ويشتمل على مقتطفات من محاضرات وبرامج تليفزيونية مختلفة مأخوذة من بعض التلفزيونية العربية بهدف تعريض الطلاب الى اللغة في سياقاتها الطبيعية. وهنا ايضا نقترح ان يصار الى استخدام مبدأ التكرار الذي اشرنا اليه في معرض حديثنا عن مهارة القراءة مع التنبه الى ان الهدف من نشاط الاستماع للفهم ليس فهم كل شيء ورد في النص ولا تدريس الطلاب كل المفردات الجديدة التي وردت فيه وإنما القصد هنا هو التركيز على العناصر التي هي في متناول الطالب، وهذا يعني أن أجزاء من هذه النصوص سيتم تجنّبها لأنها فوق مستوى الطلاب من حيث المفردات والتراكيب. وقد تعمدنا الإبقاء على بعض الأجزاء "الصعبة" في نصوص الاستماع لسببين أولهما المحافظة على مبدأ الأصلية الذي أشرنا اليه في سياق مناقشتنا لمهارة لقراءة ، والثاني مساعدة الطالب على تطوير مهارة التركيز على ما هو مهم بالنسبة له في النص بحيث لا يتوقع أنه ينبغي فهم كل كلمة في النص المسموع حتى يستطيع التعامل معه . (وهذا ينطبق على النصوص المقروؤة أيضاً).

حضرات الزميلات والزملاء،

لقد قمنا بهذه المحاولة المتواضعة لتقديم مادة تعليمية مناسبة لكم وطلابكم مدركين تمام الإدراك انه ليس هناك أي كتاب يفي بكل الاغراض ويلبي كافة الاحتياجات والاهتمامات وان المحور الاساسي في تدريس اللغة يبقى هو المدرس الذي هو المايسترو الفنان القادر بما يقوم به من نشاطات وما يبعثه داخل الفصل من حيوية وروح ايجابية وتشجيع لطلابه على استخراج سيمفونيا جميلة من "النوتات" المدوّنة على الورق . وأملنا هو ان تجدوا في النوتات التي تحتويها هذه الطبعة الجديدة ما يمكن ان يساعدكم على أن تزدادوا إبداعاً وتزيدوا طلابكم إلهاماً. ولكم منا جزيل الشكر على ثقتكم وجهودكم في تعليم العربية.

المؤلفون

ACKNOWLEDGMENTS

PRODUCTION OF DVDS BY MULTIMEDIA COMPANY, CAIRO, MOHAMMED SHAHEEN, DIRECTOR
PRODUCTION OF EGYPTIAN COLLOQUIAL VIDEO MATERIAL BY NASHWA MOHSIN ZAYID

We would like to express our deep gratitude to all the institutions and individuals who made the production of both the first and second editions of this book possible. We set our aspirations high for this edition and have been blessed with the generous and dedicated work of many colleagues. The National Endowment for the Humanities, an independent federal agency, provided funding for the first edition through a grant to the School of Arabic at Middlebury College, which added matching funds and staff support. Michael Cooperson's original cartoons continue to grace the pages of this new edition. Nuha Bakr, Mary Nachtrieb, and Adriana Valencia prepared the glossary and helped with research, typing and editing, and Adriana Valencia helped prepare the appendices. Ghada Muhanna recorded audio material and helped edit the glossary and Dr. Shaji Muhanna proofread the text. We are grateful to Mahmoud Ibrahim Abdallah, Salem Aweiss, Hanaa al-Kilany, Zeinab Taha, and Middlebury College for allowing us to include portions of their lectures at the School of Arabic in these materials. These materials have benefited from comments and feedback provided by many colleagues, including Mahmoud Ibrahim Abdallah, Driss Cherkaoui, Michael Cooperson, Michael Fishbein, William Granara, Robert Greeley, Hanaa al-Kilany, Nada Saab, Rima Semaan, and Chris Stone.

Al-Jazeera Television, the Egyptian Union for Television and Radio, Syrian Television, Al-Shaariqa Television, and the British Broadcasting Corporation graciously granted permission to use portions of their programs in support of Arabic teaching in the United States. We extend to them our sincerest appreciation for their generous spirit of cooperation.

The staff of Multimedia Company in Cairo Egypt did a phenomenal job in producing the DVDs of the *Al-Kitaab* series, including those of this volume. These materials are in great debt to both their technical expertise and their sheer determination to make things work.

A special acknowledgment is due Nashwa Mohsin Zayid, director of the video scenes accompanying this book, and the acting and cinematography crew she put together for their dedicated and highly professional work in producing the video materials. Special thanks are also due all the actors who made our characters come to life on the screen. The long days and nights spent filming and editing the visual materials are obvious in the quality of this new product.

We are grateful to Rima Semaan for sharing her beautiful voice to record vocabulary words and sentences. Jose Rodriguez, Juana Clem McGhee, and Johnny Waggener of the Emory College Language Center played a key supporting role on this project. Eugene Epstein put on long hours digitizing and skillfully editing the video listening materials. Neil Fried of Railroad Earth Studios, Atlanta, remains our US-based audio technology expert.

Our colleagues at Georgetown University Press were instrumental in helping us realize the ambitious additions to this second edition. Special thanks go to Richard Brown, director, Gail Grella, associate director and acquisitions editor, and Deborah Weiner, editorial and production manager, for continued support of the project. We are grateful to the entire staff for their dedicated and careful work in producing these materials.

The dedicated and enthusiastic students at Emory University gave us a wonderful laboratory in which to develop our pedagogy and classroom practices over the past eight years.

We continue to be inspired by the generously enthusiastic and encouraging response of many users of these materials. To all of you,

ألف شكر من أعماق قلوبنا، وتمنّياتنا لكم بالتوفيق!

١ـ ابن بطوطة وأطول رحلة في التاريخ

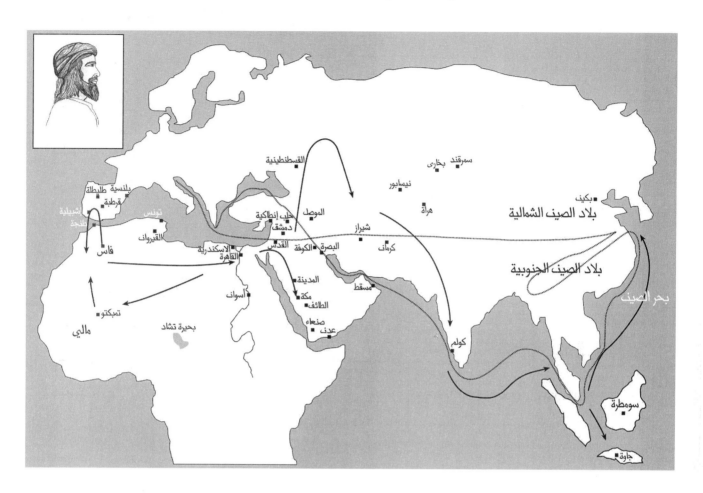

في هذا الدرس:

النص: • ابن بطوطة وأطول رحلة في التاريخ

القراءة: • تاريخ مدينة دمشق
• من «رحلة ابن بطوطة»

الاستماع: • اليمن
• مدينة غزّة في التاريخ
• ابن بطوطة ورحلاته

الثقافة: • من التراث الإسلامي

التراكيب: • زمن الفعل: الماضي والمضارع
• الفعل المضعّف
• كم؟

العامّية: • الحمد الله ع السلامة!
• الضمائر

المفردات

تذكروا وتعلّموا:

آخِر	←	ج. أواخِر	last ones (often: days or years)
	←	أواخر الشهر — أواخر السنة	
أوّل	←	ج. أوائل	first ones (often: days or years)
بَلَد ج. بِلاد / بُلدان	←	بَلْدة ج. ات	= مدينة صغيرة
ترجمة ، مُترجِم	←	تَرْجَمَ ، يُتَرجِم ، التَّرجَمة (إلى)	to translate
	←	تُرْجِمَ / تُرجِمَت (إلى)	was/were translated
حَفِظَ ، يَحفَظ، الحِفظ	←		(also) to keep, preserve
في الحقيقة ؛ حقيقيّ	←	حَقيقة ج. حَقائِق	truth, fact
خَليفة ج. خُلَفاء	←	الخِلافة	caliphate
مَشهور ج. ـون	←	اِشْتَهَرَ بـ ، يَشتَهِر بـ	to be famous for
صاحِب ج. أَصحاب	←		(also) owner, possessor, holder of
		صاحب البيت ؛ صاحب شركة ؛ صاحب الرأي	
طويل ؛ أَطوَل	←	طـول	length, height
اِعتبَرَ ، يَعتبِر ، الاِعتِبار	←	يُعتَبَر / تُعتَبَر	is considered
عَلِمَ ، يعلَم ، العِلم	←	العِلم ج. العُلوم	science, knowledge, learning
	←	عالِم ج. عُلَماء	learned person, scientist
	←	مَعلومات	information
قَصَدَ ، يقصِد ، القَصد	←		(also) to aim at, head for
اِنقطَعَ ، يَنقطِع	←	قَطَعَ ، يَقطَع ، القَطع	to cut, cut across (a distance)
قامَ ، يَقوم ، القِيام	←	قامَ بـ ، يَقوم بـ ، القِيام بـ	to undertake, carry out
اِنتَقَلَ ، يَنتَقِل ، الاِنتِقال	←	تَنَقَّلَ ، يَتَنَقَّل ، التَّنَقُّل	to move around
مُهِمّ ؛ أَهَمّ	←	اِهتَمَّ بـ ، يَهتَمّ بـ ، الاِهتِمام بـ	to be interested in
(سنة) هِجرية ؛ ميلادية	←	هـ . ؛ م .	

to describe (as)	← وَصَفَ ، يَصِف ، الوَصف (بأنّ)	صِفة ج. ‫–‬ات
description (of)	← وَصْف ج. أوصاف (لِ)	

من القاموس 📀

people (of); family	أهْل ج. أهالٍ / الأهالي
أهل القاهرة ؛ أهل العراق ؛ أهل الكتاب ؛ أهلي ؛ أهل والدي	
to reach, attain (a number, a place)	بَلَغَ ، يَبلُغ ، البُلوغ
state, condition	حال ج. أحْوال
ocean; environment (physical and abstract)	مُحيط ج. ‫–‬ات
المحيط الأطْلَسيّ ؛ المحيط الهادي ؛ المحيط الهِنْدي	
during, throughout (a period of time)	خِلالَ
trip, journey; flight	رِحلة ج. ‫–‬ات / رَحَلات
to travel, to set out, depart	رَحَلَ ، يَرحَل ، الرَّحيل / التَّرحال (من/إلى)
great traveler, explorer	رَحّالة [مذكر ومؤنث] ج. رَحّالون
time (abstract, long duration)	الزَّمَن / الزَّمان
to record; to register	سَجَّلَ ، يُسَجِّل ، التَسجيل
market, marketplace	سوق ج. أسْواق
orientalist, scholar who studies the Middle East	مُسْتَشرِق ج. ‫–‬ون
(a) people (political in connotation, refers to a national group)	شَعْب ج. شُعوب
الشعب الأمريكي ؛ الشعب العربي ؛ الشعوب الاوروبية	
to print	طَبَعَ ، يَطبَع ، الطَبع
was printed	طُبِعَ / طُبِعَت
printing, edition	طَبْعة ج. ‫–‬ات / طَبَعات
age, era	عَصْر ج. عُصور
the Middle Ages	العُصور الوُسْطى

عَظيم ج. عُظَماء / عِظام	great
قَدَّمَ ، يُقَدِّم ، التَّقْديم (لِـ/إلى)	to present, offer
قَرْن ج. قُرون	century
قافِلة ج. قَوافِل	caravan
اِسْتَكْشَفَ ، يَسْتَكْشِف ، الاِسْتِكْشاف	to explore
كامِل /ة [صفة]	entire, whole
اِمْتَدَّ ، يَمْتَدّ ، الاِمتِداد (إلى)	to extend, stretch (in space or time)
نَشَرَ ، يَنشُر ، النَّشر	to publish; to spread (e.g., news, peace)
نُشِرَ / نُشِرَت	was published
نَظَرَ إلى ، يَنظُر إلى ، النَّظَر إلى	to look at
مَنْظَر ج. مَناظِر	view
تُراث	heritage (literary and cultural)
وَقَعَ ، يَقَع ، الوُقوع	to fall; happen, occur, be located

تعلّموا هذا الفعل : تصريف فعل "اِهتَمَّ بـ"

الماضي

المفرد	المُثنّى	الجمع
اِهتَمَّ بـ اِهتَمَّت بـ	اِهتَمّا بـ اِهتَمَّتا بـ	اِهتَمّوا بـ اِهتَمَمْنَ بـ
اِهتَمَمْتَ بـ اِهتَمَمْتِ بـ	اِهتَمَمْتُما بـ	اِهتَمَمْتُم بـ اِهتَمَمْتُنَّ بـ
اِهتَمَمْتُ بـ		اِهتَمَمْنا بـ

المضارع المرفوع

المفرد	المُثنّى	الجمع
يَهتَمُّ بـ تَهتَمُّ بـ	يَهتَمّانِ بـ تَهتَمّانِ بـ	يَهتَمّونَ بـ يَهتَمِمْنَ بـ
تَهتَمُّ بـ تَهتَمّينَ بـ	تَهتَمّانِ بـ	تَهتَمّونَ بـ تَهتَمِمْنَ بـ
أَهتَمُّ بـ		نَهتَمُّ بـ

تمرين ١ أكملوا الجدول التالي بالأفعال الجديدة: (في البيت)

Write all vowels. Note what happens to و and to doubled consonants (e.g. م – م or د – د) when they occur as part of الجذر .

أوزان الأفعال				
المصدر	المضارع	الماضي	الوزن	الجذر
			فَعَلَ	ن ظ ر
			فَعَلَ	ب ل غ
			فَعَلَ	ن ش ر
			فَعَلَ	ر ح ل
			فَعَلَ	ق ط ع
			فَعَلَ	و ص ف
			فَعَلَ	و ق ع
			فَعَلَ	ق و م
			فَعَّلَ	س ج ل
			فَعَّلَ	ق د م
			تَفَعَّلَ	ن ق ل
			اِفتَعَلَ	ش هـ ر
			اِفتَعَلَ	هـ م م
			اِفتَعَلَ	م د د
			اِستَفْعَلَ	ك ش ف

تمرين ٢ **اختاروا الكلمة المناسبة (في البيت)**

١- ______ العالم العربي بين المحيط الأطلسي والخليج العربي (الفارسي).
أ. يتوقّف ب. يمتدّ جـ . يبلغ د. ينتهي

٢- أمس ذهبنا الى ______ واشترينا بعض الملابس.
أ. السوق ب. المقهى جـ . النادي د. الكنيسة

٣- تمّت كتابة القرآن في ______ الخليفة الثالث عثمان بن عفّان.
أ. عصر ب. موعد جـ . فصل د. تاريخ

٤- ______ الطائرة الرحلة بين عمّان ونيويورك في حوالي ١٣ ساعة .
أ. تستأنف ب. تكتشف جـ . تقطع د. تقصد

٥- في هذه المقالة ______ ممتاز لمدينة بغداد القديمة.
أ. رأي ب. استكشاف جـ . قرار د. وصف

٦- نُشرت أول ______ من هذا الكتاب عام ٢٠٠٥ .
أ. صحيفة ب. طبعة جـ . منحة د. قافلة

٧- أستاذتي ______ بدراسة اللغات القديمة.
أ. تعلم ب. تسجّل جـ .تلتحق د. تهتمّ

٨- يعتبر كتاب «ألف ليلة وليلة» من الأعمال ______ في تاريخ الأدب العربي.
أ. الغالية ب.الإضافية جـ . العظيمة د. العاطفيّة

٩- استأجرت هذه الشقة لأنّ ______ من شباك غرفة النوم جميل جدا.
أ. المحل ب. المنظر جـ. المعنى د. الوصف

١٠- نرغب في زيارة اليمن ونريد الحصول على بعض ______ عنها.
أ. المعلومات ب. الزوّار جـ. الصفات د. الموضوعات

١١- ______ الواجب الى الاستاذة ولكنه لم يكن كاملا.
أ. حددّت ب. بلغت جـ. قدَّمت د. فصلت

١٢- هل تعرف مَن ______ هذه السيارة ؟
أ. صاحب ب. زميل جـ. مدير د. ساكِن

١٣- ______ هو شخص أجنبي متخصّص في دراسة اللغة والثقافة والأدب في العالَمين العربي والاسلامي.
أ. الرحّالة ب. المتفوق جـ . العالِم د. المستشرق

١٤- كان العرب في ــــــــ القديم يعيشون في منطقة الجزيرة العربية.

أ. التراث　　ب.الزمان　　جـ. القرن　　د. الموعد

١٥- عندما ــــــــــ إليها، عرفت أنها تقصد ما تقول.

أ. بلغت　　ب. لمّحت　　جـ. انتقلت　　د. نظرت

تمرين ٣ اسألوا زملاءكم (في الصف)

Prepare for this activity before class by formulating these questions using new vocabulary (indicated by italics) and practicing them **aloud**. Do not translate the sentences word-for-word; rather, focus on getting ideas across in Arabic. Here, the repeated English word in (3) and (4) should be expressed with two different Arabic words, and two different English words in (6) and (11) are best expressed with the same Arabic word.

1. Who thinks that class time should *extend to* 2 hours?
2. Whose hometown has an area *famous for shopping*? Where *is it located*?
3. Who is a native of (= from the *people* of) this town/city?
4. Who thinks that Arabs and Jews (= اليَهود) constitute *peoples*?
5. What is the prettiest *view* on campus? Where is the best place to *look at* it?
6. Who *does* homework in the library? Who has spent an *entire* night in the library?
7. Whose family *moved around a lot* when she or he was young?
8. To whom do they *give* (= *present*) gifts and when?
9. Who *records* TV programs so they can watch them later = فيما بعد ? Which ones?
10. Who *is interested in* studying the *Middle Ages*? What *century* in history would they like to return to?
11. Who has travelled a lot? What *oceans* have they *crossed*? When was the last *trip* they *took* (= *undertook*)? What did they *explore* there? What is the farthest or highest place they have *reached*?

تمرين ٤ المفردات الجديدة وأوزان الفعل (في مجموعات من اثنين داخل الصف)

Building a large vocabulary bank is crucial for fluency in Arabic. Fortunately, the system of الجذر والوزن helps you increase your vocabulary and makes it easier to remember new words. Each lesson in this book contains exercises that are designed to help you expand and activate your knowledge of this system.

أ ــ انفَعَلَ وافتَعَلَ

In Part One you saw that انفَعَلَ and افتَعَلَ are usually reflexive. Study the relationship of meaning in the following pairs, and use the correct وزن to complete each sentence:

قَطَعَ ← انقَطَعَ

١- ــــــــ أخبار صديقتي منذ سافرت ؛ أرجو أن تكون بخير.

٢- طلب منها أبوها أن ــــــــ علاقتها بالشاب الذي تحبه، ولكنها رفضت.

مُهِمّ ← هَمَّ ، يَهُمّ *to interest, be important for someone* **مثال:** رأيُك لا يَهُمُّني!

← **اهتمَّ بـ** *take something to be important for oneself, be interested in*

٣- هل ــــــــكِ آراء الناس في ما تفعلينه؟

٤- ــــــــ بعض المستشرقين بتاريخ الكنيسة المسيحية الشرقية.

ب ــ استَفعَلَ فعل *to seek*

One of the meanings of وزن اســتَـفـعَل is *to seek X* (meaning of the root). Study these examples from the new vocabulary and use استكشف and مستشرق in your own sentences.

كَشَفَ *to uncover* ← **استَكشَفَ** *to seek to uncover, to explore*

الشرق ← **استَشرَقَ** *to seek the orient, be an orientalist* ← **مُستَشرِق**

٥- استكشف: ــ

٦- مستشرق: ــ

جـ ــ فُعِلَ

What do the following verbs share in form and meaning?

وُلِدَت — عُيِّنتُ — خُطِبَت — طُبِعَ — نُشِرَت — تُرجِمَ

In form, these verbs are all in الماضي and they all share the internal vowel pattern فُعِلَ . In meaning, they are all passive. You can see that passive verbs share the internal vowel pattern and take the same conjugation suffixes as regular verbs. You will learn the rules for passive verbs soon; in the meantime, practice using the new verbs تُرجِمَ — نُشِرَ — طُبِعَ to complete the following sentences. Remember to make the verbs agree with their subjects.

٧- ــــــــ بعض قصص الكاتبة المغربية ليلى أبو زيد إلى الانجليزية.

٨- ــــــــ هذا الكتاب باللغة الفرنسية أولاً ثم بالعربية.

٩- ــــــــ الجريدة الجامعية مرة واحدة فقط هذا الأسبوع بسبب الامتحانات.

تمرين ٥ **نَشاط** *activity* **استماع: اليمن (في البيت)** DVD

استمعوا إلى هذا النص على الـ DVD واكتبوا الكلمات التي تسمعونها :

You will find this passage under the title اليمن in the الاستماع section on your DVD. Each lesson in this book contains an exercise of this type, which aims to sharpen your technical listening skills, including your ability to distinguish the beginning and ending of words, and to reinforce new and old vocabulary and structures. Think about both **meaning** and **form** and the relationship between the two as you do this exercise. You should recognize the words and their جذر ; use your knowledge and your ears to identify and spell correctly. When you hear a vowel at the end of a word (such as the first blank in the text), think about what that vowel sound represents: is it an إعراب ending? A مضارع مرفوع or منصوب ending? Listen and watch for إضافة and اسم + صفة and pay attention to الـ and agreement rules. What is the subject of each sentence? Decide whether each و signals a parallel listing or a new sentence. In the passage below, use your skills to learn a new word meaning "tribe." Identify الجذر and listen for the وزن of the singular and the plural, which are familiar to you from other nouns you know. After you have done the best you can, check the spelling of words you are unsure of by looking up their جذر in the glossary.

اليمن

_______ الجمهورية العربية اليمنية في _______ _______ الجزيرة العربية ويحُدُّها من

الغرب _______ _______ ومن الشمال و_______ _______ _______ _______ ومن

_______ خليج عدن و_______ _______ . عاصمتها صنعاء ومن _______ _______ تعز

والحديدة وعدن . و_______ عدد سكانها حوالي _______ _______ _______ نسمة .

_______ اليمن من البلاد العربية ذات _______ _______ قبل الاسلام، فقد _______

في _______ المملكة السبئية في _______ _______ قبل _______ وكانت لها ملكة _______

في التاريخ اسمها بلقيس جاء ذكرها في _______ . وقبل الاسلام كانت هناك _______

_______ بين _______ قريش في مكة وبين _______ اليمنية وكانت _______ تسافر من مكة الى

اليمن خلال فصل _______ كما _______ في القرآن .

وقد _______ ابن بطوطة _______ _______ اليمن، وهو _______ لنا

في كتابه _______ اليمن وسلاطينها وبيوتها و_______ .

تمرين ٦ **اكتبوا كلمة مناسبة من المفردات الجديدة في كل فراغ: (في البيت)**

المغرب

المغرب بلد عربي كبير ———— في شمال افريقيا بين البحر الأبيض المتوسط و———— الأطلسي. و———— عدد سكانه حوالي ٣٣ مليون نسمة، وعاصمة المغرب هي مدينة الرباط ، ومن مدنه المشهورة الدار البيضاء ومراكش وفاس التي ———— بـ ————ـها القديمة التي يقصدها الكثير من الزُوّار والسُيّاح لشراء الهدايا وكل ما يحتاجون اليه.

دخل الاسلام المغرب في ———— السابع الميلادي في ———— الخليفة الأموي عبد الملك ابن مروان . ومن المغرب ———— المسلمون البحر الى اسبانيا حيث أقاموا دولة اسلامية في الأندلس. وفي المغرب قضى المفكر الكبير ابن خلدون ، الذي ———— واحدا من أعظم أهل الفكر في ———— الاسلامي، جزءا من حياته .

تمرين ٧ **نشاط محادثة عن المستشرقين (في البيت وفي الصف)**

اذهبوا الى الإنترنت أو الى مَوسوعة *encyclopedia* **(كـ** *Encyclopedia Britannica***) لتجدوا معلومات عن بعض المستشرقين المشهورين وقدّموا للصف <u>ما تستطيعون أن تقولوه بالعربية بالمفردات الجديدة فقط</u>.**

This is not a translation exercise. **Do not look up any new words**. The goal is to use as many of the new vocabulary words as possible to say as much as you can about your مستشرقين . You will not be able to present all, or even most, of the information you find. Prepare to present orally, not read, in class by practicing aloud beforehand.

يمكنكم أن تختاروا من هؤلاء المستشرقين الأوروبيين والأمريكيين:

Gertrude Bell - Edward Lane - Reynold Nicholson - Edmund G. Browne -

H. Saint John Philby - Bernard Lewis - Louis Massignon - Richard Burton -

Ignaz Goldziher - H. R. Gibb - Anne Marie Schimmel

عبارات جديدة DVD New Expressions

This section introduces you to common idiomatic expressions you will read in the main text. Listen to them on your DVD as you study them. The exercise in this section asks you to translate the sample sentences into English in order to build accuracy in reading.

أ ــ صاحب/ة (أصحاب) الفَضْل الأوّل في (+ المصدر)   deserves the most credit for

- والدتي هي صاحبة الفضل الأول في اهتمامي بالموسيقى.

- كان الخليفة المأمون صاحب الفضل الأول في ترجمة العلوم ونقلها إلى العربية في العصر العباسي .

ب ــ على يد . . .   at the hands of

- درس الدكتور طه حسين على يد عدد من المستشرقين الذين كانوا يدرّسون في جامعة القاهرة في اوائل هذا القرن.

- حفظت القرآن الكريم على يد عمّي الشيخ أحمد. الله يرحمه.

جـ ــ لَـوْلا . . . لَـ (ما) . . . (+ الماضي)   if not for . . . (then) . . .

- لولا البترول لَكانت السعودية بلدًا فقيراً.

- لولاك لَـما عرفت معنى الحب الحقيقي!

| تمرين ٨ | العبارات الجديدة (في البيت وفي الصف) |

أ ــ ترجموا جمل العبارات الجديدة (above) الى اللغة الإنجليزية.

ب ــ لمن الفضل في نجاحك؟ تحدّثوا عن شخص ساعدكم كثيراً في الدراسة أو في الحياة.
Prepare a presentation to give in class. Write it out but practice delivering it as well, so that you can give it in class without reading from the page. Use the new expressions and as many new vocabulary words as you can.

على يد   لولا .. لَـ ..   صاحب/ة الفضل الأول في

الذي / التي / الذين   و / فـ   وبالإضافة الى ذلك فـ

الثقافة DVD

من التراث الإسلامي

Go to the section الثقافة on your DVD and learn about the following names and concepts from Islamic civilization, which are key to understanding the basic text of this lesson. Take notes on the information presented, in Arabic as much as possible, and review them before you read the text.

- التصوّف
- الصوفيّة (م. صوفيّ)
- طَريقة صوفيّة
- زاوِية ج. زَوايا
- وَلِيّ ج. أَوْلِياء
- بَرَكة ج. بَرَكات
- المَماليك (م. مَملوك)

صور من العمارة المملوكية

تمرين ٩ النص: القراءة والاستماع في البيت بدون القاموس DVD

When you have learned the new vocabulary and expressions actively, you are prepared to read the text. You can get the most out of the text by reading it through without stopping and without looking up any words. Do not use the dictionary in this exercise.

Before you read, scan the text looking for familiar names and concepts that will help you anchor the text to your own background knowledge. You should not be reading word-by-word at this point, just scanning for pieces of information in words or short phrases. This should take about two or three minutes, and you should make a habit of doing it with any text you look at.

Next, read the text through **without stopping**. Try to read in chunks, not one word at a time, by keeping track of the main topic and the main parts of the sentence. Then read through it again, also without stopping. This time you will understand more, even without looking anything up. After you have read the text twice, see how much you can remember by writing notes on the questions.

Experiment with listening to the audio on the DVD to find your most efficient reading strategies. Many learners find it helpful to listen while reading the first time through (not including the scan), because it helps them read without stopping, or the intonation of the reader helps them identify phrasing and aids in comprehension. Others find it more efficient to listen to the audio during the second reading so that they can go at their own pace during the first reading.

Finally, go back and read through the text a third time. Now you will be able to pay attention to more details. When you draft your answers to the questions, use your own words.

أجيبوا عن هذه الأسئلة بدون القاموس!

١- من هو ابن بطوطة؟ لماذا اشتهر؟

٢- ما هي المناطق التي سافر إليها واستكشفها؟

٣- ما هو الكتاب الذي يتحدث فيه ابن بطوطة عن رحلاته؟ كيف اشتهر هذا الكتاب؟

٤- لماذا يذكر النص «منجو بارك» و«رينيه كايبه»؟

٥- ماذا ستتذكرون عن ابن بطوطة بعد قراءة هذه المقالة؟

٦- خمّنوا *guess* معاني هذه الأفعال بالعربية أو بالانكليزية:

أ - اِستَغرَقَت رحلاته ٢٩ عاماً = __________ الوزن والجذر = __________

ب - أَنجَبَ سبعين ولداً وبنتاً = __________ الوزن والجذر = __________

جـ - ويتبرّك بالأولياء = __________ الوزن والجذر = __________

ابن بطوطة وأطول رحلة في التاريخ

هو ابو عبد الله محمد اللواتي الذي يشتهر باسم ابن بطوطة ، ولد سنة ٧٠٣ هـ/١٣٠٤ م، بدأ أطول رحلة قام بها رحالة في العصور الوسطى ، يبلغ طولها ٧٥ ألف ميل ، أي ثلاثة أضعاف ما قطعه الرحالة الإيطالي ماركو بولو ، وتنقل في أفريقيا وآسيا وأطراف اوروبا ، زار خلالها ٤٤ بلدا ، واستغرقت رحلاته ٢٩ عاما ، تزوج فيها ٢٣ مرة ، وأنجب سبعين ولدا وبنتا .

خرج ابن بطوطة من بلدته طنجة قاصدا الحج وعاد الى فاس بالمغرب وقد بلغ عمره الخمسين عاما وعاش حتى الثالثة والسبعين ، يعيش خلال رحلته بين الناس، يرحل مع القوافل ويقيم في الزوايا ويزور اهل العلم ، ويتبرك بالأولياء ، ويجتمع بالصوفية ويقضي ايامه متجولا في الأسواق . امتدت رحلته من المحيط الأطلسي غربا الى بحر الصين شرقا ، وصدرت رحلاته في كتاب «تُحفة الأنظار في غَرائِبِ الأمصار وعَجائِبِ الأسفار» .[١]

وحفظ لنا ابن بطوطة في كتابه حقائق ومعارف لولاه لمحاها الزمن، فلم يترك لنا أي رحالة شرقي أو غربي في العصور الوسطى مثل ذلك التراث الواسع الذي تركه لنا ابن بطوطة عن أوصاف وأحوال البلاد التي زارها . ويعتبر ابن بطوطة صاحب الفضل الأول في استكشاف بعض المناطق الأفريقية جنوب غرب الصحراء ، وأهمها مالي ومدينة تنبكتو، وهو يقدم معلومات إضافية عن أحوال شعوبها، ولم يستطع الأوروبيون الوصول إلى تلك المنطقة قبل أواخر القرن الثامن عشر، على يد الرحالة البريطاني منجو بارك والرحالة الفرنسي رينيه كاييه .

ويسجل ابن بطوطة في رحلته [كتابه] أن أعظم منظر وقعت عليه عيناه منذ خروجه من طنجة كان القاهرة التي زارها في عصر المماليك البرجية ، وهي مقر الخلافة الاسلامية ايام السلطان ناصر بن قلاوون، ويقول عنها إنها أعظم حواضر الاسلام.

واهتم المستشرقون منذ أوائل القرن الماضي برحلة ابن بطوطة ، فنشرت منها أجزاء، ثم نشرت الرحلة بعدها بالكامل في ترجمة فرنسية سنة ١٨٥٩ ، وطبعت في القاهرة وبيروت عدة طبعات ، ثم ترجمت إلى الالمانية سنة ١٩١١.

من مجلة «الهلال» ، اكتوبر ١٩٩٣

---

[١] لكن معظم الناس يعرفون الكتاب باسم «رحلة ابن بطوطة» أو «الرحلة» .

تمرين ١٠ القراءة في الصف (في مجموعات صغيرة)

Work with a partner to answer the following questions. The goals here are to discuss what you have understood, to explore the cultural implications of what the text says, and to construct paragraphs about what the text says in your own words. تكلموا واكتبوا بالعربية!

١- لماذا يُعتبَر ابن بطوطة شخصاً مهماً؟ اكتبوا فقرة *paragraph* تذكرون فيها ٤ أسباب.

٢- ماذا كان ابن بطوطة يفعل في رحلاته؟ كيف كان يعيش؟

Remember that الماضي expresses an event that happened once in the past and that المضارع describes a continuous or habitual event. Look at the verbs in the second paragraph, and compare the uses of الماضي and المضارع in them. Some of them express actions as one-time past events and others as habitual past actions. Express your answer to this question in your own words but use the grammatical models the text provides.

٣- ماذا قال ابن بطوطة عن القاهرة ولماذا؟

٤- لماذا في رأيكم اهتمّ المستشرقون بكتاب ابن بطوطة في القرن التاسع عشر؟

تمرين ١١ دراسة القواعد والتراكيب في النص (في البيت)

The questions in this section prompt you to review grammar you have already studied and to discover new structures in this text. It also includes a question we call القراءة بالقاموس that is designed to teach you how to use the dictionary intelligently, so that it is time efficient and helpful.

١- في فقرة *paragraph* ٢:

Guess the meaning of قاصداً in the first sentence from the meaning of قصد , the context, and your knowledge of المنصوب . To whom does قاصداً refer? In the same paragraph, find a similar word in المنصوب that answers the question كيف؟ and guess its meaning.

٢- في فقرة ٣:

In the first line, note the pairing of حقائق ومعارف . Note that these two words are parallel in both form and meaning. Since you know حقائق to be a plural and you know its meaning, what can you guess about the meaning and pronunciation of معارف ?

٣- في فقرة ٤:

Decide whether أن in this sentence is أنْ or أنّ . How did you decide? Underline and name the parts of the sentence introduced by أن . Notice also that this sentence contains a number of pronouns, including four ـه . Draw and arrow to show the noun that each pronoun refers back to. Finally, translate the sentence.

٤ـ القراءة بالقاموس

أ- فقرة ١: «يبلغ طولها ٧٥ ألف ميل، أي ثلاثة أضعاف ما قطعه الرحالة الأيطالي ماركو بولو»

Before you look up the word أضعاف , think about the context. What kind of meaning are you looking for here? In the dictionary you will find that the root ض ع ف has two entries (superscript [1] and [2]). Which entry is more appropriate to this context? What kind of word is أضعاف ? When you find the right subentry, read all the way through it to see if it lists any expressions that give you an exact meaning.

ب - فقرة ٢: ما معنى اسم كتاب ابن بطوطة: «تُحفة الأنظار في غرائب الأمصار وعجائب الأسفار»

Rhyming titles were quite fashionable في العصور الوسطى . Look at الجذر of each word in this title: you should recognize most of them. Translate the title with the help of القاموس .

تمرين ١٢ **دراسة القواعد والتراكيب في النص (في الصف)**

This activity asks you to work with a partner— بالعربية طبعاً —on details of structure, stylistics, and practicing الإعراب and reading to each other.

١ـ الجملة الفعلية: الفعل والفاعل

For each جملة فعلية in paragraphs 2, 3, and 5, identify الفعل والفاعل , and المفعول به *direct object* if there is one.

٢ - فقرة ٣: «وحفظ لنا ابن بطوطة في كتابه حقائق ومعارف لولاه لمحاها الزمن، فلم يترك لنا أي رحالة شرقي أو غربي في العصور الوسطى مثل ذلك التراث الواسع الذي تركه لنا ابن بطوطة عن أوصاف وأحوال البلاد التي زارها.»

To understand this sentence, you must first determine what each pronoun refers to and the subject and object of each verb. Draw arrows showing the references. Notice also the indirect object لَنا , repeated three times. Where does it occur in the sentence? Finally, look up the verb محا and translate it.

٣ـ العمل على الإعراب

اكتبوا الإعراب في الفقرتين ٢ و٥ واقرأوهما.

When you finish voweling each paragraph, take turns reading the sentences aloud to each other. Read each sentence several times each to practice pronunciation and fluency.

4. Compare the use of the connector و in the first paragraph and subsequent paragraphs. What stylistic effect does the relative absence of و in the first paragraph have?

تمرين ١٣ نشاط استماع: "ابن بطوطة ورحلاته" (في البيت)

من برنامج "كتاب الأسبوع" مع الشكر الجزيل لتليفزيون الشارقة.

Go to the listening section on your DVD and click on the selection ابن بطوطة ورحلاته . Use good listening strategies (as you do when reading): Listen once through for the main topic and any subtopics you can identify; listen again for more information; then begin listening in shorter sections and replaying them as needed to get as much as you can from the text. Remember that this is authentic material aimed at adult native speakers, so if you can understand some of the ideas here you are doing very well.

استمعوا الى النص وأجيبوا

١- ما هي المعلومات التي يقدّمها هذا البرنامج والتي تعلّمتموها من النص الذي قرأناه عن ابن بطوطة؟ اذكروا خمسة أشياء.

٢- يقول البرنامج إن ابن بطوطة قام بـ ٣ رحلات: اكتبوا المعلومات التي عرفتموها عن كل رحلة.

٣- ما هي المعلومات الجديدة التي عرفتموها عن ابن بطوطة ورحلته من هذا البرنامج؟

٤- اكتبوا الكلمات التي تسمعونها في الجزء من 6:53 الى 7:28 على الـ DVD[1] الذي يتكلّم فيه ابن بطوطة مع السلطان:

السلطان: «أنت ________________ ، وسأتيح لك

________ من الأرض *earth* ما ____________ . ________

تتجهّز ________ ____________ *sub-Saharan Africa* .»

ابن بطوطة: « ____________ يا مولايَ *my lord* ____________ ساحل *coast*

الصومال ________________ . فأيّ أرض

________ يا مولايَ؟»

السلطان: « ________________ والمِلح *salt*!»

---

[1]In listening activities throughout the book, counter numbers from the DVD are given for close listening questions. Use a DVD player with a counter if possible for these activities.

القواعد

★ زمن الفعل : الماضي والمضارع

In working on the ابن بطوطة text above, you noticed that both الماضي and المضارع may be used to describe past events. In other words, the difference between الماضي and المضارع is not limited to tense or time, but includes the nature of the action as well. The use of المضارع to describe continuous or repeated actions that took place in the past is an important part of its function, and occurs often in narrative contexts.

You have seen many examples of كان being used in combination with مضارع verbs to express a past continuous or habitual action, such as:

I used to write her some letters.	١ـ كنت أكتب لها بعض الرسائل .
She used to send me some pictures.	٢ـ كانت ترسل لي بعض الصور.
They were studying in the same school.	٣ـ كانوا يدرسون في نفس الكلية .

Contrast the above examples with the following:

I wrote her some letters.	٤ـ كتبت لها بعض الرسائل.
She sent me some pictures.	٥ـ أرسلت لي بعض الصور.
They studied in the same school.	٦ـ درسوا في نفس الكلية .

As the English translations show, speakers of both languages have a degree of freedom to express actions the way they see them. The difference in meaning between these two sets is one of frequency or duration: Sentences 1–3 describe events that recurred or took place over a long period of time, whereas sentences 4–6 depict the same events as one-time occurrences.

One way to illustrate this distinction between continuous and one-time events is on a timeline. On the timeline below, five events in a hypothetical life are depicted. Three are marked as dots, representing one-time events, while two are depicted as recurring or happening over a period of time through the use of bars.

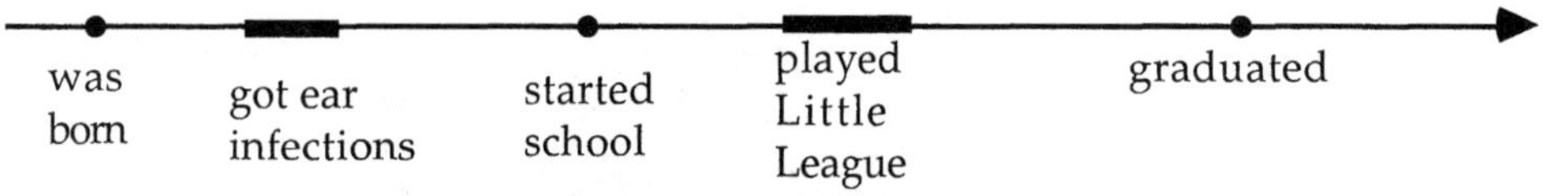

was born
got ear infections
started school
played Little League
graduated

In English, all of these events are described using the past tense. In Arabic, the three events depicted above as points occurred once at a particular point in time and are described with الماضي . However, the events depicted above with bars occurred repeatedly or continuously over a period of time and so المضارع may be used to emphasize their habitual or continuous nature.

Examples 1–3 above show that Arabic uses a combination of verbs to describe past habitual or continuous actions and events: (a) a verb in الماضي that sets the time frame of the sentence, and (b) a verb in المضارع that describes the habitual or progressive event. In sentences 1–3 above, the verb كان sets the time frame in the past, and the verbs أكتب , ترسل and يدرسون describe the actions that were taking place within that time frame.

The following passage from the ابن بطوطة text demonstrates this use of المضارع in a narrative passage describing how Ibn Battuta lived during his travels:

عاش حتى الثالثة والسبعين، **يعيش** خلال رحلته بين الناس **يرحل** مع القوافل **ويقيم** في الزوايا **ويزور** أهل العلم . . .

Here, the verb عاش sets the time frame as the past, and the verbs يعيش , يرحل , يقيم , and يزور refer to continuous or habitual actions taking place within that time frame. Note that الماضي need not be repeated; one verb is enough to set the time frame for an entire passage. One way to translate these verbs would be: *living during his travels among the people, setting off with caravans, living/staying in zaawiyas and visiting learned people.* Note the correspondence in meaning between the different English and Arabic forms. Read the following examples and identify in them the verbs in الماضي that set the stage and the time frame, and the verbs in المضارع that depict continuous or repeated past actions:

أ - خرجت من البيت هذا الصباح أجري لأني كنت متأخرة!

ب - عاش سنة كاملة لا يخرج من بيته بسبب المرض.

جـ - جلسنا نشرب القهوة ونستمع إلى الأخبار.

You will learn more about this use of المضارع later. For now, you should be able to understand sentences that contain المضارع in the contexts presented above, and focus on using المضارع + كان to describe habitual or continuous past actions. Remember: الماضي describes one-time events that took place in the past, and any habitual or continuous action, even one that occurred in the past, must be expressed with a مضارع verb.

تمرين ١٤ **أكملوا القصة بالشكل المناسب للأفعال: (في البيت)**

في الصيف الماضي ______ أشعر بتعب شديد بعد شهور طويلة من العمل في
(كان)

البنك، فـ ______ أنا وزوجتي والأولاد أن ______ و______ اجازتنا في اللاذقية،
(قرّر) (ذهب) (قضي)

وهي مدينة صغيرة ______ على البحر و______ بطقسها الجميل. ______
(وقع) (اشتهر) (سافر)

بالسيارة و____ الرحلة بين دمشق واللاذقية في ٤ ساعات و____ اللاذقية في
(قطع) (بلغ)

السابعة مساء فـ____ الى الفندق مباشرةً لأننا ____ تعبانين جدا و____ .
(ذهب) (كان) (نام)

____ العطلة جميلة جدا، فـ____ ____ كل يوم متأخرين و____ الفطور معا
(كان) (كان) (صحا) (أكل)

ثم ____ الى البحر و____ و____ في الشمس و____ . وبعد الفطور ____
(نزل) (سبح) (جلس) (قرأ) (كان)

____ الى الفندق لـ____ الغداء و____ قليلا ثم ____ الى البحر و____
(رجع) (تناول) (نام) (رجع) (بقي)

هناك لـ____ منظر الشمس الجميل وقت الغروب. يا الله، ما أحلى ذلك المنظر!!
(شاهد)

تمرين ١٥ زمن الفعل (في مجموعات صغيرة داخل الصف)

With a partner, use المضارع to describe continuous actions in the past as the example shows. The verbs below will help you get started, but add more of your own and make up as many different situations as you can in the time allotted.

مثال: كيف دخلتم الى الصف؟ دخلنا الى الصف نحمل كتبنا ونتكلم.

ينظُر الى — يحلُم بـ — يحمِل — يفكّر في — يجري — يقدّم — يقصد

١- كيف جلستم في المحاضرة؟

٢- كيف خرجوا من البيت هذا الصباح؟

٣- كيف عاشت كل حياتها؟

٤- كيف نمت؟

٥- كيف قضينا وقتنا خلال العطلة؟

تمرين ١٦ زمن الفعل في الكتابة عن رحلة (البدء في الصف والاستكمال في البيت)

اكتبوا وصفًا لأجمل رحلة قمتم بها، حقيقية أو خيالية *imaginary.*

Use الماضي and المضارع as appropriate to narrate one-time events and repeated actions. Write at least two paragraphs and use as much new vocabulary as you can.

★ الفعل المضعّف *Doubled or Geminate Verbs*

You have learned several verbs whose جذر contains a doubled consonant:

ظَنَنتُ　　مَرَرتم　　أُحِبّ　　تُعِدّ　　يَهتَمّ　　اِمتَدَّت　　اِستَعَدَّ لِـ

Verbs that have doubled consonants follow regular patterns that differ slightly from verbs with three different root letters. You already know the basic patterns from the verbs مرّ and ظنّ , which you learned in Part One. Here we will systematize that knowledge.

The chart below shows four different stems from four common doubled verbs. Notice that some of these stems contain a doubled consonant with a شـدّة , while others have the like consonants separated. The goal here is for you to learn which stems contain collapsed doubled consonants and which retain separate consonants. It is not necessary to understand why this happens, just to recognize and produce the correct forms, and this takes practice. A brief explanation is provided for those who learn best when they understand reasons and processes.

الماضي

الماضي - هو	الماضي - أنا
مَرَّ	مَرَرتُ
أَحَبَّ	أحبَبتُ
اِهتَمَّ	اِهتَمَمتُ
اِستَعَدَّ	اِستَعدَدتُ

المضارع

المضارع - هو	المضارع - هنّ
يَمُرّ	يَمرُرنَ
يُحِبّ	يُحبِبنَ
يَهتَمّ	يَهتَمِمنَ
يَستَعِدّ	يَستَعدِدنَ

By now you have noticed that doubled consonants tend to gravitate together. Compare these verbs with their أوزان :

مَرَّ ← فَعَلَ　　　ظَنَّ ← فَعَلَ

أَعَدَّ ← أَفْعَلَ　　　يُحِبُّ ← يُفعِل

اِهْتَمَّ ← اِفْتَعَلَ　　　اِستَعَدَّ ← اِستَفعَلَ

Notice that the doubled consonants in these verbs have collapsed together: thus مَرَرَ becomes مَرَّ ; اِستَعدَدَ becomes اِستَعَدَّ , and so forth. In each case, the short vowel separating the doubled consonant has been elided. Long vowels, however, cannot be elided, and that is why المصدر of these verbs follow the normal patterns:

افْتِعال	←	اِهْتِمام	فُعول	←	مُرور
اِسْتِفْعال	←	اِسْتِعْداد	إفْعال	←	إعْداد

Notice also that some أوزان are not affected by the collapse of doubled consonants:

تَفَعَّلَ	←	تَخَصَّصَ	فَعَّلَ	←	قَرَّرَ

These verbs, and others like them, follow two simple rules of syllable formation in formal Arabic: (1) Doubled consonants collapse whenever possible; and (2) doubled consonants may not collapse when this would result in more than two consonants in succession with no interposed vowel. In other words, شدّة and سكون may not occur together on the same consonant, and a doubled consonant may not collapse if the conjugation pattern would result in this combination.[1] Look back at the table on the previous page and note that the stems of هو have collapsed consonants, while the stems of الماضي – أنا and المضارع – هنّ retain separated consonants, and, in fact, follow regular patterns for their أوزان.

The chart on the following page shows the full conjugation of the verb استعدّ لـ. Note that the endings for المضارع المجزوم are the same as those of المنصوب, also because of the «شدة + سكون» rule. You know that the normal مجزوم ending for most singular forms is سكون (for example, لم أذهَبْ). However, a سكون on these stems in doubled verbs would result in شدة + سكون. This problem is solved by replacing سكون in these cases with a فتحة[2]:

لم يَمُرَّ لم تَمتَدَّ لم تُحِبَّ لم أُعِدَّ لم نَستَعِدَّ

Listen to your DVD while you study the charts on the next page.

---

[1]If you want to understand why this happens, think about the شدة + سكون rule. This rule prohibits doubled consonants from collapsing when the pronoun subject begins with a consonant. For example, the الماضي subject pronoun for أنا is ـْتُ, but the form اهتمّْتُ is prohibited by the شدة + سكون rule. The two ـمـ's separate in this case, leaving the correct form اهتَمَمتُ. You can see by studying the chart which suffixes begin with sukuun and force the separation of the doubled consonant.

[2]In Classical Arabic, and especially in poetry, an alternative form of المجزوم also occurs in which the sukuun is retained but the doubled consonant splits. For example, لم يمرّ would be لم يمرُرْ. You should be aware of this variant so that you can recognize it when you see it.

تصريف فعل "استعدّ لـ"

الضمير	الماضي	المضارع المرفوع	المنصوب والمجزوم
هو	اِستَعَدَّ لِـ	يَستَعِدُّ لِـ	يَستَعِدَّ لِـ
هما (مذكر)	اِستَعَدّا لِـ	يَستَعِدّانِ لِـ	يَستَعِدّا لِـ
هم	اِستَعَدّوا لِـ	يَستَعِدّونَ لِـ	يَستَعِدّوا لِـ
هي	اِستَعَدَّت لِـ	تَستَعِدُّ لِـ	تَستَعِدَّ لِـ
هما (مؤنث)	اِستَعَدَّتا لِـ	تَستَعِدّانِ لِـ	تَستَعِدّا لِـ
هنّ	اِستَعْدَدنَ لِـ	يَستَعْدِدْنَ لِـ	يَستَعْدِدْنَ لِـ
أنتَ	اِستَعْدَدْتَ لِـ	تَستَعِدُّ لِـ	تَستَعِدَّ لِـ
أنتما (مذكر)	اِستَعْدَدْتُما لِـ	تَستَعِدّانِ لِـ	تَستَعِدّا لِـ
أنتم	اِستَعْدَدْتُم لِـ	تَستَعِدّونَ لِـ	تَستَعِدّوا لِـ
أنتِ	اِستَعْدَدْتِ لِـ	تَستَعِدّينَ لِـ	تَستَعِدّي لِـ
أنتما (مؤنث)	اِستَعْدَدْتُما لِـ	تَستَعِدّانِ لِـ	تَستَعِدّا لِـ
أنتنّ	اِستَعْدَدْتُنَّ لِـ	تَستَعْدِدْنَ لِـ	تَستَعْدِدْنَ لِـ
أنا	اِستَعْدَدْتُ لِـ	أَستَعِدُّ لِـ	أَستَعِدَّ لِـ
نحن	اِستَعْدَدْنا لِـ	نَستَعِدُّ لِـ	نَستَعِدَّ لِـ

Most of these forms have separated consonants except for the commonly used third person forms.

All of these forms have collapsed consonants except the feminine plurals.

This chart for the verb مـرّ is included so you can see this pattern on a verb of a different وزن . Read through it aloud to practice:

الضمير	الماضي	المرفوع	المنصوب والمجزوم
هو	مَرَّ	يَمُرُّ	يَمُرَّ
هما	مَرّا	يَمُرّانِ	يَمُرّا
هم	مَرّوا	يَمُرّونَ	يَمُرّوا
هي	مَرَّت	تَمُرُّ	تَمُرَّ
هما	مَرَّتا	تَمُرّانِ	تَمُرّا
هنّ	مَرَرْنَ	يَمْرُرْنَ	يَمْرُرْنَ
أنتَ	مَرَرْتَ	تَمُرُّ	تَمُرَّ
أنتما	مَرَرْتُما	تَمُرّانِ	تَمُرّا
أنتم	مَرَرْتُم	تَمُرّونَ	تَمُرّوا
أنتِ	مَرَرْتِ	تَمُرّينَ	تَمُرّي
أنتما	مَرَرْتُما	تَمُرّانِ	تَمُرّا
أنتنّ	مَرَرْتُنَّ	تَمْرُرْنَ	تَمْرُرْنَ
أنا	مَرَرْتُ	أَمُرُّ	أَمُرَّ
نحن	مَرَرْنا	نَمُرُّ	نَمُرَّ

تمرين ١٧ تصريف فعل "أَحَبَّ" DVD

أكملوا الجدول لتصريف فعل "أحبّ":

You may listen to the conjugation on your DVD before, during, and/or after writing out the forms. **Write in all vowels.**

الوزن: ______ المصدر: الحُبّ / المَحَبّة

الضمير	الماضي	المضارع المرفوع	المنصوب والمجزوم
هو	أَحَبَّ	يُحِبُّ	
هما			
هم			
هي			
هما			
هنّ			
أنتَ			
أنتما			
أنتم			
أنتِ			
أنتما			
أنتنّ			
أنا			
نحن			

تمرين ١٨ **اختاروا واحدا من هذه الافعال وأكتبوه في الشكل الصحيح: (في البيت)**

اهتمّ أعدّ استعدّ مرّ ظنّ أحبّ

١- (أنا) ــــــــــه من أول نظرة! ♥♥

٢- الأم ــــــــــ بأولادها كثيراً وتشجّعهم في كل شيء .

٣- أظنّ أنه من اللازم أن ــــــــــ لرحلتك قبل أن تسافري !

٤- هل سـ ــــــــــ لنا العشاء اليوم ، أو نأكل في المطعم ؟

٥- بدأتُ ــــــــــ بالشرق الأوسط منذ زمن طويل.

٦- مشكلتها أنها لا ــــــــــ كثيرا بدراستها ودائما تتأخر في تقديم الواجب.

٧- عندما زرت أقارب والدي في لبنان، رحّبوا بي و ــــــــــ بي كثيراً .

٨- طلبوا مني أن ــــــــــ بالسوق وأشتري لهم بعض الاشياء .

٩- إذا ــــــــــ للمقابلة جيداً، فستكون فرصتك اكبر في الحصول على الوظيفة.

١٠- أين كنت أمس ؟ ــــــــــ أنك ستساعدينني في العمل !

١١- هل سـ ــــــــــ بمكتب البريد اليوم عندما تذهبين الى عملك؟

١٢- هل ــــــــــ جيداً للامتحان ليلة أمس، يا طلاب؟

١٣- لم ــــــــــ الفيلم الذي شاهدوه أمس .

تمرين ١٩ **اسألوا زملاءكم وأخبروا الصف بما عرفتم : (في الصف)**

١- بأي موضوعات يهتمّون؟ وهل تغيّرت اهتماماتهم منذ كانوا صِغاراً؟

٢- متى وكيف بدأوا يهتمّون بالشرق الاوسط؟

٣- كيف يستعدون للامتحانات؟ كيف استعدّوا للصف اليوم؟

٤- هل يُعدّون الأكل في البيت؟ متى كانت آخر مرة أعدّوا فيها العشاء؟ ماذا أعدّوا؟

٥- هل مرّوا بكافتيريا الجامعة اليوم؟ بِمَ يمرّون كل يوم عندما يجيئون الى الجامعة؟

٦- أي فيلم أحبّوا من الأفلام التي شاهدوها هذه السنة؟

★ كم ؟

During the course of studying this book, you will expand and continue to practice and refine your knowledge of الإعراب endings. We begin here with quantities. You know that Arabic requires the use of a plural noun after the numbers 3–10, and a singular after 11–99, 100, 1,000, and multiples thereof. The إعراب endings that nouns carry in these quantities follow specific rules. (Remember that the number itself will take its إعراب ending according to its place and function in the sentence.)

- **٣ – ١٠ + الجمع المجرور (في إضافة)**

When counting objects between three and ten, the plural noun is in إضافة with the number functioning as the first word; thus, the noun always takes المجرور ending:

أمثلة: عندي أربعةُ إخوةٍ   قطعت ثلاثة محيطاتٍ حتى الآن!

- **١١ – ٩٩ + المنصوب**

You have learned that المنصوب indicates the answer to questions such as كيف؟ and متى؟ . In addition, the interrogative particle كم؟ must be followed by a **singular indefinite noun** in المنصوب to specify how many *what*?

أمثلة: كم عالماً من أصل عربي يعمل في «ناسا»؟   كم طبعةً نُشرت لهذا الكتاب؟

المنصوب endings on singular nouns also indicate quantities between eleven and ninety-nine.

أمثلة: قامت بعشرين رحلةً الى عمان.   زرت إحدى عشر كنيسةً في دمشق.

You can think of المنصوب here as answering the question ماذا؟ , specifying the item being enumerated. In Arabic grammatical terminology this is called:

specification	التَّمْيِيز

The grammatical construction التمييز has additional uses and contexts as well, which you will learn later.

- **مئة وألف ومليون + المجرور**

Numbers that end in (مائة) مئة , ألف or مِليون or multiples thereof take a singular noun as well but with المجرور case ending, since the noun here functions as the second word of an إضافة , while the number functions as its first term.

أمثلة: بلغ طول الرحلة ألفَ ميلٍ .   حضر مئتا شخصٍ إلى المحاضرة.

لو كنت أملك مليونُ دولارٍ لرحلت حول العالم.

Finally, note that numbers are often used in indefinite phrases, and in such cases مِن of, among is used instead of الإضافة to retain the indefinite meaning:

after ten months of travelling and moving around	بعد ١٠ شهور من السفر والتنقّل . . .
they lived 25 years of happiness	عاشوا ٢٥ عاماً من السعادة

This table summarizes the basic rules for using numbers with nouns:

مثال	+ الاسم وإعرابه	العدد
قضيت ثلاثةَ شهورٍ في المغرب.	جمع مجرور	٣ - ١٠
له سبعون ولداً وبنتاً.	مفرد منصوب	١١ - ٩٩
قلتُ لك مئة مرّةٍ !	مفرد مجرور	مئة، ألف، مليون

تمرين ٢٠   كم؟ (في البيت)

أجيبوا عن هذه الاسئلة في جمل كاملة.

١- كم مرة تنظرون الى ساعتكم كل يوم؟

٢- كم قرنا يمتدّ تاريخ الشرق الأوسط؟

٣- كم كتابا نُشر في أمريكا عن الإسلام هذه السنة في رأيكم؟

٤- كم يبلغ عدد السكّان في المدينة التي ولدت فيها؟

٥- كم هدية تقدّمون لأهلكم وأصدقائكم في السنة؟

٦- كم مرة في الاسبوع تقومون بلعب الرياضة؟

٧- كم سوقا يقع قريباً من منطقة سكنكم؟

٨- كم دولارا تحتاجون في الشهر لحياتكم؟

تمرين ٢١   معلومات لكتاب «غينيس» (في البيت ثم في الصف)

How many (real or imaginary) Guinness World Records can you come up with? Write as many as you can on a large sheet of paper and bring them to class to share.

أمثلة: أكبر امرأة في العالم يبلغ عمرها . . . سـنة.

أطول محاضرة في التاريخ امتدّت . . . ساعة.

وقعت امرأة من . . . ألف قدم *feet* وعاشت!

‏- ٢٨ -

تمرين ٢٢ **نشاط قراءة**

أ ـ القراءة في البيت

١ـ **القراءة السريعة** *Scanning* :
Scan the text to look for names of people and places and determine the topic of each section.

٢ـ **القراءة الثانية:** المعلومات التاريخية عن دمشق

أ ـ لماذا تُعتبر دمشق مدينة مشهورة؟ ما هي العصور المهمة في تاريخها؟
ما معنى العنوان «أقدم مدينة مأهولة في التاريخ»؟ انظروا الى جذر «مأهول».

ب ـ اذكروا ثلاثة من أسماء دمشق القديمة:

جـ ـ اذكروا ثلاثة أماكن تاريخية مشهورة في دمشق وشيئًا عن كل واحد منها:

د ـ من هم الرحالون العرب الذين زاروا دمشق وماذا كتبوا عنها؟

ب ـ القراءة في مجموعات داخل الصف:

١ـ إلى أين نذهب في دمشق إذا أردنا:
- أن نشاهد حمّاماً عربياً؟
- أن أشتري لنفسي أو لأمي او حبيبتي شيئاً من الذهب أو الفضة؟
- أن أشتري حَرير *silk* ؟
- أن أشتري ملابس عربية؟
- أن أشتري أشياء لأطبخ بها عشاءً عربياً لذيذاً؟

٢ـ يذكر النص مكاناً اسمه «مكتب عَنبَر». لماذا هو مهم؟

٣ـ لماذا «سوق الحميدية» مهم؟
In this paragraph, look for foreign words to sound out. How can you recognize them?

٤ـ في «سوق مدحت باشا»: . . . وفي منتصفه يصبح سوق مدحت باشا مكشوفا حتى الباب الشرقي» الجذر = ________ المعنى = ________

٥ـ كيف نقول بالعربية؟ ستجدون هذه الكلمات في النص:

gate = ________   to name = ________

shop = ________ ج. ________

دمشق أقدم مدينة مأهولة في التاريخ

دمشق بأسماء التاريخ

تعتبر مدينة دمشق أقدم عاصمة تاريخية في العالم. وقد اطلقت على المدينة اسماء عديدة اشهرها دمشق، وهي تسمية قديمة ... ومن اسمائها ايضا "جيرون" نسبة إلى جيرون بن سعد بن عاد بن ارم بن سام بن نوح. وعرفت في كثير من النصوص الادبية باسم جلق. وقال اليعقوبي عنها في كتاب البلدان: مدينة جليلة قديمة، وهي مدينة الشام في الجاهلية والاسلام، وليس لها نظير في كثرة انهارها وعمارتها. ويصفها ابن بطوطة قائلا: ودمشق هي التي تفضل جميع البلدان حسنا وتتقدمها جمالا.. وكل وصف وان طال فهو قاصر عن محاسنها. وقال ابن جبير في ذكرها: اما دمشق فهي جنة المشرق، ومطلع نوره المشرق.

وتشتهر دمشق باسواقها القديمة مثل سوق الحميدية ومدحت باشا والصالحية وغيرها، كذلك هناك عدد كبير من الكنائس والأديرة والمساجد والمدارس والابواب والخانات.

سوق الحميدية

سوق الحميدية أشهر أسواق دمشق الشعبية، وهو يمتد على خط مستقيم من الغرب (حيث كان باب النصر) وحتى الجامع الأموي ويعود تاريخه إلى عام ١٨٨٣ خلال العهد العثماني وحكم السلطان عبد الحميد الذي سمي السوق باسمه. وحوانيت السوق تشتهر بجميع انواع البضائع ولا سيما الملابس والأقمشة والحلويات والصناعات التقليدية كالبروكاد والموزاييك والنحاس.

سوق مدحت باشا

وهذا السوق انشأه والي دمشق مدحت باشا عام ١٨٧٨ وهو يعلو الشارع الروماني المستقيم ويشتهر بالعباءات الصوفية والكوفيات والعقل. وفي منتصفه يصبح سوق مدحت باشا مكشوفا حتى الباب الشرقي. ويقول بعض علماء الآثار بأنه حيث يبدأ هذا الجزء المكشوف يقع المكان الذي بدأت فيه دمشق قبل آلاف السنين. وفي هذا الجزء يوجد مكتب عنبر وهو من أجمل البيوت الدمشقية التي انشئت في القرن التاسع عشر وأصبح منذ ١٨٨٧ مدرسة ثانوية في العهد العثماني والفرنسي. كما أن في نهاية السوق العديد من الكنائس الجميلة والعريقة وأهمها كنيسة (حنانيا) التي تعود للعهد البيزنطي.

سوق الحرير

انشأه درويش باشا عام ١٥٧٤ ، ويقع مدخله في آخر سوق الحميدية بالقرب من الجامع الأموي وتشتهر حوانيته ببيع الأقمشة والعطور ولوازم الخياطة النسائية كما أن فيه عددا من الخانات القديمة التي أصبحت هي الأخرى مجمعا لعدد من الحوانيت الشهيرة.

سوق البزورية

يصل بين سوق مدحت باشا وقصر العظم. وهو يشتهر بحوانيته الصغيرة التي تغص بأنواع البهارات والعطور واللوز والفستق والفواكه المجففة والأعشاب الطبية وحلويات الأعراس والمناسبات كالسكاكر والشوكولاته.

وفي وسط السوق يقع حمام النوري وهو أحد الحمامات العامة المتبقية من مائتي حمام كانت في دمشق منذ القرن الثاني عشر وظلت قيد الاستعمال حتى وقت قريب. كما أن فيه خان أسعد باشا الشهير الذي بناه صاحب قصر العظم في منتصف القرن التاسع عشر وهو الآن في صدد تحويله إلى مركز سياحي هام وفندق.

ويؤدي السوق إلى سوق صغير آخر هو سوق الصاغة الذي تباع فيه أنواع المجوهرات والحلي الذهبية والفضية. ويطل عليه الباب الجنوبي للجامع الأموي.

من جريدة «الأنباء» ١٩٩١/١٢/٢٨

تمرين ٢٣ نشاط استماع: مدينة غزّة في التاريخ (في البيت وفي الصف) DVD

من محاضرة "غزة بين الماضي والحاضر" للدكتور سالم عويس، معهد اللغة العربية بكلية ميدلبري، ١٩٩٥، مع جزيل الشكر.

لاحظوا هذه الكلمة :

سَيِّء bad (≠ جيّد)

Use good listening technique: Listen once to the entire passage to get a general idea of the topic or topics, then listen again to the entire passage to confirm your ideas and expand your comprehension. The questions below begin with general information and gradually ask about specific details. Once you have answered the general questions, listen to the text section by section, repeating as necessary, to fill in as much detail as you can.

أ ـ الاستماع في البيت

١ـ ما هي الموضوعات التي يتكلم عنها الدكتور عويس في محاضرته؟ اذكروا أربعة:

٢ـ ما هي الأماكن والشعوب والحضارات *civilizations* التي ذكرها د. عويس؟

٣ـ يصف المحاضر مدينة غزّة اليوم بأنها: (اذكروا شيئين)

٤ـ كيف كانت مدينة غزّة في الماضي ومن أين لنا معلومات عنها؟

٥ـ لماذا كانت غزّة مهمة للتجارة؟

٦ـ بالإضافة الى التجارة، لماذا كانت غزّة مهمة في الزمن القديم؟ اذكروا شيئين:

ب ـ الاستماع في الصف:

لاحظوا هذه الكلمة

خَشَب wood

١ـ ماذا قال د. عويس عن صور وبيبلوس (جُبَيل) في لبنان؟

٢ـ ماذا يقصد د. عويس بكلمة «الغرب» في محاضرته؟

٣ـ ماذا ذكر المحاضر عن البَخور *incense*؟

٤ـ اذكروا شخصين مشهورين تحدّث عنهما المحاضر. ما علاقة كل واحد منهما بغزّة؟

جـ ـ الاستماع الدقيق (في البيت أو في المعمل)

اكتبوا الكلمات التي تسمعونها:

١ـ من 00:14 الى 00:29 «مدينة ____________ ساحلية

____________ ساحل *coast* ____________ نسمة».

٢ـ من 8:33 الى 8:52 «كثير من الزُوّار *pilgrims* ________ واليهود ____________

____________ عُبور *crossing* ____________ عبور للزوار».

تمرين ٢٤ **نشاط قراءة من "رحلة" ابن بطوطة (في الصف)**

تعلموا هذه الكلمات :

شَجَر ج. أشجار	trees (collective)
جَبَل ج. جبال	mountain
مَركَب ج. مَراكِب	ship, boat

اقرأوا هذا النص من "رحلة ابن بطوطة"

١ـ القراءة السريعة

Skim the passage to look for names of people and places that ابن بطوطة mentions.

٢ـ القراءة الثانية

أ ـ وصف ابن بطوطة مدينة صنعاء بأنّها ____________ .

ب ـ كان الناس يجيئون الى مدينة عدن من ____________ .

جـ ـ كيف تختلف مدينة صنعاء عن مدينة عدن في وصف ابن بطوطة؟

٣ـ خمّنوا معاني هذه الكلمات :

البحر الأعظم = ____________

تُجّار = ____________ هل هي مفرد أو جمع ؟ كيف نعرف ذلك؟

والماء على بُعد منها = ____________ (Hint: What adjective is related to this word?)

٤ـ **للمناقشة:** لماذا يتكلم ابن بطوطة كثيراً عن المطر والماء؟ ما هي المدن التي يذكرها وكيف يعرف أسماء هذه المدن؟

ذكر سلطان اليمن

وهو السلطان المجاهد نور الدين علي ابن السلطان المؤيد هِزَبْر الدين داود ابن السلطان المظفّر يوسف بن علي بن رسول، شُهر جدّه برسول لأن أحد خلفاء بني العباس أرسله إلى اليمن ليكون بها أميراً، ثمّ استقلّ أولاده بالملك . . .

وأقمت في ضيافة سلطان اليمن أياماً وأحسن إليّ وأركبني، وانصرفت مسافراً إلى مدينة صنعاء، وهي قاعدة بلاد اليمن الأولى، مدينة كبيرة حسنة العمارة، بناؤها بالآجرّ والجصّ، كثيرة الأشجار والفواكه والزرع، معتدلة الهواء طيبة الماء ؛ ومن الغريب أن المطر ببلاد الهند واليمن والحبشة إنما ينزل في أيام القيظ، وأكثر ما يكون نزوله بعد الظهر من كل يوم في ذلك الأوان، فالمسافرون يستعجلون عند الزوال لئلا يصيبهم المطر، وأهل المدينة ينصرفون إلى منازلهم لأن أمطارهم وابلةٌ متدفّقة.

ومدينة صنعاء مفروشة[1] كلّها، فإذا نزل المطر غسل جميع أزقّتها وأنقاها. وجامع صنعاء من أحسن الجوامع، وفيه قبر نبيّ من الأنبياء، عليهم السلام.

ثمّ سافرت منها إلى مدينة عَدَن مرسى بلاد اليمن على ساحل البحر الأعظم، والجبال تحفّ بها، ولا مدخل إليها إلاّ من جانب واحد، وهي مدينة كبيرة، ولا زرع بها ولا شجر ولا ماء، وبها صهاريج يجتمع فيها الماء أيّام المطر، والماء على بعد منها، وهي شديدة الحرّ . . . وهي مرسى أهل الهند تأتي إليها المراكب العظيمة من كنبايت وتانَه وكولم وقالقوط وفندراينه والشاليات، ومنجرور وفاكنور وهنور وسندابور وغيرها ؛ وتجار الهند ساكنون بها، وتجار مصر أيضاً.

---

[1] مفروشة : أي بالبلاط

من كتاب «رحلة ابن بطوطة» ص. ٢٤٩-٢٥١
دار بيروت للطباعة والنشر، ١٩٨٥

العامية

"الحَمدِ لله على السلامة!"

أ ـ مفردات وعبارات

تذكّـــروا :

إزّيك ؟ الحمد لله صحّة الحاجّ/ة حاجة

تعلّموا: DVD

ازّيّ؟ = كيف؟ how?

إزّيَّـك؟ / إزَّيِّك؟ / إزّيُّكو؟

إزّيّ الصحة؟ — إزّيّ الدراسة؟ — إزّيّ الوالد؟

اوضة ج أُوَض = غرفة

إيه الكلام ده!؟ = ما هذا الكلام!؟ Don't say that! That's nonsense!

بَسّ = فقط

تَعَبتَك مَعايَ (مَعايا) Sorry to be so much trouble! (literally, I have made you tired.)

الحمدِ للّـه ع [على] السلامة — الله يِسَلِّـمَك!

a greeting to someone returning from a trip or long absence or recovered from an illness

دَه (دا) = هذا

دي = هذه

دول = هؤلاء

تِصبَح على خير — وانت من أهلُه! Good night! — (reply)

تِصبَحي على خير — تِصبَحوا على خير

وانتي من أهلُه! — وانتو من أهله

مافيش مشكلة! = ليس هناك مشكلة

ب ـ القصة DVD

أسرة خالد تستقبل أسرة مها في البيت. ماذا يقولون؟

جـ ــ تراكيب *Structures*

الضمائر

On your DVD, listen to the pronouns in عامية . Remember that المثنى and جمع المؤنث are not used. Remember also that you should use the polite forms حَضرِتك and حَضرتَك with adults you do not know and those above you in rank or age.

Object of a Verb

مَعاهُم	مَعاهْ مَعاها
مَعاكو	مَعاكْ مَعاكي
مَعانا	مَعايَ (مَعايا)

Possessive

اوضِتهُم	اوضتُه اوضِتْها
اوضِتْكو	اوضتَك اوضتِك
اوضِتْنا	اوضتي

Subject

هُمَّ	هُوَّ هِيَّ
اِنتو	اِنتَ اِنتي
اِحنا	أنا

د ــ نَشاط *activity*

A. Practice الضمائر بالعامية with your زملاء by pretending you don't know each other:

أمثلة: حضرتك مين ؟

هوّ مين ؟

هيّ مين ؟

همّ مين ؟

B. Play lost and found:

أمثلة: دا كرسي مين ؟

دي ورقة مين ؟

دول كتب مين ؟

٢ ـ أعياد واحتفالات

في هذا الدرس:

النص:
- ذكريات رمضانية من الشام

القراءة:
- أعياد المسيحيين
- تكريم آن ماري شيمل

الاستماع:
- عيد الفصح
- من الأعياد في مصر
- رمضان في عُمان

الثقافة:
- رمضانيّات
- أكلات رمضان

التراكيب:
- اسم الفاعل واسم المفعول
- سقوط «ن» في الإضافة

العامّية
- «السحور يا ولاد!»
- السؤال و بـ + المضارع
- أغنية «سنة حلوة يا جميل»

المفردات

تذكروا وتعلّموا

أَكَلَ ، يَأكُل ، الأكل ← مَأكولات — foods

اِجتَمَعَ مع / بـ ← جَمَعَ ، يَجمَع ، الجَمع — to gather, collect

← تَجَمَّعَ، يَتَجَمَّع، التَّجَمُّع — to gather together in a group

جَميعًا ← جَميع ، الجَميع — all; everyone

تَحَدَّثَ عن / مع ← حَدَّثَ ، يُحَدِّث (عن) — to tell someone (about)

← حَديث ج. أحاديث — speech; Prophetic Hadith

حَضَرَ ، يحضُر، الحضور ← حَضَّرَ، يُحَضِّر، التَّحضير — to prepare (something)

اِختَلَفَ من / عن ← اِخْتَلَفَ على ، يَختَلِف على ، الاِختِلاف على — to disagree on, about

تَذَكَّرَ ← ذِكْرى ج. ذِكرَيات — memory

ما زالَ (ما زِلتُ) = لا يَزال ، ما يَزال

شَرِبَ ، يَشرَب ، الشُّرب ← مَشروب ج. ـات — drink

← شَراب — sweet drink made from fruit syrup, served on special occasions

اِشتَرَكَ في ← شارَكَ في، يُشارِك في، المُشارَكة في — to join someone in, share with someone, participate with someone in

الصَّلاة ← صَلَّى ، يُصَلّي ، الصَّلاة — to pray

مَطبَخ: طَبَخَ، يَطبُخ، الطَبخ ← مَطْبوخ /ة — cooked

طَلَبَ، يَطلُب، الطَلَب (من) ← مَطْلوب /ة — sought, asked for, in demand

اِستَعَدَّ لِـ ← اِسْتِعدادًا لِـ — in preparation for

at (place, time); in the view, practice of		←	عِندَ
custom, habit	عادة ج. ـات	←	اِعْتادَ ، يَعتاد (أنْ)
other than . . . ; not/non-/un-	**غَيْر (+ صفة)**	←	غَيَّرَ ؛ تَغَيَّرَ
	غير ممكن ؛ غير مطبوخ ؛ غير المسلمين		
. . . and others	. . . وغيرُها / غيرُهم / غيرُ ذلك	←	
to break one's fast	أفْطَرَ ، يُفطِر ، الإفطار	←	فَطَرَ ، يفطُر ، الفُطور
to put on a celebration	أقامَ احتفالاً / حفلة	←	أقامَ، يُقيم، الإقامة (في/مع)
eve of (a holiday)	ليلة (العيد)	←	ليلة ج. لَيالٍ / اللَّيالي
to pass (of time, = مَرَّ)	مَضى ، يَمْضي	←	الماضي
to pass since . . .	مَضى على	←	
among		←	مِن **(+ الجمع)**
to wait for	اِنْتَظَرَ، يَنتَظِر، الاِنتِظار	←	نَظَرَ ، ينظُر ، النَظَر إلى
to move (something)	نَقَلَ ، يَنقُل ، النَقل (إلى)	←	اِنتقَلَ ؛ تَنَقَّلَ
duty, obligation	واجِب ج. ـات (على)	←	يَجِب
meal	وَجْبة ج. وَجَبات	←	

من القاموس

earth, land, ground	أرْض **[مؤنّث]** ج. أراضٍ / الأراضي
basic	أساسِيّ
to follow (e.g., someone), pursue; be attached to	تَبِعَ ، يَتْبَع
to celebrate	اِحْتَفَلَ بـِ ، يَحتَفِل بـ ، الاِحتِفال بـ
party	حَفلة ج. حَفَلات
concert	حفلة موسيقيّة

sweet; delicious	حُلو / ة
sweets, desserts	حَلَوِيّات
عندما =	حينَ
quarter (of a city)	حَيّ ج. أَحْياء
light (in weight or density)	خَفيف
store, shop	دُكّان ج. دَكاكين
to decorate	زَيَّنَ ، يُزَيِّن ، التَزْيين
open square, courtyard; arena (literal and figurative)	ساحة ج. –ات

ساحة الجامعة -- ساحة البلدة -- الساحة السياسية -- الساحة الثقافية

Damascus دِمَشق =	الشّام
Greater Syria	بلاد الشّام
to make, produce	صَنَعَ ، يَصْنَع ، الصُّنْع
industry, production	الصِّناعة
to hit, strike	ضَرَبَ ، يَضرِب ، الضَّرْب
guest	ضَيْف ج. ضُيوف
to host (a guest)	اِستَضافَ ، يَستَضيف ، الاِستِضافة
drum	طَبْلة ج. –ات
road, path, way (to a place)	طَريق ج. طُرُق / طُرُقات (إلى)
way, method (abstract)	طَريقة ج. طُرُق
burden	عبء ج. أعباء
holiday, feast day, day of celebration	عيد ج. أَعْياد
birthday	عيد ميلاد
Christmas	عيد الميلاد

Easter; Passover	عيد الفِصح
Eid at the end of Ramadan	عيد الفِطر
Eid during pilgrimage	عيد الأضحى
rich	غَنِيّ ج. أَغْنِياء
poor	فَقير ج. فُقَراء
art	فَنّ ج. فُنون
to do (something) in an artistic or creative way	تَفَنَّنَ في ، يَتَفَنَّن في ، التَّفَنُّن في
money	مال ج. أَمْوال
to call (someone), call out	نادى ، يُنادي ، المُناداة / النِداء (على)
type, kind (of), variety	نَوْع (من) ج. أَنْواع
varied, various	مُتَنَوِّع
to put, place	وَضَعَ ، يَضَع ، الوَضْع

تعلّموا هذا الفعل : تصريف فعل "صلّى"

الماضي

المفرد	المُثنّى	الجمع
صَلّى صَلَّت	صَلَّيا صَلَّتا	صَلَّوا صَلَّينَ
صَلَّيتَ صَلَّيتِ	صَلَّيتُما	صَلَّيتُم صَلَّيتُنَّ
صَلَّيتُ		صَلَّينا

المضارع

المفرد	المُثنّى	الجمع
يُصَلّي تُصَلّي	يُصَلِّيانِ تُصَلِّيانِ	يُصَلّونَ يُصَلّينَ
تُصَلّي تُصَلّينَ	تُصَلِّيانِ	تُصَلّونَ تُصَلّينَ
أُصَلّي		نُصَلّي

من الشعر العربي: «قد أَسمَعْتَ لو نادَيتَ حيّاً

ولكنْ لا حياةَ لِمَن تُنادي»

تمرين ١ أوزان الأفعال الجديدة (في البيت)

Complete as much as you can without looking back to the vocabulary list. Write in all vowels. Think about the verbs you know whose جذر contains و or ي .

الوزن + الجذر	الماضي	المضارع	المصدر
		يَتبَع	—
	جَمَعَ		
			الصُّنع
	ضَرَبَ		
فَعَلَ + م ض ي			المُضِيّ
		يَنقُل	
فَعَلَ + و ض ع			
	حَدَّثَ		—
			التَّحضير
فَعَّلَ + ز ي ن			
			الصَّلاة
	شارَكَ في		
فاعَلَ + ن د و			
			الإفطار
أَفعَلَ + ق و م			
		يَتَجَمَّع	
	اِحتَفَلَ بـ		
			الانتِظار

تمرين ٢ دراسة وزني "فَعَّلَ" و"تَفَعَّلَ" (في البيت)

You have studied the relationship between وزن فَعَّلَ and وزن تَفَعَّلَ , and learned that فَعَّلَ is normally transitive and takes a direct object, whereas تَفَعَّلَ is usually intransitive:

غَيَّرَ	*to change (something)*	غَيَّرتُ رأيي وقررت أن أسافر!
تَغَيَّرَ	*to change (itself)*	تَغَيَّرت العادات العائلية كثيرا.

Thus, حَدَّثَ means *to speak to (someone)* and تَحَدَّثَ means *to speak.*

حَدَّثَ	حدّثني أبي عن رحلته الى الإمارات.
تَحَدَّثَ	تحدّثنا أنا وأبي عن مشاريعي في الصيف القادم.

In some cases, فَعَّلَ and تَفَعَّلَ can carry an intensive meaning:

جَمَّعَ	*to gather up many things or pieces*	تَجَمَّعَ	*to gather all together*
قَطَّعَ	*to cut or chop up into little pieces*	تَقَطَّعَ	*to be cut or chopped up*

Understanding the relationship between فَعَّلَ and تَفَعَّلَ allows you, if you know one member of this pair, to derive and guess the meaning of the other. Fill in the missing وزن below and give the meaning you expect:

فَعَّلَ: زَيَّنَ ، يُزَيِّن ، التَّزيين ← تَفَعَّلَ : ________________ (V)

Occasionally a جذر will be used in either وزن تَفَعَّلَ or وزن فَعَّلَ but not both:

صَلّى	*to pray*	(فَعَّلَ فقط)
تَفَنَّنَ في	*to be artistic in*	(تَفَعَّلَ فقط)

Form وزن فَعَّلَ from the following and use in a sentence:

خَفيف ← ________ عبء   *to lighten the burden of*

مال ج. أموال ← ________   *to provide money for, to finance*

Complete the chart and use the appropriate verb and وزن to complete each sentence below. Remember to think about verb tense.

الجذر	فَعَّلَ ، يُفَعِّل	تَفَعَّلَ ، يَتَفَعَّل
ج م ع		
ح د ث	حَدَّثَ، يُحَدِّث	
ز ي ن		

١- ـــــــــ نا ضيفنا اليمني عن اليمن وأهلها وتاريخها الطويل.

٢- ـــــــــ المستشرقة في محاضرتها عن القوافل التجارية بين بلاد الشام والهند.

٣- ـــــــــ سكّان الأحياء في المدن العربية شوارعهم احتفالاً بالعيد.

٤- ـــــــــ البنت استعداداً لحفلة زواجها ولبست فستاناً جميلاً.

٥- أظنّ أنه من الأفضل أن ـــــــــ كل أشيائنا في مكان واحد.

٦- ـــــــــ الأولاد في ساحة المدرسة في الساعة السابعة والنصف كل صباح.

تمرين ٣ دراسة وزن فَعَلَ وافتَعَلَ (في البيت)

In this exercise we will take an introductory look at the relationship between وزن فَعَلَ and وزن افتَعَلَ. The goal is to begin to understand how the meaning of افتَعَلَ relates to that of فَعَلَ. Generally, the افتعل form is either reflexive or abstract of وزن فعل. The exact meaning is often impossible to predict, but the meaning of الجذر will help you to remember it. First complete the chart and study the meanings given, then fill in the sentences with الوزن المناسب. Pay attention to tense and agreement.

المعنى	اِفتَعَلَ ، يَفتَعِل	المعنى	فَعَلَ ، يَفعُل	الجذر
to get together with, meet		to gather, collect (something)	جَمَعَ ، يَجمَع	ج م ع
to move oneself (intransitive)		to move (something)	نَقَلَ ، يَنقُل	ن ق ل
to wait for, be on the lookout for		to look at	نَظَرَ، يَنظُر إلى	ن ظ ر

١- ـــــــــ من شقتهما القديمة إلى شقة أكبر بعد ولادة طفلهما الأول .

٢- قررتْ أن ـــــــــ ابنها من مدرسته إلى مدرسة اخرى أقرب إلى البيت .

٣- الأطفال ـــــــــ عيد الميلاد بسبب الهدايا التي يقدّمها لهم أهلهم.

٤- أحب أن أجلس في المقاهي وـــــــــ الى الناس وهم يمرّون في الشارع.

٥- من اللازم أن آخذ بعض الوقت لـ ـــــــــ أفكاري قبل المحاضرة.

٦- أريد أن ـــــــــ مع كل واحد منكم بشكل فردي هذا الأسبوع.

تمرين ٤ نشاط محادثة (في مجموعات صغيرة داخل الصف) DVD

شاهدوا الفيديو من برنامج "فرحة" في قسم "المفردات" في الـ DVD عن الاحتفال بعيد الفطر وتحدثوا مع زميل/ة بالمفردات الجديدة عمّا تشاهدون.

تمرين ٥ اسألوا زملاءكم (في الصف)

Remember to use جمل فعلية and as much new vocabulary as you can.

1. What *meals* do they usually *prepare* for themselves?
2. Who likes to sit on *the floor when* she or he reads or watches television?
3. What *habits* do they want to change?
4. How many weeks have *passed since* their last visit home?
5. How long would they *wait for* a professor outside his/her office? To show up for class?
6. What are the things about which they and their parents *disagree*.
7. What *kinds of art* are they interested in? What can they *do in an artistic way*?
8. What do they think is the best *way to* study vocabulary?
9. What *memories* are special to them and why?
10. Do they consider homework *a burden*?

تمرين ٦ اكتبوا كلمة من الكلمات الجديدة في الفراغ : (في البيت)

١- الحُمّص والتّبولة والكُبّة من ــــــــ اللبنانية المشهورة .

٢- يحتفل كثير من الأمريكيين بِــــــــ ــــــــ في ٢٥ ديسمبر من كل سنة.

٣- الرسم والموسيقى هما من ــــــــ التي احبُّها .

٤- أحب أن أستضيفكم على العشاء ليلة الجمعة. هل تعرفون ــــــــ إلى بيتي؟

٥- كان عمره عشرين سنة ــــــــ التحق بالجيش .

٦- ــــــــ الطفل أخاه الصغير فبدأ الصغير يَبكي *cry*.

٧- المتخصصون في علم الإنسان يدرسون ــــــــ الشعوب في الثقافات المختلفة.

٨- كان عندي موعد معه ولكنه ما جاء الى الآن --- سأجلس وــــــــه حتى يجيء.

٩- هذه القهوة ــــــــ جداً، كأنها ماء فقط!

١٠- لا أستطيع أن أجد جواز سفري ولا أتذكّر أين ــــــــهُ .

١١- إذا كنت تفكر في الإقامة في باريس، فستحتاج الى كثير من ــــــــ لأن الحياة فيها غالية جداً.

١٢- يا أصدقائي! اليوم عيد ميلادي، وأتمنى أن ———ني في الاحتفال به .

١٣- ——— أسبوع واحد فقط على بداية الدراسة وعندي واجبات كثيرة!

١٤- أي ——— من الأكل تفضّلين --- الأكل الصيني أو الأكل الهندي؟

١٥- الزَكاة واجب على كل المسلمين ، والقصد منها مساعدة ——— .

١٦- أظنّ أن الصداقة شيء ——— في حياة كل إنسان.

١٧- عندما كنت صغيرة ———ني جدتي كثيرًا عن دمشق وعادات أهلها.

١٨- أحب الفلافل وأرغب في تعلّم طريقة ———ها .

١٩- في هذا الدرس سنقرأ عن ——— في العالم العربي وكيف يحتفل الناس بها.

٢٠- بدأ أهل الحي ——— أمام بيت أم علي حين سمعوا خبر وفاة ابنها.

٢١- مدينة ديترويت مشهورة بـِ ——— السيارات.

٢٢- ابننا الصغير غير سعيد في مدرسته ولذلك نفكر في ———ه الى مدرسة اخرى.

٢٣- في رأيي أن مساعدة البلدان الفقيرة واجب على كل البلدان ——— .

٢٤- زميلتي تهتمّ بالموسيقى الشرقية وهي الآن تأخذ دروسا في لعب ——— .

٢٥- سيجيء الى بيتنا غداً عدد من ——— ولذلك يجب أن نرتب البيت ونعدّ لهم وجبة كبيرة.

٢٦- ——— الناس في العالم العربي البيوت والطرقات في الأعياد.

٢٧- نحن ——— على أشياء كثيرة، ولكننا أصدقاء .

٢٨- أشتري الفواكه عادةً من ذلك ——— الصغير في آخر الشارع.

تمرين ٧ تقديمات عن عيدك المفضل (في البيت ثم في الصف)

Prepare a تقديم *presentation* on عيدك المفضّل to present in class. Use as much new vocabulary as you can, and focus on what you can say with it (do not look up new words to use). Practice so that you are ready to present in class from your notes (no reading from the page). In class, find a partner and give each other your تقديمات . When you finish, find a new partner and report on both your and your first partner's عيد مفضّل .

عبارات جديدة 📀

(a day/a week/a year) before	أ ــ قبل . . . بــ (يوم / أسبوع / سنة . . .)
(a day/a week/a year) after	بعد . . . بــ (يوم / أسبوع / سنة . . .)

- نُشرت رحلة ابن بطوطة **بعد** وفاته **بقرون** .
- وصل الأوتوبيس الأول **قبل** موعده **بعشر دقائق** .

each other	ب ــ بعض(ــهم) البعض / بعض (هم) بعضًا

- في الهند عدد كبير من اللغات التي تختلف عن **بعضها البعض** .
- يا أولادي! أتمنى لكم ان تحبوا **بعضكم بعضا** وأن تساعدوا **بعضكم البعض** .

as also, just as, in addition	جـــ ــ كما أنّ (+ جملة اسمية)

- خلال إقامتنا في المغرب قمنا بزيارة مدينة طنجة الواقعة على المحيط الاطلسي **كما أننا** قمنا بزيارة المناطق الجبلية في الشمال.

- يهتم علم الإنسان بدراسة أحوال الشعوب وعاداتها **كما أنه** يقدم لنا أيضا معلومات عن طرق عيشها.

has always been (was and still is)	د ــ كان ومازال

- **كان** السيّد البدوي **وما زال** يعتبر واحدًا من أعظم الأولياء في مصر.
- مدينة طرابلس في لبنان **كانت وما تزال** تشتهر بصنع الحلويات العربية الممتازة.

تمرين ٨	العبارات الجديدة

أ ــ **ترجموا جمل العبارات الجديدة الى اللغة الإنجليزية** .

ب ــ **نشاط كتابة بالعبارات الجديدة: اكتبوا عن "ذكريات من الطفولة".**

Use as many مفردات جديدة as you can in addition to العبارات الجديدة والقديمة. You may want to use the expression مضت X سنة/سنوات على to indicate how long ago your memories occurred. Use جملة فعلية word order as the example shows:

مثال: مضت ١٠ سنوات على انتقالنا الى البيت الذي نسكن فيه الآن . . .

تمرين ٩ **نشاط استماع (في البيت)** DVD

هذا التمرين في قسم الاستماع في الـ DVD .

استمعوا الى النص واكتبوا الكلمات.

تعلموا هاتين الكلمتين :

صَليب	cross
بَيضة ج. بَيْض (collective)	egg

عيد الفصح

في ______ الربيع من كل عام ______ ______ ______ في العالم العربي بـ ______ الفصح

______ يُعرف أيضا بـ « ______ القيامة» أو «______ ______».

و______ الفصح ______ ______ متعددة تبدأ بـ «______ الرماد» مرورا بـ

«______ ______ ______» أو «______ الحزينة» و«______ النور» وانتهاءً بـ «______ ______ ______».

وفي ______ ______ يذهب ______ إلى ______ ______ وبعد ______ ينطلقون

من ______ ويسيرون في ______ وهم ______ الصليب و ______ آلام *suffering* السيد

المسيح.

ويوم ______ ______ ______ ______ بـ ______ الكعك وسلق البيض و______

______ ______ يوم ______. و______ ______ ______ تلوين البيض و______ لـ «المفاقسة»

وهي لعبة ______ ______ ______ بيضة و______ بها بيضة ______ ______

ويكسرها .

______ يوم ______ ______ هو يوم ______ ______ ______ ______ ______ وبقيامة ______

______ . وفي ______ ______ يذهب ______ إلى ______ ______ وهم ______

______ و______ ______ ______ ______ ، و______ ______ عبارات

التهنئة *holiday greetings* و______ مع ______ و______ ______ .

الثقافة رمضانيّات

استمعوا الى "الثقافة" في الـ DVD واكتبوا وصفاً قصيراً لهذه الأشياء الرمضانية:

إمام المسجد	مِـدْفَـع ج. مَدافِع	صلاة التَّراويح
الحَكَـواتي	الـمُسَحِّراتي / الـمُسَحِّر	ليلة القَدْر

من أكلات رمضان والعيد

استمعوا الى وشاهدوا المأكولات والمشروبات الرمضانية واكتبوها في ٣ lists : (١) الأشياء التي تعرفونها وتحبونها، (٢) التي تعرفونها ولكن لا تحبونها، و(٣) التي لا تعرفونها:

مُقَبِّلات (ما نأكله قبل الوجبة)		فَـواكِه
مَـأكولات	مَشروبات	حَلَـوِيّات

تمرين ١٠ **القراءة والاستماع في البيت بدون القاموس**

Continue to develop reading strategies as suggested in درس ١ . Do not use a dictionary here. Scan the text first, then read it twice without stopping, listening to the DVD at least once.

الأسئلة:

١ـ من يتحدث في هذه المقالة؟ عمَّ يتحدثان؟

٢ـ متى وكيف كان الناس يبدأون في الاستعداد لرمضان؟

٣ـ ما هي بعض الأشياء التي كان الناس يقومون بها بعد الإفطار؟

٤ـ كيف يختلف الإفطار عن السحور؟ مِمَّ [من ماذا] يتكوّن كل واحد منهما؟

٥ـ ما هي العادات الدينية الخاصة برمضان؟

٦ـ **خمّنوا** معنى هذه الكلمات — **بدون قاموس!** — واكتبوا معانيها **بالعربية**:

أ ـ عند المسلمين في <u>مَشارِق</u> الأرض <u>ومَغارِبِها</u> = ________________

ب ـ (المسحراتي) <u>يَطرُق</u> الأبواب = ________________

جـ ـ (الناس) <u>يَتلون</u> القُرآن = ________________

د ـ لزيارة الأهل والأقارب <u>والمعارف</u> = ________________

Remember that lists usually contain synonyms or related words. In the ابن بطوطة text you saw the word مَعارف paired with حقائق , whereas here it is paired with الأهل والأقارب . How does the change in context change how we understand this word?

لا يختلف اثنان على معنى الصوم، وكيفية القيام به عند المسلمين في مشارق الارض ومغاربها ، ولكن كيفية استقبال هذا الشهر الكريم تختلف من بلد إلى آخر.

فكيف يستقبل مسلمو بلاد الشام هذا الشهر؟ وما هي العادات التي يتبعونها؟

ذكريات رمضانية من الشام

...وصلنا إلى دكان محمد غالب السمان في سوق «البزورية» في دمشق ، ووجدنا معه الشيخ عبد الكريم الهندي، الملقب بـ«أبي النور»، وهو إمام مسجد «بيت سحم» في دمشق. عن ذكرياتهما الرمضانية حدثانا، فقالا:

- كان الناس يستعدون لاستقبال الشهر الفضيل قبل مجيئه بأسابيع، فيجمعون المأكولات المتنوعة للفطور والسحور، وكأن ذلك واجب على جميع الناس، أغنياء وفقراء، وكانت بعض الحارات تزين طرقاتها، وتتفنن في ذلك، ويسهر بعض الناس ليلة رمضان عند بعضهم البعض، أو يذهبون إلى المساجد ، أو يشاركون الطرق الصوفية في الاحتفال بالشهر الكريم . ويبقى الجميع ساهرين حتى السحور، حين ينطلق المسحراتي – كان لكل حي مسحره الخاص – فيطرق الأبواب، أو يضرب على طبلته، وينادي على الناس بأسمائهم، ويتبعه الأطفال أحياناً.

يتكون السحور من الأكلات الخفيفة كالجبن والزيتون واللبنة وقمر الدين، وشراب التمر هندي ومربى المشمش، أو التفاح. وبعد السحور يذهب بعض الأفراد الى المسجد لصلاة الصبح، ويستمعون إلى احاديث بعض العلماء الأفاضل.

وكان عبء تحضير أكلات رمضان وما زال يقع على سيدة البيت، حيث كان يومها يمضي وهي تحضر المشروبات والأكلات والحلويات التي تتفنن في صنعها... وكانت تصنع مشروبات العرق سوس والتمر هندي وشراب الورد وقمر الدين ، وغير ذلك ، وتضع على الطاولات بجانب ذلك أنواع الشوربة المختلفة والسلطات و«الفتوش»، ثم الأطعمة المختلفة من محاشي الكوسة والباذنجان، والفول والفتة والمقبلات، ثم الرز المطبوخ مع الفاصوليا أو البامية، وغير ذلك .

وكان الأطفال يتجمعون في ساحات الأحياء، وينتظرون دوي المدفع ، لينقلوا بشارة الإفطار للأهل. والناس يفطرون على لقيمات،[1] ثم يصلون صلاة المغرب، في المسجد أو في البيت، وبعضهم كان يتناول كل فطوره ثم يقوم للصلاة.

ثم إن الناس يتبعون وجبة الفطور الأساسية بالحلويات والفواكه، ثم يشربون الشاي. ومن أنواع الحلويات المطلوبة في رمضان القطايف والنمورة والكنافة وغيرها.

ويخرج الناس بعد ذلك إلى المساجد لصلاة العشاء والتراويح، أو لحضور بعض دروس القرآن، أو لزيارة الأهل والأقارب والمعارف، أو للسهر في المقاهي والاستماع لـ«الحكواتي».

ومن العادات في شهر رمضان «السكبة» حيث يتولى الأقارب والجيران تبادل بعض الوجبات الرئيسية قبل الإفطار طبعاً. وكان بعض أغنياء الأحياء يقيمون سرادق لاستضافة الفقراء.

ومن أهم الليالي في رمضان ليلة ٢٧ منه، أي ليلة القدر، ففيها يتجمع الناس في المساجد، يتلون القرآن، وتتولى بعض الطرق الصوفية إقامة الاحتفالات، ويبقى الناس ساهرين حتى السحور.

بعد ذلك فإن النساء يقمن بعمل المعمول والكعك والحلويات استعداداً ليوم العيد، ويبدأ الناس بشراء الملابس الجديدة، وحلويات العيد.

[1] in little bites

تمرين ١١ القراءة في الصف (في مجموعات صغيرة)

تحدّثوا مع بعضكم البعض عن هذه الاسئلة ثم قدّموا الجواب للصف:

١- ماذا كان يفعل المسحراتي؟ الأطفال؟ النساء؟ وماذا يفعل الرجال في رأيكم؟

٢- ماذا تذكر المقالة عن العادات الاجتماعية الخاصة برمضان في الشام؟

٣- ماذا يفعل الناس في ليلة رمضان؟ وماذا يفعلون في ليلة القدر؟ كيف تختلف الليلتان؟ في جملة «ويبقى الناس ساهِرين حتى السحور»، ما معنى «ساهرين»؟

٤- ماذا تستطيعون أن تقولوا عن علاقات الناس في كل حي في الماضي؟

٥- ماذا نستطيع أن نفهم من المقالة عن الاختلافات بين رمضان في الماضي ورمضان الآن؟

تمرين ١٢ دراسة القواعد والتراكيب في النص (في البيت)

Number the paragraphs 1–11 in the main text before you begin.

١- أوزان الفعل في القراءة

Complete the charts with الماضي والمضارع :

الوزن	المعنى
I جَمَعَ ، يَجمَع	to collect something
V ________	to gather (together)
VIII ________ مع	to meet (with someone)

الوزن	المعنى
I تَبِعَ ، يَتبَع	to follow someone or something
IV ________	to follow something with something
VIII اِتَّبَعَ ، يَتَّبِع	to follow (abstract)

Think about how the meanings of these verbs are related. First, note that جَمَعَ represents the basic meaning of ج – م – ع, and that it takes a direct object. Second, notice that تَجَمَّعَ is reflexive (refers to *-self*) and intensive (involving a number of people). Finally, اِجتَمَعَ is reflexive and abstract (in other words, it does not mean literally *to gather something*, but rather *to get together with*). Similarly, تَبِعَ represents the basic meaning of ت–ب–ع , while أتبَعَ takes a causative meaning, *to make X follow Y*, and اِتَّبَعَ gives an abstract meaning, *to follow a belief, custom, rule.* In the case of تَبِعَ , note that all three of these verbs share the same consonant frame in المضارع — يتبع —but are pronounced differently. In order to read them correctly, you must pay attention to the context and determine the correct وزن .

Recognizing and pronouncing words correctly when reading aloud takes some thinking and preparation on your part. Remember also to pay attention to prepositions because they help you identify both meaning and وزن .

Now vowel the following sentences from the text and read them to yourself:

أ ـ فقرة *paragraph* ٢: كان الناس . . . يجمعون المأكولات المتنوعة للفطور والسحور.

ب ـ فقرة ٥: وكان الأطفال يتجمعون في ساحات الأحياء.

جـ ـ فقرة ١٠: يتجمع الناس في المساجد.

د ـ فقرة ٢: المسحراتي . . . ينادي على الناس بأسمائهم ، ويتبعه الأطفال أحياناً.

هـ ـ فقرة ٧: الناس يتبعون وجبة الفطور الأساسية بالحلويات والفواكه.

و ـ المقدّمة *introduction* : ما هي العادات التي يتبعونها؟

٢ ـ في الفقرتين ٤ و١١:

Both of these paragraphs talk about ماذا تفعل النساء في رمضان . How do they differ grammatically in number (singular/plural)? Underline the main subject in each paragraph and all the verbs that show singular or plural agreement. In Arabic it is good style to use singular nouns such as سيدة البيت or المرأة العربية to refer to an entire group. (This makes agreement simpler as well.) Choose one style to use and answer:

كيف حياة المرأة/النساء في رمضان؟

٣ ـ في فقرة ٦: ترجموا الجملة الى الانكليزية: «و بعضهم . . . يقوم للصلاة»

In this sentence, what do you notice about the subject-verb agreement? The word بعض usually takes plural agreement, but it can take singular agreement in elevated style.[1]

٤ ـ القراءة بالقاموس

أ ـ فقرة ٢: ترجموا كل الفقرة الى الانكليزية

Before you begin to translate, identify the subjects and verbs of each phrase, and think about the overall context to decide how you are going to translate tense. You must also decide where to look up the word الحارات . What are possibilities for its جذر ? You may need to check more than one جذر . (Hint: و is more common than ي in الجذر.) When looking up the verb ينطلق , remember to focus on the correct وزن . This entry is long and contains many meanings; choose the one you think most appropriate to this context.

ب ـ فقرة ٥: ترجموا الفقرة الى الانكليزية بمساعدة القاموس إذا احتجتم.

---

[1]This commonly occurs in Classical Arabic where بعض normally means *one of*.

جـ - فقرة ٩: ترجموا: «وكان بعض أغنياء الأحياء يقيمون سُرادق لاستضافة الفقراء»
The word سُرادق appears to have a جذر with four consonants. It may also be a foreign word listed alphabetically. Check both possibilities in your قاموس .

تمرين ١٣ دراسة القواعد والتراكيب في النص (في الصف)

١- في فقرة ٧: «ومن أنواع الحلويات . . . والكنافة وغيرها.»
هل هذه جملة اسمية أو جملة فعلية؟ أين المبتدأ وأين الخبر؟
Skim down through the rest of the text and find two other sentences in the text beginning with من that have exactly the same structure. Vowel all three sentences and read them to each other.

٢- كان + المضارع
Find the three paragraphs that talk explicitly about the past with كان + المضارع . Where does كان occur in each paragraph? Where does the subject of each of these sentences occur in relation to كان and the following verb? Where is و used to connect parallel sentences? Write a paragraph together about what people used to do in Ramadan on the model of the sentences you analyzed here.

٣- الإعراب
اكتبوا الإعراب في الفقرات ٨ و ١٠ و ١١ واقرأوا الجمل لبعضكم البعض.

القواعد

★ اسم الفاعل واسم المفعول[1]

active participle	اسم فاعِل
passive participle	اسم مَفعول

You have learned a number of nouns and adjectives derived from verbs, including the ones in the chart on the next page. You know that these nouns and adjectives are related in meaning to the verbs from which they are derived (such as مَطبوخ and يطبُخ), and that many of them are closely related in form as well (such as يختلِف and مختلِف). Here you

[1]In English grammar, the word *participle* refers to adjectives derived from verbs, such as *running* from *run*, which is an active particle, and *cooked* from *cook*, which is a passive participle.

will learn exactly how these nouns and adjectives are related to their verbs in form and meaning, and how to derive them so that you can form nouns and adjectives from verbs you know.

In the chart below, study the verbs and the nouns and adjectives derived from them and think about الوزن . The وزن of the participle depends on the وزن of the verb from which it is derived. Notice first that the participles of أوزان (II–X) very closely resemble the مضارع stem of the verb, with the prefix مُـ replacing يـ . This makes deriving these أوزان very easy. On the other hand, the participles are named after (I) وزن فَعَلَ , which takes the patterns فاعِل (Column أ) and مَفعول (Column ب). The Arabic name for the words in Column أ is اسم الفاعِل, and in Column ب , اسم المَفعول , after these patterns.

ب : اسم مَفعول	أ : اسم فاعِل
شَغَل (I) ← مَشغول	سَهِر (I) ← ساهِر(ين)
طَبَخ (I) ← مَطبوخ	قَصَد (I) ← قاصِد(اً)
طَلَب (I) ← مَطلوب	يُمكِن (IV) ← مُمكِن
شَرِب (I) ← مَشروب(ات)	يَتَنَوَّع (V) ← مُتَنَوِّع
أكَل (I) ← مأكول(ات)	يَتَخَصَّص (V) ← مُتَخَصِّص
يُفَضِّل (II) ← مُفَضَّل	يَختَلِف (VIII) ← مُختَلِف
يَنتَصِف (VIII) ← مُنتَصَف	يَستَشرِق (X) ← مُستَشرِق

The basic meanings of these two classes of words are:

اسم الفاعل ← *the person or thing that does or is doing* **فعل**

اسم المفعول ← *the person or thing that has had* **فعل** *done to it*

These two classes of words correspond roughly to what are called in English active (فاعِل) and passive (مَفعول) participles. However, the meanings and usages of اسم الفاعل and اسم المفعول in formal Arabic[1] differ from those of participles in English in two main ways. (1) While English uses participles to express progressive actions, Arabic tends to use

[1]They tend to be more commonly used in spoken Arabic, where they retain more of a verbal meaning, than in الفصحى , where they tend to be used as nouns and adjectives (e.g., مشهور , مترجم).

المضارع . For example, the English sentence *he is working* corresponds to Arabic يعمل (**not** هو عامل). (2) اسم فاعل and اسم مفعول can function as both nouns and adjectives, and so have a broader range of possible meanings than the English participles. For example, متخصص can mean *specializing* or *specialist*, depending on the context. You will develop a sense of the meaning of participles by seeing them in context. Here are some examples:

كتب	← **كاتِب**	*someone who writes, a writer*	نجيب محفوظ **كاتِب** مصري .
	← **مَكتوب**	*something that has been written*	هذه الجملة **مَكتوبة** بالعربية.
فهم	← **فاهِم**	*someone who understands*	أنا **فاهِم** !
	← **مَفهوم**	*something that is understood*	هل هذا **مَفهوم**؟
صنع	← **صانِع**	*someone who makes, maker*	الرئيس هو **صانِع** القرار .
	← **مَصنوع**	*something that has been made*	هذه السيارة **مَصنوعة** في كوريا .
سجّل	← **مُسَجِّل**	*something that records, a tape recorder*	اشترى **مُسَجِّلة** «سوني».
	← **مسَجَّل**	*something that is recorded*	البرنامج **مُسَجَّل** على الـ DVD.
اشترك	← **مُشتَرِك**	*someone that joins, participates*	نحن **مُشتَرِكون** في النادي.
	← **مُشتَرَك**	*something that is joint, shared*	هذه من العادات **المُشتَرَكة**.
استأجر	← **مُستأجِر**	*someone who rents, renter, lessee*	من **مُستَأجِر** الشقة ؟
	← **مُستأجَر**	*something that is rented, leased*	هل هذه السيارة **مُستَأجَرة**؟

Remember: Participles follow *all* of the agreement rules for adjectives, and *almost always* take regular human plurals ـون/ـين and feminine ـات . Sometimes both masculine and feminine participles will be used in a pair for rhetorical effect or to emphasize the inclusion of both genders.

مثال: يجب على كل اللاعِبين واللاعِبات تسجيل أسمائهم قبل بدء المباراة.

You have two incentives to learn these patterns well: (1) They enable you to recognize these kinds of words and guess their meaning, if you know something about the جذر ; and (2) they enable you to pronounce these words correctly, even if they are new to you.

It is easy to derive اسم الفاعل and اسم مفعول . The names فاعِل and مَفعول give you the pattern for (I) وزن فَعَل . For awzaan II–X, begin with المضارع , drop the يـ , and replace it with مُـ . Remember that اسم الفاعل takes a كسرة and اسم المفعول takes فتحة . Listen to the following models on your DVD:

اسم الفاعل واسم المفعول

الوزن/المضارع	اسم الفاعل	اسم المفعول
يَفعَل	فاعِل : عالِم	مَفعول: مَطبوخ
يُفَعِّل	مُفَعِّل : مُدَرِّس	مُفَعَّل : مُفَضَّل
يُفاعِل	مُفاعِل: مُشارِك	مُفاعَل : مُقارَن
يُفعِل	مُفعِل : مُمكِن	مُفعَل : مُرسَل
يَتَفَعَّل	مُتَفَعِّل : مُتَخَصِّص	(مُتَفَعَّل)
يَتَفاعَل	مُتَفاعِل: مُتَبادِل	مُتَفاعَل : مُتَبادَل
يَنفَعِل	مُنفَعِل: مُنقَطِع	(مُنفَعَل)
يَفتَعِل	مُفتَعِل : مُختَلِف	مُفتَعَل: مُنتَصَف
يَستَفعِل	مُستَفعِل: مُستَشرِق	مُستَفعَل: مُستَقبَل

الماضي	المضارع	اسم الفاعل
أَحَبَّ	يُحِبّ	مُحِبّ
اِهتَمَّ	يَهتَمّ	مُهتَمّ
اِستَعَدَّ	يَستَعِدّ	مُستَعِدّ

The correspondence between المضارع and اسم الفاعل extends to الفعل المضعّف as well. Remember that doubled consonants collapse where possible. Thus the form مُهتَمِم collapses to مُهتَمّ and مُستَعدِد to مُستَعِدّ , and so forth.

Finally, note that اسم الفاعل of I وزن verbs whose جذر has و or ي in middle position contains a hamza (this hamza is not related to الجذر of the word).[1] Learn these اسماء فاعل :

عاد	←	عائِد	نام	←	نائِم
قال	←	قائِل	عاش	←	عائِش

[1] In العامية , this hamza reverts to a ي , as in عائِش → عايِش and نائِم → نايِم .

تمرين ١٤ استخراج اسم الفاعل واسم المفعول (في البيت)

Complete the sentences by forming اسم الفاعل or اسم مفعول from the verbs given. Think about whether the context calls for مؤنث أو مذكر أو جمع , check for grammatical agreement and case ending rules, and write in all vowels on اسم الفاعل والمفعول .

١- في السنوات الأخيرة، أصبح عدد الـ ــــــــ في الولايات المتحدة أقلّ. (يدخّن)

٢- يجب على جميع ــــــــ الوصول إلى المطار قبل قيام الرحلة بساعتين. (يسافر)

٣- لقد أصبح من الصعب أن يجد ــــــــ وظائف مناسبة بعد التخرج. (يتعلّم)

٤- أخو صديقي يعمل ــــــــ اً في جريدة «أخبار اليوم» المصرية. (يصوّر)

٥- سأقابلك أمام المكتبة، وسأكون ــــــــ قميصاً أبيض وأزرق . (يلبس)

٦- هذا المسلسل التليفزيوني ــــــــ جدا ويشاهده كل اسبوع أكثر من خمسمائة ألف ــــــــ . (يعرف، يشاهد)

٧- هل أنتم ــــــــ إلى السوق؟ هل يمكن أن تشتروا لي بعض الأشياء؟ (يذهب)

٨- قبل أن تخرجوا أريد أن يكون كل شيء في الغرفة ــــــــ جيداً! (يرتّب)

٩- كان الازدحام في الشارع كبيرا بسبب الناس ــــــــ في الساحة ــــــــ وصول الرئيس. (يتجمّع ، ينتظر)

١٠- لم أحضر حفلة العشاء في بيت صديقتي أمس ولذلك فهي الآن ــــــــ جدا مني. (يغضب)

١١- تستقبل أوستراليا في كل سنة أعداداً كبيرة من ــــــــ العرب . (يهاجر)

١٢- عندما كنت في لبنان عملت ــــــــ اً لمدير شركة تجارية صغيرة . (يساعد)

١٣- من برامج الراديو الموسيقية المعروفة في البلاد العربية برنامج اسمه «ما يطلبه الـ ــــــــ ون». (يستمع)

١٤- إذا زرتم العالم العربي في رمضان فستجدون الأحياء الشعبية ــــــــ بالانوار. (يزيّن)

١٥- يجب مقابلة الاستاذة ــــــــ على دراستي لترتيب أوراقي للتخرج. (يشرف)

تمرين ١٥ فهم اسم الفاعل واسم المفعول (في الصف)

This exercise shows you how to expand your vocabulary by recognizing and deriving the pronunciation of اسم فاعل ومفعول . Find اسم الفاعل or اسم المفعول in each sentence, identify its وزن , write the vowels to show the pronunciation, and guess its meaning. In addition, look for المصدر . How do the grammatical contexts of اسم الفاعل and المصدر differ? Read the sentences aloud to each other with الإعراب :

١- أختي غير متزوجة، ولكن أخي متزوج، وقد هاجر الى كندا بعد زواجه.

٢- انتقلت صديقتي إلى فرنسا بعد التخرج، وهي الآن مقيمة في باريس.

٣- أظنّ أنّ فريق كرة القدم في مدرستنا يحتاج الى مشجعين ومشجعات.

٤- قالت المتحدثة باسم البيت الأبيض إن الرئيس سيسافر إلى اليابان قريباً.

٥- هل تظنّون أنه ما زال هناك على الأرض بلاد وأماكن غير مستكشفة حتى الآن؟

٦- كتبت له قائلةً إنها تركته لأنه غير مهتم بها.

٧- مدينة الخرطوم هي عاصمة السودان وهي من المدن الواقعة على نهر النيل.

٨- الحمد لله، تمّت الولادة بسلامة والمولود وأمه بخير.

٩- لم أحب شقتي الجديدة في البداية، ولكني أصبحت معتادة عليها الآن.

١٠- المقصود من الواجبات هو مساعدة الطلاب على حفظ المفردات وتعلم القواعد.

١١- يا أستاذ أنا آسف لكني غير مستعدّ للصف اليوم بسبب امتحانات نصف الفصل، فهل يمكنني أن أجلس وأستمع فقط؟

١٢- معظم الملابس التي نشتريها اليوم مصنوعة في آسيا.

١٣- هل أنتم نائمون؟!! لماذا لا تشاركون في الكلام؟!؟

١٤- كل الموسيقى التي أحبها مسجّلة الآن على الـ Ipod الذي اشتريته!

١٥- كان عيد ميلاد أمي الأسبوع الماضي، فأرسلت لها حلوياتها المفضلة المعمولة بماء الورد.

★ سقوط «ن» في الإضافة

You know that the ن of المثنّى endings ان/ـَيْن drops whenever the noun occurs as the first (or nonfinal) term of an إضافة or takes a possessive pronoun:

أمثلة: أجمل منظر وقعت عليه عينا ابن بطوطة   قابلتُ أختَيْ صديقتي

يداكِ صغيرتان!   أحبّ والدَيَّ

This same rule applies to the human plural ending ون/ين as well. In the رمضان text, you saw the construction:

مسلمو بلاد الشام

Remember: Whenever the endings ان/يْن and ون/ين occur as a nonfinal word in الإضافة, the ن drops. (This often occurs with nisba and اسم الفاعل واسم المفعول human plurals, which normally take ون/ين endings.)

أمثلة: هم [صانعون + القرار] ← هم صانعو القرار

قرأنا عن [مستكشفين + العالم الجديد] ← قرأنا عن مستكشفي العالم الجديد

تعرفت المديرة على [موظفين + هي] ← تعرفت المديرة على موظّفيها

	في المرفوع	في المنصوب والمجرور
المثنى	والداه والدا صديقي	والدَيه والدَيْ صديقي
الجمع	مُدرّسوه مُدرّسو اللغة العربية	مُدرّسيه مُدرِّسي اللغة العربية

In the case of the possessive pronoun ـي *my*, the ـي combines with the ون/ين endings to result in:

	في المرفوع	في المنصوب والمجرور
المثنى	والدايَ	والدَيَّ
الجمع	مُدرّسِيَّ	مُدرّسِيَّ

Keep in mind that you may see this construction unvowelled in contexts such as the following, in which final ـي looks like the possessive *my*. How can you tell in these examples if ـي is plural ين or dual ـَيْن in an إضافة, and which one it is?

قضيت ليلتي الاثنين والثلاثاء في الفندق.   هم من حاملي جواز السفر الأردني.

تمرين ١٦ "ن" في الإضافة (في البيت)

اكتبوا هذه الكلمات في إضافات وضعوها في جمل أو في قصة قصيرة:

١- بنتان ٣- مسيحيون ٥- مترجمون

٢- محبّون ٤- والدان ٦- جامعتان

تمرين ١٧ "ن" في الإضافة (في الصف)

طلاب الصف يقيمون احتفالاً:

With a partner, draw up a list of tasks بالعربية using vocabulary from this chapter and assign two or three people to each one using اسم فاعل/مفعول in إضافة to specify what everyone will do.

مثال: ماري وجون هما مُستقبِلا الضيوف عند الباب.

تمرين ١٨ نشاط قراءة (في الصف)

اقرأوا المقالة التالية مرّتين بدون توقّف.

١- القراءة السريعة: ما موضوع هذه المقالة؟ ماذا عرفنا عن هذا الشخص؟

٢- القراءة الثانية في مجموعات صغيرة: Vowel and read aloud paragraphs 1 and 2.

بمناسبة بلوغها السبعين

تكريم المستشرقة الالمانية آن ماري شيمل

بون : من احمد كمال حمدي

اقامت جامعة فردريش فيلهلم في بون، التي تعتبر من اقدم الجامعات الالمانية واعرقها، حفل تكريم للمستشرقة الالمانية البروفسورة آن ماري شيمّل، بمناسبة بلوغها السبعين، ومساهمتها الكبيرة في تطوير علم الاستشراق والعلوم الاسلامية في جامعة بون وعدة جامعات اوروبية وآسيوية.

والدكتورة آن ماري شيمّل هي أستاذة العلوم والثقافات الاسلامية في جامعة هارفارد الامريكية ايضًا ، وتعمل منذ عام ١٩٩٠ أستاذة زائرة في جامعة بون، وهي تتحدث ١٨ لغة اجنبية منها العربية والفارسية والاردو وعدة لغات آسيوية، درست اللغتين العربية والفارسية منذ سنوات طويلة ونالت شهادتي دكتوراه وشهادة الاستاذية، كما عملت في الابحاث الثقافية والعلمية الاسلامية في جامعتي بون وماربورج الالمانيتين وعدة جامعات تركية، قبل ان تعينها جامعة هارفارد في اواخر الستينات الماضية استاذة للعلوم الاسلامية لديها، وخاصة في ميدان العلوم الاسلامية في الهند وباكستان.

وقد نشرت البروفسورة شيمّل خلال حياتها الجامعية العلمية الطويلة سلسلة كبيرة من الكتب والابحاث المتعلقة بالدراسات العربية والتركية والثقافة الاسلامية، باللغات الالمانية والانجليزية والتركية، تركزت بصورة رئيسية على ثلاثة مبادئ رئيسية هي: الاصول الاسلامية الكلاسيكية، والفلسفة والتصوف الاسلاميين، ومظاهر الفن الاسلامي وخاصة فن الخط العربي.

من جريدة «الشرق الأوسط» ١٩٩٢/٥/١٤

تمرين ١٩ **نشاط قراءة**

تعلّموا هاتين الكلمتين:

صار = أصبح

مُناسبة ج. ـات (special) occasion

أ ــ القراءة في البيت بدون القاموس

١ـ القراءة السريعة: Scan the text to determine the topic of each paragraph.

٢ـ هل كاتبة النص مسيحية أو مسلمة؟ كيف عرفتم ذلك ؟

٣ـ ما هي الأعياد المسيحية المذكورة في هذا النص؟
وما هي العلاقة بين هذه الأعياد والأعياد المسيحية في الغرب؟

٤ـ خمنوا معنى كلمة «مذاهب» في فقرة ٢ : كم مذهباً تذكر الكاتبة؟

٥ـ ماذا تعلمتم عن المسيحيين العرب من هذا النص؟

ب ــ القراءة في مجموعات في الصف:

١ـ ماذا تقول الكاتبة عن العلاقات بين المسلمين والمسيحيين في الشام؟

٢ـ ما هي العادات المشتركة بين المسيحيين العرب والمسلمين التي تذكرها الكاتبة؟
ما هي عادات المسيحيين الشرقيين التي لا تُتَّبَع في الغرب؟

٣ـ خمّنوا معاني هذه الكلمات من الجذر و/أو السياق *context*:

فقرة ١: «وتبقيها حتى رأس السنة الميلادية» ما وزن هذا الفعل؟
فقرة ٢: «مذاهب» و«الأُخُوّة»
فقرة ٣: «ليستمعوا الى القُدّاس»
«عندما صار عندنا إذاعة وتليفزيون»
فقرة ٤: «تعطّل دوائر [مكاتب] الحكومة»
«فالشرقيون يعيّدون في يوم والغربيون في يوم آخر»
فقرة ٥: «ومن مآكله المشهورة»
«يتبادلون قُبُلات التهنئة إذا كانوا من الأقرباء والأصدقاء الحميمين»
فقرة ٦: الحيوان و«الصوم الكبير الذي يدوم سبعة أسابيع»

4. Find, guess the meaning of, and vowel as many اسم فاعل واسم مفعول as you can.

أعياد المسيحيين

. . . وكنا وما نزال نأنس بأعياد اخوتنا المسيحيين ونعطيها مثل اهتمامنا لاعياد المسلمين ونتبادل معهم الزيارات في مناسباتهم ومناسباتنا، حتى اختلطت بعض التقاليد فصارت عامة ومنها شجرة الميلاد التي تضعها بيوت مسلمة كثيرة في عيد الميلاد وتبقيها حتى رأس السنة الميلادية.

وفي الأعياد يكون المسيحيون قد تجمعوا في كنائسهم حسب مذاهبهم المتعددة، وفي دمشق من هذه المذاهب كثرة من الروم الأرثوذكس وأقل منهم من الروم الكاثوليك الشرقيين، وأقل من هؤلاء اللاتين الغربيون والسريان الأرثوذكس والسريان الكاثوليك والانجيليون (البروتستانت) والأرمن الأرثوذكس والكاثوليك. وقد حضرت وحضر الكثيرون من المسلمين هذه الاحتفالات في الكنائس سواء في الأعياد أو في مناسبات الزواج والوفاة، فالأخوة تجمع الناس كلهم .

وأبرز الأعياد عيد الميلاد، ويجتمع المسيحيون فيه في منتصف ليلة الرابع والعشرين من شهر كانون الأول من كل عام في كنائسهم ليستمعوا إلى القداس، وعندما صار عندنا إذاعة وتلفزيون صارت هذه المناسبة تنقل --- وغيرها من المناسبات المسيحية --- عن طريق الاذاعة والتلفزيون ويأنس بها الناس جميعًا.

وفي يوم ٢٥ كانون الأول تعطل دوائر الحكومة جميعًا ويزور الناس كلهم والمسلمون قبل غيرهم اخوانهم أصحاب العيد مهنئين ومتناولين الحلوى. وكنا أحيانًا نفرح بتعدد مذاهب المسيحيين لأن هذا يجعل لكل طائفة عيد ميلادها فالشرقيون يعيدون في يوم والغربيون في يوم آخر، ونحن نعطل مع هؤلاء وأولئك.

وعيد رأس السنة ليس عيدًا مسيحيًا في الواقع ولو أن الغرب المسيحي اعطانا اياه على اعتبار ان المسلمين يحتفلون برأس سنتهم الهجرية. ولكن رأس السنة صار الآن موضع احتفال عدد كبير من الناس ويسهرون له ومن مآكله المشهورة الديك الحبش أو الديك الهندي، وتبقى شجرة الميلاد فيه مزينة بالأشكال والألوان والأنوار، وعندما تدق الساعة الثانية عشرة أي يحين منتصف الليل صار بعضهم الآن يطفئ الأنوار ويتبادلون قبلات التهنئة إذا كانوا من الأقرباء والأصدقاء الحميمين، ولكنها عادات وافدة وليست أصيلة.

وعيد الفصح أساسه ان المسيحيين يصومون أنواعًا عديدة من الصيام، فهم لا يأكلون اللحم والدهن وما يخرج من الحيوان من حليب وبيض في أيام الأربعاء والجمعة ويكتفون بأكلات الزيت، ولذلك يسمون النوع من هذه الأكلات (صيامي). أما الصوم الكبير الذي يدوم سبعة أسابيع فيكون في الربيع وينتهي بعيد الفصح. وفي عيد الفصح (يفطر) المسيحيون فيأكلون اللحوم والدهون ومن علاماته بيضة الفصح المسلوقة التي يلونونها ويوزعونها على الأصدقاء من كل الطوائف، وصارت تقليدًا فولكلوريًا حتى صاروا يصنعون الشوكولاتة على شكل بيض الفصح.

من كتاب «حديث دمشقي ، ١٨٨٤-١٩٨٣» لنجاة قصّاب حسن، ص. ٢١٧-٢٢١

تمرين ٢٠ نشاط استماع: الأعياد والعادات الاجتماعية في مصر (في البيت) DVD

من محاضرة "الأعياد والعادات الاجتماعية في مصر" للدكتور محمود ابراهيم عبد الله، معهد اللغة العربية بكلية ميدلبري ١٩٩٥، مع الشكر الجزيل.

شاهدوا الفيديو وأجيبوا:

Use good listening strategies: Listen twice to the entire passage without stopping to identify the main topics and the overall organization of the text, and draft answers to the general questions. Then listen for more detail by breaking the text down into sections ("paragraphs") by topic. Listen to each section as many times as necessary to understand as much as you can. See if you can learn any new words from context, but remember that you are not expected to understand everything.

١- المحاضِر هنا يُحدّثنا عن ثلاثة أعياد واحتفالات، ما هي؟ متى يحتفل الناس بكل واحد منها؟

٢- ماذا يفعل الناس في العيد الأول؟ اذكروا شيئين.

٣- ماذا قال المحاضِر عن تاريخ العيد الثاني؟

٤- اذكروا ثلاثة أشياء يقوم بها الناس في العيد الثاني.

٥- ماذا عرفتم عن الاحتفال بالعيد الثالث؟ كيف يختلف عن العيد الأول؟

٦- اكتبوا فقرة تصفون فيها ما تشاهدونه على الـ DVD وماذا يفعل الناس في الاحتفال بالعيد الثالث.

تمرين ٢١ نشاط استماع: رمضان في عُمان (في الصف) DVD

من برنامج "مراسلو الجزيرة"، مع الشكر الجزيل لتليفزيون الجزيرة.

شاهدوا الفيديو معاً وأجيبوا:

١- اذكروا أربعة من الأشياء التي يذكرها هذا البرنامج عن رمضان والتي قرأنا عنها في نص «ذكريات رمضانية من الشام»

٢- يحدّثنا البرنامج عن «القرنقشو» ويقول إنه شيء خاص برمضان في عمان. ما هو القرنقشو؟ من يحتفل به في عمان، ومتى وكيف؟ من يحتفل به خارج عمان وما اسمه هناك؟

٣- ما هي الأكلات الرمضانية التي يذكرها النص؟ وما هي الكلمة التي وصف بها البرنامج هذه الأكلات؟

٤- اكتبوا الكلمات التي تسمعونها في الجزء من 00:59 الى 1:10 وخمّنوا معنى الكلمات التي تحتها خط من الجذر:

«ويبدأ ________________ شعبان

________ يتّجهون الى ____________ احتياجات ____________ فيما

________ النسوة ________ المطبخ.»

العامية

"السحور يا ولاد!"

أ ـ مفردات وعبارات

تذكّروا :

السحور　　صام ، يصوم ، الصيام　　جو　　فول

تعلّموا:

ايه ده كُلُّه؟!	What's all this! (said in appreciation)
بيني وبينَك -- بيني وبينِك	just between you and me . . .
جاهِز -- جاهزة ج. جاهزين	ready, prepared (= مستعِدّ / مُعَدّ)
جوّ	someone, anyone (= أحد)
زَيّ	= مِثل
شوية	= قليل ، قليلاً
فيه	(there is/are بمعنى) هناك =
مافيش (مافيهش)	= هناك / ليس هناك
كِفاية	(that's) enough!
لازِم تدوق -- لازم تدوقي	you must taste
بالهَنا والشِّفا	Eat/drink in good health! (said by the host to الضيف)
— الله يِهنّيك / يِهَنّيكي	(reply)
يَلاّ	Let's go! Come on!

ب ـ القصة DVD

عمَّ يتكلم مها وخالد؟ ماذا يحدث على السحور؟

جـ ـ تراكيب

١ـ السؤال في العامية

Learn the عامية forms for the basic interrogatives كلمات الاستفهام :

الاستفهام DVD

ايه؟ (ما/ماذا)	مين؟ (مَن)
ليه؟ (لماذا)	ازَّيّ؟ (كيف)
اِمتى؟ (متى)	فين؟ (أين)

٢ـ بـ + المضارع

You have heard the prefix بـ on many مضارع verbs in العامية . This prefix functions the same way as the المرفوع ending in الفصحى , that is, it marks a main verb (as opposed to an infinitive). For now, focus on recognizing this بـ on verbs in العامية .

بـ + المضارع DVD

(أنا) باصوم	(اِحنا) بِنصوم
(انتَ) بِتصوم (انتي) بِتصومي	(انتو) بِتصوموا
(هوّ) بيصوم (هيّ) بِتصوم	(همّ) بيصوموا

د ـ نشاط

اسألوا زَمايلكو (= زملاءكم)

١ـ فيه ايه في بيتَك؟

٢ـ فيه أكل كفاية في البيت؟

٣ـ بتِدرِس / بتَدرِسي فين؟

٤ـ بتاكُل / بتاكْلي ايه؟

٥ـ امتى بتِصحا / بتِصحي يوم السبت؟

هـ ـ تعلموا هذه الأغنية، تغنّيها "صباح": DVD

سنة حِلوة يا جميل،	سنة حِلوة يا جميل،
سنة حِلوة يا حبيبي،	سنة حِلوة يا جميل!

٣ ـ مع الصحافة العربية

في هذا الدرس:

الثقافة:	• من التاريخ العربي الحديث	**التراكيب** • «كان» وأخواتها
النص:	• بدايات الصحافة العربية	• الإضافة: مراجعة وتوسيع
القراءة:	• الصحافة النسائية العربية	• الفعل المبني للمجهول
الاستماع:	• الجزيرة: الرأي والرأي الآخر	**العامّية:** • فيه جرايد عربي في أمريكا؟
	• من تاريخ الصحافة العربية	• الماضي وفعل «شاف»

المفردات:

تذكروا وتعلموا:

أساسيّ	←	أسَّسَ ، يُؤَسِّس، التَّأسيس	to found, establish
	←	مُؤَسَّسة ج. -ات	foundation, establishment
اسم ج. أسماء	←	سَمّى ، يُسَمّي ، التَّسمِية	to name
	←	يُسَمّى ، تُسَمّى (بـ)	to be named
بَدَأَ ، يبدأ ، البَدء	←	بِداية ج. -ات	beginning
جاءَ ، يجيء ، المَجيء	←	جاءَ بـ ، يَجيء بـ ، المَجيء بـ	to bring
خَرَجَ ، يَخرُج ، الخُروج	←	أخْرَجَ ، يُخرِج، الإخراج	to bring out; to force out; to direct (a film or play)
دَرَجة ج. -ات	←	الدَرَجة الثانية	second class or rate
سُلطان	←	سُلْطة ج. سُلُطات	power
شَعب ج. شُعوب	←	شَعْبيّ	popular
صَحيفة ج. صُحُف	←	الصِّحافة	(the) press; journalism
صورة ج. صُوَر	←	بصورة (**+ صفة**)	in a . . . way, form
ضَروريّ	←	أُضطُرَّ إلى (أُضطُرِرتُ) ، يُضْطَرّ الى الاضطِرار إلى	to be forced to
طَبَعَ ، يَطبَع ، الطَبْع	←	الطِّباعة	printing
	←	مَطْبَعة ج. مَطابِع	printing press or shop
	←	طَبيعيّ	natural
	←	طَبيعة	nature
عَصر ج. عُصور	←	عَصْريّ	modern, contemporary
قَدَّمَ، يُقدِّم، التَّقديم (لـ)	←	تَقَدَّمَ ، يَتَقَدَّم ، التَّقَدُّم (في)	to advance, progress
مَرَّ ، يمُرّ ، المُرور	←	اِستَمَرَّ ، يَستَمِرّ ، الاِستِمرار	to continue
	←	اِستَمَرَّ في + **المصدر**	to continue doing something

نَشَأَ، يَنشَأ، النَّشأة/النُّشوء ←	أنْشَأَ ، يُنْشِئ ، الإنْشاء	to establish, erect, found
	أُنْشِئَ / أُنشِئَت	it was established
نَشَرَ ، يَنشُر، النَّشر ←	انْتَشَرَ ، يَنتَشِر ، الانتِشار (في/بين)	to spread
نَظَرَ، ينظُر، النَظَر (إلى) ←	وِجْهة نَظَر ج. وِجهات نَظَر	point of view
وَضَعَ ، يَضَع ، الوَضع ←	مُتَواضِع ج. -ون	humble, modest
ولاية؛ تَوَلّى، يَتَولّى، التَوَلّي ←	والٍ / الوالي ج. وُلاة	ruler, governor

من القاموس

أتى ، يَأتي ، الإتيان	= جاء ، يَجيء ، المَجيء
تالٍ / التالي	following (adjective: e.g., the *following* day)
حَكَمَ ، يحكُم ، الحُكم	to govern, rule
حُكومة ج. -ات	government
احْتَلَّ ، يَحتَلّ ، الاحتلال	to occupy
خَدَمَ ، يَخدِم ، الخدمة	to serve
استَخدَمَ ، يَستَخدِم ، الاستِخدام	to use
دَولة ج. دُوَل	nation, state
دَوْليّ / دُوَليّ	international
رَسميّ	official, formal
رَكَّزَ على ، يُرَكِّز على ، التَّركيز على	to concentrate, focus on
الزِراعة	agriculture
سابِق	previous, former
أَسْبَق من	previous to, earlier than
مَشْروع ج. - ات / مَشاريع	project, plans (abstract)
صَدَرَ ، يَصدُر ، الصُّدور	to come out, be issued or published

طَوَّرَ ، يُطَوِّر ، التَّطوير	to develop (something)
تَطَوَّرَ ، يَتَطوَّر ، التَّطوُّر	to develop (intransitive)
ظَهَرَ ، يَظهَر ، الظُّهور (أنّ)	to appear
مَظهَر ج. مَظاهِر	appearance; (plural) manifestations
عَبَّرَ عن ، يُعَبِّر عن ، التَّعبير عن	to express (e.g., an opinion, idea, a feeling)
عِبارة ج. -ات / تعبير ج. -ات	expression
عَسْكَريّ	military (adjective)
عَسكَري ج. عَساكِر	soldier
غَلَبَ ، يَغلِب ، الغَلب	to overcome, prevail, defeat (e.g., in a game)
غالِب	prevailing, dominant
لمّا (+ الماضي)	= عندما ، حين
نِظام ج. أَنظِمة / نُظُم	system, order
اِنْتِظام	regularity, orderliness
هَدَفَ ، يَهدُف لِـ / إلى	to aim to
هَدَف ج. أهداف	goal, aim
هـٰكَذا	thus
وهكذا فـ	thus, consequently

تعلّموا هذا الفعل: تصريف فعل «سَمّى»

المضارع المرفوع

الجمع	المُثنّى	المفرد
يُسَمّونَ يُسَمّينَ	يُسَمِّيانِ تُسَمِّيانِ	يُسَمّي تُسَمّي
تُسَمّونَ تُسَمّينَ	تُسَمِّيانِ	تُسَمّي تُسَمّينَ
نُسَمّي		أُسَمّي

الماضي

الجمع	المُثنّى	المفرد
سَمَّوا سَمَّينَ	سَمَّيا سَمَّتا	سَمّى سَمَّت
سَمَّيتُم سَمَّيتُنَّ	سَمَّيتُما	سَمَّيتَ سَمَّيتِ
سَمَّينا		سَمَّيتُ

تمرين ١ تصريف فعل "أتى ، يأتي" (في البيت)

Using the chart of سمّى above as a model, draw a chart showing the conjugation of أتى and write all vowels.

تمرين ٢ أوزان الفعل (في البيت)

Complete the chart with the new verbs from this lesson, pronouncing the forms aloud as you write them and writing all vowels.

اسم الفاعل	المصدر	المضارع	الماضي	الجذر والوزن
(الـ)مُسَمّي	التَّسمِية		سَمّى	
		يُؤَسِّس		
				ر-ك-ز + فَعَّلَ
	التَّطوير			
مُعَبِّر				
	الإنشاء			
		يُخرِج		
	التَقَدُّم			
مُضطَرّ			اِضطَرّ	
مُحتَلّ				
		يَنتَشِر		
	الاِنتِظام			
	الاستِمرار			
			اِستَخدَم	

Note that اسم الفاعل and اسم المفعول of وزن افتعل doubled verbs are identical because of the collapsed consonants: مُحْتَلّ – مُحْتَلّ ؛ مُضْطَرّ – مُضْطَرّ . Context will clarify.

تمرين ٣ مراجعة الفعل المضعّف : تصريف "استمرّ" (في البيت)

Complete the chart and write all vowels:

الضمير	الماضي	المضارع المرفوع	المضارع المنصوب والمجزوم
هو	اِسْتَمَرَّ		
هما (مذكر)	اِستَمَرّا		يَستَمِرّا
هم			يَستَمِرّوا
هي		تَستَمِرُّ	
هما (مؤنث)	اِستَمَرَّتا		
هنّ	اِستَمرَرْنَ	يَستَمرِرنَ	
أنتَ			تَستَمِرَّ
أنتما (مذكر)		تَستَمِرّانِ	
أنتم		تَستَمِرّونَ	
أنتِ			تَستَمِرّي
أنتما (مؤنث)	اِستَمرَرْتُما		تَستَمِرّا
أنتنّ		تَستَمرِرْنَ	
أنا			
نحن		نَستَمِرُّ	

تمرين ٤ المفردات الجديدة وأوزان الفعل (في الصف)

The related meanings of فَعَّلَ and تَفَعَّلَ are clearly seen in the pair طَوَّرَ *to develop (something)* (transitive) and تَطَوَّرَ *to develop (by itself)* (intransitive). You know that فَعَّلَ normally carries a transitive meaning, *to make or cause (someone/something) to*, whereas تَفَعَّلَ is usually reflexive of فَعَّلَ, as in قَدَّمَ *to put forward, present* and تَقَدَّمَ *to put oneself forward, advance.*

اختاروا الوزن المناسب من "فَعَّلَ" أو "تَفَعَّلَ" وأكملوا:

ط-و-ر ١- السلطان قابوس ــــــ عُمان اقتصادياً وعلمياً.

٢- الزراعة لم ــــــ كثيراً بسبب المشاكل الاقتصادية.

أ-س-س: ٣- ــــــ حزب «الإخوان المسلمين» في مصر على يد الشيخ حَسَن البنّا .

٤- سـ ــــــ الحكومة مركزاً جديدا للأبحاث الطبّية خلال العام القادم.

ق-د-م ٥- لا أحب أن ــــــ الواجب متأخراً ولكني أضطرّ الى ذلك أحياناً.

٦- إذا ــــــ كثيراً في دراستي هذه السنة فمن الممكن أن أحصل على منحة.

تمرين ٥ اسألوا زملاءكم (في الصف)

١- ما هي الاشياء التي يستخدمونها في الدراسة بانتظام ؟

٢- ما هو هدفهم من دراسة العربية؟ [هدفي أنْ ...] ما هي مَشاريعهم للمستقبل؟
هل سيستمرّون في الدراسة في الصيف القادم؟ لِمَ (لماذا) / لِمَ لا ؟

٣- ماذا يسمّيهم أفراد عائلاتهم؟

٤- هل يأتون الى الجامعة كل يوم ؟ كيف يأتون الى الجامعة عادة؟
ما هي الأشياء التي يجيئون بها إلى الجامعة عادةً؟

٥- أي صحف يقرأون بانتظام؟ هل يفضّلون الصحف المطبوعة أو الإلكترونية؟

٦- ما هي وجهة نظرهم في الخِدمة العسكرية الإلزامية ؟ [وجهة نظري أنّ ...]
ما هي وجهة نظرهم في مشاركة النساء في الخدمة العسكرية؟

٧- ما هي المعلومات التي يستطيعون تقديمها عن هذا الكتاب، أو أي كتاب آخر جاءوا به اليوم، بالمفردات الجديدة؟

تمرين ٦ اسألوا زملاءكم : كيف نسأل بالعربية؟ (في الصف)

A. Expand your vocabulary: Form adjectives from nouns and verbs in the new vocabulary by using what you know about اسم الفاعل and نسبة , and ask your زملاء about these topics.

1. Who has lived in or visited *agricultural* areas?
2. Who would like to work as a *journalist*?
3. Who plans to work in *nonadvanced/undeveloped* areas?
4. Who would like to get a *government* job?

B. Use بصورة with adjective to from adverbs:

5. Who has worked *officially* or *unofficially* as a translator?
6. Who finds it difficult to behave *naturally* in front of a camera?
7. Who knows people who do not want to live *in a modern or contemporary way*?

تمرين ٧ جاء بـ وأفعال اخرى + بـ (في البيت)

One of your new vocabulary items is جاء بـ ، يجيء بـ , in which the preposition بـ makes the verb جاء transitive, *to come* → *to make come, to bring*. Many verbs of motion can use بـ in this fashion. Learn the following expressions, and note that the English translations of these verbs do not convey the nuance of the Arabic, which combines the meaning of the جذر with the transitive بـ .

ذهب ، يذهَب بـ *to take (someone or something)* انتقل، يَنتَقِل بـ *to take (make go, move)*

أتى ، يأتي بـ = جاء ، يجيء بـ *to bring* وصل ، يَصِل بـ *to bring (make arrive)*

رجع ، يَرجِع بـ ؛ عاد ، يعود بـ *to return (something)*

تقدّم، يَتَقَدَّم بـ *to put forward* ← تقدَّم بطَلَب لـِ *to apply for (put forward an application)*

والآن أكملوا الجمل بهذه الأفعال:

١- ـــــــ الأم ـــ ابنها الى المدرسة كل يوم.

٢- أخذت الرسالة وـــــــــها الى مكتب البريد قبل الساعة الخامسة.

٣- ـــــــ ـــ طلب لوظيفة للصيف القادم وأتمنّى أن أحصل عليها.

٤- خرجت من البيت في الصباح بمئة دولار وفي المساء ـــــــ ـــ دولارين فقط!

٥- ـــــــ ـــ كل أفراد أسرته الى كندا سنة ١٩٨٨ بسبب الحرب اللبنانية ويريد أن ـــــــهم الآن، إلاّ أن أولاده سعداء في كندا ويرغبون في البقاء هناك.

٦- أحب أن تجيء الى الاحتفال بعيد ميلادي وأن ـــــــ ـــ أختك ايضاً!

تمرين ٨ اكتبوا كلمة مناسبة من المفردات الجديدة في كل جملة : (في البيت)

١- ـــــــــ « مقاهي الإنترنيت » بشكل كبير في المدن العربية في السنوات الأخيرة.

٢- ـــــــــ الأمريكيون مدينة نيويورك بـ "The Big Apple".

٣- من اللازم أن ـــــــــ اكثر على دراستي هذه السنة لأحصل على تقدير « ممتاز ».

٤- صديقتي تتمنّى أن تجد وظيفة في ـــــــــ في واشنطن دي سي بعد التخرّج.

٥- ـــــــــ الاسلام في مكة أولاً ثم امتدّ الى الجزيرة العربية كلها .

٦- انتهيت من كتابة الكتاب وأنا الآن أستعدّ لإرساله الى ـــــــــ .

٧- جمال عبد الناصر وأنور السادات من رؤساء مصر ـــــــــ .

٨- يهتمّ الفنّ الانطباعي *Impressionist* برسم المناظر ـــــــــ بصورة جديدة .

٩- ـــــــــ مسيحيون من كل بلدان العالم الى مدينة القدس للاحتفال بعيد الفصح.

١٠- في اليوم الأول لوصولي نمت جيدا ولكن في اليوم ـــــــــ صحوت في منتصف الليل ولم استطع النوم بعد ذلك .

١١- تشتهر ولايتا « آلاباما » و« ميسيسبي » بـ ـــــــــ القُطن *cotton*.

١٢- تقدّم الحكومة الأمريكية كل سنة مساعدات ـــــــــ كبيرة الى الجيش المصري.

١٣- صديقي أحمد يلعب الشطرنج أحسن مني ولذلك فهو دائما ـــــــــ ني .

١٤- كان من اللازم أن ينتهي هذا الصناعي الكبير ـــــــــ في شهر مايو ولكن يبدو انه سيتأخر إلى أوائل السنة الجديدة.

١٥- في الحقيقة ، لا أعرف كيف ـــــــــ لكم عن شكري على مساعدتكم لي .

١٦- في ذكرى مرور قرن على ولادة جُبران خليل جبران أقامت الحكومة اللبنانية عدة احتفالات ـــــــــ حضرها عدد من الوزراء.

١٧- مجلة « المسرح » مجلة فنية ثقافية ـــــــــ مرّتين كل شهر.

١٨- ـــــــــ الحكم في أربع من الدول العربية ملكي ، أيْ يحكم كلاً منها ملك .

تمرين ٩ **استخدام اسم الفاعل والمصدر (في الصف)**

Decide whether the context calls for اسم الفاعل or المصدر and use the correct form. Write in all vowels:

١ـ انتشر:

أ - هناك آراء كثيرة في كيفية ـــــــ الاسلام بسرعة إلى آسيا وشمال أفريقيا.

ب - «الكوكايين» بأنواعه المختلفة ـــــــ بين الأغنياء والفقراء داخل المدن وخارجها.

٢ـ أسّس:

أ - يُعتبر جورج واشنطن من أشهر ـــــــ الولايات المتحدة الامريكية.

ب - تمّ ـــــــ الدولة العباسية سنة ٧٥٠ م. على يد أبي العباس السفاح.

٣ـ تقدّم:

أ - عندما أبلغ الصف ـــــــ إن شاء الله، سأبدأ قراءة كتب التاريخ باللغة العربية.

ب - خلال إقامتي في سوريا حدث ـــــــ كبير في فهمي للغة العربية.

٤ـ أنشأ:

أ - الكاتب اللبناني جُرجي زيدان هو ـــــــ مجلة «الهلال» المصرية.

ب - ينوي أهل البلدة القيام بـ ـــــــ كنيسة جديدة وقد بدأوا بجمع الاموال للمشروع.

٥ـ احتلّ:

أ - عاشت معظم البلاد العربية سنوات طويلة تحت ـــــــ الأوروربي.

ب - يسمّي الفلسطينيون وبعض الإسرائيليين الضَفّة *Bank* الغربية الارض ـــــــ .

٦ـ أخرج:

أ - ستيفن سبيلبورغ ـــــــ سينمائي يشتهر بأفلامه الفنية الممتازة.

ب - تعلّم سبيلبورغ ـــــــ الأفلام السينمائية من مشاهدة الأفلام العظيمة.

٧ـ استخدم:

أ - اللغة الإنكليزية غير ـــــــ في هذا الصف!

ب - ـــــــ اللغة الانجليزية في العالم العربي منتشر بشكل كبير.

٨ـ عبّر:

أ - أحب قصص هذه الكاتبة لأن اللغة التي تستخدمها ـــــــ جداً.

ب - أشعر أحياناً أني لا أجد طريقة مناسبة لـ ـــــــ عن نفسي.

٩ـ ركّز:

أ - هل تشعر أنّ ـــــــ على الدراسة أصعب بعد أكل الغداء؟

ب - جلس الطلاب في الصف ـــــــ على الاستماع الى النص.

عبارات جديدة DVD

أ ـ في حينِ (أنّ) whereas

- يحتفل الامريكيون بعيد العمل في شهر سبتمبر **في حين** تحتفل معظم شعوب العالم به في أول شهر مايو.
- في أمريكا يترك الشاب او البنت بيت العائلة بعد المدرسة الثانوية عادة. **في حين** نجد أن معظم الشباب والبنات العرب لا يتركون بيت العائلة إلاّ بعد الزواج.

ب ـ من حيثُ in terms of, regarding

- جامعة القاهرة هي اكبر الجامعات العربية **من حيث** عدد الطلاب.
- اظنّ أن مطعم "الباشا" هو أحسن مطعم في بيروت **من حيث** الخدمة وأنواع الأكل التي يقدّمها.

جـ ـ بالرَّغْم من / على الرغمِ من ... (فـ / فإنّ) despite . . .

- **بالرّغم من** طول الرحلة **فإننا** لم نشعر بأي تعب.
- **على الرّغم من أنني** أقيم في لندن منذ سنة **فإنني** لم أعتد على الحياة فيها حتى الآن.

د ـ مع أنَّ... (فَـ / فإنّ) ... although, despite the fact that . . .

- **مع أنَّ** الدكتور طلب منه التوقّف عن التدخين **فإنّه** ما زال يدخن حوالي ١٥ سيجارة يومياً.
- صدرت المجلة في موعدها مع أنَّ المطبعة توقّفت عن العمل لمدة ثلاثة ايام.

هـ ـ ومع ذلك (فَـ / فإنّ) ... nonetheless, nevertheless, in spite of that, . . .

- خرج العرب من الأندلس (اسبانيا الاسلامية) في اواخر القرن الخامس عشر. **ومع ذلك فإنّ** تأثيرهم *influence* في الثقافة الاسبانية استمرّ زمنا طويلا.

و ـ وفوقَ هذا (ذلك) كلِّه (فـ / فإنّ) ... moreover, . . .

- تونس مدينة جميلة جدا فهي تقع على البحر وجوّها لطيف جدا وفيها الكثير من الآثار والاسواق القديمة **وفوق هذا كله فليس** فيها ازدحام القاهرة.
- ابن سينا عالم مشهور عاش في القرن العاشر الميلادي وكان متخصصا في دراسة الطب الفلسفة ومهتمّا بالفكر الصوفيّ **وفوق ذلك كله** كان يهتمّ بعلم اللغة.

تمرين ١٠ **العبارات الجديدة (في البيت)**

أ ـ ترجموا الجمل الى الانكليزية

ب ـ استخدموا العبارات الجديدة في المكان المناسب:

١ـ ______ صاحب الشركة غني جداً ______ يفضّل السفر بالدرجة السياحية ويحب الإقامة في فنادق الدرجة الثانية.

٢ـ الرأي الغالب بين رجال الحكومة هو أن مشروع تطوير صناعة البترول ممتاز ______ الاهداف والتنظيم ولكن إكماله سيأخذ وقتاً طويلاً ومالاً كثيراً.

٣ـ كان الطقس جيداً جداً هذه السنة و______ الزراعة فشلت فشلاً كبيراً.

٤ـ لا أفهم كيف تستمرّ علاقتهما هكذا، فهي إنسانة متواضعة جدا ______ أنه إنسان متكبّر ويهتمّ بمظهره فوق كل شيء !

٥ـ جريدة الاهرام المصرية من الجرائد العربية المهمة وهي جريدة قديمة أنشئت في القرن التاسع عشر، وهي اليوم جريدة رسمية تعبّر عن وجهة نظر الحكومة وهي أكثر الجرائد انتشاراً في مصر، و______ فهي تُطبَع وتُباع في أماكن اخرى كثيرة في العالم.

٦ـ ______ أنه مدرّس متفوق وأصدر كتابين مهمين ______ الجامعة فصلته عن العمل.

تمرين ١١ **تقديمات (في البيت وفي الصف)**

حضّروا تقديماً عن بلد عربي واذكروا المعلومات التالية:

ماذا يُسمّى البلد رسمياً؟ متى وكيف أُسّس بشكل بلد عصري؟ هل كان محتلاً؟ على يد أي سلطة؟ ما هو نظام الحكم الذي يتبعه؟ أي حكومة تحكمه الآن ومتى أتت الى الحكم؟ هل هي حكومة شعبية؟ هل هو بلد متطوّر؟ كيف؟ ما هي طبيعة اقتصاد البلد؟ هل هناك حرية تعبير في هذا البلد؟ كيف؟

As always, ركّزوا على استخدام المفردات الجديدة to say what you can, and prepare to present, not read, in class.

تمرين ١٢	نشاط استماع (في البيت) DVD

تعلّموا هذه الكلمة:

قَناة ج. قَنَوات — channel; canal

والآن استمعوا إلى الـ DVD واكتبوا الكلمات التي تسمعونها:

قناة الجزيرة: «الرأي .. والرأي الآخر»

_____ قناة الجزيرة في _____ قطر في شهر نوفمبر عام _____ ، وكان الشيخ حمد بن خليفة آل ثاني _____ _____ قطر _____ _____ _____ في _____ و_____ المساعدات المالية لها. و_____ _____ _____ هذه العلاقة _____ قطر _____ الجزيرة _____ نفسها _____ ولا_____ _____ _____ _____ _____ _____ _____ _____ القطرية _____ _____ .

_____ _____ الجزيرة في مدينة الدوحة في قطر، و_____ _____ يجد أنّ بناياتِها و_____ _____ جداً _____ بالقنوات _____ الكبرى كالـ «بي بي سي» أو «سي ان ان» أو بقناة التليفزيون القطري _____ ؛ و_____ _____ فقد نجحت الجزيرة _____ _____ _____ واستطاعت، منذ تأسيسها، أن _____ _____ _____ بين قنوات الأخبار _____ و_____ _____ قناة فضائية *satellite* إخبارية عربية _____ _____ _____ وعدد _____.

_____ قناة الجزيرة في الأخبار وهي _____ الأخبار _____ _____ أربع وعشرين ساعة كل يوم _____ _____ آخر _____ العربية و_____ . _____ _____ _____ _____ بمواضيع _____ كالاقتصاد والثقافة والرياضة والصحة و_____ _____ _____ على مواضيع الديمقراطية و_____ و_____ _____ في العالم العربي. و_____ _____ _____ و_____ و_____ فيها من كل البلدان العربية، ولها _____ في ٣٠ عاصمة عربية وعالمية.

ساعدت قناة الجزيرة على إدخال _____ _____ _____ _____ الى العالم العربي من خلال برامج تقدّم _____ _____ _____ _____ وتسمح للناس _____ _____ _____ _____ بالتليفون أو الفاكس أو _____ الالكتروني و_____ _____ آرائهم _____ --- وهذا شيء مهم جداً _____ _____ _____ التي لم تكن _____ _____ _____ في _____ _____ _____ .

و_____ _____ _____ الكبيرة لقناة الجزيرة بين الناس _____ _____ السعودية والعراق والكويت والجزائر وتونس لا تسمح _____ _____ _____ الى بلادها _____ _____ _____ الجزيرة قناة _____ _____ *objective* . و_____ _____ _____ _____ _____ في هذه البلدان _____ _____ متابعة _____ _____ الجزيرة و_____ _____ _____ من أخبار وآراء .

تمرين ١٣ **أكملوا بكلمة مناسبة من المفردات الجديدة: (في البيت)**

استقلال الدول العربية

في ـــــ القرن العشرين لم يكن هناك ــــــ عربيّة كما هي الحال اليوم، ولكن المنطقة العربية كانت جزءاً من الامبراطورية العثمانية ، وكان على رأس الحكومة في كل مدينة عربية كبيرة ــــــ تركي تابع لإسطنبول. وكان كثيرون من العرب في ذلك الوقت يرغبون في الانفصال عن الدولة العثمانية و ــــــ دولة عربية كبيرة وقد عملوا وقتاً طويلاً بهدف ــــــ الأتراك العثمانيين من المنطقة العربية.

وــــــ انتهت الحرب العالمية الأولى، ــــــ البريطانيون والفرنسيّون المنطقة العربية و ــــــ فيها عدداً من الدول الجديدة كالعراق والاردن ولبنان. وقالت بريطانيا وفرنسا إنّ ــــــ من هذا الاحتلال هو مساعدة البلدان العربية على التطوّر وــــــ . ولكن الهدف الحقيقي كان غير ذلك بالنسبة للعرب، فـ ــــــ ــــــهم كانت أنّ هدف الاحتلال الأول والأخير هو ــــــ مَصالِح *interests* فرنسا وبريطانيا. وبالرغم من أن هذا الاحتلال ــــــ زمنا غير قصير فإن البريطانيين والفرنسيين ــــــ أخيرا الى الخروج من البلدان العربية التي كانوا يحتلونها وحصلت هذه البلدان على حريتها واستقلالها.

تمرين ١٤ **نشاط كتابة : استخدام أَدوات الرَبط** *connectors* **(في الصف)**

Reading and writing in true Arabic style entails paying attention to paragraph structure and the ways in which ideas and sentences are connected. The "little words," or connectors, such as و – فـ – ثم– ومع أنّ and so forth, are, in fact, among the most important words in the language. They function the way punctuation markers do in English writing; that is, it is possible to communicate basic ideas without them, but when used correctly they aid in the expression and comprehension of sophisticated ideas. This exercise will help you think and write in paragraphs, which is the hallmark of advanced language proficiency. On the next page you will find sentences containing information about an important figure in modern Arab history. Read through the passage as it is for content, and note the repetition and choppiness of the text. Then, turn the sentences into coherent paragraphs by replacing repeated phrases with pronouns and using the connectors from this list to link and organize the ideas.

و   فـ   ثمّ   حيث/وهناك

كما (+ فعل) / كما أنّ (+ جملة اسمية)

مع أنّ (فإنّ)   ولذلك فـ

وهكذا (signals conclusion)

رِفاعة رافِع الطَّهطاوي

(١٨٠١-١٨٧٣)

يعتبر رفاعة رافع الطهطاوي من رجال النهضة العلمية الحديثة في مصر.

يعتبر رفاعة رافع الطهطاوي من الاوائل الذين شاركوا في تطوير الصحافة العربية .

ولد الطهطاوي في بلدة طهطا.   نشأ الطهطاوي في اسرة فقيرة في طهطا.

تعلم الطهطاوي القراءة والكتابة في طهطا.   انتقل الطهطاوي إلى القاهرة.

التحق الطهطاوي بالجامع الأزهر.   درس الطهطاوي اللغة العربية والدين الإسلامي في الأزهر.

عُيّن الطهطاوي إماما للطلاب المصريين الذين أرسلهم محمد علي إلى فرنسا للدراسة هناك.   أقام الطهطاوي في فرنسا بين ١٨٢٦ و ١٨٣٦.   درس الطهطاوي على يد كبار المستشرقين في فرنسا.   كان الطهطاوي رجل دين.   اهتمّ الطهطاوي بالعلوم والآداب الغربية.

لما رجع الطهطاوي إلى مصر بدأ يعمل في الصحافة.   عمل الطهطاوي محرراً في صحيفة «الوقائع المصرية».   حين رجع الطهطاوي إلى مصر كتب كتاباً بعنوان «تخليص الابريز في تلخيص باريز».   وصف الطهطاوي في كتاب «تلخيص باريز» حال النساء في فرنسا والدور الذي يلعبنه في الحياة العامة.   تحدث الطهطاوي في كتاب «تلخيص باريز» عن مختلف أنواع النشاطات التي تقوم بها المرأة الفرنسية.   ركز الطهطاوي في كتاب «تلخيص باريز» على أهمية تعليم البنات.   ركز الطهطاوي في كتاب «تلخيص باريز» على ضرورة مشاركة النساء في الحياة العامة.

ترجم الطهطاوي عددا كبيرا من الكتب العلمية من الفرنسية إلى العربية.

يعتبر الطهطاوي واحداً من المفكرين الذين شاركوا في تطوير الفكر العربي في بداية القرن الماضي.

الثقافة

♦ الامبراطورية العثمانية
♦ محمد علي (١٧٦٩-١٨٤٩)

تمرين ١٥ نشاط كتابة عن الثقافة

استمعوا الى الثقافة في الـ DVD وأجيبوا في فقرة:

كيف ينظر العرب الى العثمانيين؟ وكيف غيّر محمد علي مصر؟

تمرين ١٦ القراءة والاستماع في البيت بدون القاموس

١- أين ومتى ظهرت الطباعة في البلاد العربية؟ وأين ومتى ظهرت الصحافة فيها لأول مرة؟

٢- من أنشأ أول صحيفة باللغة العربية ؟ لماذا لم تستمرّ طويلا ؟

٣- ما هما نوعا الصحافة المذكوران هنا؟ أيّهما ظهر أولاً؟ ما معنى «أسبق من»؟

٤- أكملوا هذا الجدول بأسماء الجرائد المذكورة في المقالة:

اسم الصحيفة	البلد وسنة إنشائها	رسمية أم شعبية؟

بدايات الصحافة العربية

كان ظهور الطباعة في البلاد العربية اسبق من ظهور الصحف المطبوعة. فقد انشئت أول مطبعة عربية في مدينة حلب السورية في مطلع القرن الثامن عشر، في حين ظهرت أول صحيفة عربية بمدينة القاهرة في مطلع القرن التالي. وكانت هذه الصحيفة تسمى«التنبيه»، وكان ظهورها على أيدي الفرنسيين الذين احتلوا مصر في ذلك الوقت ، وجاءوا معهم بمطبعة كاملة. ولكن صحيفة «التنبيه» هذه لم تستمر طويلا. فقد توقفت بعد أشهر قليلة حين اضطر الفرنسيون الى الجلاء عن مصر.

ومع أن البلدان العربية كانت في ذلك الوقت تابعة للامبراطورية العثمانية فقد عرفت الطباعة والصحافة قبل أن تعرفها الآستانة او استنبول، عاصمة الامبراطورية.

ولما تولى محمد علي حكم مصر عام ١٨٠٥ قام بتأسيس دولة عصرية في البلاد، وكانت الصحافة احد مظاهر هذه الدولة. ففي عام ١٨٢٢ انشأ محمد علي صحيفة رسمية باسم "جرنال الخديو"، ثم طورها بعد ست سنوات، وغير اسمها إلى «الوقائع المصرية»، وانشأ بعدها جريدة عسكرية واخرى تجارية وزراعية. وكانت هذه الصحف جميعها تحرر باللغتين العربية والتركية، وتركز على اخبار الدولة ومشروعاتها. وكانت فوق هذا كله صحفا رسمية حكومية لا دخل للشعب في تحريرها أو وجهة نظرها.

اما في البلاد العربية الأخرى فكانت الصحافة الرسمية ايضا اسبق في الظهور من الصحافة الشعبية. ففي الجزائر انشأ الفرنسيون صحيفة «المبشر» عام ١٨٤٧ . وكانت تحرر بالعربية والفرنسية، وتهدف لخدمة اهداف الاحتلال. وفي تونس انشئت اول صحيفة عربية عام ١٨٦٠ باسم «الرائد التونسي»، وكانت رسمية ايضا، وفي العراق انشأ الوالي التركي مدحت باشا عام ١٨٦٩ أول صحيفة عربية باسم «الزوراء»، وهو اسم من اسماء مدينة بغداد.

وهكذا كانت بداية الصحافة العربية رسمية حكومية تعبر عن اهداف السلطات الحاكمة اجنبية أو وطنية.

ومع ذلك لم تتأخر الصحافة الشعبية العربية طويلا عن الظهور. ففي مصر ظهرت صحيفة «السلطنة» عام ١٨٥٧ . وفي العام التالي ظهرت أول صحيفة شعبية في الشام، وهي «حديقة الأخبار» التي صدرت في بيروت. وبعد عامين آخرين، اي في عام ١٨٦٠ ، ظهرت صحيفة «الجوائب» اول صحيفة شعبية في عاصمة الخلافة العثمانية. و بعدها توالى ظهور الصحف الشعبية في الأقطار العربية الأخرى.

ومن الطبيعي ان نجد هذه الصحافة الرسمية والشعبية على السواء في صورة متواضعة من حيث المظهر والاخراج والتحرير وانتظام الصدور. ولكن الأهم من هذا كله ان البداية الرسمية والحكومية ما زالت ـ حتى اليوم ـ سمة غالبة في الصحافة العربية، وان الصحافة الشعبية ـ بالرغم من تقدمها وانتشارها ـ مازالت تأتي في الدرجة الثانية بعد الصحافة الرسمية.

من مجلة « الشرق الاوسط » ١٩٩٠/٥/٢٢

تمرين ١٧ **القراءة في الصف**

اعملوا مع زميل/ة على الاسئلة التالية كتابةً وكلاماً :

١- لماذا يُعتبَر محمد علي شخصًا مهمًا في تاريخ الصحافة العربية؟

٢- كيف تختلف الصحافة الرسمية عن الصحافة الشعبية؟

٣- ماذا تقول المقالة عن العلاقة بين السلطة والصحافة والشعب؟

تمرين ١٨ **دراسة القواعد والتراكيب في النص (في البيت)**

رقّموا *number* **الفقرات من ١ الى ٧ :**

١- ما معنى هذه الكلمات؟ اكتبوا **المعنى** و**القواعد**:

فقرة ١: الصحف المطبوعة

فقرة ٢: البلاد العربية كانت تابعة للامبراطورية العثمانية

قرة ٥: السلطات الحاكمة

٢- في فقرة ٤:

Find the phrase that means "one of the names of Baghdad." Using this construction as a model, write a sentence of your own about one of الصحف mentioned here.

٣- القراءة بالقاموس:

Reread the following passages and guess the meaning of the underlined words from context. Then, check the dictionary and translate the passages into English. Pay attention to context, including prepositions. Always read through the entire entry of words you look up because the dictionary often lists common phrases and expressions that may be relevant or helpful.

أ - انشئت أول مطبعة عربية في مدينة حلب السورية في مطلع القرن الثامن عشر، في حين ظهرت أول صحيفة عربية بمدينة القاهرة في مطلع القرن التالي.

Hint: The dictionary contains several words with the consonant shape مطلع, and you need to choose the correct one.

ب - ولكن صحيفة «التنبيه» هذه لم تستمر طويلا. فقد توقفت بعد أشهر قليلة حين اضطر الفرنسيون الى الجلاء عن مصر.

What kind of word is الجلاء ? How do you know? Remember that some مصدر forms of verbs whose final root letter is a vowel end in hamza, so you need to consider the possible roots of this word. Pay attention to the preposition.

جـ ـ كانت هذه الصحف جميعًا <u>تُحَرَّر</u> باللغتين العربية والتركية.

The وزن وجـــذر of this verb have two different sets of meanings, one of which you know from الحرّية . Guess first, then read all the way through the entry to find the best meaning.

د ـ وبعدها <u>توالى</u> ظهور الصحف الشعبية في الأقطار العربية الأخرى.

First, identify the grammatical structure of the sentence–الفعل والفاعل–then guess the meaning of the underlined word. To look it up in the dictionary, you will have to identify its وزن .

هـ ـ ومن الطبيعي أن نجد هذه الصحافة الرسمية والشعبية <u>على السواء</u> في صورة متواضعة من حيث المظهر والإخراج والتحرير وانتظام الصدور.

Look for this expression under the root س و ي . Read through the entire entry to find the exact match.

٤ـ دراسة استخدام «فـ» في الكتابة:

This text provides an excellent example of good expository style in Arabic. Why? Look for the features that make the text flow. Study especially the use of فـ . Where does it occur in paragraphs 1, 2, 4, and 6? What is its relationship to the topic sentence of each of these paragraphs?

| تمرين ١٩ | دراسة القواعد والتراكيب في الصف (في مجموعات صغيرة) |

١ـ العمل على الجملة الفعلية:

Which paragraphs consist mainly of جمل فعلية? Identify الفاعل the subjects in all of them and write the إعراب endings on them.

٢ـ جمل «كان» في فقرات ١ و٤ و٥:

Identify the subjects and predicates ("objects") of all sentences with كـان . Arabic uses particular terminology for these sentences that we will learn in this lesson. In the meantime, practice identifying the parts and vowel them according to the rules you know, with subject مرفوع and "object" منصوب .

٣ـ العمل على «أنْ» و«أنّ»:

اكتبوا «أنّ» أو «أنْ» في كل مـرة تجدون فيها كلمـة «ان» في النص. كيف تعرفون إذا كانت أنْ أو أنّ؟

القواعد

★ «كان» وأخواتها

The verb كـان and its "sisters," as they are called in Arabic grammar, constitute a group of verbs that mark the time or duration of actions, states, and events. The sisters of كان number approximately twelve verbs, of which you have learned the following[1]:

كانَ ، يكون	
لَيسَ	
ما زالَ ، لا يزال / ما يزال	
أَصبَحَ ، يُصبِح	to enter or reach a state

You know how to use these verbs with various kinds of خبر . The first examples show الخبر as nouns, adjectives, and prepositional phrases:

١- ليست هذه الصحفُ رسميةً حكوميةً.

٢- ما زال المشروعُ على مكتبِ المدير.

٣- أصبح اقتصادُ البلدِ متطوّراً.

٤- كان معظمُ العساكر شباباً.

You also know that the خبر of this kind of sentence may consist of a جملة فعلية headed by a فعل مضارع مرفوع . Read the following examples and note the verbal خبر of each:

٥- ما زالت المجلةُ تصدرُ في لندن.

٦- أصبحت المرأة الكويتية تشارك في السياسة.

Finally, you know that the subject of these verbs does not always appear as a separate noun but often appears on the verb itself in the conjugation. The last three examples show this pattern:

٧- ما زلنا نهدفُ الى العمل في وزارة الخارجية.

٨- هل أصبحتِ تعرفين طريقة تحضير الفول؟

٩- كانوا فقراء وأصبحوا أغنياء.

---

[1]Some Classical Arabic grammars contain a greater number. Note that أصبح can function as a synonym of بدأ (more in Lesson 7), although the latter is not considered a member of this category.

These verbs and their sentences constitute a special type of sentence that has its own terminology: The subject of these verbs is called الاسم and the predicate is called الخبر .[1] The subject, الاسم , corresponds to the subject of a جملة فعلية (which is called الفاعل) and matches الفاعل in function and case ending. The predicate, or الخبر , corresponds to the object (المفعول به) of a جملة فعلية and matches it in case ending as well. Learn these terms:

subject	اسم (كان وأخواتها)
predicate	خبر (كان وأخواتها)

The two charts below summarize the case endings of each sentence type. Note that the case endings of الفاعل and الاسم match, as do those of المفعول به and الخبر :

جملة كان وأخواتها	الجملة الفعلية
اسم كان : مرفوع	الفاعل: مرفوع
خبر كان : منصوب	المفعول به : منصوب

Let us return to the examples cited above, this time with case endings marked. Read the sentences below and find in each one the sentence parts الاسم and الخبر . Note that الاسم in each sentence carries المرفوع ending, while the noun and/or adjective of الخبر carries المنصوب ending:

١- ليست هذه الصحفُ رسميةً حكوميةً.

٢- ما زال المشروعُ على مكتبِ المديرِ.

٣- أصبح اقتصادُ البلدِ متطوّراً.

٤- كان معظمُ العساكرِ شباباً.

When الخبر of this kind of sentence consists of a جملة فعلية headed by a verb, the verb is المضارع المرفوع . Read the following examples and identify the verbal خبر of each:

٥- ما زالت المجلةُ تصدرُ في لندن.

٦- أصبحت المرأةُ الكويتيةُ تشاركُ في السياسة

---

[1]So far we have been thinking of these verbs as taking an "object" like other verbs. The difference we are introducing here is one of terminology, which reflects the Arab grammarians' understanding of the nature of this kind of sentence as not having a "doer" or an "object" *per se* but rather indicating a change in a state of being.

تمرين ٢٠ الجملة الاسمية مع كان وأخواتها (في البيت)

Identify in the following sentences أخوات كان , الاسم , and الخبر , and vowel them:

١ـ هل كانت المعلومات التي قدّمتها لي كاملة ؟

٢ـ أصحاب الشركة ليسوا راغبين في تطوير أي مشاريع جديدة الآن .

٣ـ في البداية، كانت الصحيفة تصدر أسبوعيًا ثم أصبحت صحيفة يومية.

٤ـ مضت ٣ سنوات على انتهاء علاقتنا ومع ذلك فما زالت ذكرياتها غالبة على تفكيري.

٥ـ ما زال نظام الحكم الملكي قائما في أربع دول عربية .

٦ـ لا يزال بعض مسيحيي الشرق يستخدمون اللغة السريانية في صلواتهم .

تمرين ٢١ كان وأخواتها وزمن الفعل (في الصف)

Create a time frame for each of the following topics by using كان وأخواتها to describe what *did/continues to/has started to take place.*[1] Use as many different verbs as you can, and write إعراب endings on your sentences to show اسم وخبر كان .

مثال: الزراعة ، الاقتصاد السوري: **كانت الزراعةُ وما زالت جزءاً أساسياً من الاقتصاد السوري.**

١ـ قناة «سي أن أن» ، الأخبار العالمية: ____________________________________

٢ـ الناس ، زيارة الزوايا والأولياء للتبرّك: ____________________________________

٣ـ الصين ، الصناعات التكنولوجية: ____________________________________

٤ـ الخدمة العسكرية في الولايات المتّحدة ، حرب فيتنام: ____________________________________

٥ـ الفلافل ، الأكلات الشعبية: ____________________________________

٦ـ الإنترنت ، المعلومات المختلفة: ____________________________________

٧ـ دول أوروبا الشرقية ، أنظمة الحكم العسكرية: ____________________________________

٨ـ النساء ، التفنّن في صنع المأكولات: ____________________________________

[1]Note that these verbs do not take أنْ (even though English uses an infinitive, e.g., *to take place*).

الإضافة: مراجعة وتوسيع

In the text بدايات الصحافة العربية, you saw this إضافة phrase:

صحيفة التنبيه هذه *this newspaper al-Tanbiih*

Why does the demonstrative pronoun هذه follow the two nouns? The basic rules of الإضافة stipulate that the first and all nonfinal nouns are definite by definition by virtue of their position in الإضافة and cannot be marked definite. In other words, they cannot take الـ, and if they cannot take الـ, then they cannot be preceded by هذا/هذه/هؤلاء . In the example above, note that the iDaafa «صحيفة التنبيه» remains intact, and the demonstrative (*this*) follows it. Study these additional examples and note the placement of the demonstrative.

مشروعنا هذا	أصدقاء أختي هؤلاء
عيد الميلاد هذا	نهاية الاسبوع هذه

Adjectives must also follow الإضافة . While ambiguity is theoretically possible if both nouns are of the same gender, the context will normally clarify the meaning of the phrase. Read the following and decide which noun the adjective modifies:

صدور المجلة المنتظم	مؤسسة «سوني» اليابانية	هدف الحكومة الأول
ولاة مصر العثمانيون	سلطات الاحتلال العسكرية	مكتبة الجامعة الرئيسية

Of course, more than one adjective may modify a noun whether or not it occurs in an إضافة . In this case, a good rule of thumb to follow is that the adjectives usually line up in exactly the opposite order of English adjectives :

شراء المأكولات اليومية العادية

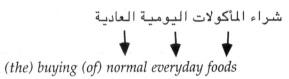

(the) buying (of) normal everyday foods

There are two cases in which الإضافة is not normally used to express a possessive relationship. The first case involves an indefinite first word, such as *a friend* in the phrase *a friend of the family*. The problem with using an إضافة here is, of course, that the first word in الإضافة is definite by definition, so there is no way to use الإضافة to say *a friend of the family* or *a picture of my mother*. In this case, the preposition لـ replaces الإضافة :

a friend of the family	صديق للأسرة
a picture of my mother	صورة لأمي
a graduate school	كلية للدراسات العُليا
(= a school of graduate studies)	

If the indefinite term is a مصدر that takes a preposition, use that preposition:

a true expression of love	(عبّر عن) تعبير حقيقي عن الحب
the official celebration of the establishment of the foundation	(احتفل بـ) الاحتفال الرسمي بإنشاء المؤسسة
full willingness to serve the nation	(استعدّ لـ) الاستعداد الكامل لخدمة الوطن

The second kind of possessive relationship in which الإضافة is not usually used is one in which both nouns are modified. In this case, the preposition لِـ is usually used instead of الإضافة :

التطور السريع للاقتصاد الهندي

وجهات النظر المختلفة للطلاب الجامعيين

تمرين ٢٢ كيف نقول بالعربية؟ (في البيت)

ترجموا الى العربية وضعوا كل عبارة في جملة:

1. these colleagues of yours
2. the many types of Arab desserts
3. the new manifestations of
4. an expression of loneliness
5. those childhood memories of ours
6. an old friend of mine
7. the excellent progress of the freshmen
8. a center of life-long learning
9. the failing systems of government
10. the shared literary heritage of Middle Eastern peoples

★ الفعل المبني للمجهول *The Passive*

the passive (literally, unknown) voice	المَبْنِي للمَجهول
the active (known) voice)	المَبني للمَعلوم

Arabic has several means available to express the passive voice, and there are some small but important differences between Arabic and English in expressing the passive. It is wise to avoid translating verb phrases word-for-word from one language to another in general, and especially in the case of the passive. **Remember:** Arabic does not use كان in passive constructions and it is not an equivalent of *was* in phrases like:

The book was translated. = تُرجِمَ الكتاب.

The most important difference between the passive voice in these two languages is that the Arabic passive is not normally used to express an agent, that is, to say "(it) *was (done)* ***by someone.***" In English, this construction is often used to put special focus on the agent of the action. Think about the difference between these two sentences:

Rashid Al-Da'if wrote this story. — This story was written by Rashid Al-Da'if.

The first sentence merely states authorship, while the second sentence focuses on the fact that Rashid Al-Da'if, as opposed to someone else, wrote the story. In Arabic, this difference is expressed by word order, not by a passive construction. The difference expressed by the English active and passive voices above is equivalent to the difference in word order in these Arabic translations:

كتب رشيد الضعيف هذه القصة. — هذه القصة كَتَبَها رشيد الضعيف.

English also tends to use passive voice in indefinite relative clauses (= جملة صفة):

The Syrian writer Colette Khoury studied at a school founded by Jesuits.

Here, too, Arabic prefers the active voice and uses its flexible word order to express it:

درست الكاتبة السورية كوليت خوري في مدرسة أنشأها اليسوعيون.

Arabic has a means of expressing the passive voice not commonly used in English: the impersonal construction تمّ + المصدر. This construction focuses on the completion of the action itself without reference to people or agents involved, and it occurs most often in journalistic contexts:

This movie was produced . . .	تـمّ إخراجُ هذا الفيلم سنة ١٩٩٠.
The meeting took place (literally, was completed).	تمّت المقابلةُ بين وزيريْ الخارجية.

Arabic also expresses a kind of passive voice, one that focuses on the action itself without reference to an agent, with the وزن انفَعَلَ , which can be derived from some verbs of the وزن فعل and normally (but not always) gives a passive meaning:

to be occupied, preoccupied with انشَغَلَ بـ ← *to occupy, preoccupy* شَغَلَ

to be cut off انقَطَعَ ← *to cut (something)* قَطَعَ

Note that وزن انفعل can **only** be derived from وزن فَعَلَ , that not all فعل verbs have corresponding انفعل , and that most, but not all, انفعل verbs have a passive meaning.

The true grammatical passive construction in Arabic is formed through vowel changes on transitive verbs of all أوزان . This verb form implies and deliberately does not mention the agent of the verb (performer of the action). You already know a number of passive verbs, among them:

نُشِرت وُلِدتُ طُبِعَت يُعتبَر تُسمّى تُحَرَّر

Since most texts are unvowelled, you need to rely on **context**—meaning and grammar—to determine whether or not a given verb should be read in the passive. You need to develop the ability to recognize passive verbs as such from context **and** to pronounce that passive verb correctly. To do so, you must memorize vowel patterns for passive verbs in the various أوزان . The following charts give one example each for الماضي and المضارع . Learn them and use them as models for deriving the passive voice of new verbs. For الماضي , we have chosen the verb وُلِدَ and for المضارع , the verb يُعتَبَر because they are among the most commonly used passive verbs. Practice the vowel patterns. Both stems begin with ضمة , and the vowel كسرة marks الماضي stem while فتحة marks المضارع . Memorize these verbs:

تصريف المبني للمجهول DVD

الماضي

المفرد	المثنّى	الجمع
وُلِدَ وُلِدَت	وُلِدا وُلِدَتا	وُلِدوا وُلِدنَ
وُلِدتَ وُلِدتِ	وُلِدتُما	وُلِدتُم وُلِدتُنَّ
وُلِدتُ		وُلِدنا

المضارع

المفرد	المثنّى	الجمع
يُعتَبَر تُعتَبَر	يُعتَبَران تُعتَبَران	يُعتَبَرون يُعتَبَرنَ
تُعتَبَر تُعتَبَرين	تُعتَبَران	تُعتَبَرون تُعتَبَرنَ
أُعتَبَر		نُعتَبَر

Note that some verbs can be identified as passive even without the internal vowels. Compare the following pairs of verbs and identify which verb is passive and which is active. How does the form of the verb indicate which is which?

المضارع : تسمي — تسمى   الماضي : أنشأ — أنشئ

It remains for you to memorize the internal vowel patterns for each وزن . These internal vowels follow set patterns. In the two following diagrams, each vowel represents a syllable, and the vowels in parentheses apply to longer أوزان that have three internal syllables.

المضارع : ـُـ ـَـ ـَـ (ـَـ)   الماضي : ـُـ (ـُـ) ـِـ

Matching the internal vowels of these patterns with actual verbs, we get:

two syllables	المضارع : يُطبَع	two syllables	الماضي : طُبِع
three syllables	يُعتَبَر	three syllables	أُعتُبِر

These patterns apply to all verbs (even verbs whose جذر contains a vowel or a doubled consonant show only slight, predictable modifications). If you prefer to learn the passive by memorizing models for each وزن , the following charts provide some of the most commonly used in the passive voice.

The first chart lists three models of (I) وزن فَعَلَ . The verb نُشِرَ gives you the model for this وزن , and the other two verbs provide models for verbs whose جذر contains a و or ي .

المبني للمجهول في الأوزان المختلفة

المضارع		الماضي	
المبني للمجهول	المبني للمعلوم	المبني للمجهول	المبني للمعلوم
يُنشَر	يَنشُر	نُشِرَ	نَشَرَ
يُوجَد	يَجِد	وُجِدَ	وَجَدَ
يُقال	يَقول	قيلَ	قالَ

The next chart gives models for (II–X) الأوزان , and also includes the verb ترجم , which belongs to a group of verbs called رُباعي *quadriliteral* because they have four root consonants instead of three. We will return to الفعل الرباعي in the next lesson.

المضارع		الماضي	
المبني للمجهول	المبني للمعلوم	المبني للمجهول	المبني للمعلوم
يُؤَسَّس	يُؤَسِّس	أُسِّسَ	أَسَّسَ
يُشاهَد	يُشاهِد	شوهِدَ	شاهَدَ
يُنشَأ	يُنشِئ	أُنشِئَ	أَنشَأَ
يُعتَبَر	يَعتَبِر	أُعتُبِرَ	اِعتَبَرَ
يُستَخدَم	يَستَخدِم	أُستُخدِمَ	اِستَخدَمَ
يُتَرجَم	يُتَرجِم	تُرجِمَ	تَرجَمَ

تمرين ٢٣ استخدام المبني للمجهول (في البيت)

اكتبوا الشكل الصحيح للفعل في كل جملة مع كل الحركات *vowels* :

١ـ لا ـــــ العامية في الكلام فقط ولكن في بعض الكتابات الادبية ايضاً. (استخدم)

٢ـ ـــــ مدينة القاهرة في عام ٩٦٩ م . (أنشأ)

٣ـ ـــــ إنّ شعوبا اخرى قطعت المحيط الاطلسي وبلغت أمريكا قبل أن يبلغها الرحالة الإيطالي كولومبوس. (قال)

٤ـ ـــــ البناية التي تقيم فيها صاحبتي «بناية السادات». (سمّى)

٥ـ ـــــ الطيّب صالح من أشهر الكتاب العرب المعاصرين. (اعتبر)

٦ـ ـــــ الامم المتحدة بعد الحرب العالمية الثانية. (أسس)

٧ـ لا ـــــ هذا النوع من الشجر إلاّ في المناطق الجبلية. (وجد)

٨ـ قال لي الميكانيكي اليوم إن إصلاح سيارتي لن يتم قبل الاسبوع القادم ولذلك سـ ـــــ إلى استئجار سيارة. (اضطرّ)

٩ـ بالرغم من الحرب الأهلية في لبنان فإنّ معظم الكتب العربية كانت ـــــ و ـــــ في بيروت. (طبع ، نشر)

١٠ـ كانت المدينة المنورة ـــــ باسم «يَثرِب» قبل هجرة النبي محمد إليها. (عرف)

١١- من العادات الجديدة في الأعراس *weddings* أنْ ـــــــ الحفلات على الفيديو. (صوّر)

١٢- بعض أعمال الكاتب اللبناني جبران خليل جبران ـــــــ أصلا بالإنكليزية ثمّ ـــــــ إلى العربية . (كتب ، ترجم)

تمرين ٢٤ **جمل بدون فاعل** *agent* **(في الصف)**

A. Read each sentence and decide if it should be expressed in Arabic in a passive or impersonal construction, and, if so, which one. Express the ideas in Arabic but remember to think in terms of *function* rather than *translation*. Do not translate word-for-word. There may be more than one possible answer.

1. He didn't care if he was seen by all his classmates.
2. This foundation was established at the end of the nineteenth century.
3. All the main squares of the town are decorated for Christmas.
4. Has the new president of the university been named?
5. Political relations between the two countries were severed years ago and have not been resumed.
6. A new, modern technology is now being used to produce this drink.
7. More than 1,000 books on the Middle East have been published this year.
8. Two hundred employees will be moved to a different location.

B. With a partner, compose a cryptic scenario for each set of vocabulary. Be mysterious by suggesting that someone carried out the action but without mentioning whom.

مثال: نشر ، مقالة ، معلومات: نُشرَت أمس مقالة قُدِّمت فيها معلومات عن مشاكل جديدة داخل البيت الأبيض، وذُكِرَ فيها أيضاً أنّ الرئيس ليس على علم بهذه المشاكل.

١- ضرب ، سيارة

٢- قدّم ، الهدية

٣- صنع ، الحلويات

٤- زيّن ، كنيسة ، سيارة

٥- وضع ، نقل

٦- طبخ ، مأكولات

٧- سجّل ، رسالة ، تليفون

٨- طوّر ، استخدام جديد لـِ

تمرين ٢٥ **نشـاط قراءة**

تعلموا هذه الكلمات والعبارات:

فَتاة ج. فَتَيات = شابة ، بنت

فَتَحَ *open* الباب أمام ...

لَعِبَ دَوراً *role* في ...

أ ـ القراءة في البيت:

١ـ القراءة السريعة:

Scan the text for names and lists that help you identify the topic and kinds of information presented.

٢ـ أكملوا الجدول التالي بمعلومات من المقالة:

اسم المجلة	صاحبتها	اهتماماتها
١ـ		
٢ـ		
٣ـ		
٤ـ		
٥ـ		

٣ـ ما هي المعلومات التي تقدّمها لنا المقالة في آخر فقرة *paragraph* ؟

٤ ـ خمّنوا معاني هذه الكلمات بالعربية (underlined in the text):

أ ـ التمدّن = ________ الجذر والوزن : ________

ب ـ أصدرتها = ________ الجذر والوزن : ________

جـ ـ <u>تحرير</u> المرأة = ________ ≠ رئيسة <u>التحرير</u> = ________

Notice that تحرير has two different meanings in this text. How do the contexts of these two phrases help you distinguish them?

٥ـ اكتبوا عنواناً مناسباً لهذا النص.

عرفت المرأة العربية الصحافة مبكرًا قبل الدعوة لتحرير المرأة، بل إن الصحافة النسائية لعبت دورًا في تحرير المرأة وتنبيهها الى دورها الصحيح في بناء الأسرة والمجتمع. وكانت أول دورية نسائية ظهرت في العالم العربي تلك التي أنشأتها هند نوفل في مصر باسم «الفتاة» عام ١٨٩٢م ، تعرّف هند نوفل المجلة بقولها: «إنها ... ستهتم بما يتصل بحالة المرأة ومركزها الطبيعي في الأزمنة الغابرة والقرون المتوسطة، وما وصلت إليه في هذا العصر، عصر التمدن والآداب سواء كان في العلم والآداب أو الطباع والأخلاق، أو في الملابس والأزياء، أو التربية، أو بكل ما هو لازم لها من الخياطة والرسم والتصوير، مع ترتيب المنزل وتربية الأولاد». وهكذا فتحت مجلة "الفتاة" لهند نوفل الباب أمام الصحافة النسائية في العالم العربي.

وقد شهد النصف الأول من القرن العشرين تطورًا في الصحافة النسائية من ناحية تنوعها وانتشارها، وبلغ عددها ٦٢ صحيفة ومجلة منها ٣٠ مجلة وجريدة في مصر. نذكر منها ما يلي:

—«أنيس الجليس» (١٨٩٨-١٩٠٨ م) لصاحبتها ورئيسة تحريرها الكسندرا أفرينو. اهتمت بوسائل تربية الأطفال وبالأزياء، وتأثرت الى حد كبير بالعادات والتقاليد الأوروبية.

—«السيدات» (١٩٠٣-١٩٣٠). أصدرتها روز حداد، وكانت تقلد المجلات التي تصدر في بريطانيا، تخصصت بالترتيب المنزلي والمطبخ وكيفية إعداد المائدة وموائد الشاي وأصنافها، واهتمت أيضًا بتزيين المرأة وأزيائها، ونادت بتعليم الفتاة. وكانت توزع في بلاد الشام خارج مصر، وفي أمريكا اللاتينية حيث يتواجد المهاجرون السوريون.

—«فتاة الشرق» (١٩٠٦-١٩٣٩). أصدرت هذه المجلة لبيبة هاشم وهي من رواد الحركة النسائية في مصر، وكانت تقوم بتحرير المجلة وإخراجها، وترجمة المواد الأجنبية، كما كانت تقوم بتوزيعها بنفسها. ونادت بتعلّم البنات واهتمّت باللغة العربية وتربية الأطفال والمشاكل الاجتماعية، واهتمّت بوظيفة المرأة في البيت مثل أعمال المطبخ والخياطة وترتيب أثاث البيت.

—«ترقية المرأة» -(١٩٠٨). صدرت هذه المجلة عن جمعية ترقية المرأة. وأصدرتها السيدة فاطمة راشد زوجة المفكر محمد فريد وجدي صاحب جريدة الدستور والتفسير الشهير للقرآن الكريم، وقد اعتمدت على نشر الدعوة الإسلامية بين النساء، وكانت تصدر شهريًا .

—« الجنس اللطيف» (١٩٠٨-١٩٢١). أصدرتها ملكة سعد، وانتقدت فيها اهتمام المرأة بالزينة وإهمالها تنمية قدراتها العقلية. وكتبت في العدد الأول تقول: «إن هدف هذه المجلة هو ان تأخذ المرأة مكانها كإنسانة تعرف أن الحرية ليست التزين بالملابس الفاخرة، لكن الحرية هي أن نعرف ما لنا وما علينا من حقوق». واهتمت المجلة بتربية الأبناء ومعاملة الزوج كزميل وشريك.

وانتشرت بعد ذلك المجلاّت النسائية في العالم العربي وحملت معظمها أسماء نسائية مثل «شذا» و«ريما»، و«سحر»، ومعظم هذه المجلات تصدر في لبنان حيث يبلغ عدد الدوريات النسائية الشهرية والأسبوعية التي تصدر في لبنان ١٤ دورية. وفي الكويت تتعدّد المجلات النسائية كمجلة «أسرتي» التي صدرت في الستينات عن دار «أجيلي» للطباعة والنشر، وفي السعودية تصدر مجلة «سيدتي» عن دار الشرق الأوسط ومجلة «الشرقية». وفي السودان صدرت مجلة «نساء السودان» عام ١٩٨٣م. عن الاتحاد الاشتراكي، وكتبت فيها صحفيات سودانيات. وفي قطر تصدر مجلة «الجوهرة» شهريا منذ يناير (كانون الثاني) عام ١٩٧٧م. عن مؤسسة العهد للصحافة والطباعة والنشر وتهتم بشؤون المرأة وقضاياها. وفي

العراق يتولى الاتحاد العام لنساء العراق إصدار الصحف النسائية. وفي الأردن ظهرت مجلة «فتاة الغد» في الخمسينات بحكم زيادة عدد الصحف والدوريات المتخصصة في تلك الفترة. وتصدر في اليمن مجلة «نساء اليمن» عن الاتحاد العام لنساء اليمن وتوزع منها الفا نسخة وتطبع بمطابع المؤسسة العامة للطباعة والنشر. وفي الإمارات العربية المتحدة تصدر مجلة «زهرة الخليج».

من كتاب «دراسات في الصحافة المتخصصة»، د. صلاح عبد اللطيف ود. غازي زين عوض الله
المجموعة الاعلامية للطباعة والنشر والتوزيع، جده ،١٤١١ هـ.

ب ــ القراءة في الصف:

١ـ كيف تطورت الصحافة النسائية من بدايتها إلى اليوم؟

٢ـ أي مجلة كانت تهتمّ بالإسلام؟ في رأيكم ما كان هدف المجلة؟

٣ـ أي من هذه المجلات في رأيكم تهتمّ بحقوق المرأة كما نفهمها نحن اليوم؟ لماذا؟

٤ـ أي مجلة كانت تصدر خارج العالم العربي؟ أين ولماذا؟

٥ـ ما المعلومات الجديدة التي عرفتها عن الصحافة النسائية العربية من هذا النص؟

تمرين ٢٦ **نشاط استماع: من تاريخ الصحافة العربية في مصر** DVD

من برنامج "صاحبة الجلالة" مع خالص الشكر لتليفزيون جمهورية مصر العربية.

أ ــ الاستماع في الصف

١ـ اذكروا بعض المعلومات التي يقدّمها لنا البرنامج عن تاريخ الصحافة في مصر.

٢ـ ما هي بعض الأسماء التي تعرفتم عليها في النص؟

٣ـ ماذا يسمّي البرنامج الوقت بين عام ١٨٢٨ وبداية الحرب العالمية الأولى؟

٤ـ يتحدّث البرنامج عن «عصر ذهبي» للصحافة في مصر. متى كان ذلك العصر؟ وما كانت الأسباب التي ساعدت على قيامه؟

٥ـ ماذا يقول البرنامج عن «دار الهلال»؟ اذكروا شيئين.

٦ـ ماذا يقول البرنامج عن أنور السادات؟

ب ـ الاستماع في البيت

١ـ اكتبوا المعلومات المطلوبة في الجدول:

السنة	ماذا حدث فيها؟
١٧٩٨	
١٨٠٥	
١٨٢٨	
١٨٦٧	
١٨٧٦	
١٨٨٢	
١٩٥٢	

٢ـ اكتبوا الكلمات التي تسمعونها في الأجزاء التالية من البرنامج:

أ ـ من 00:58 الى 1:10 «**وفي عام** ________ **جديدة.**»

ب ـ من 1:44 الى 2:01 «**فأصبحت** ________ ،

وحوّلها الطهطاوي ________ **عبده.**»

جـ ـ من 2:28 الى 2:43 «**إلاّ أنّ** ________ **هزيمة** *defeat*

الثـورة العُـرابيـة ________ **الاسكندرية**

و ________ **الصحف.**»

د ـ من 3:25 الى 3:41 «**وفي الأول** ________ **ماضي و** ________

________ «**المؤيد**» ________ **الانكليزي.**»

هـ ـ من 6:36 الى 6:41 «**وأصدرت** ________ **مبادئها السياسية**»

تمارين مراجعة

These تمارين provide an opportunity to review vocabulary and also practice writing and reading aloud your إعراب endings.

تمرين ٢٧ **أكملوا الجمل التالية مستخدمين الشكل الصحيح للفعل المناسب:**

مرّ - استمرّ - أعدّ - استعدّ - أحبّ - احتلّ - اهتمّ - اضطرّ

١- على الرغم من أني كنت أشعر بالتعب، فقد ــــــ في العمل.

٢- لم ــــــ حرب ١٩٦٧ طويلا ولذلك سُمّيت بـ«حرب الأيام الستّة».

٣- أظن أنهما لن ــــــ في حياتهما الزوجية طويلاً بسبب كثرة المشاكل بينهما.

٤- لم ــــــ أن أقول لهم الحقيقة حتى لا يغضبوا.

٥- هل يمكن أن ترسل لي هذه الرسالة إذا ــــــ بمكتب البريد؟

٦- ضربت سيارتي سيارة اخرى فـ ــــــ إلى شراء سيارة جديدة .

٧- أصبحت ــــــ بالسياسة بعد سفري الى الشرق الاوسط .

٨- بعد خروج الأتراك من سوريا قام الفرنسيون بـ ــــــ ها.

٩- أتى أصدقائي للعشاء في بيتي فـ ــــــ لهم بعض المأكولات العربية.

١٠- اشترينا كل ما نحتاج اليه لـ ــــــ لرحلتنا الى الجبال.

تمرين ٢٨ **دراسة المفردات**

أ ــ اختاروا الكلمة المناسبة لكل جملة :

١- يحتفل الامريكييون بعيد الاستقلال في الرابع من يوليو وتُقام في هذا اليوم من كل سنة احتفالات رسمية و ــــــ .

أ. اجتماعية ب. عاطفية جـ. دولية د. شعبية

٢- والدتها ــــــ جداً فهي تملك الكثير من الأراضي والبنايات .

أ. متواضعة ب. فقيرة جـ. عصرية د. غنيّة

٣- ستقوم الحكومة التونسية بعدد من المشاريع التي ــــــ الى تشجيع السياحة وتطويرها في كل المناطق .

أ. تبلغ ب. تقدِّم جـ. تمتدّ د. تهدف

٤- يملك جدّي تليفون «موبايل» ولكنه لا يعرف كيف ــــــــ ـهُ .

أ. يتبع ب. يستخدم جـ. يصنع د. يحضِّر

٥- عبد الكريم طالب ذكي ولكنه بحاجة الى أن ــــــــ أكثر على دراسته .

أ. يشتهر ب. يتطور جـ. يغلب د. يركّز

٦- انقطعت الطريق بين بيروت ودمشق بسبب الثلج، ولذلك سنُضطرّ إلى ــــــــ يوماً أو يومين قبل البدء برحلتنا.

أ. الانتظار ب. التحضير جـ. الإتيان د. الاستضافة

٧- عندي أفكار عن هذا الموضوع ولكني لا أعرف كيف ــــــــ .

أ. أُعبّر عنها ب. أختلف عليها جـ. أنادي عليها د. اهتمّ بها

٨- إذا كنتم ترغبون في الاشتراك في الرحلة إلى الاسكندرية فمن اللازم أن ــــــــ أسماءكم هنا .

أ. تبلغوا ب. تصفوا جـ. تسجّلوا د. تجمعوا

٩- ذكرت المُحاضِرة في حديثها أن الصحافة في المجتمعات الديموقراطية لها ــــــــ كبيرة.

أ. طبيعة ب. ذكرى جـ. سلطة د. طبعة

١٠- خلال سنوات دراستنا قرأنا عدداً من الأعمال المشهورة في ــــــ الأدبي العالمي.

أ. المظهر ب. النّوع جـ. الفنّ د. التراث

١١- ــــــ مطبعة جامعة تكساس في أوستن مجموعة قصصية مترجمة الى اللغة الانكليزية للكاتبة المغربية ليلى أبو زيد

أ. ظهرت ب. أصدرت جـ. أنشأت د. زَيَّنت

ب ـ اختاروا المعنى المناسب للكلمة التي تحتها خط :

١٢- أهم شيء بالنسبة لي ، هو أن استطيع التعبير عن وجهة نظري بحريَّة .

أ. رأيي ب. حقيقتي جـ. حالي د. شعوري

١٣- وقعت الحرب العالمية الأولى في أوائل القرن العشرين .
أ. وضعت　　ب. أقامت　　جـ. حدثت　　د. أتت

١٤- انا مشغولة جدا صباح السبت، فمن اللازم أن أنزل الى السوق لشراء بعض الأشياء ثم أحضّر الغداء وآخذ الأولاد الى النادي وفوق هذا كله من اللازم ان آخذ سيارتي الى الكاراج لإصلاحها .
أ. بالإضافة الى هذا　　ب. لذلك　　جـ. وهكذا　　د. مع هذا

١٥- تعتبر دمشق من أقدم المدن في العالم إذ يعود تاريخ إنشائها الى القرن العاشر قبل الميلاد .
أ. تأسيسها　　ب. إخراجها　　جـ. استمرارها　　د. استكشافها

١٦- مضى على اكتشاف «البنسيلين» اكثر من مئة عام .
أ. تمَّ　　ب. غيَّر　　جـ. مرَّ　　د. غلب

العامية

"فيه جرايد عربي في أمريكا؟"

أ ــ مفردات وعبارات

تذكّروا :

جرائد　　النهار　　غلب ، يغلِب　　عُيِّنتُ

تعلّموا:

جُرنال	= جريدة
حاجة ج. -ات	= شيء ج. أشياء
شاف (شُفتْ) ، يِشوف	to see, watch, look
مُعَيَّن / ة ج. - ين	specific, particular
غالِباً	most of the time
النهارده	= اليوم (هذا النهار)

ب ـ القصة

خالد ومها بيتكلموا عن ايه؟ بيقولوا ايه؟

مين بيهتَمّ بالاخبار أكتر: مها أو خالد؟ ليه في رأيكو؟

جـ ـ تراكيب:

١ـ تصريف الماضي: فعل "نام"

Learn the الماضي endings in العامية as given for the verb نام .

(أنا) نِمتْ	(اِحنا) نِمنا
(انتَ) نِمتْ (انتي) نِمتي	(انتو) نِمتوا
(هوّ) نامْ (هيّ) نامِت	(همّ) ناموا

٢ـ فعل "شاف — يشوف"

The verb شاف *to see* is used in most Arabic dialects.

الماضي

(أنا) شُفتْ	(اِحنا) شُفنا
(انتَ) شُفتْ (انتي) شُفتي	(انتو) شُفتوا
(هوّ) شافْ (هيّ) شافِت	(همّ) شافوا

المضارع

(أنا) باشوف	(اِحنا) بِنشوف
(انتَ) بِتشوف (اِنتي) بِتشوفي	(اِنتو) بِتشوفوا
(هوّ) بيشوف (هيّ) بِتشوف	(همّ) بيشوفوا

د ـ نشاط

اسألوا زمايلكو:

١ـ شُفت/شفتي مين النهاردا؟ بتشوف/بتشوفي عيلتك كل اسبوع؟ شهر؟

٢ـ نِمت/نمتي كويس؟ ليه/ليه لا؟ امتى بِتنام/بِتنامي غالباً؟ كم ساعة بِتنام/بتنامي؟

٣ـ بتحبّ/بتحِبّي أكل معيّن؟ بِتاكُل / بِتاكْلي فين؟

٤ـ مَهَمّة الجامعة

في هذا الدرس:

الثقافة: • من الأدب والفكر العربيين

النص: • مهمة الجامعة

القراءة: • ندوة عن تاريخ الجزيرة العربية

الاستماع: • الاحتلال الفرنسي للجزائر

• تاريخ الجامعات الاسلامية

التراكيب: • إن وأخواتها

• اسم المكان

• جمع التكسير

• الممنوع من الصرف

العامّية: • أنا لسّه معيد

• عايز وناوي + المضارع

المفردات

تذكّروا وتعلّموا

عِلم الاِجْتِماع	←	اجتِماعيّ	social, societal
	←	مُجْتَمَع ج. ـات	society
جَميل	←	جَمال	beauty
	←	عِلْم الجَمال	aesthetics

✪ إنّ اللهَ جميلٌ يُحبُّ الجمال ✪

حَمَلَ ، يَحمِل ، الحَمْل	←	حامِل ج. ـون / حَمَلَة	carrier, holder (of)
رَجَعَ ، يَرجِع، الرُّجوع (إلى)	←	مَرْجِع ج. مَراجِع	reference (work)
رَكَّزَ، يُرَكِّز ، التَّركيز (على)	←	مَرْكَز ج. مَراكِز	center
سِياسيّ	←	السِّياسة	politics; policy
شاهَدَ، يُشاهِد ، المُشاهَدة	←	شَهادة ج. ـات	diploma, degree
طالِب ج. طُلاّب	←	طَلَبة	= طلاّب
عادةً ؛ عادة ج. عادات	←	عاديّ ج. ـون	normal, usual, ordinary
مُفَضَّل	←	فَضَّلَ ، يُفَضِّل، التَّفضيل (على) (أنْ)	to prefer something (over); to prefer (to)
فِكرة ج. أفكار	←	الفِكْر	thought (abstract)
اِستَكشَفَ، يَستَكشِف، الاِستِكشاف	←	اِكتَشَفَ، يَكتَشِف، الاِكتِشاف (أنّ)	to discover (that)
نادٍ / النادي ج. نوادٍ / النوادي	←	نَدْوة ج. نَدَوات	seminar, symposium
نَظَرَ ، يَنظُر ، النَظَر (إلى)	←	نَظَريّة ج. ـات	theory
المُناقشة	←	ناقَشَ، يُناقِش، المُناقَشة / النِقاش	to discuss
يتَناوَل الغداء / العشاء	←	تَناوَلَ ، يَتَناوَل ، التَّناوُل	take (a meal); to take up, deal with, treat (a topic)
	←	في مُتَناوَل . . .	within reach of (someone)

مُهِمّ	← مَهَمّة ج. مَهامّ	mission, important task
واسِع	← اِتَّسَعَ لِـ ، يَتَّسِع لِـ	to be wide enough for
وَصَلَ ، يَصِل ، الوُصول	← صِلة ج. ـات	connection, link, tie, bond

من القاموس

آمَنَ بـ ، يُؤمِن بـ ، الإيمان بـ (أنّ)	to believe in/that
بَحَثَ ، يَبحَث ، البَحْث	to discuss, to research (a topic)
بَحث (عِلميّ) ج. أبحاث	research; research paper
بَحَثَ عن ، يبحَث عن ، البَحث عن	to look for, search for
بَعَثَ ، يَبعَث ، البَعث (إلى)	to send, dispatch
بَعْثة ج. بَعَثات	mission, delegation, group of exchange students
تِلْميذ ج. تَلاميذ	pupil, student
ثَوْرة ج. ـات (على)	revolution
جَعَلَ ، يَجعَل ، الجَعْل	to make, cause (someone or something) (to be or do)

القهوة تجعلني أسهر. —— الـ email لم يجعل حياتنا أسهل.

حَديث / ة	modern, new
حَرَكة ج. ـات	movement
اِختَرَعَ ، يَختَرِع ، الاِختراع	to invent
خَطير / ة	dangerous; serious
دَعا ، يَدعو ، الدَّعوة	to invite someone (to, e.g., a party)
دَعا إلى ، يَدعو الى ، الدَعْوة الى	to invite to, call for
دَعوة ج. دَعَوات	invitation; call
رَأى ، يَرى ، الرُؤْيَة	to see
روح ج. أرواح	spirit, soul
روحيّ	spiritual

to increase (transitive or intransitive)	زادَ ، يَزيد ، الزِّيادة
to be or become more (than), to exceed	زادَ عن ، يَزيد عن ، الزِيادة عن
genius	عَبْقَريّ ج. عَباقِرة
palace	قَصْر ج. قُصور
seat	مَقْعَد ج. مَقاعِد
to sit	قَعَدَ ، يَقعُد ، القُعود
to lead; to drive, fly (e.g., car, plane, etc.)	قادَ ، يَقود ، القِيادة
leader	قائِد ج. قادة
to suffice, be enough	كَفى ، يَكفي ، الكِفاية
enough (adjective)	كافٍ / الكافي
to walk	مَشى ، يَمْشي ، المَشي
rebirth, renaissance	نَهْضة
to distribute	وَزَّعَ ، يُوَزِّع ، التَّوزيع (على)
to send, dispatch (a delegation)	أَوْفَدَ ، يوفِد ، الإيفاد (إلى)
delegation	وَفْد ج. وُفود

تعلّموا هذا الفعل: تصريف فعل "رأى"

الماضي

الجمع	المُثنّى	المفرد
رَأَوا رَأَينَ	رَأَيا رَأَتا	رَأى رَأَت
رَأَيتُم رَأَيتُنَّ	رَأَيتُما	رَأَيتَ رَأَيتِ
رَأَينا		رَأَيتُ

المضارع المرفوع

الجمع	المُثنّى	المفرد
يَرَونَ يَرَينَ	يَرَيانِ تَرَيانِ	يَرى تَرى
تَرَونَ تَرَينَ	تَرَيانِ	تَرى تَرَينَ
نَرى		أرى

تمرين ١ — أكملوا الجداول التالية Write all vowels. (في البيت)

Use the conjugations you know from أتى and صحا (Part One) to complete charts for مشى and دعا , respectively. Note the correspondence of the final vowels in الماضي and المضارع .

أتى ، يأتي ← مشى ، يمشي

مشى			
الضمير	الماضي	المضارع المرفوع	المضارع المنصوب
هو	مَشى	يَمشي	يمشيَ
هما	مَشَيا	يَمشيانِ	يَمشيا
هم	مَشَوا	يَمشونَ	
هي	مَشَت		
هما			
هُنَّ	مَشَيْنَ	يَمشينَ	
أنتَ	مَشَيْتَ		
أنتما	مَشَيْتُما		تَمشيا
أنتم			تَمشوا
أنتِ			
أنتما		تَمشيانِ	
أنْتُنَّ		تَمشينَ	تَمشينَ
أنا			
نحن			

صحا ، يصحو ← دعا ، يدعو

دَعا			
الضمير	الماضي	المضارع المرفوع	المضارع المنصوب
هو	دَعا	يَدعو	يَدعوَ
هما	دَعَوا	يَدعوانِ	يَدعوا
هم	دَعَوا	يَدعونَ	يَدعوا
هي	دَعَت		
هما			
هُنَّ	دَعَوْنَ	يَدعونَ	
أنتَ	دَعَوْتَ		
أنتما	دَعَوْتُما		تَدعوا
أنتم			تَدعوا
أنتِ		تَدعينَ	
أنتما		تَدعوانِ	
أنْتُنَّ			تَدعونَ
أنا			
نحن			نَدعوَ

تمرين ٢ **استخدموا الشكل الصحيح للفعل (في البيت)**

١- هل ــــــ منظراً أجمل من هذا في حياتكم ؟! (رأى)

٢- أحب أن ــــــ كُم جميعاً لتناول العشاء عندنا في البيت . (دعا)

٣- أنا تعبانة جدا لأني ــــــ أمس أكثر من ميلين . (مشى)

٤- أتمنى أن ــــــ كل أقاربي في حفلة عيد ميلاد جدتي . (رأى)

٥- أظن أنها لا تحب أن ــــــ لأنها تذهب الى كل مكان بسيارتها. (مشى)

٦- ما هي الأماكن التي ــــــ عندما زرت تونس يا لوسي؟ (رأى)

٧- كثير من الناس ــــــ كل يوم للرياضة . (مشى)

تمرين ٣ **دراسة المفردات الجديدة: جذور وأوزان (في الصف)**

كيف نقول بالعربية؟ كوّنوا كلمات جديدة بمساعدة القواعد التي تعرفونها وأكملوا بها الجمل.

1. believers	كان الخليفة يسمّى «أمير ــــــ» .
2. brilliant inventors; their unusual invention	كان اورفيل وويلبور رايت ــــــ والطائرة كانت ــــــ .
3. his great discovery	كريستوفر كولومبوس كان مستكشفاً وتعتبر أمريكا ــــــ .
4. a successful researcher	الاستاذ الجامعي يجب ان يكون مدرِّساً ممتازاً و ــــــ في نفس الوقت.
5. the central government	تهدف سياسات ــــــ الى تطوير الزراعة في المنطقة الجنوبية.
6. the distributed food	اكتشفوا أن ــــــ قديم ولذلك لم يستطيعوا استخدامه.
7. the official distributor	أُختيرَت شركة عمّي لتكون ــــــ لمشروبات كوكاكولا في تونس.

تمرين ٤ **من فعل هذا؟ المجهول (في الصف)**

These sentences all identify the subject of the action. But what if that subject were unknown? Rephrase each sentence so that it omits the subject and expresses a passive action:

١- توزّع شركة «نيويورك تايمز» صحيفتها اليومية المشهورة على القرّاء في كل مكان عن طريق الطباعة باللّيزر.

٢- اخترع اليكساندر غراهم بيل التليفون منذ أكثر من قرن.

٣- التلاميذ ناقشوا الأبحاث امس.

٤- صديقي دعاني الى بيته .

٥- سيوفد مركز الرئيس «كارتر» بعثة من المتخصصين الى المغرب لدراسة التغيرات السياسية الأخيرة.

٦- لم يستخدموا كل المراجع التي أخذوها من المكتبة.

٧- السيارة ليست جديدة ولكن مظهرها ممتاز لأن صاحبتها تقودها مرة واحدة فقط في الاسبوع.

٨- ما هي المواضيع التي ستتناولينها في مقالتك يا استاذة؟

٩- بعث إليّ شخص لا أعرفه رسالة إليكترونية فيها «ڤايروس» وبسببها توقّف كومبيوتري عن العمل.

١٠- اكتشف الباحثون صلات لم تكن معروفة بين اليونان وتركيا في العصور القديمة.

تمرين ٥ **للمناقشة مع الزملاء (في الصفّ)**

١- ما هي الأشياء التي يجب أن تكون في متناول كل الناس من وجهة نظرهم؟

٢- أي نوع من المراجع يستخدمون في كتابة الابحاث؟

٣- ما هي الأشياء التي تجعلهم يشعرون بالخجل؟

٤- ما هو أهم شيء يدعو اليه الدين من وجهة نظرهم؟

٥- ما هي الاشياء التي يؤمنون بها؟ التي لا يؤمنون بها؟

تمرين ٦ اسم الفاعل في جذور فيها "و" و "ي" (في البيت)

Verbs whose جذر contains و or ي follow the same basic patterns as regular ones with minor adjustments. You have been learning these patterns from the very beginning by memorizing verb conjugations, and we will be gradually formalizing rules for the و/ي patterns throughout the rest of this book.

1. You have learned that verbs of I وزن whose جذر contains و or ي take a hamza in اسم فاعل, and you see an example of this in the new vocabulary of this chapter. Find it, then derive اسم الفاعل from the verb زاد : ________ ← زاد ، يزيد

2. Verbs whose جذر ends in و or ي have two variant endings in their masculine singular اسم فاعل forms (the feminine forms follow normal patterns). You have seen this ending in vocabulary lists as follows[1]:

أمثلة: كافٍ / الكافي   والٍ / الوالي   تالٍ / التالي

All masculine singular forms of اسم الفاعل whose roots end in و/ي take these endings in :

أمثلة: مُصَلٍّ / المُصَلّي   مُتَمَنٍّ / المُتَمَنّي   مُشترٍ / المشتري

Only in one case does the ي appear on indefinite اسماء فاعل, and that is in المنصوب case:

أمثلة: رأيت رجلاً ماشياً في الطريق يحدّث نفسه.   لم نجد عدداً كافياً من المقاعد.

The rules for these endings will be introduced in Lesson 6. For now, we would like you to recognize both endings when you see them and to be able to produce the definite form of اسم فاعل for any verb whose جذر ends in و or ي . Complete the chart:

Definite اسم الفاعل	Indefinite اسم الفاعل	الفعل
الكافي	كافٍ	كَفى ، يَكفي
الوالي	والٍ	وَلِيَ ، يَلي
		مَشى ، يمشي
		دَعا ، يَدعو
		قَضى ، يَقضي
		بَقِيَ ، يَبقى

---

[1]In colloquial Arabic, the indefinite ending retains the ي: عالي – والي – تاني (ثاني) .

تمرين ٧ جمع اسم الفاعل في معنَيين مختلفين (في البيت)

You know that اسم فاعل and اسم مفعول normally take plural endings ون/ين for human plurals. In some cases, however, اسم الفاعل can take a broken plural in wazn فَعَلة , فُعَلة , or فُعّال . In this case, the broken plural has a nominal (noun) meaning while the ون/ين plural retains the verbal meaning, which is more common in العامية than in الفصحى . Compare some examples of alternate plurals and their meanings in the chart:

holders/carriers (of)	حَمَلة	carrying	حاملون	حامِل
leaders	قادة	---	(غير مستخدم)	قائِد
students	طلاّب / طَلَبة	seeking, asking for	طالبون	طالِب
readers	قُرّاء	reading	قارئون	قارِئ
residents	سُكّان	living	ساكنون	ساكِن
merchants, traders	تُجّار	---	(غير مستخدم)	تاجِر
proselytizers	دُعاة	inviting, calling for	داعون	داعٍ
pedestrians	مُشاة	walking	ماشون	ماشٍ

أكملوا بالجمع المناسب: Remember to think about definiteness and case endings.

١- دخل التلاميذ الى الصف ـــــ كتبهم.

معظم العاملين في مركزنا من ـــــ الشهادة الجامعية. (حامل)

٢- أرسل الخليفة الفاطمي «الحاكم بأمر الله» عدداً من ـــــ إلى المشرق الإسلامي حيث قضوا سنوات ـــــ إلى المذهب الشيعي. (داعٍ)

٣- يبلغ عدد ـــــ المغرب حوالي ٣٢ مليون نسمة معظمهم ـــــ في المدن الكبيرة. (ساكن)

٤- رأيت زملائي ـــــ أمامي وناديتهم أن ينتظروني.

في كل سنة يموت عدد كبير من ـــــ في هذا الشارع الخطير.(ماشٍ)

٥- اجتمع ـــــ السياسيون اللبنانيون ليلة أمس لمناقشة التطوّرات الخطيرة. (قائد)

٦- أصبحنا من ـــــ صحيفة «نيويورك تايمز» هذه السنة. (قارئ)

تمرين ٨ **المفردات الجديدة (في البيت)**

اكتبوا كلمة مناسبة من المفردات الجديدة في الفراغ:

١ـ أحب هذه المنطقة الجبلية بسبب طقسها وطبيعتها و ـــــــ مناظرها .

٢ـ لا يمكنك الحصول على هذه الوظيفة إلا إذا كنت من ـــــــ شهادة الماجستير.

٣ـ قيادة السيّارة بعد شرب الكحول شيء ـــــــ جداً .

٤ـ ـــــــ أولادي طريقة جديدة لتلوين البيض لعيد الفصح .

٥ـ هناك مشاكل كثيرة بيننا ومن اللازم أن نجلس معاً وـــــــ أسبابها .

٦ عندما احتلّ الفرنسيون الجزائر ـــــــ الفرنسية اللغة الرسمية في البلد.

٧ـ ألْبِرت أيْنشتاين عالم فيزيائي ـــــــ قدّم الكثير الى الفكر الانساني .

٨ـ مع أنّ جدي قد بلغ الثانية والثمانين فإنه ما زال ـــــــ إلى دكّانه ويرفض الذهاب بالسيارة.

٩ـ كان يا ما كان في قديم الزمان ، كان هناك ملك عظيم اسمه هارون الرشيد يسكن في ـــــــ كبير في مدينة بغداد .

١٠ـ كان الحكواتي جالساً على ـــــــ ـه في وسط المقهى وكان الناس جالسين حوله يستمعون اليه باهتمام كبير .

١١ـ أقامت كلية الاقتصاد في جامعة الرباط ـــــــ لمناقشة السياسة الاقتصادية الجديدة ، وقد شارك فيها عدد من المتخصّصين والخبراء .

١٢ـ لا اعرف كيف تستطيعين ـــــــ وقتك بين العمل والدراسة والموسيقى! هل تكفي ساعات النهار لكل هذه الأشياء؟!

١٣ـ مدينة الرباط هي عاصمة المغرب ولكن مدينة الدار البيضاء هي ـــــــ الاقتصادي في البلاد .

١٤ـ ستركز المحاضرة على ـــــــ السياسية الاسلامية التي ظهرت في السنوات الأخيرة .

١٥- سمعت عن هذا الفندق أنّه من الدرجة الاولى وأن الخدمة فيه ممتازة ولكني، بعد الإقامة فيه ، وجدت أنه ـــــــ جداً .

١٦- على الرغم من أنها تعمل في وظيفتين فإن المال الذي تحصل عليه لا ـــــــ اسرتها .

١٧- بالرّغم من أن هذه الغرفة تبدو صغيرة فإنها ـــــــ لكثير من الناس .

١٨- عندما تكتب بحثا علميا فمن الضروري أن تذكر كل ـــــــ التي استخدمتها في البحث .

١٩- هناك اختلاف كبير على ـــــــ تطوُّر الطبيعة التي جاء بها «داروين» في القرن التاسع عشر .

٢٠. أرسلت الأمم المتحدة ـــــــ طبّية كبيرة بهدف مساعدة أهالي جنوب السودان.

٢١- وصل الى الإمارات أمس ـــــــ اسرائيلي رسمي لمناقشة موضوع السلام.

تمرين ٩ **نشاط محادثة: شخصيات تاريخية مهمة (في مجموعات داخل الصف)**

سيصدر مرجع جديد للطلبة العرب يقدّم معلومات عن أهم الشخصيات العالمية، والمطلوب منك أن تعمل/ي مع زميل/ة، لتختارا ثلاث شخصيات تظنان أنها من أهم الشخصيات في التاريخ. والمهم أن تستخدما أكبر عدد ممكن من المفردات الجديدة. اكتبا مذكّرات *notes* تساعدكما في تقديم أفكاركما إلى الصف.

تمرين ١٠ **نشاط محادثة: استعدادات وترتيبات لحفلة (في مجموعات في الصف)**

ستزور جامعتكم قريباً بعثة طلابية جامعية عربية، وطلب منكم رئيس الجامعة المساعدة في ترتيب حفلة استقبال مناسبة لأفراد البعثة. ناقشوا كيف يجب أن تُقام هذه الحفلة: كم شخصاً ستدعون؟ ما هو أحسن مكان تعرفونه لإقامة حفلة؟ لماذا؟ لكم شخصاً يتّسع؟ هل عدد المقاعد يكفي للمَدعوين؟ ماذا ستفعلون إذا زاد عدد الحاضرين عن عدد المقاعد؟ كيف ستوزعون المدعوين على المقاعد؟ كم نوعاً من الأكل ستقدمون؟ كيف ستوزعون المَهامّ بينكم؟ كيف ستبعثون الدعوات؟ بالإضافة الى المأكولات، ما هي الأشياء الاخرى التي ستجعل الحفلة ناجحة وممتعة للجميع؟

عبارات جديدة

أ ـ لا بُدَّ (من) أنْ (+ المضارع المنصوب) / لا بُدَّ من (+ المصدر) = يجب أن ، من اللازم أن

- اذا كنت تريد الإقامة في القاهرة لأكثر من أسبوع **فلا بُدَّ من أن** تسجّل اسمك في قسم البوليس.
- **لا بُدَّ أن** تستخدم عدداً أكبر من المراجع في بحثك.
- **لا بُدَّ لك من** الاستمرار في النظام الصحّي الذي كنت تتّبعينه.

ب ـ (فـ . . .) مَثَلاً for example, for instance

- هناك صفات مشتركة بين المدن العربية القديمة ففي كل مدينة **مثلا** نجد انّ الشوارع تقود الى وسط المدينة حيث يوجد قصر الحاكم والمسجد.
- في السنوات العشرين الأخيرة حدثت تغيّرات كبيرة في العلاقات العائلية في مجتمعنا فالأقارب **مثلاً** لا يزورون بعضهم بعضًا كما كان الحال من قبل .

ج ـ أيّامَها in those days, at that time

- هاجر خالي محمد وأسرته الى كندا في أواخر سنة ١٩٧٠ وكنت **أيامها** طفلاً صغيرًا.
- ماتت عمّتي ، الله يرحمها ، في ربيع عام ١٩٩٣ وأذكر أننا كنا **أيامها** نستعدّ لعودة جدّي من الحج .

د ـ على الأقَلّ (≠ على الأكثر) at least

- أفهم انك لا تريد أن تتكلم معي ولكن يمكنك ان تقول لي "صباح الخير" **على الأقلّ!**
- أريدكم ان تبدأوا بتحضير العشاء الآن، وسأعود لمساعدتكم بعد نصف ساعة أو ساعة **على الأكثر.**

تمرين ١١ **العبارات الجديدة**

أ ـ ترجموا جمل العبارات الجديدة الى اللغة الإنجليزية .

ب ـ نشاط كتابة:

هل تفضّلون الدراسة في جامعة كبيرة أو صغيرة ولماذا؟ (١٠٠ كلمة على الأقلّ)

عبارات مفيدة:

لا بد أنْ	فـ .. مثلاً	أيامها (عن الماضي)	على الأقلّ/الأكثر
في حين	من حيث	وفوق هذا كلّه	مع أنّ / على الرغم من .. فإنّ

تمرين ١٢ نشاط استماع DVD

Listen to the following passage on tape and write in الـ where you hear it:

الجزائر تحت الاحتلال الفرنسي

عاشت جزائر تحت احتلال فرنسي مدة طويلة من زمن تزيد عن مئة وثلاثين سنة انتهت عام ١٩٦٢ بـ حصول جزائر على حريتها و استقلالها.

يرجع تاريخ وجود فرنسي في جزائر إلى عام ١٥٦٣ ، حين كانت جزائر ولاية عثمانية . وفي ذلك وقت بدأ اهتمام فرنسي رسمي بـ جزائر فأرسلت فرنسا أول بعثة دبلوماسية لها إلى جزائر وبدأت بين بلدين صلات تجارية و اقتصادية.

وفي أوائل قرن تاسع عشر كانت فرنسا ، كغيرها من دول أوروبية قد حققت تقدّما اقتصاديا كبيرا بسبب ثورة صناعية وبدأت تبحث عن أسواق جديدة و مناطق استراتيجية لوجودها سياسي و عسكري في آسيا و أفريقيا ، فقررت احتلال جزائر وحدث ذلك عام ١٨٣٠ حين دخل فرنسيون مدينة جزائر واحتلوها ثم احتلوا مناطق اخرى في بلاد.

وكان فرنسيون ينظرون إلى جزائر على أنها جزء من فرنسا و امتداد طبيعي لها ولذلك قاموا بـ تشجيع فرنسيين على هجرة إلى جزائر.

وقد أثّرت هذه هجرة فرنسية على أحوال اقتصادية في جزائر وقلّلت من فرص عمل أمام جزائريين ، ولذلك اضطر عدد كبير منهم الى هجرة إلى فرنسا لـ عمل هناك. وكان فرنسيون يتصرّفون في جزائر وكأنهم هم أصحاب بلاد حقيقيون ففي حين أنهم أنشأوا مدارس رسمية و خاصة وشجعوا اوروبيين على دخولها ، فإنهم لم يسمحوا لـ جزائريين مثلا بـ التحاق بهذه مدارس.

وقد رفض جزائريون وجود فرنسي بينهم وقاموا بـ ثورات كثيرة تهدف إلى إخراج محتلين من بلادهم ، وقد مات في هذه ثورات ما يزيد عن مليون جزائري و جزائرية ولذلك تعرف ثورة جزائرية بـ « ثورة مليون شهيد »

من كتاب «تاريخ العرب الحديث» ، د. زاهية قدورة ،
ص. ٤٩١–٥٢٥ ، دار النهضة العربية ، بيروت ، ١٩٨٥.

الثقافة DVD

Listen to the information about these people and institutions on your DVD. Then, write a short فقرة about what these famous people have in common.

♦ الجامع الأزهر

♦ عصر النهضة

♦ شخصيات مصرية مهمة من القرن العشرين

عبّاس محمود العقّاد (١٨٨٩-١٩٦٤)	أحمد أمين (١٨٨٦-١٩٥٤)
سهير القلماوي (١٩١١-١٩٩٧)	طه حسين (١٨٨٩-١٩٧٣)
مصطفى كامل (١٨٧٤-١٩٠٨)	سعد زغلول وثورة ١٩١٩
	أمينة السعيد (١٩١٠-١٩٩٥)

تمرين ١٣	القراءة في البيت بدون القاموس DVD

بعد القراءة السـريعة، اقرأوا النص مرّتين واسـتـمـعـوا اليه في المرة الأولى أو المرّة الثانيـة كـما يناسـبـكم. وبعد ذلك اكـتـبوا فـقـرة عن كل سـؤال مسـتـخـدمـين كلماتكم (وليس كـلمات النص):

١- ما هي الاختلافات الكبيرة التي يذكرها الكاتب بـين الجامعة في الماضي والجامعة اليوم؟

٢- ما هي بعض مشاكل الجامعة اليوم التي يذكرها الكاتب؟

٣- ماذا يجب أن تفعل الجامعة في رأي الكاتب؟

٤- ما هي أسماء الأماكن والشخصيات المشهورة التي يذكرها الكاتب ولماذا يذكرها هنا؟

مهمة الجامعة

زرت كلية الآداب بجامعة عين شمس ، وعلمت أن عدد طلابها الآن هو ١٦ ألف طالب وطالبة! وتذكرت كلية الآداب في أوائل الثلاثينات عندما كان عدد طلبتها يزيد قليلاً عن مائة، وعندما كان عدد الطالبات لا يزيد عن خمس طالبات، أذكر منهن أمينة السعيد وسهير القلماوي!

وكنت أيامها طالبا في كلية الحقوق، وكنت أرى أيامها الدكتور منصور فهمي أستاذ علم الجمال يمشي في الكلية باحثا عن تلميذه الوحيد حتى يعثر عليه في الحوش، ويأخذه من يده ليذهب به إلى غرفة المحاضرة !

وكان أجمل ما في الدراسة العلاقة الشخصية بين الأستاذ وطلبته. كان الأستاذ يعرف اسم كل طالب. وكان الأساتذة يدعون الطلبة لتناول الشاي في بيوتهم، وكانت هذه الصلة الروحية هي التي تصنع الحياة الجامعية الحقيقية .. والآن لا يستطيع أي أستاذ أن يعرف طلبته، فهو يتحدث بالميكروفون! ولا بد أن يسكن الأستاذ في قصر ليستطيع أن يتسع لعدد طلبة الفصل!

وأخطر من هذا أن مكتبات الكليات ليس فيها العدد الكافي من الكتب لتخدم هذا العدد الهائل من الطلبة ..

وبعض عباقرة هذه الأيام يفضلون الكم على الكيف .. فهم يفضلون كلية تخرج ألف متخرج عادي على كلية تخرج العقاد وطه حسين وأحمد أمين وثلاثة من العباقرة مثلاً! ولكن من الممكن أن نجعل الجامعة تخرج الأعداد وتخرج العبقريات في نفس الوقت إذا شجعنا النبوغ، وأوفدنا البعثات، وحصلنا على أحدث المراجع، وجعلنا الجامعة هي مركز حرية الفكر في البلد، تخرج منها الأفكار الجديدة، وتناقش فيها الآراء الحديثة، ونقيم فيها ندوات السياسة والأدب والاجتماع.

إن مهمة الجامعة أن تخرج كل عام ألف كتاب على الأقل، في كل علم وفن وصناعة. وأن تكون هذه الكتب في متناول الناس. وليست مهمة الجامعة إخراج حملة شهادات يوزعون على المكاتب والمصالح ، ولا يجدون مقاعد يجلسون فوقها، ولا مكاتب يعملون فيها!

مهمة الجامعة أن تقود التقدم في البلد ، منها تخرج النظريات الجديدة والاختراعات المبتكرة والاكتشافات الحديثة..

إن حركة مصطفى كامل خرجت من مدرسة الحقوق ، وثورة ١٩١٩ خرجت من الأزهر، وثورة الصناعة المصرية خرجت من كلية التجارة ، وثورة ١٩٣٦ خرجت من كلية الطب!

ونحن نؤمن أن النهضة الجديدة لا بد أن تخرج من كل جامعة وكلية في كل بلد عربي!

من كتاب «الـ ٢٠٠ فكرة» لمصطفى أمين، ص. ١٢٣-١٢٤
العصر الحديث للنشر والتوزيع ، القاهرة ، ١٩٨٧

تمرين ١٤ **القراءة في الصف**

اعملوا مع زميل/ة على هذه الأسئلة:

١- **اقرأوا:** أين يستخدم الكاتب السُخريّة *sarcasm* ليعبّر عن رأيه؟ كيف عرفتم ذلك؟

٢- **ناقشوا:** ما رأي الكاتب في مهمة الجامعة؟ كيف يختلف هذا الرأي عن وجهة نظركم؟

٣- **ناقشوا:** ما هي العلاقة بين الجامعة والثورة في التاريخ المصري؟ هل تلعب الجامعات الأمريكية نفس الدَور *role* اليوم؟ في الماضي؟ لماذا / لماذا لا؟

٤- **اكتبوا** وصفًا قصيرا للجامعات المصرية اليوم من المعلومات المقدّمة هنا.

تمرين ١٥ **دراسة القواعد والتراكيب في النص (في البيت)**

1. Reread the following sentence from the text and identify in it اسم فاعل :

كنت أرى أيامها الدكتور منصور فهمي أستاذ علم الجمال يمشي في الكلية باحثا عن تلميذه الوحيد حتى يعثر عليه في الحوش، ويأخذه من يده ليذهب به إلى غرفة المحاضرة !

What case ending does it have? Why? Explain the use of المضارع of the verb يمشي. Translate the sentence. Remember to guess before looking up words and to pay attention to prepositions.

2. Reread the following sentence from the text:

وأخطر من هذا أن مكتبات الكليات ليس فيها العدد الكافي من الكتب لتخدم هذا العدد الهائل من الطلبة.

Look up the word هائل after guessing its meaning. Hint: The root is **not** هـ - ء - ل . What else could it be? Translate the sentence:

3. We have introduced to you the idea of parallelism and its importance in Arabic style. Remember that parallelism occurs on many levels, including single words, phrases and sentences. Parallel constructions occur frequently in expository writing because they add style, coherence, and cohesion to the argument, making the text more persuasive. (Parallelism is also used in English rhetoric, especially in contexts such as political speeches and sermons.) Find and underline passages in the text that use parallelism as a rhetorical device.

4. Parallelism can also be an important clue to meaning. If you have understood one item in a pair, you can then make an educated guess as to the meaning of a second parallel word or phrase and use your dictionary to better advantage. Find the word المصالح in paragraph 6. What does its parallel noun tell you about the وزن and the meaning? Is it singular or plural? Look up the word in the dictionary. Which of the meanings given is the correct one here?

تمرين ١٦ **دراسة القواعد والتراكيب في النص (في الصف)**

1. Find three جمل containing كان وأخواتها , and identify the اسم and خبر of each. Vowel the sentences and read them aloud to each other.

2. Find two examples of جملة صفة . Pay close attention to any **indefinite noun** followed by a verb or a sentence containing a pronoun that refers to that noun.

3. In paragraphs 5 and 6, find two verbs whose semantic and grammatical contexts indicate that they are passive. Vowel and read aloud the sentences in which these verbs occur.

4. You have learned several أوزان of the root خ ر ج :

خَرَجَ ، يَخرُج ، الخُروج	أَخْرَجَ ، يُخرِج ، الإخراج
خَرَّجَ ، يُخَرِّج ، التَّخريج	تَخَرَّجَ ، يَتَخَرَّج ، التَّخَرُّج

These أوزان follow the familiar patterns of meaning in which أَخرَجَ *to make (someone/something come out, to produce* is causative of خَرَجَ *to go/come out,* and تَخَرَّجَ is reflexive of the verb خَرَّجَ *to graduate (someone),* in which the subject is a university or other kind of school. In the text, find all verbs of this جذر , identify the وزن of each, and write in all vowels. What contextual clues help you distinguish among the various أوزان and their meanings?

القواعد

★ إنّ وأخواتها : إنّ وأنّ ولأنّ ولكنّ وكأنّ

You know that the particle إنّ introduces a sentence complement to the verb قال . In the text مهمة الجامعة , you see another of its functions: to identify and highlight the topic of a sentence or paragraph.

إنّ مهمّة الجامعة أن تخرج كل عام ألف كتاب .

إنّ حركة مصطفى كامل خرجت من مدرسة الحقوق .

When it occurs at the beginning of a sentence, إنّ points to and highlights the following noun as the topic of the sentence. For this reason, إنّ always introduces a جملة اسمية , and it occurs more frequently in expository texts than in narrative ones because expository writing focuses on the topic or topics under discussion (rather than actions or events). Note also that a number of عبارات contain إنّ :

مع أنّ .. فإنّ بالرغم من أنّ .. فإنّ وفوق هذا كله فإنّ

Grammatically, إنّ belongs to a group of particles called إنّ وأخواتها .[1] This group includes several particles, of which you know أنّ , لأنّ , لكنّ , and كأنّ , and all of which must be followed by جملة اسمية . You know that the parts of a regular الجملة الاسمية are called المبتدأ والخبر . The parts of this kind of جملة اسمية correspond exactly, and the predicates of both kinds of جملة اسمية are called الخبر , but the subject of إنّ وأخواتها sentences is called اسم إنّ وأخواتها . This chart compares the terminology:

جملة إنّ وأخواتها	الجملة الاسمية
subject of the (إنّ) clause اسم إنّ (وأخواتها)	subject المُبتدأ
predicate of the (إنّ) clause خبر إنّ (وأخواتها)	predicate الخبر

The following diagrammed sentence shows الاسم and الخبر :

إنّ مهمةَ الجامعةِ إخراجُ ألفِ كتابٍ كل عام على الأقلّ .

الاسم الخبر

In Part One, we noted that nouns following أنّ must take المنصوب ending. Using the Arabic terminology, we can rephrase this rule to say that اسم إنّ وأخواتها takes المنصوب ending, while الخبر retains المرفوع .

جملة إنّ وأخواتها
اسم إنّ : منصوب
خبر إنّ : مرفوع

This المنصوب ending on اسم إنّ/أنّ shows clearly in the following examples:

قرأنا أنّ عدداً من رجال السياسة سيجتمعون ليبحثوا آخر التطوّرات.

تقول الدعوة إنّ المدعوين يجب أن يلبسوا ملابس رسمية.

Remember: When اسم إنّ وأخواتها is a pronoun, it must be attached to the particle:

اكتشفت أنّي أفضّل المشي على قيادة السيارة في هذا الازدحام.

سترون أنكم تركّزون أحسن إذا نمتم سبع ساعات.

مع أنها تركته، فإنها تتكلم عنه كأنّها ما زالت تحبه!!

[1] Do not confuse أنْ with the particles in this group.

For more practice, go back to the text مهمة الجامعة and find examples of جمل أنّ وأخواتها to vowel and analyze.

تمرين ١٧ **إنّ وأخواتها (في البيت)**

Identify الاسم والخبر in each إن وأخواتها sentence and add the necessary case endings. Some sentences may contain more than one جملة إنّ وأخواتها :

١- ذكرت كل الصحف أن الأحوال جيّدة الآن بعد انتهاء الحرب وأنها ستتحسن أكثر في الأسابيع القادمة إن شاء الله.

٢- مع أن الرحالين العرب لم يقطعوا المحيط الاطلسي فإنهم قدّموا الكثير إلى علم الجغرافيا.

٣- كانت البنات في مدرستنا متفوقات على الأولاد، ربما لأن أمهاتهن لم يسمحن لهن بالخروج كثيرا!

٤- دُعِيت الى الحفلة ولكني لن أستطيع أن أحضر بسبب شغلي.

٥- على الرغم من أنه عبقري، فإنه غير ناجح في حياته.

٦- تقول كاتبة المقالة إن التطور الخطير الذي يشغل الحكومة هذه الأيام هو أن الحركات الإسلامية أصبحت منتشرة في الساحتين السياسية والاجتماعية.

٧- أؤمن بأن العالم العربي سيعيش نهضة ثقافية وسياسية وأتمنّى أن أرى هذا في حياتي.

٨- مع أنه صديقي فإني أفضّل العمل مع الطلبة الآخرين على العمل معه لأننا لا نركّز جيداً حين نعمل معاً.

٩- اكتشفنا أن عدد المقاعد في غرفة المحاضرة لن يكفي عدد الناس المنتظرين فقررنا أن ننقل المحاضرة الى غرفة أكبر بجانبها.

١٠- هل تظنّون أن الثورة أحسن طريقة لتغيير الحكومة؟

١١- تقول المقالة إن النهضة الحقيقية في الغرب بدأت مع الثورة الصناعية لأن التطور الحديث أخرج شكلا جديدا للعلاقة بين الفرد والمجتمع.

تمرين ١٨ **استخدام إنّ (في مجموعات صغيرة داخل الصف)**

You are designated speakers at an activist rally. Prepare a short speech to rouse the crowd using إن (وأخواتها) and إعراب endings for powerful rhetorical effect. Take the following lists of causes and expressions and vocabulary from recent chapters as inspiration.

عبارات:

إنّ . . . !   يقولون إنّ   على الرغم من أنّ   مع أنّ .. فإنّ   صحيح أنّ

موضوعات يمكن أن تتكلموا عنها:

-- تريدون من الجامعة خدمات أكثر للطلاب   -- استاذ تحبونه فُصل من الجامعة

-- ثورة على المأكولات في مطعم الجامعة   -- السياسة الامريكية - العربية

★ اسم المكان « مَفعَل(ـة) »

You have learned many words of the « مَفعَل(ـة) » وزن, among them:

مدرسة   مكتب   مكتبة   مطبخ   مقهى   مطعم   مطبعة

All of these words are formed by fitting the جذور of nouns or verbs into وزن مَفعَل or مَفعَلة, and they all carry the basic meaning *the place of (meaning of* الجذر *)*. Thus, the words listed above are derived from these nouns and verbs:

دراسة ← مَدرَسة ج. مَدارِس   كتب ← مَكتَب ج. مَكاتِب ، مَكتَبة ج. ـات

طبخ ← مَطبَخ ج. مَطابِخ   قهوة ← مَقهى ج. مَقاهٍ / المَقاهي

طعام ← مَطعَم ج. مَطاعِم   طبع ← مَطبَعة ج. مَطابِع

You can also see from this list that the plural of وزن مفعل(ة) is normally مَفاعِل .

The addition of ة is unpredictable. In some cases, such as مكتبة , it is used to derive an additional place noun from a root whose مفعل pattern already carries a different meaning In theory, an اسم مكان can be derived from any appropriate root. In practice, however, it is not often used to coin new words. Knowing the « مَفعَل » pattern will help you guess the meaning of new words whose جذر you know and pronounce them correctly.[1]

---

[1]The plural wazn مَفاعِل occurs in certain nouns normally used in the plural that are not related to اسم مكان :

أمثلة: مَلابِس - مَشاكِل (م. مُشكِلة) - مَصاعِب (من صعب) *difficulties* - مَخاطِر *dangers*

تمرين ١٩ **اسم المكان (في البيت)**

أ ــ ابحثوا عن اسم المكان في هذه الجمل وخمنوا معناه :

١- في الجزائر مَصانِع كبيرة للغاز الطبيعي والفوسفات.

٢- بدأت الحكومة السعودية تنشئ مزارع لتربية الدجاج وإنتاج البيض.

٣- بعد أن رجع من السعودية اشترى متجرا صغيرا في السوق ليعيش منه.

ب ــ اكتبوا اسم المكان من هذه الكلمات :

٤- السباحة: في النادي الذي أشترك فيه هناك ______ صغير.

٥- اللعب: وفي النادي أيضا ______ كبير لكرة القدم.

٦- الدخول: لا أعرف كيف أجد ______ هذه البناية.

٧- الخروج: يُستخدم هذا الباب كـ ______ في حالات الطوارئ *emergency* فقط.

★ جمع التكسير

broken plural	جمع التَكسير

You are familiar with the common patterns of جمع التَّكْسير from the plurals of words you know.

مَفاعِل : مَراجِع ، مَقاعِد ، مَكاتِب — **فُعَلاء** : زُمَلاء ، فُقَراء ، سُعَداء

أفعِلاء : أصدِقاء ، أذكِياء ، أغنِياء — **فَعائِل** : رَسائِل ، أوائِل ، كَنائِس

فَواعِل : شَوارِع ، أواخِر ، عَواصِم — **مَفاعيل** : مَواضيع ، مَواعيد ، مَشاريع

Other أوزان are less common:

فَعاعيل : شَبابيك ، دَكاكين — **أفاعِل**: أقارِب — **أفاعيل** : أسابيع

تَفاعِل : تَجارِب — **تَفاعيل** : تَواريخ

It is not necessary to memorize these أوزان as such, but it will help your vocabulary memorization, pronunciation, and spelling to internalize them by repeating them aloud and focusing on the rhythm of the words. You might try making up simple rhymes with plurals that share الوزن , such as أذكياء/أغنياء , حقائق/دقائق , رسائل / أوائل , and so on.

root with four consonants	الجذر الرُباعي

We noted in Lesson 3 that a few words have جذور with four consonants rather than three, such as تَرجَمة , عَسكَريّ , and تِلميذ . A root with four consonants is called جذر رُباعي

(from أربعة),and its وزن is given using the consonants ف - ع - ل - ل . Some of these words were originally borrowed from other languages and became arabized, taking a جمع تكسير .
You know the following examples:

فعالِل : تَراجِم ، عَساكِر   فَعاليل : تَلاميذ   فَعالِلة : عَباقِرة ، أساتِذة

تمرين ٢٠ جموع التكسير DVD

Listen to the singular and plural of the words in numbers 1-33 on your DVD. Determine الوزن of each plural and write each in the category in which it belongs.

فَواعِل	فَعائِل	أفعِلاء	فُعَلاء	مَفاعيل	مَفاعِل

★ الممنوع من الصرف *Nouns That Take Special Case Endings*

The plural أوزان you listed above all consist of three or more syllables. These plural أوزان belong to a set of nouns and adjectives that take special grammatical endings **when they are indefinite.**[1] The nouns and adjectives that belong to this set are called:

noun prevented from taking regular case endings مَمنوع مِن الصَّرف (called "diptote:" a noun that takes only two case endings)

[1]There are a handful of other types of nouns that take these endings, mainly feminine proper nouns and the أفعل التفضيل . We will study the latter in more detail in Lesson 5.

When these nouns are **definite**, with الـ or in an إضافة , they take regular case endings. However, when they are **indefinite**, they take a special set of case endings, which you must memorize:

المنصوب والمجرور	المرفوع
ـَ	ـُ

Note that these endings do not contain the تنوين that usually occurs on indefinite case endings, and that المجرور ending is فتحة , not كسرة . Study the following example, taken from the text, in which the indefinite nouns مقاعد and مكاتب are direct objects of the verb يجدون , and take the indefinite منصوب ending **without** تنوين as the chart shows.

لايجدون مقاعدَ يجلسون فوقها ، ولا مكاتبَ يعملون فيها !

In the next example, the noun مقاعدُ is الخبر and so takes the مرفوع ending but **without** تنوين . This example also shows that adjectives retain their regular case endings and do not follow their nouns if the noun is ممنوع من الصرف , thus كافيةٌ takes تنوين مرفوع ending.

هذه مقاعدُ كافيةٌ.

In the final example, the indefinite noun مناطق is مجرور , and takes the مجرور ending, which for الممنوع من الصرف is the same as المنصوب ending, a single فتحة . Note the regular مجرور ending on the adjective كثيرة:

تُستخدم اللغة الانجليزية في مناطقَ كثيرةٍ في العالم.

★ مراجعة الإعراب

You know several categories of nouns that take modified case endings, that is, case endings that consist of two rather than three categories, one for المرفوع and the other combining المنصوب and المجرور . This chart reviews these categories:

المنصوب والمجرور	المرفوع	
ـَيْنِ	انِ	المثنى
ـِينَ	ونَ	جمع المذكّر
اتِ / اتٍ	اتُ / اتٌ	جمع المؤنّث
ـَ	ـُ	الممنوع من الصرف (indefinite only)

تمرين ٢١ **اختاروا كلمة مناسبة واكتبوها في الشكل الصحيح بالإعراب: (في البيت)**

رسالة - كنيسة - مشروع - أسبوع - وزير - رئيس - لطيف - مسجد - تجربة

١- مع أني لا أكتب ــــــ عادة ، فإني أحياناً أكتب إلى صديقة طفولتي.

٢- لماذا لا توجد ــــــ كثيرة في الأحياء الحديثة بالمدن المغربية؟

٣- عملي يَضطَرّني أن أقيم في البحرين عدةَ ــــــ من كل سنة.

٤- مررت بـ ــــــ صعبة كثيرة في حياتي جعلتني أكتشف نفسي.

٥- الناس الذين تعرفت عليهم في العالم العربي كانوا ــــــ جداً معي.

٦- خرّجت الجامعة الأمريكية في بيروت ــــــ و ــــــ عرباً كثيرين.

٧- عندما زرنا الشام رأينا عدّة ــــــ قديمة في منطقة «باب توما».

٨- ناقشت المتحدثة باسم الحكومة عدة ــــــ جديدة تنوي الحكومة القيام بها.

تمرين ٢٢ **مراجعة المثنى والجمع والممنوع من الصرف (في مجموعات داخل الصف)**

اكتبوا الشكل الصحيح للكلمات بالإعراب واقرأوا الجمل لبعضكم البعض:

١- سيشارك في الندوة عدد من ــــــ و ــــــ العرب. **(باحث-مذكر ومؤنث)**

٢- أنا مضطرّة إلى الذهاب الى المكتبة للبحث عن ــــــ إضافية. (مرجع)

٣- هذه البناية صغيرة، فيها ــــــ فقط. (طابق -٢)

٤- رأينا ــــــ كثيرة و ــــــ متوقفة على الطريق السريع. (حادث، سيارة)

٥- بعد أن أصبحوا ــــــ قطعوا صلاتهم بكل من كانوا يعرفونهم. (غني)

٦- تبحث كلية العلوم عن خمسة أساتذة من ــــــ الدكتوراه في الفيزياء. (حامل)

٧- مرّ الفصل الدراسي بسرعة وبقي أمامنا ثلاثة ــــــ قبل نهايته. (أسبوع)

٨- هل لك ــــــ يسكنون في هذا البلد؟ (قريب)

٩- ستنشئ الحكومة ــــــ رياضية في ــــــ الشعبية. (مركز، منطقة)

١٠- لو أردت أيّ ــــــ و ــــــ منكم لطلبتها! (رأي ، نصيحة)

١١- أرسلت لكم جميعاً ــــــ الى الحفلة وأتمنّى أن تحضروا! (دعوة)

| تمرين ٢٣ | نشاط قراءة |

تعلموا هذه الكلمات:

الأُمَويّون	the Umayyads (first Islamic dynasty, 661-750)
نَظَّمَ، يُنَظِّم ، التَّنظيم	to organize

أ ـ القراءة في البيت

١ـ **القراءة السريعة:** ما هو موضوع المقالة؟
Scan each paragraph for any helpful clues that stand out, such as names and dates.

٢ـ **القراءة الثانية:** معلومات عن موضوع المقالة:
أين ستُقام الندوة؟ كم قسماً سيشارك في تنظيمها؟ من سيحضرها؟
كم بحثًا سيناقَش في الندوة؟ كم يومًا ستستمرّ؟

٣ـ كم عدد الندوات التي أقيمت قبل هذه الندوة؟ ما كان موضوع كل ندوة منها؟

٤ـ ابحثوا في النص عن كلمة جديدة تعني :

تناول (موضوع) = ____________________

عصر = ____________________

historians = ____________________

Islamic conquests = ____________________

ب ـ القراءة في الصف

١ـ ما معنى «سلسلة ندوات» (فقرة ١)؟ كيف نُظّمت هذه الندوات (تاريخياً)؟

٢ـ كيف يمكن لنا معرفة مواضيع الأبحاث التي قُدمت وستقدّم في هذه الندوات؟

٣ـ **في الفقرتين ٥ و٧:** ابحثوا عن أفعال في <u>المجهول</u> واكتبوا الـ vowels .
في الفقرتين ١ و٢: What other two ways of expressing a passive voice do you see here?

٤ـ **في الفقرات ١ و٢ و٥:** ابحثوا عن <u>المصدر</u> في هذه الفقرات.
Underline all مصادر you can find whether or not you know the verb. If you do not know it, try to guess the meaning from context and/or جذر .

ضمن سلسلة الدراسات التاريخية في جامعة الملك سعود

ندوة عالمية عن تاريخ الجزيرة العربية

الرياض: مكتب «الشرق الاوسط»

تستعد جامعة الملك سعود في الرياض لاستقبال نخبة من الباحثين والمؤرخين العرب والاجانب، للمشاركة في الندوة العالمية الرابعة، ضمن سلسلة ندوات «دراسات الجزيرة العربية»، التي تناقش موضوع «الجزيرة العربية في العصر الاموي». وترجع تلك الاستعدادات المبكرة للندوة، التي ستنعقد في شهر مارس (آذار) المقبل الى الاهمية التي يتميز بها موضوع الندوة، والرغبة في تحقيق النتائج العلمية المرجوة من تنظيمها.

وقد صرح الدكتور عبد الرحمن الطيب الانصاري عميد كلية الآداب في الجامعة ان قسمي التاريخ والآثار في الكلية يشتركان في الاشراف على تنظيم الندوة، وقال – في لقاء مع «الشرق الاوسط» – انه تم توجيه الدعوة الى المتخصصين والمهتمين بهذه الحقبة من تاريخ الجزيرة العربية، لمناقشة ٤٠ بحثا تتناول جوانبها المختلفة على مدى اسبوع كامل في جلسات صباحية ومسائية.

واشار الى ان باحثين من اساتذة دراسات الشرق الاوسط بالجامعات العربية والاوروبية والامريكية سيشاركون فيها، وانهم ينتمون الى المملكة العربية السعودية ومصر والاردن وسورية والكويت والامارات، وكذلك الى الولايات المتحدة وبريطانيا والنمسا واستراليا.

وتناقش الندوة موضوعات تعالج مختلف مناطق الجزيرة العربية مثل الحجاز ونجد واليمن والبحرين وعمان خلال حقبة الامويين، وتلقي الضوء على تأثير الفتوحات الاسلامية على الكثافة السكانية في الجزيرة العربية، وانعكاساتها الاقتصادية والسياسية والثقافية.

وتعتبر الندوة احد مظاهر تزايد الاهتمام بتاريخ الجزيرة العربية في الاوساط العلمية، بعد نجاح الندوة العالمية الثالثة التي تبنتها جامعة الملك سعود في عام ١٩٨٣، وكانت من انجح الندوات، إذ انها انتجت رصيدا من المراجع العلمية، صدر بعضها في الجزءين الاول والثاني من المجلد الثالث في سلسلة دراسات تاريخ الجزيرة العربية، الذي يحمل اسم «الجزيرة العربية في عصر الرسول والخلفاء الراشدين».

واضاف عميد كلية الآداب ان هذه المراجع المهمة تحظى بتقدير الباحثين في مختلف انحاء العالم.

وقال ان «دراسات تاريخ الجزيرة العربية» هو عنوان سلسلة جديدة من الدراسات، تضم الابحاث التي قدمت في الندوات العالمية التي نظمتها كلية الآداب حول الموضوع.

وجدير بالذكر ان الندوة الاولى كانت حول «مصادر تاريخ الجزيرة العربية» في عام ١٩٧٧ م (١٣٩٧ هـ)، بينما تناولت الندوة الثانية «الجزيرة العربية قبل الاسلام» عام ١٩٧٩ م (١٣٩٩ هـ)، وعالجت الندوة الثالثة موضوع «الجزيرة العربية في عصر الرسول والخلفاء الراشدين» في عام ١٩٨٣ م (١٤٠٤ هـ).

من جريدة «الشرق الاوسط» ١٩٩١/١١/١٧

تمرين ٢٤ **نشاط استماع: "الجامعات العلمية الإسلامية"** DVD

من برنامج "صور من الحضارة الإسلامية". مع وافر الشكر للتليفزيون المصري.

أ ـ المشاهدة في البيت: شاهدوا وأجيبوا:

١ـ اكتبوا ثلاثة أشياء عامة تعلمتموها من هذا البرامج عن تاريخ الجامعات الإسلامية.

٢ـ أكملوا هذا الجدول بمعلومات من البرنامج:

	اسم الجامعة	مكانها	تاريخ إنشائها
في العالم الإسلامي	١ـ ٢ـ ٣ـ		
في أوروبا	١ـ ٢ـ		

٣ـ يقدّم لنا المتكلم ٣ صور: ما موضوع كل صورة وماذا نرى فيها؟

٤ـ ماذا ذكر الأستاذ المتحدّث عن الأندلس؟

ب ـ المشاهدة في الصف:

١ـ ما هي الحضارات *civilizations* التي يذكرها المتحدث هنا وماذا يقول عنها؟

٢ـ ما هي العلاقة بين الجامعات الإسلامية والجامعات الاوروبية؟ اذكروا عدة أشياء.

٣ـ ماذا عرفتم من البرنامج عن روجر الثاني؟ عن المقدسي؟

جـ ـ الاستماع الدقيق (في البيت أو في المعمل)

اكتبوا كلمة كلمة ما تسمعونه في الأجزاء التالية على الـ DVD:

١ـ من 00:35 الى 00:43 «كذلك ______ قد ______ في هذا المضمار ______».

٢ـ من 2:01 الى 2:18 «وكان أول عميد لها ______ ، ______ ، ______ يهودي *Jewish* ______ أيضا».

٣ـ من 2:53 الى 3:05 «فعن طريق ______ ______ مرة».

٤ـ من 3:25 الى 3:30 [الصورة الأولى] «وقد ______ وهو يلقي ______».

خمّنوا معني كلمة يلقي = ______

٥ـ من 3:42 الى 3:59 [الصورة الثانية] «ونرى بأسفل ______ اليمين ______ ______ وبجواره ______ المسؤولين ______».

تمرين للمراجعة

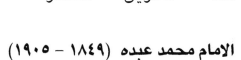

تمرين ٢٥ اكملوا الفراغات بالكلمة المناسبة :

أتى	شهادة	استمرّت	على يد
نشر	القرن	استخدام	وجهة نظر
عبّر	تلميذ	المجتمعات	المفكّرين
يؤمن	روحية	الفكر	لولا
دعا	الطريق	انتشار	تصدر

الامام محمد عبده (١٨٤٩ – ١٩٠٥)

يُعتبر الامام محمد عبده واحدًا من أشهر رجال عصر النهضة في العالم العربي وواحدًا من أهم ———— في تاريخ ———— الاسلامي .

ولد الامام في مصر في منتصف ———— التاسع عشر والتحق بالجامع الأزهر حيث درس العلوم اللغوية والدينية ———— شيوخ الأزهر. وفي سنة ١٨٧٧ تخرّج من الأزهر وحصل على ———— «العالمية» (الدكتوراه). وفي سنة ١٨٨٢ تعرّف الامام على مفكر مسلم آخر كان له تأثير *influence* كبير في حياته وهو السيد جمال الدين الأفغاني. وكان الافغاني في ذلك الوقت قد ———— الى القاهرة للتدريس فيها، ودرس عبده على يد الافغاني الفقه والفلسفة وأصبح ————ه المفضّل ونشأت بين الرجلين علاقة ———— وفكرية قويّة ———— سنوات طويلة .

اهتمّ الإمام بفكرة الإصلاح الديني والسياسي والاجتماعي وكان ———— ———— بأنّ ———— الى الاصلاح هو التعليم، فـ ———— الى تعليم البنات والى أخذ العلوم من الغرب و————ها في تطوير المجتمعات الاسلامية. وقد ———— الإمام عن آرائه الإصلاحية وعن ————ه في مشكلات ———— الاسلامية في عدد من المقالات التي ————ها في عدد من الصحف والمجلات التي كانت ———— في ذلك الوقت وكذلك في عدد من الكتب.

العامية

أنا لسّه معيد

أ ــ مفردات وعبارات

تذكروا:

رسالة دكتوراه

تعلّموا: DVD

بَعدين = بعد ذلك

خَلَّص ، يِخَلَّص = أكمل ، يكمل

رَبِّنا مَعاك! = الله معك Hang in there! Good luck!

اِشتَغَل ، يِشتَغَل = عَمِلَ ، يَعمَل

عايز / عايزة / عايزين = يريد ، تريد ، أريد، . . .
(Note that this word is an اسم فاعل, not a verb.)

قالْ لي اِنّ = قال لي إنّ

قالت لي — قالوا لي

لازم يكون معاه (معاها، معاك) = يجب أن يكون عنده / معه

لِسّه still; (with negative) haven't . . . yet, still haven't, not yet

أنا لسه طالب — لسه ما قرّرتش

ناوي / ناوية ج. ناويين = ينوي

ياه!! exclamation of surprise or amazement

ب ــ القصة DVD

مها وخالد بيتكلّموا عن ايه؟ مها عايزة تعمل ايه في المستقبل؟ خالد خلّص الدكتوراه أو لسّه؟ بعد كم سنة ممكن يِخلّص الدكتوراه؟

جـ ـ تراكيب

On your DVD, listen to the use of عايز and ناوي with المضارع . Note that the مضارع verbs here do not take the prefix بـ because they are not main verbs.

عايز/ة/ين + المضارع بدون بـ

(أنا) عايز/ة أنام	(احنا) عايزين ننام
(انتَ) عايز تنام (انتي) عايزة تنامي	(انتو) عايزين تناموا
(هوّ) عايز ينام (هيّ) عايزة تنام	(همّ) عايزين يناموا

ناوي/ة/ين + المضارع بدون بـ

(أنا) ناوي/ة أشتَغَل	(احنا) ناويين نِشتَغَل
(انتَ) ناوي تِشتَغَل (انتي) ناوية تِشتَغلي	(انتو) ناويين نِشتَغَل
(هوّ) ناوي يِشتَغَل (هيّ) ناوية تِشتَغَل	(همّ)ناويين يِشتَغَلوا

د ـــ نشاط

اسألوا زمايلكو:

١ـ ناوي تعمِل / ناوية تعمِلي ايه النهارده؟ في الأجازة؟ في الصيف؟

٢ـ عايز تشرب ايه؟ / عايزة تشربي ايه؟ عايز تاكُل حاجة؟ / عايزة تاكْلي حاجة؟

٣ـ ناوي تخرج / ناوية تخرجي بالليل؟ مع مين؟ ناويين تروحوا فين؟

٥ . شخصيات من الأدب العربي الحديث

في هذا الدرس:

الثقافة: • صور أدبية وتاريخية

النص: • وفاة توفيق الحكيم

القراءة: • ديزي الأمير

الاستماع: • جامعة الدول العربية

• مقابلة مع د. نورية الرومي

التراكيب: • الإضافة غير الحقيقية

• أفعل التفضيل ووزن «فعلى»

• التمييز

العامّية: • فيه فيلم إيه الليلة؟

• الفعلين «قرا» و «جه»

المفردات

تذكروا وتعلّموا

أدب ج. آداب	←	أديب ج. أُدَباء	(literary) writer, litterateur
ثورة ج. -ات	←	أثارَ ، يُثير ، الإثارة	to stir up, arouse
بِجانب	←	جانِب ج. جَوانِب	side; aspect
حقيقة ج. حَقائِق	←	حَقَّقَ ، يُحَقِّق ، التَّحقيق	to realize, achieve
خاصّ ؛ متخصص في	←	خَصَّصَ لِـ ، يُخَصِّص لِـ ، التَّخصيص لِـ	to set aside, designate (something) for
تَذَكَّرَ ، يَتَذَكَّر ، التَّذَكُّر	←	مُذَكِّرات	memoirs; notes
رَحَلَ ، يَرحَل؛ رِحلة	←	مَرْحَلة ج. مَراحِل	stage, phase
شَخص ج. أشخاص	←	شَخصِيّة ج. -ات	personality, character
مَشهور ؛ اِشتَهَرَ بـ	←	شُهرة	fame
صَفّ ج. صُفوف	←		(also) rank, line, file
صورة ج. صُوَر	←	صَوَّرَ ، يُصَوِّر ، التَّصوير	to depict, illustrate; film, take pictures
طَبَعَ ، الطِباعة ؛ مَطبَعة	←	اِنْطِباع ج. -ات (عن)	impression
ظَهَرَ ، يَظهَر ، الظُّهور (أنّ)	←	أظهَرَ، يُظهِر (أنّ)	to reveal, demonstrate
عَدَد ج. أعداد	←	عَدَّ ، يَعُدّ ، العَدّ	to count; to consider
عَصر ج. عُصور؛ عَصريّ	←	مُعاصِر ج. -ون	contemporary, modern
فَرد ج. أفراد ؛ مُفرَد	←	فَريد ج. -ون	unique
قريب	←	تَقْريباً	approximately

to be based on	قامَ على ، يَقوم على ، القِيام على ←	قامَ، يَقوم، القِيام؛ قامَ بـ
position, status	مَكانة ج. ‑ات ←	مَكان ج. أماكِن
(also) type, kind	←	لَوْن ج. ألوان
period (of time)	مُدّة ←	امتَدّ ، يَمتَدّ ، الامتِداد
intention	نِيّة ج. ‑ات/نَوايا ←	نَوى ، يَنوي ، النِّيّة
to continue	واصَلَ ، يُواصِل ، المُواصَلة ←	صِلة ج. ‑ات
to contact, to call (by telephone), to get or be in contact, connected with	اتَّصلَ بـ ، يَتَّصِل بـ ، الاتِّصال بـ ←	
passed away	تُوُفِّيَ / تُوُفِّيَت ←	وَفاة ج. وَفَيات

من القاموس 📀

to support, endorse, be in favor of	أيَّدَ ، يُؤَيِّد ، التَأييد
prominent	بارِز ج. ‑ون (بَرَزَ ، يَبرُز ، البُروز)
prize, award	جائِزة ج. جَوائِز
to respect	احْتَرَمَ ، يَحتَرِم ، الاحتِرام
dialogue (between/among)	حِوار ج. ‑ات (بَينَ)
to try, attempt	حاوَلَ ، يُحاوِل ، المُحاوَلة (أنْ)
to revolve around	دارَ حَوْلَ ، يَدور حول
role	دَوْر ج. أدوار
pioneer	رائِد ج. رُوّاد
novel	رِواية ج. ‑ات
novelist	رِوائِيّ ج. ‑ون

countryside, rural area	ريف ج. أرْياف
theater	مَسرَح ج. مَسارِح
a play	مسرَحِيّة ج. -ات
level	مُسْتَوى ج. مُسْتَوَيات
autobiography	سيرة ذاتِيّة (ج. سِيَر ذاتيّة)
tale, epic; biography	سيرة ج. سِيَر
self, same (= نفس)	ذات ج. ذَوات
struggle, conflict	صِراع ج. -ات
noise, outcry; controversy	ضَجّة
to please (someone)	أَعْجَبَ (ـه) ، يُعجِب (ـه) (أنْ / أنّ)
to be pleased with, to admire, to like	أُعْجِبَ بـ ، يُعجَب بـ ، الإعجاب بـ
enemy	عَدُوّ ج. أعْداء
bachelor	عازِب / أعْزَب ج. عُزّاب
perhaps	**لَعَلَّ (من أخوات إنّ)**
to treat (subject, problem, disease)	عالَجَ ، يُعالِج ، المُعالجَة / العِلاج
treatment	عِلاج
violent	عَنيف /ة
violence	العُنْف
to lose (something or someone)	فَقَدَ ، يَفْقِد ، الفَقْد
immediate, instant	فَوريّ
instantly, immediately	فَوْرًا / على الفَوْر

قَتَلَ ، يَقتُل ، القَتل	to kill
قَضِيّة ج. قَضايا	issue
قانون ج. قَوانين	law, statute
لَقَب ج. أَلْقاب	nickname or title based on a personal characteristic or achievement
أَنْتَجَ ، يُنتِج ، الإنتاج	to produce
مَنْصِب ج. مَناصِب	position (= وظيفة)
النَقْد	criticism, critique
اِنتَقَدَ ، يَنتَقِد ، الاِنتِقاد	to criticize
هاجَمَ ، يُهاجِم ، المُهاجَمة / الهُجوم	to attack
مَيسور ج. ـون	comfortable, well-off

تعلّموا هذا الفعل: تصريف فعل "اِتَّصَلَ بـ"

الماضي

المفرد	المُثنّى	الجمع
اتَّصَلَ بـ اِتَّصَلَت بـ	اتَّصَلا بـ اِتَّصَلَتا بـ	اتَّصَلوا بـ اِتَّصَلنَ بـ
اتَّصَلتَ بـ اِتَّصَلتِ بـ	اِتَّصَلتُما بـ	اتَّصَلتُم بـ اِتَّصَلتُنَّ بـ
اِتَّصَلتُ بـ		اِتَّصَلنا بـ

المضارع المرفوع

المفرد	المُثنّى	الجمع
يَتَّصِلُ بـ تَتَّصِلُ بـ	يَتَّصِلانِ بـ تَتَّصِلانِ بـ	يَتَّصِلونَ بـ يَتَّصِلنَ بـ
تَتَّصِلُ بـ تَتَّصِلينَ بـ	تَتَّصِلانِ بـ	تَتَّصِلونَ بـ تَتَّصِلنَ بـ
أتَّصِلُ بـ		نَتَّصِلُ بـ

تمرين ١ الأفعال الجديدة (في البيت)

أكملوا الجدول التالي بالأفعال الجديدة: Write all vowels.

As you fill in this chart and others, think about the meaning of the forms you are producing.

الوزن	الماضي	المضارع	المصدر	اسم الفاعل	مضارع المبني للمجهول	اسم المفعول
		يَعُدّ		—		
				قائِم على	—	—
	قَتَلَ					
					يُفقَد	
	حَقَّقَ					
			التَّخصيص			
					يُصَوَّر	
		يُؤَيِّد				
	عالَجَ					
فاعَلَ			الهجوم			
						مُواصَل
أفعَلَ					يُثار	
		يُظهِر			—	—
		يُعجِب			يُعجَب بـ	
				مُنتِج		
						مُنتَقَد
	اِحتَرَمَ					

تمرين ٢ **المفردات الجديدة (في البيت)**

أ ـ اختاروا الكلمة المناسبة :

١ـ هو من النوع الذي لا يرغب في الزواج ويفضّل أن يبقى ــــــ كل حياته.

أ. متواضعاً ب. فريداً جـ. ميسوراً د. عازباً

٢ـ أي فيلم حصل على ــــــ الاوسكار لأحسن فيلم هذه السنة؟

أ. جائزة ب. مؤسّسة جـ. شهادة د. شهرة

٣ـ كتاب « آيات شيطانيّة » لسلمان رُشدي ــــــ غضب كثير من المسلمين في العالم.

أ. أثار ب. اخترع جـ. وزّع د. أصدر

٤ـ لم نستطع النوم ليلة أمس بسبب ــــــ الكبيرة في الشارع.

أ. القضية ب. الدوريّة جـ. الضجّة د. المكانة

٥ـ تظهر هذه الدراسة أن كثيراً من اللبنانيين ــــــ فكرة الفصل بين الدين والدولة ويعتبرونها ضرورية لإنشاء نظام سياسي جديد.

أ. يرفضون ب. يستأنفون جـ. يحدِّثون د. يؤيّدون

٦ـ غضبت كثيراً من كلامه، ولولا ــــــ لزوجته التي كانت معه لطلبت منه ان يترك بيتي .

أ. احترامي ب. تشجيعي جـ. انتظامي د. استعدادي

٧ـ ظننت انني ــــــ نظارتي ولكني اكتشفت بعد يومين انني كنت قد تركتها على احدى الطاولات في المكتبة .

أ. فقدت ب. استخدمت جـ. وجدت د. اِخترت

٨ـ كان محمد علي باشا من الشخصيات السياسية ــــــ في القرن التاسع عشر.

أ. المعاصرة ب. التالية جـ. البارزة د. السابقة

٩ـ ــــــني الفيلم جداً من حيث التصوير والمناظر فيه ، أما قصته فكانت عاديّة جداً .

أ. أظهر ب. أنتج جـ. أغضب د. أعجب

١٠ـ نشر الرئيس الأمريكي السابق بيل كلينتون ـــــــ التي يتحدّث فيها عن تجربته في الحكم وعلاقاته بقادة الدول الأخرى.

أ. نظريّاته ب. مذكّراته جـ. رواياته د. ذكرياته

١١ـ على الرغم من ان السينما العربية قد حقّقت تقدماً كبيراً في السنوات الاخيرة فإنها ، حتى الآن ، لم تبلغ ـــــــ العالمي.

أ. المستوى ب. الدور جـ. النظام د. اللقب

١٢ـ نحن ، والحمد لله، ـــــــ فأهلي يملكون شقتين في طرابلس وثلاثة دكاكين في وسط البلد.

أ. ميسورون ب. عصريّون جـ. عاطفيّون د. متواضعون

١٣ـ كتبت نقداً لروايته الأخيرة لم يعجبه ولذلك فهو يعتبرني الآن ـــــــ له.

أ. قضية ب. تلميذة جـ. قارئة د. عدوّة

١٤ـ بالرغم من مُضِيّ ثلاث سنوات على وفاتها فستبقى لها دائما ـــــــ خاصة في قلوبنا.

أ. صلة ب. مكانة جـ. خدمة د. عبارة

١٥ـ يمكنكم أن ـــــــ بنا بالتليفون أو بالفاكس على الرقم ٢٤٦٧٥٨ .

أ. تحاولوا ب. تتّصلوا جـ. تتناولوا د. تواصلوا

ب ـ اختاروا المعنى المناسب للكلمة التي تحتها خط :

١٦ـ تُوفِّي الأديب اللبناني جبران خليل جبران في مدينة بوسطن في اوائل الثلاثينات .

أ. قتل ب. أقام جـ. مات د. عاش

١٧ـ كنت ارغب في مواصلة دراستي ولكنني اضطررت الى التوقّف عنها بسبب قطع منحتي .

أ. الاستمرار في ب. التقدُّم في جـ. القيام بِـ د. الانقطاع عن

١٨ـ استمتعنا كثيراً باجازتنا في روما ولكن المدّة التي قضيناها هناك لم تكن كافية لزيارة كل الأماكن السياحية .

أ. العصر ب. المرحلة جـ. الصلة د. الوقت

١٩ـ مع أنّ جدي غير متعلّم ولا يحمل أي شهادات فأنا أعدّه اعظم استاذ .

أ. أتبعه ب. أعتبره جـ. أجمعه د. أجعله

٢٠ـ لم تكن نيّتي أن أبحث هذا الجانب من الموضوع ولكن استاذي المشرف رأى انّ ذلك ضروري .

أ. هدفي ب. قضيّتي جـ. انطباعي د. مظهري

٢١ـ هذا البرنامج يدور حول «الدين الشعبي» في المغرب ويركّز على الاولياء الذين يؤمن بهم الناس هناك .

أ. يفضّل ب. يثير جـ. يتناول د. يؤيّد

تمرين ٣ ما معنى . . . ؟ (في مجموعات داخل الصف)

أ ـ Give a synonym of the underlined words:

١ـ كاتب مشهور ≈ ________

٢ـ أعتبرها أختا لي ≈ ________

٣ـ الزواج يؤَسَّس على الحب ≈ ________

٤ـ عندهم مال كافٍ ≈ ________

٥ـ حصلت على وظيفة جيدة ≈ ________

٦ـ المقالة لم تتناول الموضوع ≈ ________

٧ـ ربّما هما مسافران ≈ ________

٨ـ نمت حوالي ساعة ≈ ________

٩ـ أحببت شخصيتها ≈ ________

ب ـ Give the opposite of the underlined

١٠ـ دولة صديقة ≠ ________

١١ـ نسكن في المدينة ≠ ________

١٢ـ أخي متزوج ≠ ________

١٣ـ توقّف عن العمل ≠ ________

١٤ـ وجدت قلمي ≠ ________

١٥ـ الادب الكلاسيكي ≠ ________

١٦ـ وُلِد في المكسيك ≠ ________

١٧ـ امرأة عادية ≠ ________

١٨ـ روائي غير معروف ≠ ________

تمرين ٤ اسألوا زملاءكم: ماذا أعجَبَهم؟ (في الصف)

The verb أعجب *to please* is used to ask someone if they like(d) something, with the "something" acting as the subject and the person as the object:

أمثلة: هل أعجَبَكَ الفيلم يا سامي؟ – أيوه، أعجبني كثيراً !

هل تُعجِبك القهوة التركية يا سارة؟ – لا، لا تُعجبني، لأني أفضّل الشاي.

ماذا أعجبكم في المسرحية؟ – أعجبتنا الشخصيات الرئيسية.

اسألوا زملاءكم عمَّ يعجبهم / لا يعجبهم مركّزين على استخدام المفردات الجديدة.

تمرين ٥ **أوزان الفعل (في مجموعات صغيرة داخل الصف)**

كوّنوا أفعالاً بالأوزان واكتبوا الماضي والمضارع والمصدر والمعنى للوزن الجديد ثم اختاروا الوزن المناسب في كل جملة كما في المثال:

مثال: حَقَّقَ ← وزن "تَفَعَّلَ" ← تَحَقَّقَ ، يَتَحَقَّق ، التَّحَقُّق *to be realized*

أ ــ حَقَّقتُ كلَّ ما أريده من دراستي وأنا مستعدّة الآن أن أتخرج وأبدأ العمل.

ب ــ كلُّ ما كنت أحلم به تَحَقَّقَ !!

١- صَوَّرَ ← وزن تَفَعَّلَ = ______ *to picture to oneself, imagine*

أ - ______ روايات حنان الشيخ جوانب كثيرة من المجتمع اللبناني.

ب - كنت ______ أنها إنسانة متكبّرة ولكني بعد أن تعرفت عليها وجدتها متواضعة.

٢- بَرَزَ ← وزن «أَفعَلَ» = ______

أ - ______ الكاتب المغربي الطاهر بن جلون في فرنسا في الثمانينات.

ب - ______ هذه الصورة بعض المناظر الجميلة التي نراها في الريف السوري.

٣- فَقَدَ ← وزن »«أَفعَلَ» = ______

أ - تُوفّيت الأم بعد أن ______ ابنها الوحيد في حادث.

ب - الشهرة التي حققتها ______ ها كل أصحابها وجعلتها تشعر بالوحدة.

٤- خَصَّصَ ← وزن «تَفَعَّلَ» = ______

أ - عندما التحقت بكلية الحقوق قررت أن ______ في القانون الدولي.

ب - لم ______ وقتاً كافياً لكتابة البحث ولذلك سأضطرّ إلى تقديمه متأخراً.

تمرين ٦ لعلّ ومراجعة "أخوات إنّ" (في البيت)

In Lesson 4, you learned to analyze and vowel sentences with إنّ وأخواتها . Remember that أخوات إنّ must be followed by جملة اسمية consisting of an اسم منصوب and a خبر مرفوع . Here we add لَعَلَّ to the list, and note that this particle has one idiosyncrasy, illustrated in the box:

لَعَلَّ + أنا ← لَعَلّي (لعلّني not)

أ ـ Identify **اسم إنّ وأخواتها وخبرها في هذه الجمل واكتبوا الإعراب:**

١ـ لن تستطيع أن تحقّق شيئا لأنها فقدت احترام الناس لها.

٢ـ يقولون إنّ أصعب مرحلة في أي شيء بدايته.

٣ـ قرأت أنّ الجائزة ستقدّم للروائية الجزائرية أحلام مُستغانَمي.

٤ـ إن مكانة المرأة في مجتمعنا قضية تحتاج الى الكثير من البحث والدراسة!

٥ـ أردنا أن نزور مدينة طرطوس، ولكنّ المدّة القصيرة التي قضيناها في سوريا لم تسمح لنا بذلك.

ب ـ أجيبوا عن هذه الأسئلة مستخدمين "لعلّ" لأنكم تشعرون بالشكّ *doubt* :

١ـ بمن ستتّصل/ين اليوم؟

٢ـ كيف سينتهي الصراع الفلسطيني - الإسرائيلي؟

٣ـ هل ستكتب/ين سيرتك الذاتية؟

٤ـ ما هي أفضل طريقة لمعالجة العنف في المجتمعات الإنسانية؟

٥ـ أين يمكنكم أن تجدوا مناصب مناسبة للعمل بعد التخرج؟

٦ـ متى سيجد الطب علاجاً جديداً لمرض الأيدز؟

٧ـ هل تواصل/ين الدراسة في الصيف؟

٨ـ ما هو أصعب مستوى في تعلّم اللغات؟

تمرين ٧ | المفردات الجديدة (في البيت)

أكملوا الجمل بكلمات مناسبة من المفردات الجديدة:

١- تطوّر التعليم الرسمي في اليمن و ______ تقدماً كبيراً بعد الثورة .

٢- كانت بداية الحرب العالمية الثانية في سنة ١٩٣٩ عندما ______ الجيش الألماني بولندا واحتلّها كلها .

٣- ستبدأ الرحلات من المطار الجديد ______ بعد حفلة الافتتاح الرسمية .

٤- أظنّ أن ______ الذي نراه في الافلام السينمائية والبرامج التلفزيونية شيء خطير جدا بالنسبة للأولاد .

٥- ادوارد سعيد ناقد أدبي ومفكّر معروف أصبحت له ______ واسعة بعد نشر كتابه «الاستشراق» .

٦- استخدام الطرق الحديثة في الزراعة يساعد على زيادة ______ .

٧- يتناول هذا الكتاب الدور الذي لعبه ______ الأدبي في تاريخ الأدب العربي .

٨- يظهر لنا هذا البحث أنّ هجرة الناس من ______ الى المدينة تسبب مشاكل اقتصادية كثيرة .

٩- تدعو بعض الحركات الاسلامية المعاصرة إلى اتّباع الشَّريعة الاسلامية وتَرْك ______ المدنية *civil* الاوروبية التي تستخدمها معظم الدول الاسلامية اليوم.

١٠- تُعدّ «روزا باركس» من أبرز ______ حركة الحقوق المدنية في الولايات المتحدة.

١١- الدكتورة سَمَر طبيبة مشهورة ولها خبرة طويلة في ______ الأمراض النسائيّة.

١٢- انا أعرف أن وفيق يحب اولاده كثيراً ولكن مشكلته هي أنه لا يعرف كيف ______ هذا الحب لهم .

١٣- لما بدأ «بابا نويل» *Santa Claus* يوزّع الهدايا، تجمّع الاولاد حوله من كل ______ .

١٤- «الأيّام» كتاب مشهور للدكتور طه حسين يقدّم لنا فيه ______ ـه الذاتيّة .

١٥- يصف لنا ابن بطوطة في كتابه البلاد التي رآها خلال رحلته، كما يصف آراءه و______ ـه عن أهل تلك البلاد .

١٦ـ تقوم أفلام «هاري بوتر» على عدد من ——— التي كتبتها الأديبة الانكليزية جي كي رولينغ.

١٧ـ في كل مرة ازور فيها نيويورك احاول مشاهدة اكبر عدد ممكن من ——— في «برودواي».

١٨ـ اتّصلت بها ٤ مرات ولكني لم أجدها ؛ ———ـها مسافرة.

١٩ـ أفضّل الروايات التي تتناول قضايا الحياة ——— على الروايات التاريخية.

٢٠ـ دخلت المملكة العربية السعودية ——— جديدة في تاريخها المعاصر بعد اكتشاف البترول فيها.

تمرين ٨ **للمناقشة مع زملائكم (في الصف)**

١ـ ما هي الأشياء التي تخصّصون لها مكاناً ووقتاً بشكل منتظم؟

٢ـ هل تقوم آراؤكم في الناس على الانطباعات الأولى؟ لمَ/لِمَ لا؟

٣ـ اذكروا شخصية تاريخية بارزة لها (له) مكانة خاصة في قلوب الناس، ولماذا؟

٤ـ اذكروا شخصًا تحترمونه/ها كثيرًا، ولماذا؟

٥ـ هل أنت من النوع الذي يفقد الأشياء كثيرًا؟ ماذا تفعلون عندما تفقدون شيئا؟

٦ـ ما هي القضايا التي تثير ضجة كبيرة في مجتمعنا اليوم؟

٧ـ ما هي الحركات الاجتماعية أو السياسية التي تؤيّدونها؟

٨ـ هل تحبّ/ين قراءة السِيَر الذاتية للناس المشهورين ؟ لِمَ / لِمَ لا؟

٩ـ ما الاشياء التي تشتهر ولايتك/بلدك بإنتاجها؟

عبارات جديدة

أ ـ بشكلٍ (+ صفة) = بصورةٍ (+ صفة) — in a . . . manner/way

بشكلٍ عام / بصورةٍ عامة / بصورةٍ خاصة / بشكلٍ عنيف / بصورة طبيعية

- أنوي في هذا البحث دراسةَ الدور الذي لعبه المفكّرون المسيحيون العرب في النهضة العربية **بشكلٍ عام** وفي النهضة الأدبية **بشكلٍ خاص**.
- في السنوات الاخيرة انتشرت أعمال العنف في الجزائر **بشكلٍ خطير**.
- ما يعجبني في فنّها هو أنها دائمًا تستخدم الألوان والأشكال **بصورة معبِّرة**.

ب ـ مِن خِلال — through, by way of, from

- نشأ الحب بينهما **من خلال** زمالة في العمل امتدّت سنوات طويلة.
- تعلّمنا الكثير عن أحوال الشعوب الاسلامية وعاداتها **من خلال** الأوصاف التي قدّمها لنا الرّحالون العرب في العصور الوُسطى.

جـ ـ من ناحيةِ . . . / من الناحيةِ الـ . . . : — with respect to, from a . . . standpoint

- الآنسة وفاء، في رأيي، أفضل المعيدين في القسم **من ناحية** الذكاء والتفكير النقدي.
- زميلي جون متخصص في العمارة الاسلامية وهو يعتبر مسجد ابن طولون أجمل مسجد في القاهرة **من الناحيتين** الفنية والجمالية.

د ـ على اختِلاف (+ جمع) — of all different . . . , irrespective of the different . . .

- نحن متخصّصون في إصلاح السيارات اليابانيّة والاوروبية **على اختلاف** أنواعها.
- "ديزني وورلد" (عالم ديزني) مكان يقصده الزوّار **على اختلاف** اعمارهم وجنسياتهم.

هـ ـ فيما بعدُ — afterward, later

- انا مشغول جدًا الآن؛ هل يمكنك أن تحضري لرؤيتي **فيما بعد؟**
- في البداية قرّرت خالتي أن تبيع الدكان الذي تملكه في السوق و لكن يبدو أنها غيّرت رأيها **فيما بعد.**

تمرين ٩ — العبارات الجديدة (في البيت وفي الصف)

أ ـ ترجموا جمل العبارات الجديدة الى اللغة الإنجليزية .

ب ـ نشاط كتابة وتقديم في الصف بالعبارات والمفردات الجديدة

حضّر/ي كتابةً ثمّ قدّم/ي لزميل/ة فكرة عن عمل أدبي أو فنّي تحبه. واذكر/ي أسباب إعجابك بهذا العمل.

عبارات مفيدة: يعالج - من خلال - بشكل - صَوَّر - يدور حول - يعبّر عن - من ناحية - يعجب - على اختلاف

تمرين ١٠

نشاط استماع

الجامعة العربية

الجامعة العربية — أو جامعة الدّول العربية ______ ______ أيضًا — ______ ______

______ ______ ______ من ______ دولة و______ مدينة القاهرة . وقد ______ الجامعة عام

______ وكان ______ ______ ______ تشجيع ______ ______ ______ بين ______ العربية

و______ ______ ______ ______ ______ بينها ، وكذلك ______ ______ ______ التي

______ بينها ______ ______ ______ ______ .

______ الجامعة من مجلس ______ ______ كل الدول العربية. و______ مجلس

الجامعة ______ مرتين في السنة ، و______ ______ تكون عادة ______ ______ ______

الخارجية أو ______ و______ فيها ______ و______ ______ ______ ______ ______ ______ .

ويرأس الجامعة أمين عام (سكرتير) ______ ______ ______ ، و______ ______ ______

______ اليوم عمرو موسى ______ ______ ______ ______ ______ . و______ ______ ______

______ ______ العربية للتربية و ______ و______ و______ ______ العربية .

______ الجامعة ______ ______ ______ الفلسطينية ______ ______ ______

وقامت ______ ______ ______ ______ في ______ ______ ______—______ الى

______ ______ . و ______ ______ ______ الجامعة ______ ايضاً ______

______ ______ و ______ ______ ______ ______ ______ ______ ______ ______

______ ______ ______ أي ______ الى الآن.

الثقافة DVD

- دار الكتب المصرية
- أهل الكَهف *cave*
- شَهرَزاد
- سُلَيمان الحَكيم *The Wise*

تمرين ١١ نشاط كتابة عن الثقافة

اكتبوا فقرة طويلة بالعربية: ما هي الشخصيات التاريخية التي سمعتم عنها هنا ولماذا أُستخدمت في الأدب العربي المعاصر في رأيك؟

تمرين ١٢ القراءة في البيت بدون القاموس DVD

Number the paragraphs in the text 1–10 before you begin.

١- ما هي المعلومات التي يقدّمها لنا النص عن:

أ - تجربة توفيق الحكيم الدراسية؟

ب - الأنواع الأدبية التي اهتم بها واشتهر بسببها؟

جـ - شُهرة توفيق الحكيم العالمية؟

٢- كيف غيّرت باريس حياته؟

٣- ما هي أنواع المناصب التي احتلّها توفيق الحكيم؟

٤- خمّنوا معاني هذه الكلمات: Use context to give an approximate meaning.

فقرة ٢: كان توفيق الحكيم أبرز الروائيين وأبرع الكتّاب = ____________

المسرحيين . . . ومن أوسع الكتّاب شهرةً في زمانه = ____________

استهواه المسرح = ____________

فقرة ٣: روايته الأولى قد جَلَبَت له شهرة فورية = ____________

فقرة ٥: شهرة توفيق الحكيم قائمة بالدرجة الاولى على المسرح= ____________

فقرة ٦: نال جائزة الدولة = ____________

فقرة ٧: أيّد توفيق الحكيم ثورة ٢٣ يوليو سنة ١٩٥٢، لكنه عَدَلَ عن كثير من أفكاره فيما بعد. = ____________

فقرة ٩: حتى لقّبه بعضهم (عدو المرأة)» = ____________

٢٦ تموز (يوليو)

وفاة توفيق الحكيم

في مثل هذا اليوم قبل ٥ أعوام ، أي في ٢٦تموز (يوليو) سنة ١٩٨٧ ، توفي في القاهرة الأديب الكبير توفيق الحكيم.

كان توفيق الحكيم أبرز الروائيين وأبرع الكتاب المسرحيين ورواد الحركة الفنية في الأدب الحديث، ومن أوسع الكتاب شهرة في زمانه. ولد في الإسكندرية في ٩ تشرين الأول (اكتوبر) سنة ١٨٩٨ لأسرة ميسورة الحال، وبعد أن درس الحقوق في مصر، سافر إلى باريس لمواصلة دراسته القانونية، فاستهواه المسرح وخصص له معظم وقته واهتمامه، وأعجب بصورة خاصة بمسرحيات ايبسن وبرنارد شو ولويجي بيرانديللو. وعاد إلى مصر سنة ١٩٣٠ بعد أن قضى في باريس أربع سنوات، وقرر أن يكون كاتبا.

وكانت روايته الأولى (عودة الروح) قد جلبت له شهرة فورية، وهي رواية طويلة في جزئين تدور حول سيرته الذاتية وحاول من خلالها وصف تصاعد الروح الوطنية في صفوف الشعب وظهور ثورة سنة ١٩١٩. وقد حققت الرواية نجاحا يعد عظيما بالنسبة لأول إنتاج روائي.

عين توفيق الحكيم بعد عودته من فرنسة وكيلا للنيابة في بعض الأقاليم ، وكتب مذكراته عن حياته وعمله في النيابة في كتاب أدبي بديع هو "يوميات نائب في الأرياف" وأعقبت هذا الكتاب رواية (عصفور من الشرق) التي نشرت في سنة ١٩٣٨ ووصف فيها توفيق الحكيم بعض جوانب حياته الفكرية والثقافية والعاطفية في باريس، وكانت تعبيرا عن انطباعات شاب مصري، ذكي، حسن النية، عند بدء اتصاله بالغرب.

وربما كانت شهرة توفيق الحكيم مع ذلك قائمة بالدرجة الأولى على المسرح أكثر منها على ألوان الأدب الأخرى التي عالجها بقدر كبير من النجاح. فقد كتب عددا كبيرا من المسرحيات التي أظهر فيها براعة عظيمة في الحوار. وكان أول ما نشر منها (أهل الكهف) التي نشرت عام ١٩٣٣ وصوّر فيها صراع الانسان مع الزمن ، ثم (شهرزاد) ، وبعدها نشر مسرحية عن حياة الرسول الأعظم بعنوان (محمد) وهي رواية ناجحة من ناحية الفن المسرحي ومقبولة من الناحية التاريخية، ولكن لا يمكن إخراجها على المسرح بطبيعة الحال. ومن مسرحياته أيضا (بيجماليون) و(سليمان الحكيم)، ومسرحيات اخرى تناول فيها قضايا اجتماعية مصرية مثل (سر المنتحرة) و(رصاصة في القلب). وقد بلغ عدد مسرحياته الخمسين تقريبا، جعل بها توفيق الحكيم للمسرحية مكانة محترمة في الأدب العربي.

تولى توفيق الحكيم بعض المناصب الثقافية ، فعمل في وزارة (المعارف) بين سنتي ١٩٣٤ و١٩٤٣، وفي سنة ١٩٥١ عين مديرا لدار الكتب المصرية ، ثم عضوا للمجلس الأعلى للآداب سنة ١٩٥٦ ومندوبا في منظمة (يونسكو) سنة ١٩٥٩ ، ونال جائزة الدولة قبل ثورة ١٩٥٢.

أيد توفيق الحكيم ثورة ٢٣ يوليو سنة ١٩٥٢، ولكنه عدل عن كثير من أفكاره فيما بعد، وفي سنة ١٩٧٤ أصدر كتابه (عودة الوعي) الذي أثار ضجة كبيرة لما فيه من نقد عنيف لمرحلة عبد الناصر.

ترجمت اعمال توفيق الحكيم الى اللغات الانكليزية والفرنسية والروسية وربما إلى غيرها أيضا، ولعله كان أول كاتب عربي معاصر تترجم أعماله الأدبية الى اللغات الأوروبية.

بقي توفيق الحكيم عازبا لمدة طويلة، وكان في بعض كتاباته يهاجم المرأة حتى لقبه بعضهم (عدو المرأة)، ولكنه تزوج فيما بعد ، وقد توفيت زوجته عام ١٩٧٧، وكما أن ابنه قتل في حادث سيارة في السنة التالية. وله أيضا ابنة واحدة.

توفي توفيق الحكيم في مثل هذا اليوم سنة ١٩٨٧ عن ٨٩ عاما ، بعد أن احتل مكانة فريدة في تاريخ الأدب العربي الحديث ، وكان من أهم شخصياته المحبوبة من القراء على اختلاف مستوياتهم وأعمارهم.

نجدة فتحي صفوة

من جريدة «الشرق الاوسط» ١٩٩٢/٧/٢٦

تمرين ١٣ القراءة في الصف (في مجموعات صغيرة)

١- ما العلاقة بين حياة توفيق الحكيم وبين الأعمال الأدبية (غير المسرحية) التي كتبها؟

٢- كيف تعكس *reflect* أعمال توفيق الحكيم حياة مصر السياسية؟ كيف كانت علاقة توفيق الحكيم بجمال عبد الناصر؟

٣- ما علاقة أعمال توفيق الحكيم المسرحية بالتراث العربي الإسلامي؟

٤- ماذا عن حياة توفيق الحكيم الخاصة أو الشخصية *personal*؟ هل تظنون أنه كان إنساناً سعيداً من هذه الناحية؟ لِمَ/لم لا؟

تمرين ١٤ دراسة القواعد والتراكيب في النص (في البيت)

١- في فقرة ٢:

A. Find and underline two uses of بعد أنْ . What do you notice about the verbs that occur after أنْ ? Although أنْ is normally followed by المضارع المنصوب , in the phrase بعد أنْ , the tense of the verb depends on its time frame. If the action occurred in the past, الماضي is used. If the action has not yet occurred, المضارع المنصوب is used. Remember, however, that قبل أن is always followed by المضارع المنصوب no matter what the meaning.

B. Find يكون . Why is it needed here? Note that يكون must be used in grammatical contexts that require a مضارع verb, such as after أنْ , سـ , لم , and لن . Complete the following:

من الضروري + معك بطاقة جامعية لدخول المكتبة ← ____________________

2. Study this construction:

due to what (it) contains in the way of (+ indefinite plural) . . . لِما فيـ(ـه) من

أمثلة: لماذا تحبين روايات توفيق الحكيم؟ لما فيها [في الروايات] من قضايا إنسانية.
أُعجب ابن بطوطة بالقاهرة لما فيها [في القاهرة] من مناظر وأماكن جميلة.

Copy the answer from **فقرة ٧** :

لماذا أثار كتاب (عودة الوعي) ضجة كبيرة؟ ← لما ____________________

Now answer, using this construction:

ما برنامجك التليفزيوني المفضل ولماذا؟ ____________________

لماذا اخترت هذه الجامعة للدراسة؟ ____________________

٣- القراءة بالقاموس: **استخدموا القاموس لتعرفوا أكثر عن أعمال توفيق الحكيم:**

فقرة ٣: رواية «عودة الروح»: ماذا وصف توفيق الحكيم فيها؟ ترجموا الفقرة.

فقرة ٤: «يوميات نائب في الأرياف» ما وزن وجذر هذه الكلمة؟
Reread the passage that discusses this work. What word related to نائب do you see (same جذر)? Look up the جذر of this pair (you may have to try more than one; begin with your best guess) and read carefully through the noun entries to see if you can find any expressions that match this context (including what you have already learned about al-Hakim's life) and translate the paragraph.

فقرة ٥: في أي جانب من الأدب تفوّق توفيق الحكيم؟ ترجموا الجمل التي تقول لنا ذلك.

تمرين ١٥ **دراسة القواعد والتراكيب في النص (في الصف)**

1. For each pronoun suffix in the following sentences, draw an arrow to show the noun to which it refers, then read the sentence aloud to each other:

أ - وربما كانت شهرة توفيق الحكيم قائمة بالدرجة الأولى على المسرح أكثر منها على ألوان الأدب الأخرى التي عالجها بقدر كبير من النجاح.

ب - ترجمت أعمال توفيق الحكيم إلى اللغات الانكليزية والفرنسية والروسية وربما إلى غيرها أيضا، ولعله كان أول كاتب عربي معاصر تترجم أعماله إلى اللغات الأوروبية.

جـ- توفّي توفيق الحكيم . . . بعد أن احتل مكانة فريدة في تاريخ الأدب العربي وكان من أهم شخصياته المحبوبة من القراء على اختلاف مستوياتهم وأعمارهم .

٢- اكتبوا الإعراب في فقرات ٦ و٧ و٨ و٩ و١٠ واقرأوا الجمل لبعضكم البعض.
Ignore titles and other proper nouns.

القواعد

الوصف والمقارنة: الإضافة غير الحقيقية و«أفعل» التفضيل والتمييز

In this chapter we examine three constructions that are commonly used in description and comparison. The first, الإضافة غير الحقيقية, is a kind of إضافة used to describe personal or physical characteristics. The second, التفضيل «أفعل», is already familiar to you; here we add case endings and its (rare) feminine form فُعلى. Finally, التمييز is used in expressions of comparison in which the simple التفضيل «أفعل» cannot be formed.

★ الإضافة غير الحقيقية

The إضافة غير حقيقية pairs an adjective with a noun, like English phrases *fair of face*, *quick of wit*, and *small of stature*. In Arabic this construction is commonly used in descriptions of physical, mental, or ethical characteristics (social behavior, morals, and the like). It is called إضافة غير حقيقية because its first word is an adjective not a noun. This kind of إضافة always consists of an adjective followed by a **definite** noun. Just as in regular إضافات, the ة **is pronounced as** ت on **all** مؤنث adjectives, and the ن of مثنى and جمع مذكر endings drops, as the following examples show :

هي كثيرةُ الكلامِ وقليلةُ الفهمِ . مرض الملاريا لا يزال واسعَ الانتشارِ.

أصدقائي طيّبو القلبِ . أنا وأختي متوسطتا الطولِ.

You can see in these examples that the adjectives agree in gender with the nouns they describe (**not** the ones that follow them in الإضافة). The case endings follow normal rules for الإضافة : The first word does not take tanwiin, and its case depends on the role it plays in the sentence, and the second word takes المجرور ending. The following two examples of الإضافة غير الحقيقية are taken from the text. Read them and determine the reason for the agreement and case endings of each:

وُلد (توفيق الحكيم) . . . سنة ١٨٩٨ لأسرةٍ ميسورةِ الحالِ .

كانت الرواية تعبيراً عن انطباعات شابٍّ مصريٍّ ذكيٍّ ، حَسَنِ النيّةِ .

Remember: The first term of الإضافة غير الحقيقية is an adjective and behaves like one, and the second term behaves like a final noun in an إضافة . The adjective in this إضافة thus takes الـ whenever a simple adjective does. In set (١) below, the adjective is indefinite, whereas in (٢), the adjective is definite. Note the absence of الـ in the first example and its presence in the second. What is the corresponding difference in meaning?

(١) ابني كبيرٌ ← ابني كبيرُ الرأسِ = ________________

(٢) هي المرأةُ الطويلةُ ← هي المرأةُ الطويلةُ الشعرِ = ________________

Now study the following examples and determine the reason for the presence or absence of الـ in each case:

(٣) أعجبني ذلك القميصُ الأزرقُ اللونِ.

(٤) هي امرأةٌ فائقةُ الذكاءِ وقويةُ الشّخصيةِ. (فائق = متفوّق)

(٥) تركت زوجها الطيبَ القلبِ وتزوجت رجلاً طويلَ اللسانِ!

تمرين ١٦ الإضافة غير الحقيقية في الوصف (في البيت)

Describe the following people/things using إضافات غير حقيقية. Use as many different adjectives and nouns as you can (the Appendix contains reference charts for colors and body parts).

١- لا يستطيع أخي أن يجلس في مكان واحد مدة طويلة فهو ________ ________ .

٢- والدتي إنسانة ________ ________ تفكّر دائما في المستقبل.

٣- تعجبني شخصية صديقتي لأنها ________ ________ و________ ________ .

٤- من هذا الشاب ________ ________ و________ ________ ؟

٥- من الصعب أن يتعرف عليه الناس لأنه خجول و________ ________ .

٦- هذه منطقة ________ ________ ولذلك يقصدها ناس كثيرون كل عام.

٧- الـ«واشنطن بوست» والـ«نيويورك تايمز» من الجرائد ________ ________ .

٨- يبدو أنك تعبان جداً و________ ________ ، هل أنت مريض ؟

٩- هي ________ ________ ، تحب كل الناس وتحاول أن تساعدهم دائما .

١٠- هو شخص ________ ________ لا أستطيع الجلوس معه أكثر من دقيقتين!

تمرين ١٧ الإضافة غير الحقيقية (في الصف)

اقرأوا النص التالي للبحث عن الإضافة غير الحقيقية. لماذا نجد الإضافة غير الحقيقية هنا بشكل كبير؟

النصف الثاني

F61 الآنسة ع.هـ من الدار البيضاء في المغرب – 28 سنة، سكرتيرة متوسطة الجمال، هادئة الطباع، حسنة الاخلاق، من عائلة محافظة، ترغب بالزواج من شاب عربي مسلم، يقدر الحياة الزوجية، ويفضل ان يكون مغربيا او تونسيا او جزائريا مقيما في اوروبا او كندا ولا يتجاوز عمره 42 سنة.

F62 الآنسة س.م مغربية من الدار البيضاء، 22 سنة، ربة بيت متواضعة، طيبة القلب، بيضاء البشرة وجميلة وذات شعر طويل، ترغب بالزواج من شاب عربي مسلم لا يتعدى سنه الثامنة والثلاثين

F64 الآنسة س.ف.ز مغربية من الدار البيضاء، 20 سنة، طالبة مستوى باكالوريا بيضاء البشرة، طويلة القامة، رشيقة وجميلة، ترغب بالزواج من شاب لا يتعدى الخامسة والثلاثين، يعمل في مركز مرموق ولو كان في الخارج، شرط ان يكون مغربيا.

F65 الآنسة غ.ل. مغربية من الدار البيضاء، 23 سنة، مصممة ازياء، متوسطة الطول، مثقفة، متوسطة الجمال، انيقة ومتواضعة، ترغب في الزواج من شاب عربي ميسور الحال لايتعدى الخامسة والثلاثين ويفضل ان يكون مقيما في اوروبا او امريكا.

F66 الآنسة ر.م. مغربية من الدار البيضاء، 27 سنة. سكرتيرة، محافظة، طويلة القامة، بيضاء البشرة، جميلة، انيقة، طيبة القلب، هادئة الطباع، ترغب في الزواج من شاب عربي مسلم ميسور الحال، حسن الاخلاق، مقبول الشكل، ولديه رغبة اكيدة في الزواج.

F67 السيدة م.ع. مغربية من الرباط، 40 سنة، موظفة، سمراء البشرة، متدينة مطلقة، تريد التعرف على شاب مغربي متدين يقصد الزواج لا يتعدى الثامنة والاربعين.

F68 الآنسة أ.ف. مغربية من مكناس، 22 سنة، حلاقة، مثقفة وربة بيت، جميلة، طويلة القامة، حسنة الاخلاق، هادئة الطباع، تريد الزواج من شاب عربي مسلم ميسور له رغبة جادة في تكوين اسرة ولا يتعدى الخامسة والاربعين.

F69 السيد B.M.K. تونسي من القلبية 35 سنة، موظف حكومي، طويل القامة، انيق، وسيم، حسن الاخلاق يرغب في الزواج من فتاة او سيدة عربية جميلة ومثقفة ذات اخلاق عالية تحب السفر والرحلات.

F70 السيد O.M تونسي من القلبية 36 سنة، استاذ جامعي يرغب في التعرف الى فتاة جامعية جميلة بقصد الزواج، تكون لها رغبة حقيقية في بناء اسرة سعيدة.

F71 السيد ص.أ تونسي من توزر، 23 سنة، عامل في فندق، حسن الخلق اسمر البشرة، يود التعرف الى فتاة اوروبية او عربية، بقصد الزواج، على ان تكون مثقفة وجميلة تقدر الحياة الزوجية.

F72 أ.م.أ تونسي مقيم في الدوحة بقطر، 33 سنة، ميكانيكي، يود الزواج من فتاة عربية جميلة مثقفة.

F73 أ.ع، تونسي من العاصمة 31 سنة، مسلم متدين يرغب بالتعرف الى فتاة عربية مسلمة تقيم باحدى البلدان الاوروبية قصد الزواج على ان لا تزيده سنا.

F74 ع.ف مغربي مقيم في هولندا، 28 سنة، مستوى جامعي، هادىء الطباع، مربي اجتماعي يود الزواج من فتاة عربية مثقفة جميلة لا تفوقه في السن ويفضلها سورية، او لبنانية او اردنية.

F77 شاب مغربي مقيم في ايطاليا 42 سنة تقني طباعة، متواضع وصريح يريد التعرف قصد الزواج الى فتاة او سيدة مغربية او عربية عاشت او تعيش في اوروبا شرط ان تكون واعية وصريحة وتقدر الحياة الزوجية.

من مجلة الوطن العربي العدد ٢٣٤ ٢٧/٩/١٩٩١

★ «أفعل» التفضيل

You know how to use the « أفعل » adjective in comparisons such as the following, in which « أفعل » functions as an adjective and is usually indefinite:

(١) رغم أن السعودية **أكبرُ من** مصر فإن عدد سكانها أقلُّ .

(٢) مشينا ميلاً ، وكنا نريد أن نمشي **مسافةً أطولَ** ولكننا لم نستطع.

You also know how to use « أفعل » to make superlative statements, such as:

(٣) البحرين **أصغرُ دولةٍ** عربية. (= **أصغرُ الدُوَلِ** العربية)

(٤) كان توفيق الحكيم **أبرزَ الروائيين** في الأدب العربي الحديث. (= **أبرزَ روائيٍ**)

When « أفعل » is used in superlative constructions such as (٣) and (٤), it functions like a noun in an إضافة . Note that the highlighted constructions in (٣) and (٤) have roughly the same meaning, except that (٣) consists of an indefinite إضافة , and (٤) a definite إضافة . The indefinite construction is more emphatic, and the definite construction occurs quite often in "qualified" statements such as *among the* or *one of the (best/most. . .)*:

(٥) كان **من أهمِ شخصياتِ** الأدبِ العربي الحديث. . . . *among the most important*

Now study the case endings of the previous examples, paying particular attention to (١) and (٢). Remember that the first term of an إضافة never takes tanwiin. Moreover, adjectives of وزن أفعل **never** take tanwiin, because they belong to the noun-adjective class الممنوع من الصرف (see Lesson 4), which means that they take the following case endings **when they are indefinite:**

المرفوع	المنصوب والمجرور
ـُـ	ـَـ

Remember that أفعل التفضيل takes these endings only when it is **indefinite**, which is only likely to occur when it is used in the comparative construction أفعل من , as in (٦) below, or when it functions as an indefinite adjective, as in رجل أعزب in (٧):

(٦) كانت مرّاكش مدينة مهمة تاريخيا ولكن الدار البيضاء أصبحت **أبرزَ منها** الآن.

(٧) عندما بدأت علاقتها معه ظنّت أنه **رجلٌ أعزبُ** ولكنه في الحقيقة متزوج.

★ وزن «فُعلى»

The comparative and superlative constructions you have learned use وزن « أفـعـل », which is grammatically مـذكـر and functions as a noun. There exists in formal Arabic a grammatically مـؤنث counterpart, فُـعلى , which is limited in modern usage to certain fixed words and expressions and usually functions as an adjective. You know several words of this وزن :

أوّل	←	أولى : الدرجة الأولى
آخَر	←	أُخرى : مرة أُخرى
الأوسَط	←	وُسطى: العصور الوُسطى
أفصَح *most eloquent*	←	فُصحى: العربية الفُصحى

Since this وزن ends in a long vowel, ى , it takes no grammatical case endings. Learn the following فعلى adjectives in these contexts:

كُبرى: القاهرة الكُبرى *Greater Cairo* — درجة الحرارة الكُبرى *high temperature*

صُغرى: آسيا الصُغرى *Asia Minor* — درجة الحرارة الصُغرى *low temperature*

عُظمى: بريطانيا العُظمى *Great Britain*

تمرين ١٨ الممنوع من الصرف (في البيت)

اكتبوا الإعراب في هذه الجمل:

١- وجدتُ أنّ أكثر من شخص كان عنده نفس الانطباع عن الرئيس الجديد للشركة.

٢- البريد الالكتروني من أحدث الاختراعات الحديثة وأسرع طرق الاتّصال.

٣- أشعر أننا نتقدّم بشكل أسرع في هذا الفصل الدراسي ولكننا ندرس أكثر أيضاً.

٤- مع أنه حقّق شهرة أدبية أوسع من شهرة أبيه، فإنّ أباه قام بإنتاج أعمال أدبية أكثر.

٥- كان ظهور الطباعة أسبق من ظهور الصحافة.

٦- بعض الناس يظنّون أن مدينة نيويورك أخطر من أي مدينة أمريكية اخرى.

٧- كنا نتمنّى أن نقضي مدّة أطول في الريف ولكننا أُضطررنا الى العودة الى ضجة المدينة وازدحامها.

تمرين ١٩ **"أفعل" التفضيل (في البيت)**

Use أفعل (or فعلى in applicable contexts) to give distinguishing characteristics of the following and **write all إعراب endings.**

مثال: أطولُ رحلةٍ قمت بها كانت إلى تونس ، وهي من أجملِ البلادِ التي رأيتها .
(رحلة ، طويل) (بلد ، جميل)

١- قام ابن بطوطة بـ ـــــــ ـــــــ في تاريخ ـــــــ ـــــــ .
(رحلة ، طويل) (عصر ، أوسط)

٢- سوق الحميدية في دمشق من ـــــــ ـــــــ في العالم العربي .
(سوق ، مشهور)

٣- جبل «أيفريست» ـــــــ ـــــــ في العالم كله. (جبل ، عالي)

٤- تعتبر الموسيقى من ـــــــ ـــــــ الإنسانية. (فنّ ، قديم)

٥- الزيادة المستمرّة في عدد السكان ـــــــ ـــــــ تواجه العالم في رأيي.
(مشكلة ، خطير)

٦- ما هو ـــــــ ـــــــ في تاريخ الإنسانية في رأيك ؟
(اكتشاف ، عظيم)

٧- كثير من الناس يعتبرون المحشي من ـــــــ ـــــــ العربية .
(مأكولات ، طيّب)

٨- ما هي ـــــــ ـــــــ لك من أيام الطفولة ؟
(ذكرى ، جميل)

٩- من الغريب أن نجد أنّ بروناي من ـــــــ ـــــــ العالم ولكن الفليبين
(دولة ، غني)

التي لا تبعد عنها كثيراً من ـــــــها .
(فقير)

١٠- الطريقة «القادرية» من ـــــــ ـــــــ في العالم الإسلامي.
(طريقة صوفية ، كبير)

تمرين ٢٠ **من/ماذا في هذه المجموعة؟ (في الصف)**

مَن/ماذا في هذه المجموعة؟ اكتبوا جملة طويلة تصف المجموعة وأعضاءها كما في المثال:

Remember that you can use مـن to qualify your statements.

مثال: جرائد عربية كبيرة: "الشرق الاوسط" و"الأهرام" و"الحياة" من أكبر الجرائد العربية التي تُطبع وتُوزّع في أمريكا.

١- دول عربية غنية وفقيرة ________________

________________.

٢- جوائز مشهورة ________________

________________.

٣- أدباء بارزون ________________

________________.

٤- صراعات سياسية عنيفة ________________

________________.

٥- قضايا اجتماعية مهمّة ________________

________________.

٦- مراكز مالية وتجارية كبيرة ________________

________________.

٧- روايات طويلة ________________

________________.

٨- طرق اتّصال حديثة ________________

________________.

٩- ألقاب سُمّيتم بها ________________

________________.

١٠- حوادث خطيرة ________________

________________.

★ التمييز *Specification*

You know that التمييز **specifies** quantity on nouns following كم . . . ؟ and numbers from 11 to 99:

كم أسبوعًا في السنة الميلادية؟ **في السنة الميلادية ٥٢ أسبوعًا.**

التمييز also occurs in **comparative** and **superlative** constructions to specify in which way the entities are to be compared. This kind of تمييز consists of an indefinite noun—frequently a مصدر —with a منصوب case ending. Often المصدر is followed by a prepositional phrase that further defines the comparison, as in (٣) and (٤) below. The meaning of التمييز may be expressed in English with phrases such as *in terms of, regarding,* or *-wise* (however, the best translations of this construction often involve rephrasing the entire sentence).

(١) **يُعد نجيب محفوظ من أكثر الأدباء العرب إنتاجًا.** *in terms of production*

(٢) **القاهرة أكثر ازدحاماً من دمشق.** *in terms of crowdedness*

(٣) **صاحبتي أكثر منّي رغبةً في السفر.** *in terms of wanting to travel*

(٤) **وليد أكثر إخوته حبًا للرياضة.** *in terms of love of sports*

In each of these examples, المصدر المنصوب specifies how the subject is أكثر or أوسع . **Note the use of prepositions** in (٣) and (٤) to connect المصدر to an object. If المصدر normally takes a certain preposition, it is the one that is used in التمييز , as here in example (٣), in which رغبة takes the preposition في (as in يرغب في السفر). If the verb takes no preposition, لِـ is used to mark the object of المصدر , as in (٤), in which للرياضة is the direct object of حبًا (from يحب الرياضة). An indefinite مصدر followed by لِـ or another preposition is one of the best clues to the presence of a تمييز . Study the following and use the prepositions to locate the تمييز , then translate:

ما هي أكبر دولة عربية إنتاجاً للبترول؟

أنا من أكثر الناس إعجاباً بالمسرح الشعبي.

Notice that examples (١)–(٣) above all use the comparative أكثر , one of the most commonly used adjectives with التمييز . Other commonly used adjectives include:

أقلّ : **أنا لست أقلّ منك ذكاءً !!** أكبر: **هل أختك أكبرُ منك عمرًا ؟**

أحسن: **هو أحسنهم أخلاقًا .** أصغر: **هو أصغرنا عمرًا.**

Remember: التمييز is a distinctively Arabic mode of expression that is used in formal contexts. Learn to recognize it in comparative and superlative constructions followed by an indefinite noun with المنصوب case ending, especially a مصدر followed by a preposition.

تمرين ٢١ **المقارنة باستخدام التمييز (في البيت)**

Remember to use لِـ where needed to add objects to المصدر. Write الإعراب on التمييز.

قارنوا بين أي أشخاص أو أشياء مستخدمين التمييز للتعبير عن وجه المقارنة كما في المثال:

مثال: الانتشار: **اللغةُ العربيةُ أكثرُ من اللغةِ الفارسيةِ انتشارًا**

١- حب الرحلات والسفر: ____________________

٢- التقدّم: ____________________

٣- الاهتمام بالشرق الاوسط: ____________________

٤- الاستخدام في كتابة الأبحاث: ____________________

٥- الشهرة: ____________________

٦- نشر الكتب: ____________________

٧- الإيمان بالله: ____________________

تمرين ٢٢ **أكثر كيف؟ (في الصف)**

استخدموا العبارات التالية للتعبير عن وجه مقارنة تختارونها كما في المثال:

Remember to use لِـ to mark the object of the مصدر.

مثال: الخدمة: **الجماعات الإسلامية أكثر من بعض الحكومات خدمةً لمجتمعاتها.**

١- التشجيع على: ____________________

٢- المشاركة في النشاطات الجامعية: ____________________

٣- الاتّساع لِـ : ____________________

٤- تصوير القضايا الاجتماعية المهمة: ____________________

٥- احترام القانون: ____________________

٦- صناعة الملابس: ____________________

٧- إثارة الصراعات في العالم: ____________________

٨- الإعجاب بـ : ____________________

تمرين ٢٣ **نشاط كتابة**

ستصدر قريبا "موسوعة *Encyclopedia* الادب العالمي للشباب" بالعربية. وقد طلب منك محرر الموسوعة ان تكتب/ي مقالة (حوالي ٢٠٠ كلمة) عن أديب/ة يجب ذكره/ها في الموسوعة في رأيك. حاول/ي ان تستخدم/ي الإضافة غير الحقيقية والتمييز في وصفك للشخصية.

عبارات مفيدة:

الإنتاج الأدبي	تُعَدّ / تُعتبر	القرّاء	أثار ضجة / قضية
يشتهر بـ	من خلال	مكانة	من ناحية	لعلّ

تمرين ٢٤ **نشاط قراءة**

لاحظوا هذه الكلمات:

غادَرَ = تَرَكَ

المَحَبّة = الحب

أ ــ القراءة في البيت:

تتحدّث الأديبة ديزي الأمير في هذه السيرة الذاتية القصيرة عن بعض الاحداث والاماكن التي لعبت دورًا في تكوين شخصيتها. فما هو عالم ديزي الأمير؟

١ـ من هم الأشخاص الذين لعبوا دورًا مهما في حياتها وما أهمية علاقتهم بها؟

٢ـ ما هي النشاطات التي قامت بها وما كانت أهمية كل واحد بالنسبة لها؟

٣ـ خمّنوا معنى <u>الحنين</u> = ______

ب ــ القراءة في الصف:

٤ـ ما هي الاحداث التي غيّرت حياة ديزي الأمير وما هي التغييرات التي أحدثتها؟

٥ـ ماذا نستطيع أن نفهم عن العلاقات الأسرية في أسرة ديزي الأمير؟

٦ـ ما هي الاماكن التي كوّنت عالمها وما طبيعة العلاقة بينها وبين هذه الأماكن؟

٧ـ ماذا قالت عن تعرّفها إلى البروفسور أربري؟ ما معنى «قرأ لي قصصاً»؟

ديزي الامير

ديزي مرزا الأمير.

النوع الأدبي: كاتبة قصص.

ولادتها: ١٩٣٥ في الإسكندرية، مصر.

ثقافتها: تعلمت في ابتدائية البتاوين للبنات، في بغداد، في العراق؛ وتلقت علومها المتوسّطة والثانويّة في المركزيّة للبنات، في بغداد؛ انتقلت بعدها الى دار المعلّمين العالية، في جامعة بغداد؛ حائزة على ديبلوم في اللغة الإنكليزية، من جامعة كمبردج في انكلترا؛ وليسانس في اللغة العربيّة، من جامعة كمبردج أيضاً .

السيرة:

الحديث عن الماضي يؤلمني وكم حاولت نسيانه ونجحت الى حدّ ما ولكن لأسباب يستيقظ هذا الماضي وأعود للتغلب عليه فأنيمه مرة اخرى.

ولدت في الإسكندرية في مصر ، هكذا قيل لي لأنّ أهلي غادروا وعمري بضعة أسابيع الى العراق موطن أبي.

أمّي لبنانية من ضهور الشوير وأبي عراقي خرّيج الجامعة الأمريكية في بيروت، طبيب عمل في وزارة الصحّة العراقية.

أمّي رقيقة مثقّفة . أتذكر شاعريتها وجمالها ورهافة حسّها أمّا أبي فأتذكر أنّنا كنّا نخافه . هذه هي العلاقة الوحيدة الراسخة في ذهني عنه .

أختي خرّيجة كلية الحقوق وأخي خرّيج جامعة .M.I.T في أميركا كان يحمل شهادة دكتوراه بامتياز بالكيمياء .

تنقّلنا في مدن العراق بحكم عمل أبي وكانت أمّي خرّيجة ثانوية برمانا المتحضّرة الراقية تتحمّل كل هموم وتخلف المجتمع العراقي آنذاك في الثلاثينات خاصة وأنّنا عشنا خارج بغداد لسنوات.

وفاة أمّي حدث لا يمكن أن أنساه، حتّى وأنا في هذه السن لا أزال أحتاج عطفها ودفء حنانها.

زواج أبي بعد وفاة أمّي بأقلّ من سنة هو السبب المباشر للمباعدة بيننا وبينه.

انتهز أبي فرصة زيارتي لأختي في البصرة ليفاجئني برسالة تقول إنّه سيغادر العراق نهائياً . عدت في اليوم التالي لبغداد لأرى أنّ أملاك أبي كلّها وعيادته قد باعها وأثاث بيتنا اشتراه غرباء . ذهبت إلى البصرة للسكن عند أختي وزوجها . بيتنا في بغداد انتهى وأنا أسكن البصرة في بيت ليس بيتي .

في البصرة درّست اللغة العربية بعد تخرّجي من دار المعلمين العالية في جامعة بغداد.

في العطل الصيفية كنت أذهب إلى لبنان أو أوروبا لأوحي لسكان البصرة بمحيطها الضيّق أنّي قادرة على السفر، والحقيقة التي لم أقلها أنّي كنت أهرب. زياراتي لأوروبا والبلدان العربيّة أذكرها بألف خير ولكن زياراتي للبنان كانت بضعة أيّام مع أبي وزوجته ثمّ السكن مع أقرباء أمّي، خالي، خالتي، وأولادها في ضهور الشوير حيث الحنان والمحبّة .

زوجة أبي نقيض أمّي تماماً . غير متعلّمة، قاسية، مادّية . ولطالما تساءلت كيف استطاعت التأثير على أبي فجعلته وهو الطبيب المعروف الغني أن يترك وطنه ويبيع أملاكه ويسكن لبنان مسجّلاً ما يملك باسمها؟

أخي قرر عدم العودة إلى العراق لأنه لا يريد أن يكون عنوانه في بغداد أحد الفنادق.

سنة ١٩٥٨ ذهبت إلى بريطانيا لدراسة اللغة الإنكليزيّة. أمضيت عطلة الصيف ومددتها بإجازة مرضيّة أشهراً ثلاثة أخرى. الغرفة الواحدة التي سكنتها مع أسرة بريطانيّة كانت أوّل بيت أنا صاحبته، كان بالنسبة لي قصراً أجمل من بيتنا في بغداد ومن بيت أختي في البصرة وبيت زوجة أبي في بيروت.

هذا سرّ حبّي الشديد لبريطانيا وتلك فترة لن أنساها. كنت شابة . . . أسكن غرفة هي بيتي الواسع المستقلّ . عدت إلى البصرة وكانت ثورة ١٤ تمّوز قد حدثت ورأيت هناك تغيّرات سياسيّة لم استطع فهمها. بقيت إلى آذار ١٩٥٩ ثمّ غادرت البصرة ثانية إلى البلد الذي أحبّ، إلى بريطانيا لإكمال دراستي وإلى غرفة جديدة، بيت آخر استقلّ فيه .

سنة ١٩٦٠ لم أرد العودة إلى العراق فالوضع السياسي زاد سوءاً ذهبت إلى أميركا لزيارة أخي. أحسست بغربة قاتلة وبحنين موزّع بين العراق وبريطانيا ولكن كان لا بدّ من العودة إلى مكان ما. في طريقي إلى العراق توقّفت في انكلترّا شهراً وحينما وصلت بيروت طلب أبي منّي البقاء معه . ولكنّي وجدت بيته فندقاً نزلت فيه.

مرّت الأيّام بي صعبة قاسية ذهبت خلالها مرّة اخرى لكمبردج وإلى غرفة جديدة. والتقيت البروفسور أربري وكان قد قرأ لي قصصاً نشرتها في الآداب فشجّعني على مواصلة الدراسة والحصول على الدكتوراه . سجّلت في جامعة كمبردج وحجزت غرفة جديدة في القسم الداخلي للطالبات واخترت موضوع أدب المرأة العربية بعد الحرب العالميّة الثانية وعدت إلى لبنان للبحث عن مصادر الأطروحة وهنا كالعادة، وقف القدر الممثّل بأبي وزوجته أمامي . قرّرا عدم دفع مصاريف الدراسة . كنت وقتها قد استقلت من الوظيفة ولا دخل لي. وبدأت أفتّش عن عمل. عملت سكرتيرة لسفير العراق في بيروت من ١٩٦٤ إلى ١٩٦٩ . كانت فترة غنيّة على صعيد الوظيفة تعرّفت فيها على كثيرين وأصدرت مجموعتي **البلد البعيد الذي تحبّ** و**ثمّ تعود الموجة** وصار لي عدد كبير من الأصدقاء والأدباء العرب بصورة خاصة ورأيت صوري واسمي وأحاديث عنّي ومعي تنشر في المجلات العربيّة وترجمت أعمالي للغات أجنبيّة .

سنة ١٩٦٩ عيّنت معاونة للمستشار الصحفي في بيروت . أحمل جواز سفر دبلوماسي وسيّارة دبلوماسيّة. وكثر أصدقائي وعاملني المسؤولون العراقيّون أفضل معاملة يمكن أن تحلم بها فتاة وحيدة . الوطن صار أهلي وأسرتي.

قبل ذاك توفّي أبي وبقيت أسكن مع زوجته ولكن وضعي الجديد ساعدني على العيش بأسلوب جيّد . . خارج البيت .

أن أسكن بيتاً مستقلاً خاصاً بي كان حلماً رائعاً لم تعكره الحرب [اللبنانية] كثيراً. بقيت ثماني سنوات الحرب بكل أيّامها . وأتساءل لماذا؟ هل تمسّكي بالوظيفة التي أحتاج؟ أم خوفي على بيتي الذي طالما حلمت به؟

أنا الآن [١٩٨٦] مديرة المركز الثقافي العراقي في بيروت وأحبّ لبنان . . . وأبدأ من جديد أحاول الاستقرار وتكوين بيت و . . . وأضيف لبنان إلى قائمة البلدان التي أوزّع الحنين عليها.

وأعود أتساءل، لو لم أفقد أمّي؟ هل كان حدث لي كل هذا؟

مؤلفاتها القصصية:

١ ـ **البلد البعيد الذي تحب**، بيروت، دار الآداب، ١٩٦٤.

٢ ـ **ثمّ تعود الموجة**، بيروت، دار الآداب، ١٩٦٩.

٣ ـ **البيت العربي السعيد**، بيروت، دار العودة، ١٩٧٥.

٤ ـ **في الدوامة الحب والكراهية**، بيروت، دار العودة، ١٩٧٩.

٥ ـ **وعود للبيع**، بيروت، المؤسسة العربية للدراسات والنشر، ١٩٨١.

٦ ـ **على لائحة الانتظار**، بيروت، دار الآداب، ١٩٨٨.

من كتاب «أعلام الادب العربي المعاصر: سير وسير ذاتية»، الأب روبرت ب. كامبل اليسوعي، المعهد الالماني للابحاث الشرقية في بيروت، ١٩٩٦

تمرين ٢٥ نشاط استماع DVD

مقابلة مع الناقدة الكويتية الدكتورة نورية الرومي، من برنامج "أحاديث الصيف والأدب" مع جزيل الشكر لتليفزيون الشارقة.

لاحظوا:

الشارقة = الشارجة، واحدة من الإمارات العربية

Pronunciation of ق as ج is a feature of several Gulf dialects.

أ ـ المشاهدة في البيت

شاهدوا الفيديو وأجيبوا:

١ـ من خلال البرنامج، ماذا عرفنا عن د. نورية من حيث:

أ ـ عملها

ب ـ اهتماماتها الفكرية والأدبية

جـ ـ كتبها وأبحاثها

د ـ علاقتها بالشعر

هـ ـ اتّصالاتها بالمؤسسات الثقافية

٢ـ تناقش د. نورية هنا موضوعات لها صلة بالمرأة الكويتية. اكتبوا ثلاثة من الآراء التي تقدّمها د. نورية في حديثها؟

ب ـ المشاهدة في الصف

١ـ ما هي النشاطات التي يقوم بها المجلس الوطني للثقافة والفنون والآداب في الكويت وما رأي د. نورية في هذا المجلس ونشاطاته؟

٢ـ تقول د. نورية في بداية حديثها أنها لا تستطيع الفصل بين الكويت والخليج، لماذا؟

٣ـ د. نورية تستخدم فعلاً جديداً بمعنى «أظنّ»، ما هو؟ ____________

جـ ـ الاستماع الدقيق

اكتبوا كلمة كلمة ما تسمعونه في الجزء من 7:18 الى 7:40 :

«الإمارات ____ ،

____ مختلفة».

العامية

"فيه فيلم ايه الليلة؟"

أ ـ مفردات وعبارات DVD

حَـ (+المضارع بدون بـ)	= سـ (المستقبل)
دقيقة واحدة	just a minute
الرِواية دي	= هذه الرواية
عارِف – عارفة ج. عارفين	= يعرف
فيه . . . ايه ؟ فيه أكل ايه؟ فيه جرايد ايه؟	What . . . is there?
قريتي	= قرأتِ

ب ـ القصة DVD

محمد بِيسأل ايه؟ ايه الكتاب اللي بِيِتكلّموا عنه؟ مها بتعرف ايه عن الأدب العربي؟

جـ ـ تراكيب

Listen to and learn the pronunciation and conjugation of verbs قـرأ and جاء in العاميـة on your DVD:

فعل "قرا" DVD

الماضي

(أنا) قَريت	(احنا) قَرينا
(انت) قَريت (انتي) قَريتي	(انتو) قريتوا
(هو) قَرا (هي) قَرِت	(هم) قَروا

المضارع

(أنا) لازم اقرا	(احنا) لازم نِقرا
(انت) لازم تِقرا (انتي) لازم تِقري	(انتو) لازم تِقروا
(هو) لازم يِقرا (هي) لازم تِقرا	(هم) لازم يِقروا

فعل "جه" DVD

الماضي

(انا) جيت	(احنا) جينا
(انت) جيت (انتي) جيتي	(انتو) جيتوا
(هو) جه (هي) جَت	(هم) جُم

المستقبل "حَـ"

(انا) حاجي	(احنا) حَنيجي
(انت) حَتيجي (انتي) حَتيجي	(انتو) حَتيجوا
(هو) حَييجي (هي) حَتيجي	(هم) حَييجوا

د ـ نشاط

اسألوا زمايلكو:

١ـ جيت/جيتي الجامعة امتى النهارده؟ جيت/جيتي ازاي؟

٢ـ بِتيجي الجامعة كل يوم؟ اِمتى بِتيجي؟

٣ـ قريت/قريتي كتاب كويس السنة دي؟

٤ـ بِتِقرا/بِتِقري ايه الايام دي؟

٦ ــ من رائدات الحركة النسائية العربية

هـدى شعراوى وسيزا نبراوى وهما تودعان على ظهر الباخرة
الطالبتين عائشة المراغى وانشراح الرامض عنـد سـفرهما فى
بعثة من الاتحاد النسائى الى تركيا لاتمام الدراسة بأنقرة عام ١٩٣٥

في هذا الدرس:

النص:	• هدى شعراوي	**الثقافة:**	• عن الإسلام والمرأة
القراءة:	• أنس باز	**التراكيب:**	• الحال
الاستماع:	• المهاتما غاندي		• الاسم المنقوص
	• المرأة العربية والحجاب		• الفعل المثال
		العامّية:	• مصر اتغيّرت؟
			• تصريف «اِتغيّر» في الماضي

المفردات

تذكروا وتعلّموا:

الثّقافة	←	مُثقَّف ج. -ون	educated, intellectual, cultured (elite)
ثَورة ؛ أثارَ، يُثير، الإثارة	←	ثارَ، يَثور، الثَورة (على)	to revolt against
جَلَسَ ، يَجلِس ، الجُلوس	←	مَجْلِس ج. مَجالِس	council, assembly
جَمَعَ ، يَجمَع ، الجَمع	←	جَمْعِيّة ج. -ات	cooperative society or organization
حَدَثَ ، يَحدُث ، الحُدوث	←	حَدَث ج. أحداث	event
كلية الحُقوق	←	حَقّ ج. حُقوق	right(s)
دَرَجة ج. -ات	←	تَدريجياً	gradually, by degrees
اِستَمَعَ الى، يَستَمِع الى	←	سَمِعَ ، يَسْمَع ، السَّماع	to hear
مُستَوى ج. مُستَوَيات	←	ساوى، يُساوي ، المُساواة	to equal
	←	تَساوى، يَتَساوى، التَساوي (مع)	to be equal to each other
	←	سِوى	except (= إلاّ)
شَدّة	←	شَديد / ة	strong, severe
شَعَرَ، يشعُر، الشُّعور (بـ/أنّ)	←	شاعِر / ة ج. شُعَراء	poet
طَلَبَ ، يَطلُب ، الطَلَب (أنْ)	←	طالَبَ بـ ، يُطالِب بـ ، المُطالَبة بـ (أنْ)	to demand
	←	مَطلَب ج. مَطالِب	demands
عَلِمَ ، يَعلَم ، العِلم (بـ/أنّ)	←	عَلَّمَ ، يُعَلِّم ، التَّعليم	to teach, educate
عَمِلَ ، يَعمَل ، العَمَل	←	عامَلَ ، يُعامِل ، المُعامِلة (بـ)	to treat (someone) (with)
فَتَحَ ، يَفتَح ، الفَتح	←	اِفْتَتَحَ ، يَفتَتِح ، الافِتِتاح	= فتح لأول مرة

effective	فَعّال / ة ←	فَعَلَ ، يَفعَل ، الفِعل
might, perhaps	**قَد + المُضارِع** ≠	**قَد + الماضي**
to give pleasure to	أمْتَعَ ، يُمتِع ، الإمتاع ←	اِستَمتَعَ بـ ؛ مُمتِع
to act, act for, represent	مَثَّلَ ، يُمَثِّل ، التَّمثيل ←	مِثل
to call for (= دعا إلى)	نادى بـ ، يُنادي بـ ، المُناداة بـ ←	نادى ، يُنادي ، المُناداة (على)
to organize, regulate	نَظَّمَ ، يُنَظِّم ، التَّنظيم ←	نِظام ج. أنظِمة ؛ اِنتِظام
importance	أهَمِّيّة ←	مُهِمّ ؛ أهَمّ
is/are found, exist	يوجَد ، الوُجود ←	وَجَدَ ، يَجِد
face	وَجْه ج. وُجوه ←	وَجْه
facet, aspect	وَجْه ج. أوْجُه ←	
union	اِتِّحاد ج. –ات ←	واحِد؛ الوَحدة؛ الامم المتّحدة
citizen	مُواطِن ج. –ون ←	وَطَن ج. أوطان
to stand; to stop	وَقَفَ ، يَقِف ، الوُقوف ←	تَوَقَّفَ، يَتَوَقَّف، التَّوَقُّف(عن)
position, stance	مَوْقِف ج. مَواقِف ←	

من القاموس 📀

conference	مُؤْتَمَر ج. –ات
sex, gender	جِنْس
to struggle or exert oneself for a purpose	جاهَدَ ، يُجاهِد ، الجِهاد
ignorance	الجَهْل (جَهِلَ ، يَجْهَل) (أنّ)
field, area (of inquiry, study, etc.)	مَجال ج. –ات

to forbid something (to someone)	حَرَّمَ ، يُحَرِّم ، التَّحريم (على)
forbidden, illegal (according to religious law or values)	حَرام (على)
sadness, sorrow	حُزْن ج. أَحْزان
sad	حَزين / ة
station	مَحَطّة ج. -ات (أوتوبيس / قطار / راديو / بنزين . . .)
to be amazed, surprised	دُهِشَ ، يُدْهَش ، الدَّهْشة (من/لِـ)
to raise, lift (something)	رَفَعَ ، يَرْفَع ، الرَّفْع
shock	صَدْمة ج. صَدَمات
voice; sound; vote	صَوْت ج. أَصْوات
hall, large room	صالة ج. -ات
= كبير جداً	ضَخْم / ة
against, anti-, versus	ضِدّ
to divorce (someone)	طَلَّقَ ، يُطَلِّق ، الطَلاق
amendment, modification	تَعْديل ج. -ات
non-, lack of	عدَم + **المصدر**
to oppose	عارَضَ ، يُعارِض ، المُعارَضة
member	عُضْو ج. أَعْضاء
young woman (unmarried)	فَتاة ج. فَتَيات
to suggest	اِقْتَرَحَ ، يَقتَرِح ، الاقتِراح (على) (أنْ)
a tradition	تَقْليد ج. تَقاليد
traditional	تَقْليديّ
to be convinced of	اِقْتَنَعَ بـ ، يَقتَنِع بـ ، الاقتِناع بـ

nationalism	قَوْمِيّة ج. ـات
to fight, struggle (against) (for) a cause	كافَحَ ، يُكافِح ، المُكافَحة/الكِفاح (لـِ)
to rebel (against)	تَمَرَّدَ ، يَتَمَرَّد ، التَّمَرُّد (على)
activity	نَشاط ج. ـات / أَنْشِطة
to clarify, explain (that)	أَوْضَحَ ، يوضِح ، الإيضاح (لِـ) (أنّ)
clear, obvious	واضِح / ة
to be aware, conscious (of)	وَعى ، يَعي ، الوَعْي (بـِ) (أنّ)
consciousness (of)	الوَعي (بـِ)
to agree on; to accept (e.g., a proposal)	وافَقَ على ، يُوافِق على ، المُوافَقة على
Jewish; a Jew	يَهوديّ ج. يَهود
Judaism	اليَهوديّة

جمع النسبة : الجنسيات والأديان

You know that النسبة usually takes sound plural endings: ـون/ين and ـات. However, some nisbas that indicate affiliation to an ethnicity, nationality, or religious sect take broken plurals. The following list is representative but not exhaustive, so learn to recognize these patterns:

أ ــ جنسيات

أرمَنيّ ج. أرمَن	إسْبانيّ ج. إسْبان	إنجليزيّ ج. إنجْليز
روسيّ ج. روس	عربيّ ج. عَرَب	فارِسيّ ج. فُرْس
أمريكيّ /أميركيّ ج. أمريكان/أميركان		أَجْنَبيّ ج. أَجانِب
إفْريقيّ ج. أَفارِقة	بَحرانيّ ج. بَحارِنة	مَغرِبيّ ج. مَغارِبة
تونِسيّ ج. تَوانِسة	تُركيّ ج. أَتْراك	كُرديّ ج. أَكْراد

ب ــ أديان ومذاهب دينية

دُرزيّ ج. دُروز	سُنّيّ ج. سُنّة	شيعيّ ج. شيعة
قِبطيّ ج. أقباط	مارونيّ ج. مَوارِنة	يَهوديّ ج. يَهود

تمرين ١ **نشاط محادثة (في البيت وفي الصف)**

اختاروا أربعاً من المجموعات الدينية والجنسيات المذكورة هنا وابحثوا عن معلومات عنها: أين يسكن أفرادها؟ كيف يعامَلون؟ ما هي الأحداث المهمة في تاريخهم؟ ماذا تعرفون عن تقاليدهم؟ هل توجد صور نمطية *stereotypes* عنهم؟ استعدّوا في البيت للكلام عنها في الصف مستخدمين المفردات الجديدة.

تعلّموا هذين الفعلين: تصريف فعليْ "ساوى" و"تساوى"

الماضي

المفرد	المُثنّى	الجمع
ساوى ساوَت	ساوَيا ساوَتا	ساوَوا ساوَينَ
ساوَيتَ ساوَيتِ	ساوَيتُما	ساوَيتُم ساوَيتُنَّ
ساوَيتُ		ساوَينا

المضارع المرفوع

المفرد	المُثنّى	الجمع
يُساوي تُساوي	يُساوِيانِ تُساوِيانِ	يُساوونَ يُساوينَ
تُساوي تُساوينَ	تُساوِيانِ	تُساوونَ تُساوينَ
أُساوي		نُساوي

الماضي

المفرد	المُثنّى	الجمع
تَساوى تَساوَت	تَساوَيا تَساوَتا	تَساوَوا تَساوَينَ
تَساوَيتَ تَساوَيتِ	تَساوَيتُما	تَساوَيتُم تَساوَيتُنَّ
تَساوَيتُ		تَساوَينا

المضارع المرفوع

المفرد	المُثنّى	الجمع
يَتَساوى تَتَساوى	يَتَساوَيانِ تَتَساوَيانِ	يَتَساوَونَ يَتَساوَينَ
تَتَساوى تَتَساوَينَ	تَتَساوَيانِ	تَتَساوَونَ تَتَساوَينَ
أَتَساوى		نَتَساوى

تمرين ٢ أوزان الفعل

أ ــ أكملوا الجدول التالي بالأفعال الجديدة: Write in all vowels.

Remember to pronounce aloud and think about the meanings of the words you write.

الوزن	الماضي	المضارع	المصدر	اسم الفاعل	مضارع المبني للمجهول	اسم المفعول
				ثائِر	——	——
	وَقَفَ				——	
		يَسمَع				
				جاهِل		
					يُرفَع	
			التَّنظيم			
		يُحَرِّم				
	مَثَّلَ					
				——	يُعامَل	
فاعَلَ			الجِهاد			—
						مُطالَب بِهِ
			المُعارَضة			
	كافَحَ					——
				مُمتِع	——	——
		يَتَمَرَّد			——	——
			الاِقتِناع بـ		——	——
						مُقتَرَح

تمرين ٣ أوزان الفعل والمفردات الجديدة: وزنا فاعَلَ وتَفاعَلَ (في الصف)

The occurrence of several verbs of وزن فاعَلَ in this chapter gives us a good opportunity to study this وزن and its "sister" تَفاعَلَ . This exercise expands your vocabulary by helping you form and use both members of this transitive—reflexive pair.

You know that the pair وزن فَعَّلَ and وزن تَفَعَّلَ are very close in meaning, except that فَعَّلَ is transitive and تَفَعَّلَ is intransitive/reflexive. We can see a similar relationship between the new verbs ساوى *to be equal to* and تَساوى *to be equal to each other*, and this relationship can be generalized for فاعَلَ and تَفاعَلَ : فاعَلَ often carries the meaning *to do to or with* and is **followed by a direct object** (often human), whereas تَفاعَلَ carries the meaning *to do to or with each other*. The difference between these two is subtle and rests on whether the action is presented as being unidirectional, emanating from the subject (وزن فاعَلَ) or bidirectional, involving more than one party (وزن تَفاعَلَ). Note that تَفاعَلَ often takes the preposition مع to indicate its bidirectionality.[1] The following examples will help clarify this distinction and give you a sense of هذين الوزنين :

وزن فاعَلَ *to do to or with* (+ direct object)	**وزن تَفاعَلَ (مع)** *to do to or with each other*
بادَلَ *to exchange with*	تَبادَلَ مع *to exchange with each other*
راسَلَ *to send letters to, correspond with*	تَراسَلَ مع *to correspond with each other*
صادَقَ *to befriend*	تَصادَقَ مع *to befriend each other*
حاوَرَ *to enter into dialogue with*	تَحاوَرَ مع *to dialogue with each other*

However, some جذور are used only in وزن فاعَلَ , such as the following:

عاصَرَ *to be contemporary with* → مُعاصِر *modern, contemporary*

قاوَمَ *to stand up to, resist*

جاهَدَ ، كافَحَ *to struggle*

In other cases, تَفاعَلَ takes on an abstract meaning rather than a bidirectional one:

تَعارَضَ مع *to be incompatible with* تَوافَقَ مع *to be compatible with*

Note that many verbs of وزن فاعَلَ have an alternative مصدر pattern of وزن فِعال :

كافَحَ ← المُكافَحة/الكِفاح عالَجَ ← المُعالَجة/العِلاج جاهَدَ ← المُجاهَدة/الجِهاد

ناقَشَ ← المُناقَشة/النِقاش نادى ← المُناداة/النِداء صارَعَ ← المُصارَعة/الصِراع

---

[1]In contemporary usage, وزن فاعَلَ sometimes occurs with بعضهم البعض to indicate bidirectionality; this tends to occur especially when وزن تَفاعَلَ has developed an abstract meaning.

Complete the chart first, then the sentences. Note that تَفاعَلَ does not always take مع, especially if the context does not specify two reciprocal parties.

أكملوا الجدول ثم الجمل بالفعل من الوزن المناسب:

Intransitive/Reflexive		Transitive	
المعنى	الفعل	المعنى	الفعل
to deal with each other	مع		عامَلَ
	مع	to struggle (with someone)	صارَعَ
to discuss with each other (a topic)	مع (في)	to discuss (with someone) (a topic)	ناقَشَ
	مع	to fight (someone)	قاتَلَ

١ـ هذه المديرة تهتمّ بموظفيها و ———— هم باحترام.

٢ـ يجب أن نتعلّم كيف ———— مع بعضنا البعض إذا إردنا أن نتعايش بسلام.

٣ـ في أفلام «الكاوبوي» نرى الروّاد البيض ———— الهنود الحمر الأعداء ويقتلونهم.

٤ـ يدور الفيلم حول رجلين ———— على حبّ نفس المرأة .

٥ـ سـ ———— الرؤساء والملوك العرب في اجتماعهم القادم في قضية الإصلاح السياسي.

٦ـ سـ ———— مجلس الوزراء عدداً من المشروعات الزراعية الجديدة.

٧ـ ———— الشعوب الأوروبية وقامت بينها حروب استمرّت قروناً طويلة.

٨ـ هم أعداؤنا ويحتلّون بلدنا ولكننا سـ ———— هم بالطرق السلمية.

تمرين ٤ **اختاروا الكلمة المناسبة : (في البيت)**

١ـ أُسِّست ———— «الصليب الأحمر» في لبنان في الأربعينات من القرن العشرين وكان الهدف من تأسيسها تقديم المساعدات الطبية والانسانية .

أ. قوميّة ب. جمعية جـ . مهمّة د. محطّة

٢- «حول العالم» برنامج تليفزيوني اخباري يتناول أهم ______ العالمية التي وقعت خلال الاسبوع .

أ. النشاطات   ب. المطالب   جـ . المراحل   د.الأحداث

٣- في سنة ١٧٩٣ ______ الشعب الفرنسي على الملك لويس السادس عشر وقتله هو وزوجته ماري انطوانيت .

أ. نادى   ب. مضى   جـ . حرَّم   د. ثار

٤- فقدت احترامي له لأني اكتشفت أنه إنسان ______ .

أ. جاهل   ب.مدهش   جـ . مثقّف   د. متواضع

٥- اليهودية والاسلام ______ أكل لحم الخِنزير *pork* .

أ. ينظّمان   ب. يقترحان   جـ . يؤيّدان   د. يحرّمان

٦- نتمنى أن تساعد هذه المشاريع على ______ مستوى الخدمات السياحية في البلاد.

أ. انتاج   ب. رفع   جـ . توزيع   د. تحقيق

٧- صحيح اني بحثت هذا الموضوع معها مرات عديدة ولكن لا يبدو لي انها ______ بكلامي حتى الآن .

أ. اتصّلت   ب. دُهشت   جـ . اقتنعت   د. طالبت

٨- عفواً ! لا أستطيع أن أسمعك . هل يمكنك أن ترفع ______ قليلاً؟

أ. صوتك   ب. وجهك   جـ . جنسك   د. ضجّتك

٩- قرّر عمّال الشركة تأسيس ______ يحفظ حقوقهم ويعبّر عن وجهة نظرهم.

أ. منصب   ب. نظام   جـ . اِتّحاد   د. مجال

١٠- عندما بلغني خبر وفاة عمّتي شعرت بـ ______ شديد .

أ. تمرّد   ب. حزن   جـ . عنف   د. إعجاب

١١- ______ القرآن ، في نظر معظم العرب ، أعلى مستوى فنّي وجمالي للغتهم.

أ. يوافق   ب. يتبرّك   جـ . يمتع   د. يمثّل

١٢- ______ الشعب الليبي سنوات طويلة ضد الاحتلال الإيطالي.

أ. وافق   ب. هاجم   جـ . اقتنع   د. جاهد

١٣- استمر الرئيس الامريكي روزفلت في الحكم سنوات عديدة بفضل التأييد الشعبي ______ له .

أ. الشديد　　ب. الذاتي　　جـ . التقليدي　　د. العنيف

١٤- من ______ المتّبعة في عيد الفصح في لبنان أن يذهب الناس للصلاة في الكنائس في الساعة الخامسة صباحاً .

أ. التقاليد　　ب. المواقف　　جـ . المظاهر　　د. الحركات

تمرين ٥　**ما معنى هذا؟ (في البيت)**

أ ــ اكتبوا كلمة بمعنى مماثل:

١- غرفة واسعة كبيرة ≈ ______

٢- كافحوا ضدّ أعدائهم ≈ ______

٣- لم آكل إلاّ حلويات ≈ ______

٤- تمرّدت على أهلها ≈ ______

٥- تهتمّ بطرق التدريس ≈ ______

٦- دعا الى الحوار ≈ ______

٧- هذه فكرة عظيمة ≈ ______

٨- شابة مثقفة ≈ ______

ب ــ اكتبوا العَكس من :

٩- تزوّجت قبل عامين ≠ ______

١٠- رفضوا اقتراحاتي ≠ ______

١١- العلم والمعرفة ≠ ______

١٢- أشعر بسعادة ≠ ______

١٣- أنا مع هذا الرأي ≠ ______

١٤- مشروع صغير جداً ≠ ______

١٥- تفكير عصري ومتطور ≠ ______

١٦- أيّدت الفكرة ≠ ______

تمرين ٦　**مفردات جديدة وقواعد قديمة (في مجموعات داخل الصف)**

بعد أن تكتبوا معنى الكلمة أو العبارة بالعربية، اسألوا بعضكم البعض سؤالاً بها:

Remember that you need to think about **context** in order to decide on the correct form of the word, so formulate the words and your questions at the same time:

1. do you agree that . . . (use اسم فاعل)
2. your teacher's suggestions
3. lack of equality
4. opposing points of view (think about الوزن)
5. unconvincing positions (use a transitive وزن)
6. Kurdish rebels
7. unheard voices
8. divorced parents
9. equal rights (= equality in rights)
10. treated well

تمرين ٧ **للمناقشة مع الزملاء (في الصف)**

١- في أي مجال تنوون أن تعملوا بعد التخرج؟ ما هي المجالات التي لا ترغبون في العمل فيها؟

٢- هل حدث أو سمعتم عن شيء دُهشتم بسببه؟ ماذا حدث؟ لماذا دهشتم؟

٣- ما هي المواقف السياسية التي تؤيّدونها والتي تعارضونها؟

٤- هل أنتم أعضاء في أي جمعية؟ لِمَ/لم لا؟

٥- ما هي اقتراحاتكم لشخص يشعر بعدم الرغبة في النوم؟

٦- أي نوع من الشِّعر تحبون؟ من هو شاعركم المفضّل؟ لماذا؟

٧- هل حضرتم أو قدّمتم بحثاً في مؤتمر أكاديمي؟ أين ومتى كان ذلك؟

٨- ما هي أكبر صدمة واجهتموها في حياتكم؟

٩- ما هي الأشياء التي ترغبون أن تطالبوا بها حكومتكم؟

تمرين ٨ **"إلاّ" و"سِوى" (في البيت أو في الصف)**

The particles of exception إلاّ and سِوى are often used in Arabic with a negative to give the kind of emphasis that is conveyed with English *only*:

أمثلة: لم أسمع إلا أصوات الأولاد. — *I heard only the voices of the children.*

هذا لا يمثّل سِوى وجهة نظرها. — *This only represents her point of view.*

ليس هذا المجلس سِوى لُعبة في يد الرئيس. — *This parliament is only a toy in the hands of the president.*

This construction is considered to be good literary style in Arabic.

أكملوا الجمل مستخدمين إلاّ أو سوى كما في الأمثلة:

١- لم يوجد في البيت ____________________

٢- لن أعارض ____________________

٣- ليس هذا الاقتراح ____________________

٤- لا نطالب ____________________

٥- لم تعالج ____________________

٦- ليست هذه التعديلات ____________________

٧- لا أحبّ ____________________

تمرين ٩ **مناقشة حركات حقوق الإنسان (في البيت وفي الصف)**

في البيت: ما هي أهم حركة عملت أو تعمل لحقوق الإنسان في رأيكم ولماذا؟ حضروا تقديماً قصيراً عنها مستخدمين المفردات الجديدة.

في الصف: قدّموا أفكاركم لبعضكم البعض في مجموعات صغيرة.

مفردات وعبارات: كافح ضدّ / لِـ - جمعية - منظّمة - الوعي بـ - أنشطة - صوت يسمع - يرفع - يعارض - مواطنون - موقف من - جنس - فعّال - يعامل - يمثّل - أهمّية - يطالب بـ - عدم وجود

تمرين ١٠ **أكملوا الجمل بكلمات مناسبة من المفردات الجديدة: (في البيت)**

١- انشغل ــــــــ العرب في عصر النهضة بعدة قضايا أهمُّها الإصلاح الاجتماعي والعلاقة بين الشرق والغرب .

٢- سيشارك في هذا ــــــــ عدد من الباحثين الذين سيناقشون مشكلات التعليم في المناطق الريفيّة .

٣- على الرغم من الضجة الكبيرة التي أثارها قانون الايجارات الجديد بين الناس فإن الحكومة ما زالت ترفض ــــــــ ـهُ .

٤- مشكلة التطوّر الاقتصادي في السعودية هي انّه لم يحدث ــــــــ ولكنه حدث مرّة واحدة وفي مدة قصيرة من الزمن .

٥- تمَّ ــــــــ قناة السويس في عام ١٨٦٧ في احتفال ضخم جداً شاركت فيه وفود من عدة بلدان أوروبية.

٦- لم يكن وقت الامتحان كافياً ولذلك لم اكتب ــــــــ سؤالين فقط من الاسئلة الخمسة المطلوبة .

٧- عندما بلغني قرار فصلي من الشركة ــــــــ كثيراً لان كل مديريّ كانوا دائمًا يعبرون عن إعجابهم بعملي .

٨- فكرة ــــــــ العربية تقوم على أنّ العرب كلهم أمّة واحدة يشترك افرادها في نفس اللغة والتاريخ والثقافة .

٩- ــــــــ الملك الأردني في حديث خاص لمحطة «سي. إن. إن» أن موقف بلاده من السلام مع اسرائيل لم ولن يتغيّر .

١٠- لمّا ضربته السيارة وقع على الأرض وفَقَدَ ______ .

١١- استخدمت طبيبتي طريقة جديدة للعلاج ولكنها لم تكن ______ جداً .

١٢- في المجتمعات الديمقراطية، التّصويت *voting* حقّ لكل ______ .

١٣- وفاة الرئيس جمال عبد الناصر عام ١٩٧٠ كانت _____ شديدة للشعوب العربية.

عبارات جديدة DVD

أ ـ انتَهَز الفرصة لـ . . . to seize the opportunity to

- **سأَنتهز فرصة** وجودي في بيروت **لشراء** بعض المراجع التي احتاج اليها.
- نتمنى ان **تنتهز** دول الشرق الاوسط **الفرصة لتحقيق** سلام كامل في المنطقة.

ب ـ خصوصًا وأنّ . . . especially since

- غضبت كثيرًا من تصرّفه **خصوصًا وأنّها** لم تكن المرة الاولى التي يعاملني فيها بهذا الشكل.
- دُهشت عندما رأيت جارنا يقطع الشجرة الكبيرة في حديقتهم **خصوصًا وانّه** اقترح عليّ عدة مرات ان ازرع واحدة مثلها في حديقتنا .

جـ ـ لا/لم/ليس . . . فَحَسْب (فقط) بَل . . . أيضًا (كذلك) not only . . . , but also . . .

- . . . وهذه التغيّرات الاجتماعية **لم** تحدث في المجتمعات المدنية **فحسب بل** امتدت **كذلك** الى المجتمعات الريفية بشكل تدريجّي .
- يعتبر الشاعر أدونيس من أبرز المثقفين العرب المعاصرين **لا** بفضل أعماله الشعرية **فحسب بل** بفضل دراساته الفكرية والنقدية **أيضًا** .

د ـ مجرَّد (+ اسم في إضافة) mere, merely

- هذا **مجرد** اقتراح ! أرجو ألا تتسرّعوا وترفضوه على الفور .
- هذه الهدية المتواضعة هي **مجرّد** تعبير بَسيط *simple* عن إعجابي بعملك .

هـ ـ وإنْ (كان) . . . even if, even though

- ارجوكم ان تتصّلوا بي فور وصولكم **وإن كانت** الساعة متأخرة .
- سأستمرّ في مهاجمة الحكومة وسياساتها **وإن كان** في ذلك خطر على حياتي .

تمرين ١١ العبارات الجديدة (في البيت)

(أ) ترجموا جمل العبارات الجديدة الى اللغة الإنجليزية .

(ب) اكتبوا كل مجموعة من المفردات والعبارات الجديدة في فقرة:

١ـ اقترح أنْ ، اقتنع بـ ، أنشطة ، فعّال ، انتهز الفرصة لـ

٢ـ التعليم ، مجال ، الجهل ، كافح ، وإن

٣ـ مطالب ، ضدّ ، وافق على ، موقف ، خصوصاً وأنّ

٤ـ صدمة ، حزن ، مثّل ، شديد ، مجرّد

٥ـ ثار على ، تقليد/يّ ، المساواة ، طالب بـ ، لا/ليس . . . فحسب بل . . . أيضاً

تمرين ١٢ نشاط محادثة (في الصف)

ما هو موقف الدين من المرأة؟ ناقشوا آراء الأديان المختلفة — الإسلام والمسيحية واليهودية وأي أديان أخرى تعرفون عنها — في حقوق المرأة وواجباتها ومكانتها في المجتمع. وتذكروا أن تستخدموا المفردات والعبارات الجديدة.

تمرين ١٣ لا أوافق! (في مجموعات داخل الصف)

هل توافقون؟ Read the following statements to see if you agree with them or not. If not, negate the part of the sentence that is problematic. Use a variety of negating particles:

لا — لم — لن — ليس — عدم (+ مصدر) — غير (+ صفة/اسم)

١ـ شكل الناس ولونهم وجنسهم أشياء مهمة بالنسبة لي.

٢ـ أختلف معك لأني مقتنعة بوجهة نظرك .

٣ـ ستشارك الدكتورة في المؤتمر لأنه يعارض أهدافها ونشاطاتها.

٤ـ إذا أردت أن يحترمك الناس فيجب أن تعاملهم كما تعامل الاطفال.

٥ـ يحاول المواطن العادي أن يرفع صوته ضد الحكومة لأنه مشغول بمشاكله الشخصية.

٦ـ وافقت كل الولايات الأمريكية على التعديل الذي يساوي قانونياً بين الرجل والمرأة.

٧ـ أنتِ شابة مثقفة وواعية ومن الضروري أن تحاولي اتّباع والديك في كل شيء .

تمرين ١٤ **نشاط استماع** DVD

استمعوا الى النص على الـ DVD واكتبوا الكلمات في الفراغات:

المهاتما غاندي

واحد من ـــــ ـــــ ـــــ ـــــ وـــــ في العالم في القرن العشرين. ـــــ طوال حياته ـــــ ـــــ الهندي من ـــــ البريطاني وذلك ـــــ ـــــ ـــــ سياسة اللاعنف التي كان ـــــ بها. يحبّه الهنود كثيرًا وـــــ ـــــ دولة الهند ـــــ ـــــ وقد أطلقوا عليه ـــــ «مهاتما» الذي يعني «ـــــ العظيمة» .

ولد غاندي عام ـــــ في ولاية «غُجرات» في غرب الهند لعائلة هندوسيّة ، وكان والده ـــــ ـــــ ـــــ في تلك الولاية . ولما ـــــ السابعة عشرة من عمره ـــــ ـــــ عائلته الى لندن لدراسة ـــــ . وفي لندن تعرَّف غاندي على ـــــ ـــــ ـــــ ـــــ من ـــــ وـــــ مختلفة ـــــ ـــــ بفكرة ـــــ وتركوا أثرًا كبيرًا في ـــــ .

وفي سنة ـــــ سافر غاندي الى ـــــ افريقيا حيث كان ـــــ يعمل في التجارة . وكانت ـــــ في ـــــ افريقيا ـــــ التأثير في حياته ، إذ ـــــ ـــــ ـــــ على ـــــ ـــــ ـــــ التي كان يعيشها ـــــ ـــــ وـــــ ـــــ في جنوب افريقيا . وقد ـــــ غاندي خلال سنوات ـــــ في جنوب افريقيا ـــــ عدّة ـــــ ـــــ ـــــ ـــــ بين ـــــ وـــــ ـــــ ـــــ .

ولما رجع غاندي الى الهند سنة ـــــ بدأ ـــــ ـــــ ـــــ الوجود البريطاني في الهند، وقد ـــــ البريطانيون السجن *prison* ـــــ ـــــ بسبب ـــــ ـــــ ـــــ . وبدأ اسم غاندي ـــــ ـــــ في ـــــ ـــــ الهندية الى ان أصبح ـــــ ـــــ ـــــ ـــــ . وكان غاندي ـــــ في احاديثه وخطبه على ـــــ ـــــ ـــــ وعلى ـــــ ـــــ ـــــ ـــــ ـــــ الناس جميعًا. وفي سنة ـــــ حصلت الهند على ـــــ ـــــ ـــــ الى ـــــ هما الهند والباكستان، وتبع ذلك ـــــ ـــــ ـــــ بين المسلمين والهندوس. وقد رفض غاندي ـــــ ـــــ وعبّر عن ـــــ لفكرة الهند ـــــ التي يعيش فيها المسلمون والهندوس جنبًا الى جنب في ـــــ وـــــ . وفي ـــــ يناير ـــــ بدأ ـــــ بهدف وقف ـــــ بين الجانبين، وقد نجح في ـــــ ـــــ ـــــ ولكنه ـــــ بعد ايام قليلة ـــــ ـــــ واحد من المتطرفين الهندوس وـــــ العالم بذلك واحدًا من ـــــ ـــــ السّلام.

<table>
<tr><td>عن الإسلام والمرأة</td><td>**الثقافة** DVD</td></tr>
</table>

♦ قانون الأحوال الشخصية	♦ الحَريم
♦ شَيخ ج. شُيوخ – ج. مَشايخ	♦ الحِجاب – مُحَجَّبة
♦ تقسيم فلسطين	♦ النِقاب

تمرين ١٥ نشاط كتابة عن الثقافة

طُلب منك أن تقدّم/ي محاضرة عن المرأة والإسلام. استمع/ي الى الـثـقـافـة عـلـى الـ DVD واكتب/ي شَرحاً explanation بالانجليزية للمفردات المهـمـة يوضح للأمريكيين أو الغربيين الذين يجهلون الإسلام ما يجب أن يفهموه في هذا الموضوع.

تمرين ١٦ القراءة في البيت بدون القاموس DVD

Number the ten paragraphs in the text before you begin.

١- القراءة السريعة: Skim the text looking for the clues it provides to its organization.

٢- اكتبوا مُخطَّطاً outline للنص.

٣- ما هي الصدمة الكبيرة التي غيّرت حياة هدى شعراوي ؟

٤- ما هي قصة رفع الحجاب؟ كيف انتشر الخبر، وما كان رأي الناس في ذلك؟

٥- خمنوا معاني الكلمات التالية:

فقرة ١: نشّأتها (والدتها) على حب الفنون = _____ _____

تقدّم للزواج منها ابن عمتها = _____ _____

فقرة ٣: نائبة الرئيسة = _____ _____

ولبّت هدى شعراوي دعوة الاتحاد النسائي = _____ _____

فقرة ٤: الحجاب تقليد لا يستند الى قانون = _____ _____

فقرة ٥: ١٩٢٣ ... يعتبر بحَقّ عام النشاط النسائي الفعال = _____

فقرة ٦: ولكن معارضة المشايخ حالت دون تحقيق ذلك = _____ _____

فقرة ٨: تقابل فيه المثقفين من الكتّاب والشعراء والفَنّانين = _____ _____

وخرجت من هذا المأزق بأن سمّت النادي = _____ _____

فقرة ١٠: المشاكل التي تعوق تقدّم المرأة = _____ _____

هُدى شَعراوي
رائدة الحركة النسائية قبل الثورة

ولدت هدى شعـراوي في ٢٣ يونيـه ١٨٧٩ . والدها محـمد سلطان باشا رئيس أول مجلس نيابي في مصـر توفي وهدى في الخامـسة من عمـرها ، فرعتها والدتها ونشّأتها على حفظ القرآن الكريم ودراسة العلوم والرسم والموسيقى وحب الفنون ، وحرصت على تعليمها الفرنسية والتركية فكان لها من الثقافة ما لم يتح الا للقليلات من بنات جنسها في ذلك العصر الذي كان يحرم تعليم المرأة .

عندما بلغت هدى الثالثة عشرة من عمرها تقدم للزواج منها ابن عمتها علي شعراوي باشا ، ولم تعلم الصغيرة بهذا الزواج الا قبل حدوثه بنصف ساعة فتمردت ، ولكن الفتاة في هذا العصر كان صوتها غير مسموع وحدث الزواج ليكون الصدمة الأولى في حياة هدى شعراوي ، صدمة جعلتها تفكر في مشاكل المرأة.

وكان عام ١٩٢٣ بداية نشاط نسائي ضخم لهدى شعراوي، فقد أسست الاتحاد النسائي المصري يوم ١٦ مارس وكانت العضوات المؤسسات لهذا الاتحاد اثنتي عشرة سيدة فقط في مقدمتهن هدى شعراوي الرئيسة وشريفة رياض نائبة الرئيسة وسكرتيرتان هما احسان القوصي وسيزا نبراوي. ولبت هدى شعراوي دعوة الاتحاد النسائي الدولي وخرجت ثلاث سيدات لأول مرة يمثلن مصر في مؤتمر دولي في روما وهنّ هدى شعراوي ونبوية موسى وسيزا نبراوي. وعندما رأتهن وفود الدول المختلفة دهشن كيف يكون في مصر مثل هؤلاء السيدات المثقفات الواعيات، وكانت فكرتهن عن سيدات مصر أنهن من الحريم، لا عمل لهن سوى امتاع الرجل لا يعرفن شيئا من المشاكل والأحداث العامة.

وبعد هذا المؤتمر عاد الوفد النسائي المصري الى الاسكندرية ، وكان في انتظاره السيدة بثينة شعراوي هي وزوجها محمود سامي باشا . واقترحت سيزا نبراوي على هدى شعراوي أن تنتهز فرصة وصول الوفد الى القاهرة لرفع الحجاب فوافقتها هدى خصوصا وان زوج ابنتها محمود سامي باشا شجعها على ذلك واوضح لها أن الحجاب تقليد لا يستند الى قانون . وفي القطار من الاسكندرية الى القاهرة رفعت هدى شعراوي وسيزا

نبراوي الحجاب. وبمجرد وصولهما الى محطة القاهرة خرجتا من القطار سافرتي[1] الوجه ، وتبعتهما في ذلك السيدات المستقبلات. وصدرت الصحف في اليوم التالي بصورهن سافرات وثار كثير من الناس على ذلك ولكن كفاح هدى شعراوي جعل الآباء يقتنعون تدريجياً برفع الحجاب عن وجه المرأة المصرية .

ولم يكن عام ١٩٢٣ هو عام تحرير المرأة من الحجاب فحسب بل يعتبر بحق عام النشاط النسائي الفعال، فالحجاب قد يكون مجرد مظهر ولكن هدى شعراوي لم تكن تؤمن بالمظاهر بل رأت أن تحرر المرأة من الجهل لا يقل أهمية فطالبت بأن تتساوى المرأة والرجل في حق التعليم. ولم يوجد في ذلك الوقت مدرسة مصرية واحدة للبنات بعد المرحلة الابتدائية سوى المدرسة السَنِيّة وكانت خاصة بتخريج المدرسات. وفي عام ١٩٢٤ افتتحت أول مدرسة ثانوية للبنات وهي مدرسة شبرا الثانوية والتحقت بهذه المدرسة ٣٢ تلميذة للحصول على الثانوية العامة تمهيدا للالتحاق بالجامعة .

وفي عام ١٩٢٦ طالبت هدى شعراوي بتعديل قانون الأحوال الشخصية وكان أهم مطالبها تنظيم تعدد الزوجات والطلاق ولكن معارضة المشايخ حالت دون تحقيق ذلك .

وكان لهدى شعراوي مواقف هامة بالنسبة للقضية الفلسطينية، فقد طالبت بعدم هجرة اليهود الى فلسطين وطالبت العرب بألا يتركوا أراضيهم في فلسطين وأوضحت للعالم كله أن اليهود في مصر يعاملون كأخوة لهم نفس حقوق المواطنين ويعاملون بنفس المعاملة في كل المجالات.

لم تهتم هدى شعراوي بالنشاط السياسي فقط بل اهتمت بالمشاكل الاجتماعية والنشاط الثقافي فأرادت أولا أن ترفع المستوى الثقافي للمرأة ففكرت في انشاء نادٍ ثقافي للمرأة تجد فيه الكتب التي تحبها وتستمع فيه الى الموسيقى وتقابل فيه المثقفين من الكتاب والشعراء والفنانين. ولكن كيف يحدث هذا في الوقت الذي كانت فيه المرأة لا تخرج من البيت الا محجبة لزيارة أقاربها؟ وكيف تذهب الى النادي وإن كان ناديا ثقافيا؟ وخرجت من هذا المأزق بأن سمت النادي «جمعية الرقي الأدبي للسيدات» وخصص لها الملك فؤاد صالة في الجامعة المصرية تجتمع فيها النساء.

ومنذ أول برلمان مصري وهدى شعراوي تنادي بحقوق المرأة السياسية وبالقومية العربية وانتهى جهادها في هذا المجال بتأسيس الاتحاد النسائي العربي سنة ١٩٤٤ قبل اقامة الجامعة العربية نفسها.

وتوفيت هدى شعراوي عام ١٩٤٧ بعد خمسة عشر يوما من تقسيم فلسطين وكان حزنها شديدا . توفيت بعد كفاح طويل في السياسة ضد الانجليز وضد المشاكل التي تعوق تقدم المرأة المصرية.

من «هدى شعراوي: رائدة الحركة النسائية قبل الثورة»،
وزارة الشؤون الاجتماعية ، اللجنة القومية للمرأة ،
القاهرة ، بدون تاريخ.

---

[1] uncovered

تمرين ١٧ **القراءة في الصف**

اعملوا مع زميل/ة على هذه الأسئلة:

١- من أي طَبَقة *class* اجتماعية كانت هدى شعراوي وكيف نعرف ذلك ؟

٢- لماذا دهشت النساء الأوروبيات عندما رأين هدى شعراوي وزميلتيها ؟

٣- من وجهة نظركم، ما كان أهم نشاط قامت به هدى شعراوي ، ولماذا ؟

٤- من هو الشخص الذي لعب دوراً كبيرا في حياة هدى شعراوي؟ كيف كان ذلك؟

٥- لا يذكر النص شيئاً عن جزء كبير من حياة هدى شعراوي، أي جزء ؟ لماذا في رأيكم؟

تمرين ١٨ **دراسة القواعد والتراكيب في النص (في البيت)**

١- **فقرة ١:**

أ - والدها محمد سلطان باشا . . . توفي وهدى في الخامسة من عمرها.

What information does this phrase give? Explain الخامسة : why is it مؤنث ?

Write your age in this way: ______________________ أنا

ب - **ترجموا الى الانكليزية:** «فرعتها والدتها ونشأتها . . . الفرنسية والتركية»

You need to pay close attention to context here, including grammatical context, parallelism, and connectors. Use your dictionary only after you have understood sentence structure.

جـ - فكان لها من الثقافة ما لم يُتَح [من فعل «أتاح»] الا للقليلات من بنات جنسها .

In this phrase, من means *in the way of* and ما means *what*. Look up the verb, think about the context, and give a paraphrase (not a translation) of this sentence.

٢ - **فقرة ٤:** «خرجتا من القطار سافرتي الوجه»

What is the name of this construction? Explain the ي on سافرتي :

٣- **فقرة ٥:**

أ - رأت أنّ تحرر المرأة من الجهل لا يَقِلّ أهمية.

What does يقلّ mean? (Think of الجذر ; what related words do you know?) What is the grammatical role of the underlined word? Write الإعراب and read aloud.

ب - **ترجموا الى الانكليزية:** «التحقت بهذه المدرسة . . . تمهيداً للالتحاق بالجامعة.»

٤- **لم**

Compare the topic sentences of the two paragraphs that begins with لم . What construction do they share? What stylistic effect does this construction have on the text?

تمرين ١٩	دراسة القواعد والتراكيب في النص (في الصف)

١- فقرات ٢ و٣ و٤: اسم الفاعل واسم المفعول

Find all أسماء فاعل ومفعول in these paragraphs, vowel, read aloud, and paraphrase in Arabic.

٢- فـ

You know that فـ often introduces an explanation of or supporting facts for a topic statement. Skim the text to locate examples of فـ in this role. Where in the paragraph is this فـ located?

٣- فقرات ٣ و٥ و٧: قد

Find قد in these paragraphs. In which cases does قد emphasize that the action of the verb has taken place, and thus stress its importance? In which cases does قد mean *maybe, perhaps*? How can you tell?

٣- القراءة بالإعراب: اكتبوا الإعراب في فقرتيْ ٤ و٥ اقرأوا بصوت عالٍ لبعضكم البعض.

القواعد

★ الحال

The حال clause or جملة حال (literally, *state* or *circumstance*) is a construction that describes the state of the subject *while* she or he performs the action of the main verb, and often answers the question كيف؟ . الحال can convey several kinds of descriptions.

One kind of حال description is often expressed in English with participles (e.g., *sitting, running, sleeping*). Identify the participles in the following sentences:

(1) *The students came to class dragging their feet and complaining about the homework.*

(2) *I walked around the town searching for somewhere to eat.*

In the first sentence, *dragging their feet* and *complaining* answer the question: *How did the students come to class?* In the second, *searching* answers the question: *How did I walk around town?* These descriptions are expressed in Arabic using الحال .

Another kind of الحال describes the time or circumstances of the main verb (similar to English *while . . .* or *when . . .*), as in the following English examples:

(3) *I studied Latin while I was in high school.*

(4) *He left school when he was fourteen to go to work.*

Similarly, الحال can describe the state of the subject as she or he performs an action:

(5) *She marched into the office with a copy of the letter in her hand.*

(6) *He sat there with a look of incomprehension on his face.*

In English, this type of sentence may or may not contain a verb, and in fact is often expressed using *with*. Arabic, on the other hand, does not normally use *with*, but rather a جملة اسمية, as we shall see.

The Arabic concept of الحال encompasses all the kinds of sentences listed above, and includes three sentence structures:

(١) فعل مضارع

(٢) اسم فاعل أو اسم مفعول في المنصوب

(٣) جملة اسمية تبدأ بــ "و" + ضمير *pronoun*

You have already seen examples of each of these kinds of الحال:

(1) You have learned to use المضارع to express progressive or habitual actions in the past. In the Ibn Battuta text, المضارع was used to describe how he lived during his travels:

عاش . . . يرحل مع القوافل ويقيم في الزوايا ويزور اهل العلم . . .

All of the مضارع verbs in this sentence constitute جمل حال that describe the action of the main verb عاش. The next sentence describes the circumstances of Huda Shaarawi's trip to Rome with her colleagues:

خرجت ثلاث سيدات لأول مرة يمثلن مصر في مؤتمر دولي في روما.

Here too الفعل المضارع signals **concurrence** with the main verb (and not a present tense). Study these جمل حال marked in bold:

مشى المسحراتي في الشوارع ، ينادي على الناس بأسمائهم .

جلست بجانب التليفون تفكر في ما ستقوله له .

Remember: Verbs in الحال must be المضارع, even though they describe past actions.[1] In fact, the use of المضارع in a past narrative often signals الحال.

(2) You have seen sentences containing اسم فاعل with المنصوب ending, describing كيف؟ :

خرج ابن بطوطة من طنجة قاصدًا الحج .

يمشي الاستاذ في الحوش باحثاً عن تلميذه الوحيد .

---

[1]There exists a different kind of الحال that describes an action that *had already taken place* before the action of the main verb. This kind of الحال uses و + قد + الماضي to give the meaning *having done*:

مثال: انتهى الاجتماع وقد وافقت الإدارة على كل الاقتراحات. *The meeting ended with the administration having agreed to all the proposals.*

— ١٨٨ —

In the text of this chapter, you saw several examples with اسم فاعل or اسم مفعول :

خرجتا من القطار سافرتَيْ الوجه . صدرت الصحف بصورهن سافراتٍ.

المرأة لا تخرج من البيت إلا محجَّبةً لزيارة الأهل.

(3) A جملة اسمية that begins with و followed closely by a pronoun is often a حال . The pronoun can be a subject pronoun, such as هو , هي , or أنا , or it can be a possessive pronoun, such as (يد)ها or (معـ)ـه. Find the pronouns in these examples of الحال :

when I was =	تخرجت من الجامعة وأنا في الثانية والعشرين من عمري.
with his foreign wife =	عاد الى بلده ومعه زوجته الأجنبية.
with a gift for him in her hand =	انتظرته أمام المكتب وفي يدها هدية له.
while watching the news =	لبست ملابسي وأنا أشاهد الأخبار في التليفزيون.

It is possible, but rather uncommon, for a noun to be used instead of a pronoun. You saw an example of this in the text:

والدها .. توفي وهدى في الخامسة من عمرها

The و in these examples is called واو الحال , and the clause it heads is جملة حال . It is important to be able to distinguish between the meaning of و in الحال and its use as a conjunction (*and*). **The best clue to recognizing واو الحال is the pronoun that follows it.**

These three types of الحال can overlap in meaning. Study the following examples and note the different forms that convey similar meanings:

- ب -	- أ -
جاء إلى الصف يحمل كتبه.	جلست في غرفتي أفكر في مشكلتي .
= جاء إلى الصف وهو يحمل كتبه.	= جلست في غرفتي وأنا أفكر في مشكلتي.
= جاء إلى الصف حاملاً كتبه .	

The difference between the حال sentences with and without pronouns, as in أ , is one of style more than substance. The difference between الحال as المضارع and الحال as اسم الفاعل centers on the kind of action that the sentence expresses. Actions that involve a process, such as *reading, studying,* and *playing,* are described with المضارع . Thus, in الحال in (أ), the action of *thinking* is expressed in المضارع . States of being, such as *sleeping* and *wearing,* and states of motion, such as *walking* and *heading for,* are described with اسم الفاعل/المفعول. In (ب), the action of *carrying* is one of a relatively small group of verbs that can be described as either state or process, because it is a process that involves motion. The following chart provides a representative (not exhaustive) list of verbs according to whether they are state/motion or process, or can be either. It will take some time to develop a feel for these categories so that you know when to use اسم فاعل and when to use المضارع . For now, focus on recognizing the different types of الحال , and use the examples above as patterns for forming your own حال clauses.

Stative/Motion Verbs الحال = اسم فاعل/مفعول		Either State or Process الحال = المضارع أو اسم فاعل/مفعول		Process Verbs الحال = المضارع	
يجلس	يلبس	يقول	يحمل	يقرأ	يكتب
يدخل	يخرج	يواصل	يهتمّ بـ	يشرب	يدرس
يمشي	يذهب	يستخدم	ينتظر	يتكلّم	يناقش
يرجع	يعود	يتمرّد على	يهاجم	يقتل	يحصل على
ينام	يترك	يعارض	يؤيّد	ينظّم	يحتفل بـ
يشعر بـ	يرفع	يشارك	يوضح	يعالج	يتّصل بـ
يعتبر	يضطرّ الى	يبحث	يطالب بـ	ينتج	يقوم بـ
يُعجَب بـ	يستمتع بـ	يستمع الى	يدعو الى	يفقد	يتطوّر
يقتنع بـ	يؤمن بـ			يغيّر	يصلح

تمرين ٢٠ **معرفة الحال (في البيت)**

ابحثوا عن الحال في هذه الجمل وترجموها الى الانكليزية:

١- يا استاذ، جلست في الصف ويدي مرفوعة خمس دقائق، لماذا لم تسمح لي بالكلام؟

٢- جلست في المحطة تنتظر وصول القطار، متمنّية أن يكون ابنها فيه.

٣- تركت بيت أهلها وهي في السادسة عشرة من عمرها، باحثةً عن الشهرة في المدينة الكبيرة.

٤- واصل الامام محمد عبده نشاطه السياسي ضد الاحتلال الانجليزي وهو في فرنسا.

٥- كتبوا الى رئيس تحرير الصحيفة معبّرين عن رأيهم في المقالة .

٦- جلسوا يناقشون الموضوع حتى ساعة متأخرة من الليل.

تمرين ٢١ ترجمة من الانجليزية الى العربية (في البيت)

1. It was a formal (رَسمي) party, but they came wearing jeans!
2. She called the television station, demanding her right to be heard.
3. Your daughter sat reading a book for two hours!
4. She spent her life fighting against ignorance and inequality.
5. Talking on the phone while driving your car might be dangerous.

تمرين ٢٢ الحال (في البيت وفي الصف)

استخدموا الحال في وضع captions لصوركم وصور العائلة والأصدقاء وأحضروها الى الصف.

Bring as many pictures as you can and write captions for them using الحال .

أمثلة: هذه صورة لأمّي وهي في العاشرة من عمرها. -- هذا أخي وهو يحتفل بعيد ميلاده.

هذه صورة لكل أفراد أسرتي جالسين في حديقة بيت جدي وجدتي.

تمرين ٢٣ استخدام الحال في الوصف (في الصف)

يطلب من كل طالب أن يجلس في الصف بشكل مختلف، ويقوم الآخرون بوصفه مستخدمين الحال. ثم يقوم كل واحد بالخروج والدخول بطريقة خاصة، ويصف الآخرون كيف خرج وكيف دخل.

★ الاسم المنقوص

الاسم المَنقوص is a category of nouns and adjectives whose جذر ends with either و or ي , such as ع ل و in العالي or و ل ي in الوالي , and whose indefinite form ends in *tanwiin kasra*. You have learned several nouns of this type, and you know that they have two basic forms: a definite one ending in ي and an indefinite one in which the ي shortens to *tanwiin kasra*:

عالٍ (الـ)عالي ج. -ون   نادٍ / (الـ)نادي ج. نوادٍ / (الـ)نوادي

تالٍ / (الـ)تالي ج. -ون   والٍ / (الـ)والي ج. وُلاة

You have also learned to associate this ending with masculine singular اسم فاعل . **Remember that the feminine and plural forms of these words follow regular patterns:**

عالٍ ← عالية   تالٍ ← تالية

متساوٍ ← متساوية ← متساوون/ متساوين

Note that the plural forms do not take the ي because formal Arabic does not allow two long vowels in succession.

Our task here is to learn the case ending rules for the masculine singular forms of these words. Study the following examples and identify the case and definite/indefinite status of the word نادٍ/النادي in its various forms:

١ــ هذا نادٍ معروف.
٢ــ كان ناديًا معروفا.
٣ــ نادي الزمالك من أشهر النوادي المصرية.
٤ــ نحن غير مشتركين في هذا النادي .

You can see in these examples that the indefinite ending is usually *tanwiin kasra* ending while the definite ending is ي . The one exception to this pattern is the indefinite منصوب ending that you see in (٢) above. In المنصوب , these words take the ending ياً :

أمثلة: المطعم كان غالياً! - عُيّن محمد علي والياً على مصر. - رأينا جبلاً عالياً جداً.

This chart summarizes the rules for الاسم المنقوص:

الاسم المنقوص في المفرد			
المجرور	**المنصوب**	**المرفوع**	
ماضٍ	ماضيًا	ماضٍ	Indefinite
(الـ)ماضي	(الـ)ماضيَ	(الـ)ماضي	Definite

Remember: المنصوب case ending is the only one that appears on these words.

A few broken plurals also belong to this category, among them أراضٍ , أهالٍ , and نوادٍ . However, as broken plurals, they belong to the category ممنوع من الصرف (see Lesson 4) and do not take *tanwiin fatHa* when they are indefinite. Thus, the indefinite form of these words takes only a single *fatHa* in المنصوب :

وزّعت الحكومة أراضيَ على المزارعين.   أنشأوا نواديَ جديدةً .

This chart summarizes the endings for plural أسماء منقوصة :

الاسم المنقوص في الجمع			
المجرور	**المنصوب**	**المرفوع**	
نَوادٍ	نَواديَ	نَوادٍ	Indefinite
(الـ)نَوادي	(الـ)نَواديَ	(الـ)نَوادي	Definite

Learn to produce the singular forms and recognize the plural forms.

تمرين ٢٤ استخدام الاسم المنقوص (في البيت)

اكتبوا الكلمة في الشكل المناسب:

١- كانت أول امرأة تحصل على منصب ـــــــ في وزارة الخارجية. (عالٍ)

٢- في القرن التاسع عشر، كان يحكم بيروت ـــــــ تابع للدولة العثمانية. (والٍ)

٣- سأدرس في تونس العام القادم ، ثم سأقضي السنة ـــــــ في المغرب. (تالٍ)

٤- بدأ يغيب عن العمل كثيرا في الأيام ـــــــ . (ماضٍ)

٥- بدأت ـــــــ الفيديو تنتشر في الشرق الاوسط في السنوات الاخيرة. (نوادٍ)

٦- لا يوجد عدد ـــــــ من المقاعد في هذه الصالة . (كافٍ)

٧- شعرت بالغضب عندما رأيت صاحبي ـــــــ مع صديقتي. (ماشٍ)

٨- خرج كل ـــــــ البلدة لاستقبال الشيخ عند عودته من الحج . (أهالٍ)

٩- بدأ الناس يتركون ـــــــ الزراعية ويسافرون للعمل في الخليج *Gulf*. (أراضٍ)

١٠- الفستان ـــــــ جداً ولن أستطيع شراءه. (غالٍ)

تمرين ٢٥ اسألوا زملاءكم: الاسم المنقوص (في الصف)

١- في أي نوادٍ يشتركون؟

٢- هل يظنون أن الناس متساوون في الحقيقة؟

٣- ما هي الأشياء التي يجدونها غالية جدا؟

٤- لماذا يحبّون أو لا يحبّون الأماكن العالية؟ الأصوات العالية؟

٥- ما هي الأشياء التي يعتبرونها غير كافية في حياتهم أو في الدنيا؟

٦- مَن يعتبرون إنساناً واعياً/إنسانة واعية ولماذا؟

★ المِثال: الفعل الذي يبدأ جذره بـ«و»

By now you have learned a number of verbs and derived forms (اسم فاعل ومفعول) whose جذر begins with و , including:

وزن فَعَلَ: وصل، يَصِل ؛ وَعى، يَعي

وزن فَعَّلَ: وزّع، يُوَزِّع ؛ موظَّف

وزن فاعَلَ: وافق ؛ يُواصِل ؛ مواطِن

وزن أفعَلَ: أوضَحَ، يوضِح ؛ أوفَدَ، يوفِد

وزن تَفَعَّلَ: تُوُفِّيَ ؛ يَتَولّى ؛ توقّف عن

وزن تَفاعَلَ: متواضِع

وزن اِفتَعَلَ: اتَّصَلَ بـ ؛ يَتَّسِع ؛ مُتَّحِدة

Our goal here is to formalize your knowledge of these verbs.

Most أوزان of verbs whose جذر begins with و behave just like regular verbs because و functions as a consonant in most cases. Only in three cases does initial و behave differently than a regular consonant:

(1) All verbs of وزن فَعَلَ whose جذر begins with و drop this و in المضارع :

(وَجَبَ) ← يَجِب   وَقَعَ ← يَقَع   وَعى ← يَعي

وَضَعَ ← يَضَع   وَجَدَ ← يَجِد   وَصَلَ ← يَصِل

Remember that المبني للمجهول of these verbs retains the و :

وُجِدَ ← يُوجَد   وُلِدَ ← يُولَد   وُضِعَ ← يُوضَع

(2) In وزن أفعَلَ , the و remains a consonant in الماضي but becomes a vowel in المضارع and المصدر :

أوضَحَ ← يُوضِح ، الإيضاح   أوفَدَ ← يُوفِد ، الإيفاد

(3) In وزن افتَعَلَ , the و is assimilated into the ت of the وزن and the ت takes a *shadda.*[1] You have learned three verbs of this type:

و-س-ع: اِتَّسع ، يَتَّسِع ، الاتِّساع   و-ص-ل: اِتَّصل ، يَتَّصِل بـ ، الاتِّصال

It is helpful to keep in mind, when you come across new verbs in المضارع of وزن فَعَلَ or وزن افتَعَلَ whose جذر seems to have only two consonants or ت followed by two consonants, that the first consonant of that جذر could be و . In addition, keeping track of the جذور you know that begin with و will help you anticipate the forms that are harder to recognize.

---

[1]Formal Arabic does not allow the combination اوْ (*eew!*), so the و merges with the ت , which then doubles to تّ :

اِتَّحَدَ: (وزن) اِفتَعَلَ + (جذر) و - ح - د ← اوْتَحَدَ ← وْ + تَ ← تَّ ← اتَّحَدَ

تمرين ٢٦ الفعل المثال (في البيت)

خمنوا الجذر والوزن والمعنى للأفعال التالية :

١- يَتَّضِح من هذه الدراسة أن الرواية العربية تطورت كثيراً في السبعينات.

٢- تَتَّصِف مدينة باريس بمقاهيها ومتاحفها المشهورة.

٣- هل تَسَع سيارتك خمسة أشخاص؟

٤- اتّفقت الدولتان على إقامة علاقات دبلوماسية بينهما.

٥- من الضروري إيقافه عن الحركة!

تمرين ٢٧ الفعل المثال (في الصف)

أ ـ أكملوا الأسئلة التالية مستخدمين الشكل الصحيح للفعل.

ب ـ اسألوا زملاءكم هذه الأسئلة وأخبرونا بما قالوه.

١- هل تُوفّي جدكم أو جدتكم قبل أن ______ ؟ (ولد)

٢- هل ______ كم رسائل من أصدقاء قدماء باستمرار؟ (وصل)

٣- من هو/هي آخر شخص ______ به ؟ (اتّصل)

٤- أين تقترحون أن ______ المشروبات والمأكولات التي حضّرناها للحفلة؟ (وضع)

٥- أين ______ أقرب حديقة جميلة الى مكان سكنكم؟ (وقع)

٦- هل تظنون أنه ______ شعور بالقومية بين العرب؟ (وجد)

٧- هل ترون أن المواطنين في هذا البلد ______ حقوقهم وواجباتهم؟ (وعى)

تمرين ٢٨ نشاط قراءة

لاحظوا هذه الكلمات ثم اقرأوا النص وأجيبوا عن الأسئلة :

مُسْتَشْفى ج. مُستَشفَيات	hospital
شَقيقة	= أخت
طُموح	ambition
تَحَدٍّ ج. تحدّيات	challenge

أ ـ القراءة في البيت بدون القاموس

١ـ القراءة السريعة:

Skim the text to mentally map out the range of topics by looking at the beginning of each paragraph to identify its main topic, and by searching for words you know.

٢ـ **بعد القراءة الثانية:** يتناول هذا النصّ جوانب من حياة أنس باز ويحدّثنا عن

أ . ________________ د . ________________

ب . ________________ هـ . ________________

جـ . ________________ و . ________________

٢ـ من هو زوج الدكتورة أنس؟ ما عمله؟ ما الدور الذي لعبه في حياتها؟

٣ـ اذكروا ثلاثة من النشاطات غير الطبّية التي قامت بها.

ب ـ القراءة في الصف

١ـ ما الذي جعل أنس باز تقرّر دراسة الطب ؟

٢ـ كيف نعرف أنها نجحت في عملها؟

٣ـ ما هي «الفرصة» التي انتهزتها أنس باز لتحقيق حلمها؟

٤ـ اقرأوا الفقرات التي فيها كلمات تحتها خط مرة ثانية وحاولوا أن تفهموا أكثر وأن تخمّنوا معاني كلمات أكثر معاً.

أنس باز

«طوباكِ! لأنكِ فتحت باب التعليم أمام بنات بلادي»

أنس بركات . مولودة سنة ١٨٧٤ . أي في الربع الأخير من القرن التاسع عشر ، من عائلة لبنانية راقية ، هيأت الفرصة لفتياتها كي يتابعن دراستهن الثانوية - ثم العالية .

أنس (ربما اختصار للاسم الروسي انستازيا) طالبة في مدرسة الإنكليز في بيروت . مجتهدة ، وصاحبة طموح لا يعرف حدًا . صديقاتها في المدرسة ، باقة من الصبايا الخجولات . و«علياء» الصديقة المفضلة بينهن .

ذات يوم ، تلاحظ أنس شحوبًا يعلو وجه علياء ، وحزنًا يزنر عينيها . تقترب منها مستفهمة :

- ما بك ، يا صديقتي ؟

ترد الفتاة بأسى :

- أمي مريضة .

- احضروا لها الطبيب .
- الطبيب ؟ . . . وهي امرأة ؟ . . .
- إذن استدعوا طبيبة .
- وتحسبين أن عندنا طبيبات ؟
تلك الليلة لم تنم الفتاة . قضت ساعات تتساءل :
- لماذا لا يكون عندنا طبيبات ؟
ولكن الفرصة غير مهيأة للمرأة . والجامعة التي تدرّس الطب ، في بيروت ، تستثني الفتيات . الاختلاط بين الجنسين ممنوع . . . وكيف السبيل إلى تحقيق الطموح؟

خط قدرها يجيب عن السؤال . ها نحن في العام ١٩٠١ . وأنس في السابعة والعشرين من عمرها . شقيقتها (مرتا) تتسلم رسالة من زوجها (قسطنطين مكنا) المغترب في أميركا ، يستدعيها للذهاب إليه . وتنتهز أنس الفرصة فتسافر ، برفقة شقيقتها ، لتتابع دراستها العليا في الخارج .

فور وصولها ، قبلت في جامعة ديترويت - ميشيغن - وفي كلية الطبّ بالذات . أربع سنوات ، قضتها الصبية ، في دراسة الطب ، مركزة على الطب النسائي . فقد حصلت على منحة ، نظرًا لتفوقها ، كما كانت مندوبة صفها إلى المؤتمرات الطلابية . . .

وشاءت أن تتفرد في دراستها ، فتخصصت إلى جانب الطب النسائي ، بمعالجة الأمراض المزمنة . وقبل أن تعود إلى لبنان، عام ١٩٠٧ ، عملت ، مدة سنة في عدة مستشفيات من نيويورك إلى فيلادلفيا ، واكتسبت خبرة هامة ، نقلتها لتخدم بها أبناء وطنها .

ولم يكن صعبًا عليها أن تبدأ ممارسة الطب ، نظرًا لحاجة المجتمع القصوى إلى وجود طبيبة-انثى . وقد تسلمت إدارة مستشفى القديس جاورجيوس طيلة أربع سنوات ، كما أنشأت عيادة خاصة بها .

ذاعت شهرة الطبيبة ، وانتشر نشاطها بين مصر وسوريا والعراق . كذلك اهتمت بالنشاطات الثقافية والاجتماعية ، واشتركت في عدة جمعيات نذكر منها : «جمعية الأطباء والصيادلة» ، «الطبيبة اللبنانية» ، «نقابة أطباء لبنان» و «جمعية مقاومة السل» . وكانت عضوًا في كل من «المجمع العلمي السوري» ، «الهلال الأحمر» و«الأكاديمية الدولية» في سان لان . وهي صاحبة فكرة إنشاء «جمعية الصدق» التي نشرت فروعها في معاهد الفتيات ، لتحث الفتاة على الأمانة وعدم الخوف من مواجهة المواقف الصعبة .

وكان للدكتورة أنس ، اهتمام خاص بمدارس البنات ، جسدتها بتقديم جائزة لكل من مدرسة «نور الحياة» و «مدرسة الروم» و«الثلاثة أقمار» في بيروت ، ومدرسة «الصراط» في عاليه .

ولم تكن تتردد ، في يوم ، عن تلبية دعوات الأندية والجمعيات ، إلى إلقاء المحاضرات ، وتوعية الجمهور، صحيًا وثقافيًا .

وصدف ، اثر عودتها من أميركا ، أن دعيت إلى إلقاء محاضرة في حفلة اقامتها جمعية «شمس البر» وكان الخطيب الآخر في الحفلة الأديب جرجي نقولا باز .

وبعد انتهاء الحفلة ، تقدم الخطيب يهنئ الدكتورة على شجاعتها . وبعد هذا اللقاء ، صار الصحافي ، والأديب ، جرجي ، ينتهز الفرص للاتصال بالطبيبة ، يطلب مساعدتها ، في أمور تتعلق بجمعية «مقاومة السل» التي يرعاها . وتطورت الصداقة ، حتى انتهت بخطبة ، فزواج سنة ١٩١٥ .

كان لقاء هذين الزوجين مثمرًا من عدة وجوه : فالطبيبة تابعت نشاطها العلمي والاجتماعي ، بتشجيع من زوجها الذي نال عن حق لقب "نصير المرأة". وكانت ثمرة هذا الزواج ولدين هما : اسكندر ونقولا باز.

في العام ١٩٢٣ قامت الطبيبة ، والأم والزوجة ، برحلة دراسية إلى فرنسا ، استغرقت سنة كاملة ، قضتها في متابعة تخصصها في الجراحة النسائية ، وذلك في مستشفى «بروكا» . وكان زملاؤها أطباء من دول أوروبا وآسيا وأميركا اللاتينية ، بينما هي المرأة الوحيدة بينهم .

ولم تتوقف عناية الدكتورة أنس ، على جسم المرأة ، بل كان لها اهتمام بنفسيتها . وتعود جذور هذا الاهتمام إلى سنواتها الدراسية ، إذ أولت دراسة الحالات النفسية لدى المرأة والطفل ، عناية خاصة .

واننا نقدر أهمية الخطوة التي قامت بها هذه المرأة الشجاعة ، حين نعود ، بالذاكرة ، إلى مطلع القرن ، ونتذكر كم أن الأبواب كانت موصدة في وجه المرأة ، مما دفع الرائدات إلى التحدي ، كما دفع الأدباء الواعين إلى دعم هذا التحدي والوقوف في صف المرأة والانتصار لقضاياها .

من كتاب «نساء رائدات : من الشرق ومن الغرب»، لإملي نصر الله
الجزء الأول ، ص. ١٦٣ - ١٦٩ ، مؤسسة نوفل، بيروت ، لبنان، ١٩٨٦.

تمرين ٢٩ نشاط استماع (في البيت) DVD

من محاضرة "المرأة والحجاب في المجتمع العربي" للدكتورة هناء الكيلاني، معهد اللغة العربية بكلية ميدلبري ، ١٩٩٤ مع الشكر الجزيل.

أ ـ مشاهدة محاضرة الدكتورة هناء الكيلاني (في البيت)

شاهدوا الفيديو وأجيبوا:

١ـ تذكر د. هناء الكيلاني ٣ أنواع من الحجاب الاسلامي، اكتبوا اسم كل نوع ووصفاً له.

٢ـ تتحدث المحاضِرة عن أربعة أسباب تجعل المرأة المسلمة تلبس الحجاب، ما هي؟

٣ـ لماذا ذكرت د. الكيلاني الطهطاوي وقاسم أمين والزهاوي في كلامها؟

٤ـ ما هي وجهة نظر د. الكيلاني في علاقة الحجاب بالدين؟ هل هو «إسلامي» فقط؟ كيف ذلك؟

٥ـ ماذا فهمتم عن الاختلاف بين «الحجاب التركي» و«الحجاب الإسلامي»؟

٦ـ ما هي الكلمة التي استخدمتها المحاضرة بمعنى «امرأة كبيرة في العمر»؟ ماذا قالت عن هذه المرأة؟

٧ـ اكتبوا الكلمات التي تسمعونها في بداية المحاضرة:

من 00:10 الى 00:31: «**يسعدني** ______ **لظاهرة** ______

______ **لإغناء الموضوع،** ______ **وحادّة سواء** ______

______ **الأخرى**».

تمرين ٣٠ **نشاط استماع (في البيت وفي الصف)** DVD

من محاضرة "المرأة والحجاب في المجتمع العربي" للدكتورة زينب طه، معهد اللغة العربية بكلية ميدلبري، ١٩٩٤ مع الشكر الجزيل.

أ ــ استمعوا في البيت:

١ـ اكتبوا outline للأفكار التي قدّمتها لنا استعداداً للمناقشة في الصف:

٢ـ من وجهة نظر الدكتورة طه، من هي المرأة غير المحجبة في مصر؟

٣ـ ماذا ذكرت المحاضرة بالنسبة لموضوع «زينة المرأة»؟

ب ــ في الصف

١ـ ذكرت د. طه في كلامها الأفلام التليفزيونية والسينمائية، من أي زمن؟ لماذا؟ ما علاقة السينما بموضوع حديثها؟

٢ـ تقدّم لنا المحاضرة ٣ أنواع من ملابس المرأة، ما هي؟

٣ـ تناقش د. طه نوعين من الضَغط *pressure*، المباشر *direct* وغير المباشر. من يواجه هذا الضغط وما هي مظاهر كل نوع؟

جـ ــ الاستماع الدقيق (في البيت أو في المعمل)

اكتبوا الكلمات التي تسمعونها:

١ـ من 1:46 إلى 2:14 «المرأة ________ على مدى ________ .

________ للفلاحة *peasant* في الدلتا أو في قرى مصر والصعيدية ________

________ المرأة.»

٢ـ من 4:58 إلى 5:24 «أمام ________ لظاهرة ________ ________ تحديات ________ تواجه

________ . ________

________ «اشرحي لنا! ________ ؟»»

٣ـ من 6:24 إلى 6:34 «ولذلك ________ المظهر.»

٤ـ من 9:41 إلى 9:57 «نحن ________

________ . ________ تواجه ________ العالم.»

تمرين للمراجعة

تمرين ٣١ **مراجعة إعراب الممنوع من الصرف**

You have learned several types of nouns of the category الممنوع من الصرف , nouns that take special case endings when they are indefinite. Broken plurals with three or more syllables, including broken plurals that end in ـِـ , and adjectives of the « أفعل » pattern, including أفعل and فَعلاء color patterns, all take these endings. Vowel the following sentences for practice:

١- احتلت ديزي الامير عدة مناصب حكومية ساعدتها على التعرف على أدباء آخرين.

٢- لعلكم تقرأون أسرع مني ولكن هل تفهمون أكثر؟

٣- كل الناس سواء كانوا أغنياء أو فقراء يستعدون للاحتفال بالعيد.

٤- ستوزع جوائز على جميع التلاميذ الذين اشتركوا في مشروع تزيين المدرسة.

٥- صديقي سامي أسمر وصديقتي إيمان شقراء .

٦- اكتشفت الدكتورة حقائق طبية مهمة لم تذكر في أي مراجع حتى الآن.

٧- يتّبع الناس تقاليد يظنون انها إسلامية ولكن لا علاقة لها بالدين في الاصل.

العامية

مصر اتغيّرت؟

أ ـ مفردات وعبارات DVD

حاسِس – حاسّة ج. حاسّين (اِنّ)	= يشعر بأنّ
زَحمة	= ازدحام
دِلوقتِ (دِلوَقتي)	= في هذا الوقت ، الآن
شايف – شايفة ج. شايفين	= يرى
فاكِر – فاكرة ج. فاكرين	= يتذكّر
كِده	= هذا / ذلك / هكذا that, thus
حاجة زَيّ كِده	= شيء مثل هذا
مش لازم تعمل كده!	= هكذا / ذلك
مش كده؟	right? (isn't that so?)
كَمان	= أيضاً ، بالإضافة الى ذلك

ب ـ القصة

خالد بيسأل مها ايه؟ مها بتقول ايه؟

جـ ـ تراكيب

In العامّيـة , the prefix تـَ on وزن تَفَعَّلَ is usually pronounced اِتـ , especially in الماضي . For example, the فصحى verb تَغَيَّر becomes اِتغيَّر in العامّيـة :

فعل "اتغيّر" في الماضي

(انا) اِتغَيَّرتْ	(احنا) اِتغَيَّرنا
(انت) اِتغَيَّرتْ (انتي) اِتغَيَّرتي	(انتو) اِتغَيَّرتوا
(هو) اِتغَيَّر (هي) اِتغَيَّرِت	(هم) اِتغَيَّروا

د ـ نشاط

اسألوا زمايلكو

١ـ ايه اللي اتغيّر في حياتك؟

٢ـ ليك/ليكي أصحاب اتغيّروا؟ ازّي وليه في رأيك؟

٧- ألف ليلة وليلة

في هذا الدرس:

النص: • ألف ليلة وليلة
«حكاية التاجر والجنّي»

القراءة: • جمال الغيطاني

الاستماع: • سيرة بني هلال
• سعد الله ونّوس

التراكيب: • الأمر والنهي
• كان وأخواتها والسَّرد
• ما التعجبية

العامّية: • الأدب مالوش مستقبل!
• نفي الفعل

المفردات

تذكروا وتعلّموا

أَخَذَ ، يَأخُذ ، الأخذ	←	أخَذَ (في الماضي) + المضارع المرفوع	to begin (= بدأ)
		أخذ يمشي	= بدأ يمشي
الأُمَم المتّحدة	←	أُمّة ج. أُمَم	nation
بَقِيَ ، يَبقى ، البَقاء	←	أَبْقى (أَبقَيْتُ)، يُبْقي ، الإبقاء (على)	to keep, let remain
بَلَغَ ، يَبلُغ ، البُلوغ	←	بَلَغَ(ني) أنّ	(news) reached me that, (I) heard that
بَيت ج. بُيوت	←	باتَ (بِتُّ) ، يَبيت، المَبيت (في)	to spend the night
التِجارة	←	تاجِر ج. تُجّار	trader, merchant
تَمَّ ، يَتِمّ	←	أَتَمَّ ، يُتِمّ ، الإتمام	to complete (something)
جَمَعَ ، يَجمَع ، الجَمع	←	جَمَعَ بينَ ، يَجمَع بين ، الجَمع بين	to combine, link
الحَكَواتي	←	حَكى (حَكَيْتُ)، يَحْكي، الحِكاية (لِـ)	to tell, relate (a story) (to)
	←	حِكاية ج. -ات	story, tale
	←	اِحكِ! / اِحْكي! / اِحكوا!	speak! tell! (imperative)
حال ج. أحوال	←	حاليّ	present
	←	حالاً ، في الحال	immediately
خَرَجَ ، يَخرُج ، الخُروج	←	أُخْرُج!/أُخرُجي!/أُخرُجوا!	get out! leave! (imperative)
رِواية ج. -ات	←	رَوى (رَوَيْتُ) ، يَروي ، الرِّواية (لِـ)	to narrate, tell
	←	راوٍ / الراوي ج. رُواة	narrator
سيرة (ذاتية) ج. سِيَر	←	سارَ (سِرْتُ) ، يَسير ، السَّيْر (إلى)	to walk, march

المصدر	←	مَصْدَر ج. مَصادِر	source, primary resource
بالإضافة إلى (أنّ)	←	أضافَ (أَضَفتُ)، يُضيف، الإضافة (إلى) (أنّ)	to add (to) (that)
عبد الله	←	عَبْد ج. عَبيد	slave
أُعجِبَ بـ	←		(also) to be amazed by
	←	عَجيب	amazing, incredible
قابَلَ، يُقابِل، المُقابَلة	←	قَبَّلَ ، يُقَبِّل، التَّقبيل	to kiss
	←	قُبْلة ج. قُبُلات	a kiss
قَبلَ	←	مُقْبِل	= قادم
قَدَّمَ، يُقَدِّم، التَّقديم (إلى)	←	مُقَدِّمة ج. -ات	introduction
كامِل	←	أَكْمَلَ ، يُكمِل ، الإكمال	to complete, finish
نَقَلَ ، يَنقُل ، النَقل	←		(also) to translate
نامَ ، يَنام ، النَّوم	←	نائِم ج. -ون **(اسم فاعل)**	sleeping
وَضَعَ ، يَضَع ، الوَضع	←		(also) to set down in writing
يا	=	أيُّها (مؤنث: أيَّتُها)	(Classical particle of address)

من القاموس

أَذِنَ لِـ بِـ ، يأْذَن لِـ بِـ ، الإذْن لِـ بِـ	to permit someone (to)
عن إذنك / بالإذن	with your permission (to excuse oneself when leaving)
أَمَرَ ، يأمُر ، الأمْر (بـ) (أنْ)	to order, give someone an order (to)
أمْر ج. أوامِر	order, command; imperative (in grammar)

mule	بَغْل / ة ج. بِغال
butcher	جَزّار ج. –ون
genie	جِنّيّ / ة ج. جانّ
(collective plural)	الجِنّ
to save, rescue, rid (someone) of	خَلَّصَ من ، يُخَلِّص من ، التَّخليص من
to betray	خانَ (خُنْتُ) ، يَخون ، الخِيانة
imagination	خَيال
imaginary	خَياليّ
to hesitate	تَرَدَّدَ في ، يَتَرَدَّد في، التَّرَدُّد في **(+ مصدر)**
to put a spell on, to charm (someone)	سَحَرَ ، يَسْحَر ، السِّحْر
magic, sorcery	السِّحْر
to fall silent, to be silent	سَكَتَ ، يَسْكُت ، السُكوت (عن)
to entertain	سَلَّى (سَلَّيْتُ) ، يُسَلّي ، التَسْلية
entertaining, fun (adjective)	مُسَلٍّ / المُسَلّي
to become (= أصبح)	صارَ (صِرْتُ) ، يَصير
to begin to (= بدأ)	صارَ (صِرْتُ) + **المضارع المرفوع (من أخوات كان)**
to laugh (at)	ضَحِكَ ، يَضْحَك ، الضَّحِك (من/على)
to drive out, dismiss, expel, evict	طَرَدَ ، يَطْرُد ، الطَّرْد (من)
to hurry, rush	عَجِلَ ، يَعْجَل ، العَجَلة
bride	عَروس ج. عَرائِس
to be exposed to	تَعَرَّضَ لِـ ، يَتَعَرَّض لِـ ، التَّعَرُّض لِـ

أَعْطى (أَعطَيْتُ) ، يُعْطي ، الإعْطاء (لِـ)	to give (to)
غَطّى (غَطَّيْتُ) ، يُغَطّي ، التَغْطِية	to cover
فَرِغَ من ، يَفْرَغ من ، الفَراغ من	to be finished with, free of (= انتهى من)
قَدَرَ على ، يَقْدِر على ، القُدْرة على (أنْ)	= استطاع
كَرامة	pride, honor
كَلْب ج. كِلاب	dog
لَذيذ / ة	delightful, delicious (of food)
نَسِيَ (نَسيتُ) ، يَنْسى ، النِسيان (أنْ / أنّ)	to forget (to/that)
اِنْتَقَم من ، يَنتَقِم من ، الاِنتِقام من	to take revenge on
وَهَبَ لِـ ، يَهَب لِـ	to give (as a gift), grant
هِبة ج. ـات	gift, donation

تعلموا هذا الفعل: تصريف فعل "أعطى" DVD

الماضي

المفرد	المُثنّى	الجمع
أعطى أعطَت	أعطَيا أعطَتا	أعطَوا أعطَينَ
أعطَيتَ أعطَيتِ	أعطَيتُما	أعطَيتُم أعطَيتُنَّ
أعطَيتُ		أعطَينا

المضارع المرفوع

المفرد	المُثنّى	الجمع
يُعطي تُعطي	يُعطِيانِ تُعطِيانِ	يُعطونَ يُعطينَ
تُعطي تُعطينَ	تُعطِيانِ	تُعطونَ تُعطينَ
أُعطي		نُعطي

تمرين ١ **أفعال "نسي" و"غطّى" و"صار" (في البيت)**

اكتبوا جداول تصريف لأفعال "نسي" و"غطّى" و"صار" متبعين شكل تصريف فعل "أعطى".

تمرين ٢ تصريف فعل "أعطى"

أ ـ أكملوا الجمل مستخدمين الشكل الصحيح لفعل "أعطى" (في البيت)

Remember to write ى as ا when followed by pronoun suffixes.

١ـ مع أني ــــــــك عدة اقتراحات ، فإنك لم تأخذ بأي منها !

٢ـ في عيد ميلادي ــــــــني أختي كلبًا صغيرًا أحببته من أول نظرة .

٣ـ طلبت من الجزار أن ــــــــني قِطعة لحم كبيرة ولكنه ــــــــني قِطَعًا صغيرة .

٤ـ لماذا ــــــــ قضية حقوق الإنسان كل وقتكِ واهتمامكِ ؟

٥ـ روايتها الأخيرة ــــــــها شهرة واسعة بين المثقفين .

٦ـ عندما [هم] ــــــــني الهدية ، شعرت بخجل شديد .

٧ـ هل يمكن أن ــــــــنا انطباعاتكم عن البلاد التي زرتموها؟

٨ـ حاولنا أن ــــــــهم فكرة عن نوع النشاطات التي سيقومون بها .

٩ـ الحمد لله! أخيراً ــــــــني المدير إذنًا بالسفر!

١٠ـ في الريف، كان الناس ــــــــ التاجر شيئا من إنتاجهم الزراعي إذا أرادوا شراء شيء ولم يكن عندهم مال.

ب ـ اسألوا زملاءكم : (في الصف)

١ـ ماذا سيعطون لأمهم أو أبيهم أو إخوتهم في عيد الأم أو عيد الأب أو عيد ميلادهم؟

٢ـ هل ينسون أن يعطوا الواجب للاستاذ/ة أحياناً؟

٣ـ إذا أعطاهم شخص مئة دولار، فماذا سيفعلون بها؟

٤ـ هل يعطون بعض المال للناس الذين يعيشون في الشارع؟ لِمَ / لِمَ لا؟

٥ـ لو ظهر لهم جنّي، ماذا سيطلبون منه أن يعطيهم؟

٦ـ كيف يشعرون عندما يعطيهم أحد أوامر؟

تمرين ٣ **وزنا "فَعَلَ" و"أفعل" (في مجموعات داخل الصف)**

أ ـ تذكروا العلاقة بين الوزنين "فَعَلَ" و"أفعَلَ" واختاروا الوزن الصحيح لكل جملة:

١ـ ت ـ م ـ م (أ) ______ تحضيرُ العشاء ، تفضّلوا!

(ب) ______ تحضيرَ العشاء ، تفضّلوا!

٢ـ ب ـ ق ـ ي (أ) كنت مريضة ولذلك ______ في الفندق كل اليوم.

(ب) أحب أن ______ الشباكَ في غرفتي مفتوحًا عندما أنام.

٣ـ ص ـ د ـ ر (أ) ______ طبعة جديدة للكتاب منذ شهر.

(ب) ______ الكاتبة رواية تاريخية جديدة .

ب ـ كوّنوا أفعالا جديدة من وزن "أفعل" وأكملوا بها الجمل :

١ـ ______ ني والداي مدرسة خاصة بسبب عدم اقتناعهما بمستوى التدريس في المدارس الحكومية. (دَخَلَ)

٢ـ سيارتي عند الميكانيكي ، فهل يمكن أن ______ ني الى العمل غداً ؟ (وَصَلَ)

٣ـ أردت أن أتكلم في الندوة ، ولكنهم ______ ني ! (سَكَتَ)

٤ـ مناقشتي الطويلة معها ______ موعدي مع الدكتور! (نَسِيَ)

٥ـ أحب الأفلام القديمة لـ«تشارلي تشابلين» لأنها ______ ني. (ضَحِكَ)

٦ـ تحب أختي أن ______ أولادها ملابس واسعة ومريحة. (لَبِسَ)

٧ـ مَن الذي ______ كم الخبر؟ (بَلَغَ)

تمرين ٤ **ما معنى هذا؟ (في الصف)**

أ ـ اكتبوا كلمة لها معنى مماثل:

١ـ سأحكي لك قصة ≈ ______

٢ـ مشت معي طويلا ≈ ______

٣ـ أصبحوا مهندسين ≈ ______

٤ـ سمحتْ لنا بالخروج ≈ ______

٥ـ انتهينا من نقل الاشياء ≈ ______

٦ـ ماذا أستطيع ان افعل؟ ≈ ______

٧ـ سأرجع على الفور ≈ ______

ب ـ اكتبوا كلمة لها عكس المعنى:

٨ـ أخيرًا تكلّم ! ≠ ______

٩ـ حديث مملّ ≠ ______

١٠ـ أخذ منها الفلوس ≠ ______

١١ـ تذكّرت الموعد ≠ ______

١٢ـ قصة حقيقية ≠ ______

١٣ـ بدأ كتابة البحث ≠ ______

١٤ـ السّنة الماضية ≠ ______

تمرين ٥ **اختاروا الكلمة المناسبة (في البيت)**

١- كل الأسماء والشخصيات في هذه الرواية ______ وليس لها اي صلة بالحقيقة.
أ. مسليّة ب. خيالية جـ . طبيعيّة د. حالية

٢- الأديان ______ الناس بالايمان وحسن معاملة الآخرين .
أ. تسلّي ب. تعالج جـ . تصوّر د. تأمر

٣- خلال زيارتنا لفرنسا زرنا قصراً ضخماً ومشهوراً جداً اسمه . . آه . . ______ اسمه !!
أ. أضفت ب. فقدت جـ . دعوت د. نسيت

٤- انا فقير ودكاني الصغير هذا هو ______ رزقي الوحيد .
أ. مجلس ب. مصدر جـ . منصب د. مرجع

٥- نيويورك مدينة ______ فعلاً ، ترى فيها الناس من كل شكل ولون وجنس .
أ. خياليّة ب. عجيبة جـ . عنيفة د. واضحة

٦- القانون اللبناني لا يسمح لموظفّي الحكومة بِـ ______ الوظيفة الرسمية وأي نشاط سياسي .
أ. الجمع بين ب. الترددُّ في جـ . الانطلاق من د. التساوي في

٧- صحيح ان هذا المطعم غالٍ ولكن الأكل فيه ______ جداً .
أ. لذيذ ب. فعّال جـ . مسلٍّ د. مُقْبِل

٨- كنّا نظن أن «المترو» سـ ______ القاهرة من مشكلات الازدحام الشديد ، ولكن يبدو أن الحال لم يتغيّر كثيراً .
أ. يرفع ب. يصير جـ . يخلّص د. يطرد

٩- أعتقد انهم استمتعوا بالسهرة ، فقد سمعتهم ______ طوال الليل .
أ. يضحكون ب. يزيّنون جـ . يبيتون د. يصفون

١٠- عندما شاهد كاميرات التلفزيون ______ وجهه حتى لا يراه الناس .
أ. قبّل ب. تعرّض جـ . أعطى د. غطّى

١١- المسارح والمقاهي وصالات السينما من أهم مراكز ______ .
أ. الدَّهشة ب. التّسلية جـ . الخدمة د. السكوت

١٢- عندما كنّا صغاراً كنّا دائماً ______ يد جدي وجدتي للتعبير عن حبنا واحترامنا لهما .
أ. نقبّل ب. نخلّص جـ . نغطّي د. نجمع

١٣- تأخرّت كثيراً في العمل على البحث ولذلك اضطررت الى كتابته بـ ______ .
أ. قدرة ب. تغطية جـ . تسلية د. عجلة

١٤- أتمّ المجلس النيابي دراسة القانون الجديد ومناقشته .

أ. أعطى　　ب. أضاف　　جـ . أكمل　　د. أظهر

١٥- بلغنا أنّك تفكّرين في تعديل بعض أجزاء المسرحية .

أ. أوضحنا　　ب. سمعنا　　جـ . روينا　　د. اتّصلنا

تمرين ٦　الاسم المنقوص (في البيت)

Remember that the اسم فاعل of verbs whose جذر ends in و or ي belong to the grammatical category الاسم المنقوص (see p. 191). Learn these اسماء منقوصة, then complete the sentences by using the correct form of an appropriate word in each blank. Which sentences contain الحال ?

مسلٍّ　　راوٍ　　باقٍ　　مغطٍّ　　ناسٍ

١- شاهدنا أمس المسلسل التليفزيوني الجديد ووجدناه ـــــــ اً جداً !

٢- يا الله! أعطيت صاحب الدكان خمسين دولارا ونسيت أن آخذ منه الـ ـــــــ .

٣- دور الـ ـــــــ في هذه المسرحية مهمّ جدا.

٤- جلس أمامنا بخجل، ـــــــ اً وجهه بيدَيه.

٥- يا الله! خرجت من البيت هذا الصباح بعجلة، ـــــــ أن أترك الماء والأكل لكلبي!

تمرين ٧　اكتبوا الكلمة المناسبة في الفراغ (في البيت)

١- طلبت من ابني أن يمرّ بدكان ـــــــ ويشتري لي بعض اللحم للكباب .

٢- أرادت زميلتي الحصول على ـــــــ بالسّفر للمشاركة في المؤتمر ولكن رئيسة القسم لم توافق على سفرها .

٣- فكرة القومية العربية تقوم على الإيمان بأن العرب، على اختلاف جنسياتهم، هم ـــــــ واحدة .

٤- المال هو ما اضطرّه الى أن ـــــــ أهله ووطنه ويساعد جيش العدو.

٥- تريدني أن أدخل بيتهم بعد أن طردوني منه؟! لا، ـــــــ ي لا تسمح لي بذلك.

٦- انتهز فرصة وصوله الى السلطة لـ ــــــ من السياسيين الذين عارضوه في السابق.

٧- تُستخدم ــــــ في بعض المطارات للبحث عن المُخَدِّرات *drugs*.

٨- قرّرت قيادة الجيش ــــــ سبعة من الضباط بسبب تمرّدهم على أوامر رؤسائهم

٩- عندما جاء الاوروبيون الى أمريكا أتوا معهم بأعداد كبيرة من ــــــ من أفريقيا ليعملوا في الزراعة .

١٠- ــــــ «مؤسسة فورد» جامعتنا ٥ ملايين دولار لإنشاء مركز للابحاث عن مرض «الايدز» .

١١- كان الطبّ في الزمن القديم يقوم ، بالدرجة الاولى، على ــــــ .

١٢- قال ــــــ لعلاء الدين : أنا عبدك ! وسأحقّق لك كل ما تطلبه .

١٣- في البداية، ــــــ كثيراً في لبس الحجاب بسبب معارضة أهلي ولكني في النهاية قررت أن أفعل ما أؤمن به ولبسته.

١٤- اضطر الاطباء الى ــــــ ـه في المستشفى اسبوعًا إضافياً بسبب خطورة حالته.

تمرين ٨ **اسألوا زملاءكم (في الصف)**

١- من كان يحكي أو يقرأ لهم حكايات وهم صِغار ؟ اي حكاية يذكرون منها؟

٢- هل ينسون كثيراً؟ ماذا يساعدهم على عدم النسيان؟

٣- ما كانت أهم تجربة تعرضوا لها في حياتهم؟

٤- متى فرغوا من الدراسة أمس؟ ماذا يفعلون في وقت الفراغ؟

٥- كيف يقدرون على الجمع بين الحياة الاجتماعية والعمل والدراسة؟

٦- عندما يقرأون كتابًا، هل يقرأون المقدّمة أولاً ؟ لم / لم لا؟

٧- إلى أين يسيرون (ولا يأخذون السيارة)؟

٨- هل تتكلم/ين وأنت نائم/ة؟ هل تعرف/ين شخصا يتكلم أو يمشي وهو نائم؟

٩- لو كانوا أغنياء وقادرين على تقديم هبة كبيرة الى إحدى المؤسسات، ماذا سيهبون، وإلى من؟

عبارات جديدة DVD

أ ـ (على) قَدر كبير من (+ مصدر) (having) quite a lot of . . . (literally, a large amount of)

- دُهشت عندما سمعت من البعض أن المحاضرة كانت مملّة لأني وجدتها **على قدر كبير من التنظيم والوضوح**.
- لا بدّ لمن يريد الالتحاق بجمعيتنا من أن يكون **عنده قدر كبير من الرغبة** في الخدمة الاجتماعية .

ب ـ على هذه الحال in this manner, way; in this state

- لست قادراً على الاستمرار في علاقتنا **على هذه الحال** ! أرجو أن تفهمي موقفي !
- وجهة نظرها هي أنّ نظام التعليم الحالي في لبنان سيبقى **على هذه الحال** طويلاً .

جـ ـ الى أنْ (+ الماضي أو المضارع المنصوب) = حتّى

- عملت أختي وكافحت سنوات طويلة **الى أن** حقّقت حلمها بتأسيس مكتبها الهندسي الخاص .
- سنواصل المطالبة بحقوقنا **الى ان** نحصل عليها بالكامل .

د ـ في بادِئ الأمر at first

- **في بادئ الأمر** ظننت انه إنسان متواضع ولكن ظهر لي فيما بعد انه غير ذلك .
- عندما هاجروا الى امريكا كان كل شيء صعبًا **في بادئ الأمر** ولكنهم بدأوا يعتادون على الحياة هنا تدريجيًا .

تمرين ٩ **العبارات الجديدة (في البيت وفي الصف)**

أ ـ ترجموا جمل العبارات الجديدة الى اللغة الإنجليزية .

ب ـ تقديمات في الصف:

اختاروا واحداً من الموضوعات التالية وحضّروا تقديماً قصيراً عنه بالعربية للصف مركّزين على استخدام المفردات والعبارات الجديدة:

فيلم «علاء الدين» — قصص سندباد — الخليفة هارون الرشيد — الفاطميون

تمرين ١٠ **نشاط استماع**

استمعوا الى النص التالي على الـ DVD واكتبوا الكلمات التي تسمعونها:

سيرة بني هلال

هي قصة ______ ______ ذات ______ ______ في كل أنحاء العالم العربي و______

______ ______ ______ ______ التي ما تزال حيّة بين الناس الى ______ ______ .

______ ______، كما يدل اسمها، حول بني هلال، احدى القبائل العربية المشهورة، و______

لنا ______ ______ من اليمن الى نجد في الجزيرة العربية ______ الى مصر ابتداءً من ______

______ ______ ______، و ______ كذلك ______ الذي قام بينهم وبين الفاطميين في مصر ______

______ ______ ______ ______ من مصر الى المغرب، ______ ______ ______ ______ و______

هذه ______ من تاريخهم بـ «التغريبة» .

و______ ______ ______ ______ ______ ______ ______ ______ بنو هلال والحوادث

التي ______ ______ ______ ______ ______ ، وتركز بشكل خاص على ______ الذي قام بينهم

وبين الزناتي خليفة ______ تونس في ______ ______ والذي انتهى ______ ______ ______ ______

الأمير الهلالي دياب بعد ان ______ ابنته سعدة و______ الهلاليين بسبب ______ ______ ______ دياب.

واذا كانت ______ ______ أصلاً ______ ______ ______ التاريخية فإن ______ ______

______ قد ______ واضاف اليها الكثير. و______ ______ ______ ______ الرئيسية

______ الناس ______ و______ ______ هو انها ______ ______ ______ الحكاية

و______ و______ و______ على لسان ______ و______ في ______ والاحتفالات

و______ والمناسبات مما ______ واحدة من ______ ______ و______ ______ .

و______ عدة ______ ______ ومخطوطة و______ ، وقد ______ ______

______ و______ بدراستها و______ ______ الشفوية. وكذلك ______ ______

______ ______ و______ ______ جوانبها الفنية والثقافية والأدبية.

تمرين ١١ نشاط كتابة

اكتبوا قصة تصف ما يحدث في هذه الصور مستخدمين الحال والمفردات والعبارات الجديدة.

الجني
الادب .. ليس له مستقبل!

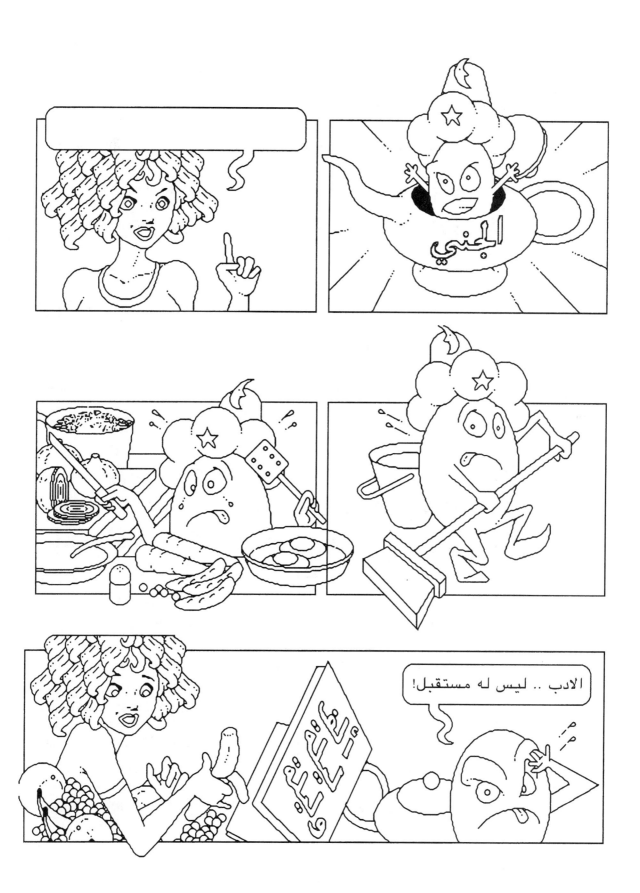

تمرين ١٢ **القراءة في البيت: المقدّمة** DVD

اقرأوا المقدمة وأجيبوا عن الأسئلة:

أ ـ صَواب أم خَطَأ؟ *True or False?* Rewrite the false statements to make them true.

١ـ يعتبر كتاب «ألف ليلة وليلة» من الأعمال الأدبية الشعبية لأن كبار الادباء كتبوه.

٢ـ يرجع أصل القصص في «ألف ليلة وليلة» الى عصر هارون الرشيد في بغداد .

٣ـ صار الملك شهريار يقتل كل النساء لأنه لم يكن يريد ان يتزوج .

٤ـ ترجم الكتاب الى عدد كبير من اللغات العالمية .

٥ـ تزوجت شهرزاد الملك شهريار لأن أباها الوزير أمرها بذلك.

٦ـ كانت شهرزاد تحكي للملك قصة كاملة في كل ليلة .

٧ـ قرّر الملك شهريار عدم قتل شهرزاد لأنها كانت ابنة وزيره.

٨ـ كانت شهرزاد امرأة عادية مثل كل النساء.

ب ـ خمّنوا معنى الكلمات التي تحتها خط:

١ ـ **فقرة ٢ :** وتوالت بعد ذلك ترجمات اخرى الى أكثر اللغات الحيّة.

٢ـ **فقرة ٣ :** تروى للملك شهريار على لسان شهرزاد ابنة الوزير.
تردّد في بادئ الامر، إلا انه نزل عند طلبها وتم الزواج .
وأقسم ان ينتقم من جميع النساء بسببها .
فطلبت منه ابنته شهرزاد ان يزوجها للملك. ما الوزن؟

٣ـ **فقرة ٤:** علاء الدين والمصباح السحري ، وعلي بابا والأربعين لصًا.

جـ ـ اكتبوا الإعراب وترجموا هذه الجمل:

١ـ **فقرة ١:** الجملة: «يعتبر . . . وأوسعها انتشارا.»
الجملة: «حتى بلغ عددها . . . الف ليلة وليلة.»

٢ـ **فقرة ٣:** الجملة: «وكان الملك شهريار قد . . . خيانة زوجته.»
الجملة: «فقرر شهريار الابقاء . . . لتكمل الحكاية.»

ألف ليلة وليلة

أ. المقدّمة

يعتبر كتاب «ألف ليلة وليلة» من أشهر أعمال الأدب الشعبي عند العرب وأوسعها انتشارا . والكتاب يتكون من مجموعة من القصص والحكايات الخيالية التي يرجع أصلها إلى عدة مصادر اهمها : ١) كتاب قصص فارسي من أصل هندي، نقل الى العربية في القرن الثالث الهجري، و ٢) القصص البغدادية التي يبرز فيها الخليفة العباسي هارون الرشيد وعصره، و ٣) القصص والحكايات التي وضعت خلال العصر الفاطمي، و٤) قصص اخرى أضيفت الى الكتاب حتى بلغ عددها مئتين وأربعا وستين قصة وحكاية موزعة على ألف ليلة وليلة.

وقد اختلف الباحثون على زمن وضع هذه القصص وجمعها ولكن الرأي الغالب هو أن مجموعة «ألف ليلة وليلة» كما هي معروفة الآن لم تأخذ شكلها الحالي إلا بعد القرن الخامس عشر. وقد كتبت بلغة الناس على يد «حكواتيين» ولم تتناولها أقلام كبار الادباء. وقد ترجم الكتاب لاول مرة الى الفرنسية عام ١٧٠٤ على يد المستشرق الفرنسي انطوان جالان وتوالت بعد ذلك ترجمات أخرى الى أكثر اللغات الحية.

وما يجمع بين حكايات ألف ليلة وليلة كلها هو أنها تروى للملك شهريار على لسان شهرزاد ابنة الوزير. وكانت شهرزاد على قدر كبير من العلم والمعرفة ، فقد قرأت الكتب والتواريخ وسير الملوك المتقدمين وأخبار الأمم الماضية . وكان الملك شهريار قد تعرض لصدمة شديدة حين اكتشف خيانة زوجته له فقتلها وأقسم ان ينتقم من جميع النساء بسببها فأمر وزيره أن يأتي اليه كل ليلة بعروس ثم يأمر بقتلها بعد الليلة الأولى، واستمر على هذه الحال الى ان جاء يوم لم يجد الوزير فيه بنتا في المدينة فطلبت منه ابنته شهرزاد ان يزوجها للملك، فتردد في بادئ الامر، الا انه نزل عند طلبها اخيرا وتم الزواج. وفي الليلة الأولى بدأت شهرزاد تروي للملك حكاية حتى جاء الصباح وتوقفت عن الكلام فقرر شهريار الابقاء على حياتها ليلة أخرى لتكمل الحكاية. وهكذا أخذت شهرزاد تروي للملك قصة بعد قصة وتسليه بحكاياتها ليلة بعد ليلة حتى نسي رغبته في الانتقام.

ومن أشهر حكايات ألف ليلة وليلة: قصة علاء الدين والمصباح السحري، وحكاية السندباد، وعلي بابا والأربعين لصا وغيرها.

تمرين ١٣ القراءة في الصف: المقدّمة

١- ماذا يميّز شخصية شهرزاد وقصتها؟

٢- هل هناك قصص مماثلة لقصة شهرزاد في الثقافة الغربية؟ أعطوا أسباباً لجوابكم.

٣- إذا كانت هناك قراءة نِسَوية *feminist* لهذه القصة فماذا ستقول؟

٤- ابحثوا عن كل الأفعال المبنية للمجهول في الفقرتين الاولى والثانية واقرأوها معاً.

٥- ابحثوا عن الـparallelism في المقدمة في الكلمات والجمل.

تمرين ١٤ القراءة في البيت: حكاية التاجر والجني

قبل القراءة:

The plot of the main story is summarized in the introductory paragraph, where the phrase ثُلث دم التاجر is repeated. ١/٣ = ثُلث and دم = حياة.

اقرأوا القصة مرتين بدون القاموس ثم مرة بالقاموس ثم أجيبوا عن الأسئلة:

١- اكتبوا القصة في شكل حوار بين الشخصيات الرئيسية.

٢- خمنوا المعنى: ما أحلى حديثك وأطيبه وألذّه! (تذكروا «ما أحلى . . . !»)

٣- الشَرط:

(a) Note that the particle إنْ is used rather than إذا in most cases here. إنْ is more commonly used in القرآن, Classical texts, and proverbs and shows an older style of language. Find all إنْ sentences. Without the vowelling, how can you tell that this is إنْ (and not إنّ / أنْ / أنّ)?

(b) In Classical usage, the particle إذا normally gives the sense *when* or *whenever* more than a strict conditional *if*. Where do you see this meaning in the text?

(c) In the introductory paragraph, find the sentence with إنْ. What do you notice about the verb in the result clause? Here the verb is not in الماضي but in المضارع المجزوم. The use of المضارع المجزوم with إنْ in conditional clauses tends to be more common in Classical than in modern Arabic, but be prepared to recognize it in both varieties. Translate the sentence:

سيحكي له قصة إن أعجبته يهب له ثلث دم التاجر.

4. Near the end of the text, find two short passages that contain rhyming words. Rhymed prose is called in Arabic السَّجْع, and it is found in the Quran and in Classical literary works including histories, official documents, and works of أدب. It is sometimes used to signal the end of a passage or story: do we see that here? Use your قاموس to help you translate (hint: pay attention to gender agreement).

ب ـ حكاية التاجر والجني

القصة التالية مأخوذة من «حكاية التاجر والجني» وهي اول حكاية ترويها شهرزاد للملك في كتاب «الف ليلة وليلة». وفي الليلة الأولى بدأت شهرزاد الحكاية قائلة ان تاجرا أغضب جنيا فاراد الجني ان يقتله، ولكن قبل ان يفعل ذلك مر بالمكان ثلاثة شيوخ وحين سمعوا ما اراده الجني تقدم كل واحد منهم وقال للجني انه سيحكي له قصة إن اعجبته يهب له ثلث دم التاجر. فروى الشيخ الأول قصته واعجب بها الجني ووهب له ثلث دم التاجر، ثم حكى الثاني قصته فاعجب بها الجني ووهبه ثلث دم التاجر.

... وفي الليلة الثانية قالت دنيازاد لاختها شهرزاد : يا اختي أتمّي لنا حديثك الذي هو حديث التاجر والجني. قالت: حباً وكرامة إن اذن لي الملك بذلك. فقال الملك: احكي. فقالت: بلغني ايها الملك السعيد ان الشيخ الثالث صاحب البغلة قال للجني: أنا احكي لك حكاية اعجب من حكاية [الشيخين] الاثنين وتهب لي باقي دمه فقال الجني: نعم فقال الشيخ: أيها الملك السلطان ورئيس الجان ان هذه البغلة كانت زوجتي سافرت وغبت عنها سنة كاملة. ثم قضيت سفري وجئت إليها في الليل فرأيت عبداً راقداً معها في فراشي وهما في كلام وضحك وتقبيل، فلما رأتني عجلت وقامت الي بكوز فيه ماء، فتكلمت عليه ورشّتني وقالت: اخرج من هذه الصورة الى صورة كلب فصرت في الحال كلباً، فطردتني من البيت فخرجت من الباب، ولم أزل سائراً حتى وصلت الى دكان جزار، فتقدمت وصرت آكل من العظام، فلما رآني صاحب الدكان اخذني ودخل بي بيته، فلما رأتني بنت الجزار غطت وجهها مني وقالت: اتجيء لنا برجل وتدخل علينا به؟ فقال أبوها: اين الرجل؟ قالت: ان هذا الكلب سحرته امرأة وانا أقدر على تخليصه، فلما سمع ابوها كلامها قال: بالله عليك يا ابنتي خلصيه، فأخذت كوزاً فيه ماء وتكلمت عليه ورشّت علي منه قليلاً وقالت: اخرج من هذه الصورة الى صورتك الأولى فصرت الى صورتي الاولى فقبلت يدها وقلت لها: اريد ان تسحري زوجتي كما سحرتني، فأعطتني قليلاً من الماء وقالت: اذا رأيتها نائمة فرشّ هذا الماء عليها تصير كما انت طالب، فوجدتها نائمة فرشّيت[1] عليها الماء وقلت: اخرجي من هذه الصورة الى صورة بغلة، وهي هذه التي تنظرها بعينك ايها السلطان ورئيس ملوك الجان، فلما فرغ من حديثه اهتز الجني من الطرب[2] ووهب له باقي دمه.

وادرك شهرزاد الصباح فسكتت عن الكلام المباح. فقالت لها اختها: يا أختي ما أحلى حديثك وأطيبه وألذه. فقالت: وأين هذا مما سأحدثكم به الليلة المقبلة إن عشت وأبقاني الملك. فقال الملك: والله لا اقتلها حتى اسمع حديثها لأنه عجيب ..

من «ألف ليلة وليلة» ، المجلد الأول، الشركة العالمية للكتاب ، بيروت ١٩٩٠

كوز

---

[1] رَشَّيت = رَشَشتُ («رشّيت» == العامية و «رَشَشتُ = الفصحى).

[2] الطَرَب: rapture الشعور الشديد بالسعادة والاستمتاع عند الاستماع الى شيء جميل جداً وخاصة الموسيقى. وفكرة «الطرب» مهمة جداً في الثقافة العربية ويسمى المغنّون singers الجيّدون «مُطربين».

تمرين ١٥ **نشاطات حول القصة (في الصف)**

١- ينقسم الصف الى مجموعات من ٣-٤ طلاب، وتقوم كل مجموعة بتمثيل القصة.

٢- ابحثوا عن جمل الحال في القصة. كيف تعرفونها من القواعد والمعنى؟

٣- ماذا تستطيعون أن تقولوا عن استخدام «فـ» في هذا النص؟

القواعد

★ الأمر *The Imperative*

You have seen and heard many examples of الأمر throughout this book:

أُكتُبوا   اِقرَأوا   شاهِدوا   أَكمِلوا   تَذَكَّروا   تَعَلَّموا   اِستَمِعوا

These imperatives are basically مضارع مجزوم verbs without subject prefixes. The following chart shows all forms of الأمر for several representative verbs.

الأمر بالضمائر المختلفة

أنتَ	أُكتُبْ	اِقرَأ	تَذَكَّرْ	اِستَمِعْ
أنتِ	أُكتُبي	اِقرَأي	تَذَكَّري	اِستَمِعي
أنتما	أُكتُبا	اِقرَأ	تَذَكَّرا	اِستَمِعا
أنتم	أُكتُبوا	اِقرَأوا	تَذَكَّروا	اِستَمِعوا
أنتنّ	أُكتُبنَ	اِقرَأنَ	تَذَكَّرنَ	اِستَمِعنَ

These imperatives are formed by dropping the prefix from the second person forms of المضارع المجزوم. In the case of أُكتُب , اِقرَأ , and اِستَمِع , a short vowel is added to the beginning of the word. This happens because dropping the subject prefix results in two consonants in a row (-كْتُب, -قْرَأ, and -سْتَمِع), which is not allowed in formal Arabic. Therefore, a prothetic or helping vowel must be added to the stem. **This vowel is always كسرة except in two cases:**

(1) وزن «فعل» (I) verbs whose stem vowel is ضمّة take a ضمّة helping vowel.

أمثلة: -كتُبْ ← أُكتُبْ   -درُس ← أُدرُسْ   -خرُج ← أُخرُجْ

(2) وزن «أفعل» **(IV)** verbs always take أ .

أمثلة: -كمِلْ ← أَكمِلْ   -رسِل ← أَرسِلْ   -تِمَّ ← أَتِمَّ

Below and on the DVD, أوزان الأمر are grouped according to similarities in their وزن.[1]

الأمر في الأوزان المختلفة DVD

وزنا فَعَلَ وأفعَلَ

يَفعَل	اِفعَل	اِسمَع كلامي!
يَفعِل	اِفعِل	اِرجِعي الى مقعدك من فضلك!
يَفعُل	أُفعُل	أُكتبوا جملاً كاملة!
يُفعِل	أَفعِل	أَكمِلي حكايتك يا شهرزاد!

أوزان فَعَّلَ وفاعَلَ وتَفَعَّلَ وتَفاعَلَ

يُفَعِّل	فَعِّل	وَزِّعوا أنفسكم في مجموعات!
يُفاعِل	فاعِل	ساعدوا بعضكم البعض!
يَتَفَعَّل	تَفَعَّل	تَعَلَّم لغة جديدة تصبح إنساناً جديداً!
يَتَفاعَل	تَفاعَل	تَبادَلوا الأدوار!

---

[1]You can derive الأمر by dropping the prefix and noting whether the resulting stem begins with one or two consonants to see which أوزان need helping vowels:

الوزن	المضارع المجزوم	Drop subject prefix	Helping vowel?
فعل	(أنتَ) تفْعُلْ	فْعُل	√
فعّل	تُفَعِّلْ	فَعِّل	X
فاعل	تُفاعِلْ	___	___
أفعل	تُفْعِلْ	___	___
تفعّل	تتفَعَّلْ	___	___
تفاعل	تتَفاعَلْ	___	___
انفعل	تنْفَعِلْ	___	___
افتعل	تَفْتَعِلْ	___	___
استفعل	تَسْتَفْعِلْ	___	___

You have discovered that the following أوزان need helping vowels:

-فْعُـل (I) -فْعِل (IV) -نْفعل (VII) -فْتعل (VIII) -سْتفعل (X)

أوزان انفَعَلَ وافتَعَلَ واستَفعَلَ

—	اِنفَعِل	يَنفَعِل
اِحتَرِم نفسك!	اِفتَعِل	يَفتَعِل
اِستَعِدّوا جيداً للمقابلة!	اِستَفعِل	يَستَفعِل

Note also that verbs of (I) وزن فعل whose جذر begins with و or ء have no helping vowel:

الأمر في أفعال وضع وأكل وأخذ

يَأخُذ	يَأكُل	يَضَع	
خُذْ	كُلْ	ضَعْ	أنتَ
خُذي	كُلي	ضَعي	أنتِ
خُذا	كُلا	ضَعا	أنتما
خُذوا	كُلوا	ضَعوا	أنتم
خُذنَ	كُلنَ	ضَعنَ	أنتنّ

Finally, verbs whose جذر contains medial or final و or ي follow a spelling rule you will learn later. For now, memorize the following:

الأمر في أفعال قال ونام وأعطى

يُعطي	يَنام	يَقول	
أَعطِ	نَمْ	قُلْ	أنتَ
أعطي	نامي	قولي	أنتِ
أعطيا	ناما	قولا	أنتما
أعطوا	ناموا	قولوا	أنتم
أعطينَ	نَمنَ	قُلنَ	أنتنّ

★ النّهي *The Prohibitive*

The form of the prohibitive or negative imperative (*don't ...!*) is لا + مضارع مجزوم :

أمثلة: لا تأكلْ كثيراً! / لا تأكلي! / لا تأكلا! / لا تأكلوا! / لاتأكُلنَ!

لا تتأخّروا في العودة! / لا تتأخّري! / لا تتأخرّاوا! / لا تتأخّرْ! /لا تتأخرنَ!

لا تدخلي من هذا الباب! /لا تدخلنَ! / لا تدخلْ! / لا تدخلا! / لا تدخلوا!

★ لام الأمر : لِـ / فَلْـ + المضارع المجزوم *Let . . .*

The imperative is used only in the second person. Arabic also has a form for urging other people to do something, similar to English *let's . . .!* or *let him/her/them . . .!* Either لِـ or فَلْـ (= فَـ + لِـ) may prefix a verb in مضارع مجزوم to convey this meaning:

أمثلة: قالت ماري أنطوانيت : «ليس عندهم خبز، فَلْيَأكُلوا الكعك !»

ليس عندنا واجبات هذه الليلة ، لِنَذهَبْ الى السينما !

لا يريد مساعدة ؟! فَلْيُنَظِّمْ كل شيء وحده !

تمرين ١٦ **الأمر والنهي من هذه الأفعال (في البيت)**

كوّنوا الأمر من هذه الأفعال واستخدموا كل أمر في جملة:

ساعد:	________	شرب:	________	احترم:	________
قدّم:	________	حاول:	________	أحضر:	________
قال:	________	مشى:	________	بحث عن:	________
وضع:	________	ضحك:	________	استخدم:	________
دخّن:	________	انتظر:	________	ناقش:	________
أتمّ:	________	جلس:	________	استمرّ:	________

تمرين ١٧ **ماذا نقول؟ (في الصف)**

حضّروا معاً أوامر مناسبة للمواقف التالية:

١ــ أنت زوج/ة يقول/تقول للزوج/ة أشياء يجب أن يقوم/تقوم بها.

٢ــ أنت مدير/ة في مكتب تعطي/ن أوامر للموظفين.

٣ــ أنت ناشِط/ة *activist* أو ثوريّ/ة (كالثوري الأمريكي صموئيل آدامز) تتكلم الى الشعب.

★ كان وأخواتها والسرد *Narration*

Good storytelling involves drama: highlighting certain events and actions, contrasting states, and providing descriptive background against which the plot takes place. In Arabic, mixing الماضي and المضارع allows narrators to describe background states and highlight plot actions. In addition, verbs of the category كان وأخواتها help give shape to narration by indicating the onset, existence, and continuation of states of being and habitual action.[1]

The verb صار is particularly important in storytelling across language registers.[2] It can be translated as *to become* or *to start*, but in both meanings it carries the sense of a change of state or habit. You saw the verb صار in the story of التاجر والجنّي used in this sense in three contexts:

I resumed my original form	صرت الى صورتي الأولى
she will become whatever you ask for	تصير كما انت طالب
I started to eat bones	صرت آكل من العظام

The first two examples above show clearly a change of state. In the third, the narrator uses صرت آكل rather than بدأت آكل because the action of eating bones is expressed as a change of habit: now that this character has become a dog, he no longer eats human food.

Learn the following أخوات كان , which have special prominence in narration across language registers:

to be (in a state)	كان ، يَكون
to start (indicating change of state or habit)	صار ، يَصير
to remain	ما زال ، لا يزال
to keep (doing), remain (in a state)	ظَلَّ ، يَظَلّ

مثال: ظلّت شهرزاد تروي قصصها لشهريار حتى نسي رغبته في قتلها.

تمرين ١٨ **نشاط كتابة بأخوات كان والأمر (في البيت ثم في الصف)**

اكتبوا قصة مركّزين على استخدام أخوات كان وخاصة صار وظلّ . ثم احكوا قصصكم الى زملاءكم (احكوا ولا تقرأوا!)

---

[1]Arabic also has a category called أفعال الشروع *verbs of beginning*, which includes verbs أخذ , بدأ , and جعل . Like أخوات كان , they are followed by a مضارع مرفوع verb.

[2]The dialects have rich storytelling repertoires with minor variations in the verbs they use.

★ «ما» التعجبية

In the text, you saw the phrase ! ما أحلى حديثك وأطيبه وألذّه , in which دنيازاد expresses admiration for her sister's story. In formal Arabic, admiration or astonishment may be expressed using the particle ما followed by a word of the form أفعَلَ in a construction called ما التَّعَجُّبِيّة . This word is formed from an adjective, and it follows the pattern of the «أفعل التفضيل» adjectives, but it acts like a verb of وزن «أفعل» in that it takes an object in the المنصوب case. Think of the literal meaning of this construction as *what made . . . so . . .?!* The following examples will clarify:

What made your speech so beautiful?!, i.e., *How beautiful your speech is!* ما أحلى حديثَك!

What made this kunafa so delicious?!, i.e., *How delicious this kunafa is!* ما ألذَّ هذه الكنافةَ!

In forming these "adjectival verbs," remember these patterns:

عالٍ ← أعْلى		غنيّ ← أغْنى	
طويل ← أطْوَل		لذيذ ← ألَذّ	

تمرين ١٩ ما التعجّبية (في البيت)

كوّنوا جملاً تعجبية مستخدمين "ما" + وزن "أفعل" كما في المثال:

مثال: الرطوبة عالية جدا اليوم ! ← **ما أعلى الرطوبة اليوم!**

١- صوت الأطفال عالٍ جدا! ← ____________________

٢- أنا سعيد (ة) جدا هذه الأيام! ← ____________________

٣- هذا المسلسل ممتع جداً ← ____________________

٤- عائلتها غنية جدا! ← ____________________

٥- قصة التاجر والجني عجيبة! ← ____________________

٦- جامعتنا غالية جدا! ← ____________________

٧- المأكولات العربية لذيذة جدا! ← ____________________

٨- البرد في الجبال شديد جداً! ← ____________________

٩- كلبهم خطير! ← ____________________

١٠- الكنافة طيبة جدا! ← ____________________

تمرين ٢٠ **نشاط محادثة (في الصف)**

حكاية "Little Red Riding Hood" **بالعربية: "ليلى والذئب** *wolf*"

في مجموعات صغيرة: يقوم أفراد كل مجموعة بحكاية قصة "ليلى والذئب" مع بعضهم البعض مستخدمين "ما التعجبية" (تذكروا الجدول بأعضاء الجسم في الـ Appendix ، **وخذوا حرية التصرف في القصة:** (add as many exclamations as you can).

تمرين ٢١ **نشاط قراءة**

لاحظوا هاتين الكلمتين ثم اقرأوا النص وأجيبوا عن الأسئلة :

ظَلَم ، يَظْلِم	to wrong, be unjust to
يَحْتَوي على	contains

أ ـ القراءة في البيت

١- **القراءة السريعة:** ماذا فهمت من عنوان المقالة ومن الـsubheadings؟

٢- ماذا يقول الغيطاني عن تطوّر الرواية العربية الحديثة؟ وماذا يقال في الجامعات عن بداية الرواية العربية؟

٣- لماذا يذكر جمال الغيطاني الخليفة معاوية بن أبي سفيان؟

٤- ماذا يقول عن العلاقة الزمنية بين القصة والشعر؟

٥ لماذا يذكر كتاب «الف ليلة وليلة؟»

ب ـ القراءة في الصف

١- يقدّم جمال الغيطاني هنا وجهة نظر في التاريخ الأدبي. ما هي وجهة نظره هذه وما هي الأدلّة *evidence* التي يقدّمها لتأييدها؟

٢- من هم الكتّاب والادباء القدماء الذين يذكرهم الغيطاني؟ ماذا عرفتم عن هؤلاء؟

٣- اكتبوا ثلاث كلمات جديدة استطعتم أن تخمنوا معناها من النص:

٤- في الفقرتين ٤ و٥ ابحثوا عن جملتيْ «حال».

٥- ترجموا الفقرة الأولى من المقالة الى الانكليزية.

عن تجربته في تأصيل الرواية العربية

جمال الغيطاني: فن القص العربي عمره ١٦ قرناً فلنعتمده مصدراً

ندوة

□ القاهرة –

من مساعد عبد العظيم

■ تحدث جمال الغيطاني في الندوة التي اقامتها جمعية «محبي الفنون الجميلة» عن تجربته الخاصة وكيفية الوصول الى فن عربي اصيل، وطالب كتاب الرواية العرب بضرورة اعادة كشف تراثنا القديم لايجاد فن قصصي اصيل .

واوضح الغيطاني: «ان الرواية العربية قديمة قدم اللغة وان عمرها يتجاوز ١٦ قرنا من الزمان، والبداية لم تكن مع محمد حسين هيكل في رواية «زينب» في ١٩١٤، كما تدعي المناهج العلمية التي تدرس في الجامعات العربية والمصرية، واحيانا يقولون ان هناك رواية اخرى تسبقها وهي رواية «عذراء ونشواء» التي صدرت في عام ١٩٠٨ لطاهر حقي، او رواية لعلي باشا مبارك صدرت في اواخر القرن التاسع عشر، كما ان هناك رواية مجهولة صدرت باقلام بعض الكتاب الشوام الذين كانوا يعيشون في مصر في تلك الفترة .

كل هذه الروايات كانت تحاكي وتستوحي شكل الرواية الاوروبية وبالتحديد الرواية الفرنسية، الى درجة ان بعض الكتاب العرب في تلك الفترة كتبوا روايات عربية تدور احداثها في باريس وهم لم يذهبوا الى العاصمة الفرنسية على الاطلاق. وحاولوا تقليد الرواية الغربية من حيث الشكل والمضمون ولكنها اخذت في التطور بشكل كبير من الناحية الفنية وظهر ذلك في «عودة الروح» لتوفيق الحكيم، ثم تأسست الرواية العربية الحديثة على يد نجيب محفوظ الذي يواصل الكتابة والابداع منذ ٦٠ عاما وحتى يومنا هذا.

عمر الرواية ١٦ قرنا

ويتابع الغيطاني قائلا: «اننا نظلم الرواية العربية عندما نقول ان البداية كانت مع «زينب» كأننا بذلك نلغي ١٦ قرنا من العمر الحقيقي لها، ونظلم تراثنا الادبي عندما نقول ان هذا هو عمر الرواية ، بينما فن الرواية او فن القص موجود بالفعل في تراثنا العربي، الشفهي منه والمكتوب، منذ قديم الزمان. هناك الحكايات والملاحم التي كانت تحكى لنا ونحن اطفال، وما زالت تروى حتى الان، وتمثل هذه الملاحم فنا قصصيا خاصا. ومن هذه الحكايات او الملاحم «الهلالية» والتي ما زالت تروى في المقاهي على مدار ثلاثين ليلة او اكثر. و«الف ليلة وليلة» قبل ان تدون في مخطوطات ، كانت تروى في المقاهي .

وكل هذه وغيرها تحتوي على قصص واشكال خاصة من القصص لا يوجد مثيل لها في العالم سوى في التراث العربي. فكتاب الف ليلة وليلة يحتوي على جميع اشكال الفن القصصي الحديث: ففيه تيار الوعي والتداخل بين الواقع والخيال، فالجن يعيش مع الانسان في مكان واحد ... وحتى فن القصة القصيرة الذي يعتقد انه فن اوروبي موجود في الف ليلة وليلة، ففيه اكثر من ٢٠٠ قصة قصيرة، خصوصاً في الجزء الثالث، من اجمل ما يمكن ان يبدعه الانسان في هذا الصدد .

القصة اقدم من الشعر

ويضيف الغيطاني: «اذا بحثنا في تراثنا القديم المكتوب سنجد ان الفن القصصي اقدم من الشعر نفسه، فنحن لن نفهم الشعر دون معرفة القصص التي ترتبط بالتراث الشعري: دون معرفة قصة حب عنتر لعبلة لن نفهم ما قاله فيها. ولا نستطيع ان نفهم شعر القدماء الا بعد معرفة الظروف التي قيل فيها. لذلك فان القصة او الرواية سابقة على الشعر. ويستطرد الغيطاني قائلاً: «في العصر الاسلامي قام الخليفة معاوية بن ابي سفيان بانشاء منصب للقصاص او الراوي، وكان هذا الشخص يقوم بقص اخبار الاولين على المسلمين في المساجد. وكان رجل في اليمن اسمه عبيد بن الجرهمي يجلس مع معاوية في الثلث الاخير من الليل ويقص عليه اخبار الاولين من الملوك والامراء .

تراثنا لم يكشف للآن

ويؤكد الغيطاني على ان «تراثنا البلاغي ايضا يحتوي على فن القصة والرواية، فالكتب التي الفها الجاحظ وابو حيان التوحيدي والثعالبي وغيرهم، مليئة بالوان مختلفة من اشكال الرواية، او من القصص، وللاسف لم يكتشف هذا التراث الا في السنوات الاخيرة. وهذه الكتب بما تتضمنه من قصص اعتبرها شكلاً خاصا من اشكال الرواية العربية».

من جريدة «الحياة» ٩٠/١١/٢٨

تمرين ٢٣ نشاط استماع

مسرح سعد الله ونّوس، من برنامج "زمن الإبداع" مع خالص الشكر لتليفزيون الشارقة.

أ ــ الاستماع في البيت

١ـ من خلال ما قدّمه البرنامج، اكتبوا سيرة شخصية *CV* لسعد الله ونوس فيها معلومات عن حياته الشخصية والاكاديمية والعملية.

٢ـ في البرنامج مقابلتان معع ناقدين مسرحييْن، كيف ينظران الى سعد الله ونوس ومسرحه؟ اذكروا ثلاثة أشياء على الأقلّ.

٣ـ ما هي «القضية الأساسية» التي ركّزت عليها أعمال ونوس؟

٤ـ من وجهة نظر سعد الله ونوس، ما هي صفات العمل الفني الهامّ؟

٥ـ يذكر أحد الناقدين «ألف ليلة وليلة»، ما سبب ذلك؟ ما هي الأعمال الأخرى التي ذُكرت بالإضافة الى «ألف ليلة»؟

ب ــ الاستماع في الصف:

١ـ يناقش ونوس في حديثه أبا خليل القباني وفاروق النقاش ويعقوب صَنّوع، مَن هؤلاء؟ وما رأيه فيهم وفي عملهم؟

٢ـ ماذا ذكر ونوس عن علاقة المسرح العربي بعصر النهضة؟

٣ـ في الجزء الأخير من البرنامج يعبّر ونوس عن وجهة نظره في الدور الأدب والفن في التغيير، ما رأيه في هذا الموضوع وما هي الأسباب التي جعلته يصل اليه؟

٤ـ بالنسبة الى سعد الله ونوس، إلى أي درجة يستطيع المسرح أن يغير التاريخ؟

جـ ــ الاستماع الدقيق

اكتبوا الكلمات التي تسمعونها:

١ـ من 00:12 الى 00:37 «في المرحلة ________ الإعلامي *media*

لدى ________ للخوف *fear*، ________

________ والمجلاّت.»

٢ـ من 1:57 الى 2:06 «كما ________ «أسامة» ________

________ عبر مديرية المسارح والموسيقى.»

٣ـ من 5:28 الى 6:08 «فهو ________

________ ملامحها ________ وهذه الفترة

________، حينما ________ نبدع

________ هذا العالم»

العامية

الأدب مالوش مستقبل

أ ـ مفردات وعبارات

تذكّروا:

حاجة　　تشتغل　　ليه؟　　زيّ　　سكّر

تعلّموا:

خالِص	at all (with negative)
(قهوة) زيادة	= بسكّر كثير
(قهوة) سادة	بدون سكّر
بالظَّبط	exactly
مَظبوط	correct, right, just right
(قهوة) مظبوط	medium sugar (just right!)
مالوش	= ليس له
ماشي	OK, fine
مِن غير	= بدون
نِفسي	I feel like (literally: my desire, appetite)
وَلاّ	= أو

ب ـ القصة

ازاي بتظهر العلاقة بين مها وخالد هنا؟ بيتكلّموا عن ايه؟

جـ ـ تراكيب

Listen to the use of ما .. ش to negate verbs in العامية with the verbs شاف and بيحبّ :

نفي الماضي : "ما شافش"

ما شُفتِش	ما شُفناش
ما شُفتِش ما شُفتيش	ما شُفتوش
ما شافش ما شافِتش	ما شافوش

نفي المضارع: "ما بيحبّش"

ما باحِبِّش	ما بِنحِبِّش
ما بِتحِبِّش ما بِتحِبّيش	ما بِتحِبّوش
ما بيحِبِّش ما بِتحِبِّش	ما بيحِبّوش

د ـ نشاط

اسألوا زمايلكو:

١ـ شافوا مين امبارح؟

٢ـ ما بيحبّوش ايه؟ ما بيحبّوش يعملوا ايه؟

٣ـ بيناموا ٨ ساعات عادةً؟ بياكلوا كويس؟

٤ـ زاروا أهلهم الأسبوع ده؟

هـ ـ استمعوا الى أغنية "ألف ليلة وليلة" لأم كلثوم

٨ ـ من التاريخ الاجتماعي الإسلامي

في هذا الدرس:

النص: • من المؤسسات الاجتماعية في الحضارة العربية

القراءة: • البربر

• نيويورك تصبح مستعمرة

الاستماع: • اليهود في الاندلس

• العمارة المدنية العربية

• صور من تاريخ دمشق

الثقافة: • من التاريخ الاسلامي

التراكيب: • المماثلة في وزن «افتعل»

• ما ... مِن

• معاني أوزان الفعل

العامّية: • أنا فاضي النهارده

• «عشان» وفعل «راح»

المفردات

تذكروا وتعلموا:

أَخَذَ ، يأخُذ ، الأخذ	←	اِتَّخَذَ ، يَتَّخِذ ، الاتِّخاذ	to take up, take on, adopt
أمر ج. أوامِر	←	أَمْر ج. أُمور	matter, affair, concern
بِناية ج. ـات	←	بَنى ، يَبْني ، البِناء	to build
	←	مَبْنى ج. مَبانٍ / المباني	building (= بناية)
جَيِّد	←	الجَوْدة / الجودة	(good) quality, goodness (of quality)
حَضَرَ، يَحضُر، الحُضور	←	حَضارة ج. ـات	civilization
حَمّام ج. ـات	←	اِسْتَحَمَّ ، يَستَحِمّ ، الاِستِحمام	to bathe
خَيْر	←	خَيْريّ / ة	charitable, philanthropic
دَخَلَ، يدخُل، الدُّخول	←	تَداخَلَ ، يَتَداخَل ، التَّداخُل (بين)	to overlap
لذلك	=	لِذا	
راحة	←	اِسْتَراحَ ، يَسْتَريح ، الاِسْتِراحة	to rest, relax
شاهَدَ، يُشاهِد، المُشاهَدة	←	شَهِدَ ، يَشهَد ، الشَّهادة (على)	to witness, to attest (to)
طبيعة	←	طابَع ج. طوابِع	character
طابِق ج. طوابِق	←	طَبَقة ج. ـات	(social) class
طريق ج. طُرُق	←	عن طَريق	by way of, by means of
ظَهَرَ ، يظهَر ، الظُّهور	←	ظاهِرة ج. ظَواهِر	phenomenon
	←	مُظاهَرة ج. ـات	public demonstration
عَبَّرَ، يُعَبِّر، التَّعبير عن	←	عَبْرَ	across, through, by way of (preposition)
أُعجِبَ بـ ؛ عجيب	←	لا عَجَبَ (أنّ)	(it is) no wonder
عَروس ج. عَرائِس	←	عَريس ج. عِرْسان	bridegroom

عَمِلَ ، يعمَل	←	عامِل ج. عَوامِل	factor
عِندَما	←	عِندَئِذٍ	= عند ذلك، في ذلك الوقت
مُقبِل	←	أَقْبَلَ على، يُقبِل على، الإقبال على	to embark upon; to take an interest in
قصير	←	اِقْتَصَرَ على، يَقتَصِر على، الاِقتِصار على	to be limited to
القَواعِد	←	قاعِدة ج. قَواعِد	rule
كثير	←	أَكثَرَ مِن ، يُكثِر من ، الإكثار من	to do a lot of
كانَ ، يكون	←	(المصدر:) الكَوْن	being
لاحَظَ	←	مَلْحوظ / ة	noticeable, remarkable
نَزَلَ ، يَنزِل ، النُزول	←	نَزَلَ في، يَنزِل في، النُّزول في	to lodge, room in (e.g., a hotel)
	←	مَنْزِل ج. مَنازِل	house, residence (= بيت) (in Classical texts) a way station for travelers
أنشَأَ ، يُنشِئ ، الإنشاء	←	مُنْشَأة ، مُنشَآت	establishment, (physical) institution
نَقَلَ ، يَنقُل ؛ انتَقَلَ	←	تَناقَلَ ، يَتَناقَل ، التَّناقُل	to pass on (news), relate, transmit among each other
هَدَف ج. أهداف	←	اِسْتَهدَفَ، يَستَهدِف، الاِستِهداف	to seek as a goal
مُهِمّ	=	هامّ ج. ـون	
	←	هَمَّ ، يَهُمّ ، الهَمّ	to matter to, be of concern to
وَجه ج. وُجوه	←	اِتَّجَهَ الى، يَتَّجِه الى، الاِتِّجاه الى	to head in the direction of
	←	واجِهة ج. ـات	façade, front
وَراءَ	←	مِن وَراءِ	through, by means of
وَصَفَ، يَصِف ، الوَصف	←	اِتَّصَفَ بـ ، يَتَّصِف بـ	to possess as a characteristic, be described, characterized by

من القاموس DVD

أَثَر ج. آثار	trace, vestige, mark; (plural) ruins, monuments
أَكَّدَ ، يُؤَكِّد ، التَأكيد (أنّ)	to confirm, give assurance, emphasize
بِضاعة ج. بَضائِع	goods, merchandise
ثابِت / ة	fixed, firmly established, proven
ثَواب	reward from God
ثِياب (جمع)	= ملابس
جالِية ج. ـات	foreign community
اِحتَوى ، يَحتَوي ، الاِحتِواء (على)	to contain, comprise
خَمر ج. خُمور	wine
ذو (ذا ، ذي) ، (مؤنث:) ذات **+ اسم في إضافة**	possessing
رُكْن ج. أركان	corner, cornerstone, pillar (literal and figurative)
رائِع ج. ـون	wonderful, awesome
زِفاف	wedding celebration
اِزْدَهَرَ ، يَزدَهِر ، الاِزدِهار	to flourish
سَبيل ج. سُبُل / أَسْبِلة	path, way; public drinking fountain
أَشبَهَ ، يُشبِه	to resemble
شُفِيَ ، يُشفى ، الشِفاء	to be cured, healed, to recover
مُستَشفى ج. مُستَشفَيات	hospital
صابون	soap
ضَمَّ ، يَضُمّ ، الضَمّ	to include, join together (elements of a whole)
عِطْر ج. عُطور	scent, perfume

أعْلَنَ ، يُعلِن ، الإعلان (أنّ)	to announce
إعْلان -ات (عن)	announcement; advertisement, commercial
(فنّ) العِمارة	architecture
غَسَلَ ، يَغْسِل ، الغَسْل	to wash
فاخِر / ة	luxurious, splendid
أقْصى	farthest, utmost, maximum
نَضَجَ ، يَنضُج ، النُضْج	to mature or ripen
ناضِج ج. -ون	mature (people), ripe (food)
النَظافة	cleanliness, tidiness
نَظيف ج. -ون	clean, tidy
نَموذَج / نُموذَج ج. نَماذِج	sample, model, type
وَفَّرَ ، يُوَفِّر ، التَّوفير (لِـ)	to provide (in abundance), to make abundant
وَفير / ة	abundant

«النظافة من الإيمان»

تعلموا هذا الفعل: تصريف فعل "اِستراح" DVD

الماضي

المفرد	المُثنّى	الجمع
اِستَراحَ اِستَراحَت	اِستَراحا اِستَراحَتا	اِستَراحوا اِستَرَحنَ
اِستَرَحتَ اِستَرَحتِ	اِستَرَحْتُما	اِستَرَحتُم اِستَرَحتُنَّ
اِستَرَحتُ		اِستَرَحنا

المضارع المرفوع

المفرد	المُثنّى	الجمع
يَستَريحُ تَستَريحُ	يَستَريحانِ تَستَريحانِ	يَستَريحونَ يَستَرِحْنَ
تَستَريحُ تَستَريحينَ	تَستَريحانِ	تَستَريحونَ تَستَرِحْنَ
أَستَريحُ		نَستَريحُ

DVD

المضارع المجزوم

المفرد	المُثنّى	الجمع
لم يَستَرِحْ لم تَستَرِحْ	لم يَستَريحا لم تَستَريحا	لم يَستَريحوا لم يَستَرِحنَ
لم تَستَرِحْ لم تَستَريحي	لم تَستَريحا	لم تَستَريحوا لم تَستَرِحنَ
لم أستَرِحْ		لم نَستَرِحْ

الأمر

المفرد	المُثنّى	الجمع
اِستَرِحْ! اِستَريحي!	اِستَريحا!	اِستَريحوا! اِستَرِحنَ!

تمرين ١ **اختاروا الكلمة المناسبة واكتبوها في الفراغ: (في البيت)**

١- كان «البيتلز» يمثّلون ——— مهمّة في عالم الموسيقى في الستّينات.

أ . جالية ب . قاعدة جـ . ظاهرة د . طبقة

٢- بالرغم من أخطار التدخين على الصحّة فإن كثيراً من الشباب ما زالوا ——— عليه .

أ . يحتوون ب . يقبلون جـ . يشهدون د . يقتصرون

٣- مدينة استانبول لها ——— خاص لأنّها تجمع بين حضارة الشرق وحضارة الغرب بشكل متميّز.

أ . طابع ب . ثواب جـ . ركن د . نموذج

٤- أُخرج المسلمون من الاندلس عام ١٤٩٢ ولكنهم تركوا وراءهم ——— عديدة تُظهر عظمة الحضارة التي أسّسوها في اسبانيا.

أ . اتجاهات ب . آثاراً ج . تقاليد د . سُبلاً

٥- أريد أن ——— أن موقفي المعارض لا يقوم على أسباب شخصية ولكن على قناعات فكرية وسياسية.

أ . اوفّر ب . أطالب ج . أؤيّد د . اؤكّد

٦- العائلة كانت وما زالت تمثّل ——— الاساسي للتنظيم الاجتماعي والاقتصادي في المجتمعات العربية.

أ . الركن ب . الحوار جـ . الحدث د . الأثر

٧ـ صوتها ــــــــ فعلاً ! وانا استمتع دائماً بالاستماع اليه.

أ . خياليّ ب . مضحك جـ . رائع د . نظيف

٨ـ لعب العرب في القرون الوسطى دوراً بارزاً في تطوير ــــــــ الانسانية في مجالات الطب والفلسفة والعلوم .

أ . الحضارة ب . الجودة جـ . الشخصية د . الظاهرة

٩ـ ــــــــ المتحف البريطاني مجموعات ضخمة من الآثار الفرعونية والاسلامية .

أ . يبني ب . يتناقل جـ . يضمّ د . يشبه

١٠ـ يركّز هذا البحث على دراسة الاحوال المعيشيّة لسكان هذه المنطقة ومعظمهم من ــــــــ المتوسطة .

أ . العمارة ب . الطبقة جـ . القاعدة د . الجالية

١١ـ تحاول الوزارة تشجيع أبناء الطبقة الفقيرة على مواصلة تعليمهم عن طريق ــــــــ المنح والمساعدات المالية لهم .

أ . اِتّخاذ ب . إيفاد جـ . توفير د . ضمّ

١٢ـ انا معجب جداً بها وبشخصيتها، فمن الواضح أنها انسانة ــــــــ فكرياً.

أ . ناضجة ب . فاخرة جـ . عازبة د . نظيفة

١٣ـ يقول الناس دائماً إن أختي ــــــــني كثيراً ولكني لا أرى ذلك!

أ. تشهد ب . تحتوي جـ . تشبه د . تقبل

١٤ـ هناك عدة ــــــــ جعلتني أتردّد في قبول المنصب وأولها عدم رغبتي في السفر والتنقل من مدينة الى اخرى.

أ . طوابع ب . مظاهرات جـ . عوامل د . أوجُه

١٥ـ لم ــــــــ نشاط هدى شعراوي على المجال الاجتماعي فحسب ولكنه امتدّ ايضًا الى المجالين السياسي والتعليمي .

أ . يتداخل ب . يزدهر جـ . يقتصر د . يُقبل

١٦ـ صار من اللازم أن أقوم بالغسيل، فليس عندي أي قطعة ثياب ــــــــ .

أ . صِحيّة ب . نظيفة جـ . فارغة د . فاخرة

تمرين ٢ **ما معنى هذا؟ (في البيت)**

اكتبوا كلمة لها معنى مماثل		اكتبوا كلمة لها معنى معاكس	
١- ملابسي مغسولة ≈	______	٧- رأيه متغيّر	______
٢- دُعيت الى حفلة زواج ≈	______	٨- بضاعة عاديّة	______
٣- عن طريق الانترنت ≈	______	٩- أصبحت مريضا ≠	______
٤- تُعرف بجمال مناظرها	______	١٠- مصادر قليلة ≠	______
٥- المدينة تتكوّن من أحياء ≈	______	١١- أقرب مكان	______
٦- أقاموا في ذلك الفندق ≈	______	١٢- تقدُّم غير واضح ≠	______

تمرين ٣ **استخدم/ي "ما" للتعبير عن التعجب في هذه الحالات : (في البيت)**

مثال: رأيت قصر ملك المغرب وقلت في نفسي: ما أروَعَ هذا القصر!

صفات: رائع - نظيف - فاخر - وفير - ناضج

١- في حفلة الزفاف قال كل الناس:

٢- بعد أن استمرّ ثلاث ساعات في غسل السيارة قال في نفسه *said to himself*:

٣- إذا نزلتم في فندق «ريتز» فربما ستقولون:

٤- ذهبوا الى المركز التجاري الجديد والضخم وعبّروا عن إعجابهم الشديد قائلين:

٥- كل من شاهد المقابلة مع الفتاة التي حصلت على الجائزة قال في نفسه:

تمرين ٤ **كيف نقول بالعربية؟ أوزان الفعل (في الصف)**

كوّنوا أفعالاً من المفردات الجديدة مستخدمين معرفتكم بمعاني الأوزان ثم كوّنوا بها أسئلة واسألوا زملاءكم:

1. to be sure (assured) that
2. to put someone up (e.g., in a hotel)
3. to be or become abundant
4. to clean (make something clean: use وزن فَعَّلَ)
5. to join (hint: use a passive وزن ; literally: *to be included into* الى)
6. to make (someone) relax, be comfortable
7. to prove that (use وزن أفعَلَ)

تمرين ٥ **اسألوا زملاءكم: الأفعال الجديدة (في الصف)**

١- ما معنى الاستراحة بالنسبة لهم ؟ هل يستريحون بانتظام؟ متى؟ كيف؟

٢- ما رأيهم في جودة الصناعة الأمريكية بصورة عامة؟ هل يشترون البضائع المصنوعة في أمريكا فقط؟ هل يهُمّهم أين صُنعت البضائع التي يشترونها؟

٣- ما رأيهم في ظاهرة تناقل الأخبار والمعلومات عن طريق الانترنت؟

٤- كم مرة في الشهر يغسلون ثيابهم؟ أي صابون يستخدمون للغَسيل؟ هل عندهم غَسّالة *washing machine* في البيت؟

٥- مَن يشبهون في عائلتهم؟ ومن لا يشبهون؟

٦- ما هي وجهة نظرهم في أسباب ازدهار الحضارة الأوروبية في عصر النهضة والثورة الصناعية؟ الى أي أشياء يعود هذا الازدهار؟

٧- ما هو أحسن نموذج للتَّسامُح *tolerance* الديني في رأيهم؟

تمرين ٦ **ذو/ ذات (في البيت أو في الصف)**

The particle ذو allows you to form a possessive phrase: *having/possessing (something)*. Like relative pronouns الذي/التي/الذين , ذو agrees in gender and number with the noun it modifies:

ذو/ذا/ذي ج. ذَوو/ذَوي   **مؤنث: ذات ج. ذَوات**

Unlike الذي , it can modify both definite **and** indefinite nouns, and it forms an إضافة with a following noun. Like أبو and أخو , ذو always shows its إعراب endings:

هذا المبنى ذو طابعٍ شرقي. وجدت عريساً ذا شهرةٍ ومال. انتقلوا الى منزلٍ ذي طابقَين.

مثال على المؤنث "ذات": أفضّل السيارةَ ذاتَ اللونِ الأحمر.

Practice using ذو and ذات by choosing the correct form for each sentence. Write الإعراب .

١- لا أستطيع الاستحمام بصابون ـــــ عطر لأن عندي حساسيّة *allergy*.

٢- اشترينا منزلا ـــــ طابقين و٤ غرف نوم.

٣- واجهة هذا المبنى ـــــ طابع عثماني لأنه بُني في القرن التاسع عشر.

٤- الروسية والتركية واللاتينية لغات ـــــ قواعد صعبة.

٥- الشعب الصيني شعب ـــــ حضارة قديمة.

٦- كانت المساجد في القرون الوسطى منشآت ـــــ دور تعليمي هام.

٧- قررا أن يبنيا بيتاً في حي جديد ـــــ شوارع واسعة ومنازل فاخرة.

تمرين ٧ *Expressions of time with* ـئذٍ **(في البيت)**

The suffix ـئذٍ may be added to certain words expressing a period of time to give the meaning *at that (time)*. Learn the following expressions, and use them to complete the sentences below:

عندَئذٍ	=	عند ذلك (الوقت)	حينَئذٍ	=	في ذلك الحين (الوقت)
سَنَتَئذٍ	=	في تلك السنة	يَومَئذٍ	=	في ذلك اليوم
وَقتَئذٍ	=	في ذلك الوقت	بَعدَئذٍ	=	بعد ذلك الوقت
ساعتَئذٍ	=	في تلك الساعة			

أكملوا الجمل التالية مستخدمين كلمة فيها "ئذٍ":

١- ... قبّل العريس عروسه و______ صارا زوجيْن.

٢- افتتح هذا المبنى سنة ١٩٧٥ وكنت ______ تلميذاً في المرحلة الاعدادية .

٣- سارت الطائرة باتّجاه الشرق حتى قطعت البحر و______ غيّرت اتجاهها.

٤- وقع الحادث في الساعة العاشرة ليلاً وكنا ______ نائمين في غرفنا.

٥- أقترح أن ننتظر حتى نهاية الصيف و______ ننزل البضاعة الجديدة الى السوق.

تمرين ٨ **اكتبوا كلمة مناسبة من المفردات الجديدة في كل فراغ: (في البيت)**

١- بعد موت زوجته الملكة ممتاز محل قرّر الملك الهندي شاه جَهان ان ______ قصر «تاج محل» ليحفظ ذكراها.

٢- ابني الصغير لا يحب ______ لأن الصابون يدخل في عينيه.

٣- مشكلة هذا ______ أنه لا يتّسع لهذا العدد الضخم من الموظفين.

٤- في السنوات الأخيرة ازداد عدد المحجّبات في المجتمعات العربية بشكل ______ .

٥- الزكاة في الاسلام نشاط ______ هدفه مساعدة الفقراء والمحتاجين.

٦- الفصحى والعامية تمثّلان جانبين من لغة واحدة (وليس لغتين مستقلّتين) بسبب القدر الكبير من ______ الذي نلاحظه بينهما في المفردات والقواعد.

٧- ______ الصينيّة، على اختلاف أنواعها، منتشرة بشكل واسع في كل أسواق العالم.

٨- يحرّم الاسلام شرب ــــــ في حين أن كثيراً من الاديان تسمح به.

٩- هذا العلاج الجديد لمرض البلهارسيا يساعد على ــــــ من هذا المرض بسرعة.

١٠- ما يساعدها على البقاء في صحة جيّدة هو انها ــــــ من أكل الخضار والفواكه وتقوم بتمرينات رياضية بانتظام.

١١- ــــــ الحكومة الليبية قراراً بطرد ثلاثة من الديبلوماسيين السعوديين واعتبرتهم أشخاصاً «غير مرغوب فيهم».

١٢- تُعد باريس أهم مركز لانتاج ــــــ المعروفة عالمياً مثل «شانيل» و«ديور».

١٣- خلال حرب الخليج انقطعت عنا اخبار أهلي في بغداد فاضطررنا الى الاتصال بهم ــــــ الصليب الأحمر الدولي.

١٤- قصر «الحمراء» في اسبانيا ــــــ رائع لجمال العمارة الاسلامية.

١٥- يُقبل الناس على شراء البضائع الالكترونية اليابانية لأنها معروفة بِــــــها.

١٦- اذا كنت تفكّر في شراء سيارة مستعملة فأقترح عليك أن تنظر في صفحة ــــــ في الجريدة.

تمرين ٩   كيف؟ الوصف باستخدام الحال (في الصف)

استخدموا المفردات الجديدة في تكوين جمل "حال" لوصف هؤلاء:

Remember: Stative verbs often occur in الحال as اسم الفاعل and process verbs as المضارع.

Stative: أقبل على – أكّد أنّ – نزل في – استهدف – اتّجه الى – وفّر

Process: غسل – نظّف – تناقل – استحمّ

١- ظهر الرئيس على التليفزيون ــــــــــــــــــــ .

٢- اتّجه العمّال الى أعمالهم ــــــــــــــــــــ .

٣- خرج العروسان من الكنيسة ــــــــــــــــــــ .

٤- خرجت أختاها وبقيت «سندريللا» في البيت ــــــــــــــــــــ .

٥- فقدت الوعي وهي ــــــــــــــــــــ .

٦- قضيتُ يوماً كاملاً في الفندق الفاخر ــــــــــــــــــــ .

تمرين ١٠ **نشاط محادثة: ما هو دور المؤسسات الخيرية؟ (في الصف)**

ما هو الدور الذي تلعبه المؤسسات الخيرية سواء في مجتمعنا أو في المجتمع الدولي؟ ناقشوا هذا السؤال في مجموعات صغيرة، مركّزين على هذه الجوانب: ما هي الخدمات التي يجب أن توفّرها المؤسسات الخيرية ولِمَن؟ هل يجب أن تشجَّع المؤسسات ذات الطابع الديني؟ هل يمكن للمؤسسات الخيرية أن تحسّن أحوال الطبقات الفقيرة؟ ما هو الدور المناسب للحكومات في العمل الخيري؟ هل هناك سُبُل اخرى لمساعدة الفقراء؟ هل نجحت المؤسسات الخيرية في مساعدات الجاليات الأجنبية المحتاجة؟ وأخيراً اذكروا أحسن نموذج تعرفونه لمؤسسة خيرية ناجحة من وجهة نظركم.

عبارات جديدة

أ ــ سَواءٌ / سَواءً (+ كان / الماضي) ... أو/أم ...[1] whether . . . or . . .

- يحتفل الناس في سوريا ولبنان **سواء كانوا** مسلمين **أو** مسيحيين بليلة رأس السنة.
- أحبّه وسأتزوّجه **سواء** وافق أهلي **أم** لم يوافقوا.

أم / أو or

Generally, **أم** offers two possibilities only, one of which must be true.

- هل من الأفضل شراء اللحم من دكان الجزّار **أم** من السوبرماركت؟
- لا أعرف إذا كان الفندق الذي سننزل فيه يوفّر لنا الفطور **أم** لا؟

ب ــ من الطِراز الأوّل (of) first-rate, first class (quality)

- خلال المؤتمر قدّمت الدكتورة خالدة بحثًا **من الطراز الأوّل** أظهرت فيه بوضوح قدراتها كناقدة أدبية.
- كان الجنرال ديغول قائدًا عسكريًا وسياسيًا **من الطراز الأوّل** قاد الشعب الفرنسي في كفاحه ضد الاحتلال النازيّ.

جــ ــ فَضلاً عن to say nothing of, let alone, besides

- كانت طفولتنا كلها قصصًا وحكايات. فجدتي كانت تروي لنا حكاياتها المسلّية ووالدتي كانت تقرأ علينا قصة كل ليلة. هذا **فضلاً عن** القصص التي كنا نقرأها أو نسمعها في المدرسة.

---

[1] سواء can take either المرفوع or المنصوب ending because it may be analyzed either as a حال or as a خبر.

- أصدر الدكتور علي الموسوي أربعة كتب تعتبر رائدة في مجال الهندسة الزراعية. **فضلاً عن** العديد من المقالات التي نشرها في المجلات المتخصصّة.

د ـ في (كل) أنحاء العالم all over the world

- الـ "كوكا كولا" من المشروبات المنتشرة بشكل ملحوظ **في كل أنحاء العالم.**

- حقّق فيلم "صوت الموسيقى" نجاحًا ضخمًا **في كل أنحاء العالم** جعله واحدًا من أنجح الأفلام التي اُنتجت الى الآن.

هـ ـ في حقيقة الأمر = في الحقيقة

- بالرغم من انه يحاول دائمًا ان يظهر بمظهر الانسان الليبرالي المتحرّر فإنه، **في حقيقة الأمر،** تقليدي في طريقة تفكيره.

- دُهش الجميع لما سمعوا بخبر طلاقهما ولكني، **في حقيقة الأمر** كنت انتظر حدوثه.

و ـ على أنّ Nonetheless, . . . ; However, . . .

- لا اختلف معك في ان بعض المستشرقين قدموا صورة غير حقيقية للحضارة العربية، **على انني** لا أريد لنا ان ننسى الدور الهام الذي لعبه البعض الآخر في حفظ جوانب هامّة من التراث العربي.

ز ـ بِمَثابةِ (+ اسم في إضافة) (= مثل) like, equivalent to, functioning as

- كان طرده من الجيش بعد كل تلك السنوات الطويلة من الخدمة **بمثابة** صدمة جعلته يفقد الرغبة في القيام بأي شيء.

تمرين ١١ **العبارات الجديدة (في البيت)**

(أ) ترجموا جمل العبارات الجديدة الى اللغة الإنجليزية .

(ب) استخدموا كل مجموعة من المفردات والعبارات في فقرة

١ـ إعلانات، بضائع، ظاهرة، من وراء، في كل أنحاء العالم، عن طريق، اقتصر على

٢ـ يتّصف بـ، فضلاً عن، جودة، نظافة، فاخر، طبقة، يضمّ، استراحة، بُني، واجهة، من الطراز الأول

٣ـ عريس، زفاف، ثياب، ملحوظ، منزل، لذا، يشبه، خمر، رائع، عطور، بمثابة، استحمّ

٤ـ جاليات، حضارة، ازدهار، تداخل، لا عجب أنّ، سواء كان .. أو ..

٥ـ أكّد، اتّخذ قراراً، على أنّ، عوامل، استهدف، ناضج، في حقيقة الأمر، الى أقصى درجة

تمرين ١٢ نشاط استماع في البيت DVD

استمعوا الى النص التالي على الـ DVD واكتبوا الكلمات في الفراغات:

اليهود في الأندلس

في شبه جزيرة ايبيريا التي ______ ______ اسبانيا والبرتغال عاش ______

______ ______ قبل الفتح الاسلامي اي قبل عام ______ م . و______ ______ ______

______ عددهم الكبير و______ ______ ______ في تلك الفترة فانهم كانوا ______

______ من الظلم، وكانت ______ في ذلك الوقت ______ ______ ______ الى المسيحية

______ السلمية أحيانا و______ أحيانا ______ .

ولكن ______ ______ تغير مع قدوم ______ الاسلامي في ______ ______ ______

______ الميلادي، وتذكر بعض ______ ______ ______ ان ______ ______ ______ ______ في

______ ______ ورحبوا بمجيئهم. وحين وصل طارق بن زياد ______ ______ ______

الى مدينة طليطلة ______ لمن ______ فيها من المسيحيين على ______ وحفظ ______

______ . وقد ______ ______ المسلمون بعده ______ ______ لليهود ______

العبادة شرط ان يدفعوا الجزية *tax*، و ______ ______ المسلمين لليهود بالتساهل على العموم

______ في زمن الموحدين والمرابطين الذين ______ كثيرا في ______ .

و______ ، فقد وجدت ______ ______ في معظم المدن الاندلسية، وقد ______ ______

______ ______ فيما بعد وظهرت بينها ______ ______ ______ ______ ______ كبيرة في

الدولة في ذلك الوقت، مثل ______ الوزير و______ طبيب القصر و______ ______ ______

______ . و______ ______ حسراي بن شبروط الوزير الطبيب الذي ______ في قرطبة

______ للدراسات التلمودية، وموسى بن ميمون الطبيب الفيلسوف ______ ______ ______

______ الى ______ ______ . وشجعت ______ ______ كثيرين من يهود

______ و______ على ______ الى الاندلس، فـ ______ بعضهم ______ التأليف في

الفقه اليهودي و______ ______ ______ ______ قرطبة التلمودية التي أصبحت مركزا

للدراسات والباحثين في ______ ______ و______ .

ـــــــ ـــــــ إذن ـــــــ ـــــــ ـــــــ ـــــــ فـاجـولا يقـول انه لم

يحدث طوال ـــــــ ـــــــ ـــــــ وحتى آخر ـــــــ ـــــــ ان ـــــــ اليهود ذاتهم في

بيئة غير يهودية كما فعلوا في اسبانيا ، وـــــــ ـــــــ ـــــــ الوزير الاسرائيلي السابق ابا ايبان يذكر

انه على ـــــــ ـــــــ ـــــــ ـــــــ لم يعرف اليهود ـــــــ ـــــــ ـــــــ ـــــــ وـــــــ

الذات ـــــــ ـــــــ ـــــــ : مرة في الولايات المتحدة الامريكية اليوم ومرة في ـــــــ ـــــــ ـــــــ

منذ ـــــــ .

الثقافة DVD

من التاريخ الإسلامي

- ابن جبير
- كتاب تاريخ بغداد
- الحروب الصليبية
- الفرنج
- الأيّوبيّون
- مِلّة ج. مِلَل
- العمارة الإسلامية
- ذكر الله تعالى والأنبياء:

الله تعالى سُبحانه وتعالى تبارك وتعالى

الله عزّ وجلّ جلّ جلالُه

سيّدنا محمد صلّى اللهُ عليه وسلّم

سيدنا ابراهيم عليه السلام سيدنا موسى عليه السلام

سيدنا عيسى أو السيد المسيح عليه السلام السيدة مريم عليها السلام

تمرين ١٣ الكتابة عن الثقافة (في البيت)

اكتبوا فقرة عمّا سمعتم عن الثقافة والتاريخ الإسلاميين، مضيفين أي معلومات أخرى تعرفونها.

تمرين ١٤ **القراءة في البيت بدون القاموس** DVD

رقّموا الفقرات من ١ الى ٩ في النص قبل أن تبدأوا.

١ـ **القراءة السريعة:** ما هي المؤسسات والمنشآت المذكورة في هذا النص؟

٢ـ ما هي المؤسسة التي كانت تتّصف بنشاطات اجتماعية واسعة، وما كانت تلك النشاطات؟

٣ـ الى متى يرجع أصل بعض هذه المؤسسات؟

٤ـ ما هو الخان؟

٥ـ انتقلت إحدى هذه المؤسسات الى الغرب، أي مؤسسة هي؟ وكيف تمّ نقلها؟

٦ـ اذكروا شيئا ممتعا تعلمتموه من هذا النص.

٧ـ خمّنوا معنى الكلمات التالية بدون القاموس واكتبوا الحركات *vowels* على الكلمة:

فقرة ٢: فاستهدف مؤسسوها من وراء إنشائها التقرّب الى الله تعالى =

فقرة ٣: كانت الأسبلة التي أقامها الخَيِّرون =

فقرة ٤: ما زال كثير من مباني الأسبلة الأثرية قائمًا بالقاهرة =

فقرة ٥: منشآت عامة يقصدها الناس للاغتسال والاستحمام =

فقرة ٧: والعريس أو العروس يتعيّن على كل منهما أن يدخل الحمام ... =

وتكون (المرأة) في هذه الحالة قد استصحبت معها أفخر ثيابها =

فقرة ٩: ويجد على مقربة منه ما يتوق إليه من طعام وماء للاستحمام =

السماح لهم باستحضار ما يلزمهم من خمور وغيرها =

يتجه هو وأسرته الى المكان المخصص لاقامته ليستريح =

فإنه كان يسمح لهم باقامة كنيسة صغيرة داخل الفندق =

بسم الله الرحمن الرحيم

المؤسسات الاجتماعية في الحضارة العربية

تتصف الحضارة العربية الإسلامية بأنها حضارة إنسانية بلغت الحياة الاجتماعية فيها أقصى ما يمكن أن تبلغه في مجتمع من رقي ونضج. وقد ساعدت على ذلك عدة عوامل منها أن الدولة الاسلامية ضمت بلاداً - مثل مصر والشام وفارس - لها جذورها الحضارية القديمة، وعرفت ألوانًا من النشاط الاجتماعي في تاريخها القديم، شهدت عليه المنشآت الاجتماعية التي رأى العرب كثيراً من بقاياها وآثارها، مثل الحمامات والمسارح وغيرها.

ومن الطبيعي أن تبرز في الدولة الاسلامية مؤسسات ومنشآت ذات صبغة اجتماعية يظهر فيها هذا النشاط الاجتماعي. ومن هذه المؤسسات ما كان ذا صبغة اجتماعية كالحمامات والأسبلة؛ ومنها ما كان ذا صبغة تجارية أو دينية، ولكنه احتوى نشاطًا اجتماعيًا ملحوظًا كالفنادق والخانات والجوامع والمدارس وغيرها. ويلاحظ على هذه المؤسسات أن كثيراً منها اتخذ طابعاً خيرياً، فاستهدف مؤسسوها من وراء إنشائها التقرب الى اللّه تعالى عن طريق فعل الخير. على أن الظاهرة الواضحة في التاريخ الإسلامي هي نجاح المؤسسات الاجتماعية في البقاء طويلاً، وعدم توقفها بعد وفاة مؤسسيها.

ومن المؤسسات الاجتماعية ذات الأهمية البالغة في الحضارة العربية الإسلامية السبل التي قصد بها توفير ماء الشرب للمسافرين وجموع الناس، سواء داخل المدن أو خارجها. والمعروف أن إقامة الأسبلة عادة متبعة عند جميع الملل، ولكنها ازدهرت في ظل الحضارة العربية، إذ وجد المسلمون فيها قدراً كبيراً من حسن الثواب. ولذا كانت الأسبلة التي أقامها الخيّرون بمثابة منشآت كبيرة تخدم أعداداً وفيرة من الناس، ووضعت لها نظم وقواعد تكفل الوقاية الصحية.

وأعظم نماذج الأسبلة في الإسلام كان في مصر، حيث أخذت ظاهرة إنشائها تنتشر منذ القرن السادس الهجري، وأقبل السلاطين والأمراء - ونساؤهم - على إقامتها على الطرق العامة. وما زال كثير من مباني الأسبلة الأثرية قائماً بالقاهرة، تسترعي النظر بفنها وجمال عمارتها، وما على واجهتها من آيات قرآنية، مثل ﴿ وسَقاهُم رَبُّهُم شَرابًا طَهوراً ﴾.

ومن المؤسسات الاجتماعية الهامة التي ذخرت بها مدن العالم الإسلامي في العصور الوسطى الحمامات العامة التي قصدها الناس من مختلف الطبقات رجالاً ونساء للاستحمام. ذلك أن الناس لم يألفوا في تلك العصور الاستحمام في منازلهم، ولم توجد الحمامات الخاصة إلا في قصور الحكام والأمراء. ولما كان الإسلام قد جعل النظافة ركنًا من أركان الإيمان؛ ونادى القرآن الكريم بأن اللّه يحب المُطَّهِّرين [القرآن الكريم ٩ :١٠٨]؛ فإنه صار من الضروري إقامة منشآت عامة يقصدها الناس للاغتسال والاستحمام.

وهكذا انتشرت الحمامات العامة في مختلف مدن العالم الإسلامي، مشرقه ومغربه . وقد جاء في تاريخ بغداد أن تلك المدينة كان بها في القرن الرابع للهجرة عشرة آلاف حمام. أما دمشق التي اشتهرت بصناعة الصابون الممتاز والعطور الطيبة، فقد اتصفت حماماتها بالجودة فضلاً عن العناية بالخدمة. ومن الثابت في المصادر أن حمامات الشام استرعت دهشة الفرنج واعجابهم على عصر الحروب الصليبية، فتردد بعضهم عليها للاستحمام. وعن طريق الفرنج انتقلت هذه الظاهرة الى الغرب الأوروبي.

على أن أهمية الحمام في تلك العصور لم تقتصر على كونه مؤسسة لنظافة الجسم فحسب، وانما كان أيضًا مركزًا اجتماعيًا من الطراز الأول. فالمريض إذا دخل الحمام اعتبر ذلك إعلانًا لشفائه. والعريس أو العروس يتعين على كل منهما أن يدخل الحمام قبل حفل الزفاف، فيعتبر ذلك من الأعياد العائلية الرائعة، ويكون الخروج من الحمام عندئذ أشبه بمظاهرة اجتماعية يحضرها الأهل والأحباب والأصدقاء. وفي الحمام اعتادت أن تجتمع النساء والصديقات فيتناقلن أخبار الناس، ويقصصن على بعضهن كثيراً من أخبارهن المنزلية. وإلى الحمام تتجه المرأة التي لا يراها الناس الا محجبة، وتكون في هذه الحالة قد استصحبت معها أفخر ثيابها لتلبسها بعد الاستحمام، حتى يراها غيرها. لذلك لا عجب إذا أكثر أدباء العصر وشعراؤه من وصف الحبيب في الحمام.

ومثل هذا يقال عن المنشآت والمؤسسات التجارية التي انتشرت في أنحاء العالم الإسلامي، مثل الخانات والفنادق، والتي لم تخل الحياة فيها من جانب اجتماعي. والغالب في الخانات أنها كانت تقام على امتداد الطرق التجارية، مثل خان صلاح الدين الذي نزل به الرحالة ابن جبير في طريقه من حمص الى دمشق، ومثل خان يونس الذي بناه خارج مدينة غزة الأمير يونس النوروزي أحد أمراء الناصر محمد. هذا وان كانت بعض الخانات قد أقيمت في المدن، وهي في حقيقة الأمر أقرب الى الفنادق مثل خان الخليلي الذي أنشأه الأمير جهاركس بن عبد الله الخليلي اليبغاوي، أحد أمراء السلطان برقوق.

أما الفنادق، فهي بمعناها العام مؤسسات ومنشآت مخصصة لنزول التجار فيها. وقد مر ابن بطوطة بعدد منها، في طريقه – عبر الصحراء الشرقية – من مصر إلى الشام، فقال إن «بكل منزل منها فندق، وهم يسمونه الخان»، مما يؤكد التداخل بين معنى الفندق ومعنى الخان. وكان التاجر عندما يصل إلى الفندق أو الخان يضع بضائعه وأمواله في المكان المخصص لها، ويتجه هو وأسرته الى المكان المخصص لاقامته ليستريح، ويجد على مقربة منه ما يتوق إليه من طعام وماء للاستحمام والاغتسال ثم الاجتماع بمن يهمه الاجتماع بهم من تجار وغير تجار. فإذا كان الفندق خاصًا بجالية من الجاليات الأجنبية، فإنه كان يسمح لهم باقامة كنيسة صغيرة داخل الفندق، فضلاً عن السماح لهم باستحضار ما يلزمهم من خمور وغيرها، مما يألفه التاجر الأجنبي في بلاده.

من كتاب «موسوعة الحضارة العربية الاسلامية»، .د. سعيد عاشور،
المجلد الثالث، المؤسسة العربية للدراسات والنشر ، بيروت ، ١٩٨٧.

تمرين ١٥ القراءة في الصف في مجموعات صغيرة

١- ما هو الطابع الذي يجمع بين هذه المؤسسات؟

٢- ما هي الطبقات الاجتماعية التي كانت تخدمها كل واحدة من هذه المؤسسات؟

٣- لماذا أقبل الناس على إنشاء الأسبلة؟ من أقبل على إنشائها بشكل كبير؟

٤ ما هي الخدمات التي كانت الفنادق توفّرها للتجّار؟

٥- ماذا يقول النص عن الاختلاف بين الخان والفندق؟

٦- يذكر النص أنّ في مدينة القاهرة اليوم ________________ .

٧- يذكر النص أنّ مدينتي بغداد ودمشق كانتا تشتهران بـ ________________ .

تمرين ١٦ دراسة القواعد والتراكيب في النص (في البيت)

1. The introduction or opening paragraph(s) of texts, whether literary or expository, often constitute the most difficult part, because here the writer uses his or her most elevated style. Study the two sentences of the opening paragraph of the text with the help of the questions below and your قاموس when necessary.

أ ـ تتّصف الحضارة العربية بأنها حضارة إنسانية بلغت الحياة الاجتماعية فيها أقصى ما يمكن أن تبلغه في مجتمع من رُقيّ ونضج.

(i) To understand this sentence you must pay close attention to its structure. Draw arrows showing the subjects of all verbs and the referents of all pronouns.

(ii) Guess the meaning of رُقيّ . What helped you guess?

(iii) Note that ما . . . من , when they occur in the same sentence, combine to mean *what in the way of*. To get at the meaning of this structure, focus on the phrase following من , which refers back to and fits logically in the sentence in the place of ما . Draw an arrow to show this reference.

(iv) Remember that indefinite nouns sometimes give the sense *any*. ______ = في مجتمعٍ

(v) Give the general meaning of sentence (أ) بالانكليزية .

ب ـ وقد ساعدت على ذلك عدة عوامل منها أن الدولة الاسلامية ضمّت بلادًا ... لها جذورها الحضارية القديمة، وعرفت ألوانًا من النشاط الاجتماعي ... شهدت عليه المنشآت الاجتماعية.

(i) Draw arrows to show the referents of pronouns and the subjects of all verbs. Hint: Notice that شهدت is **not** parallel to عرفت because it is not preceded by و . To what does ـه in عليه refer? (Pay attention to gender.)

(ii) Paraphrase the meaning of the sentence بالعربية .

2. Remember that ما . . . من means *what in the way of*. Give the general meaning of the following sentence with the help of the question: What attracts attention in these buildings?

فقرة ٤: تسترعي النظر بـ . . . وما على واجهتها من آيات قرآنية .

3. In the next sentence, مَن . . . من means *who in the way of* (parallel to ما . . . من). Replace مَن with the phrase following من and give the general meaning of this sentence with the help of the question: With whom did the (visiting) merchant meet?

فقرة ٩: ... ثم الاجتماع بمَن يهمه الاجتماع بهم من تجار وغير تجار .

4. The particle ممّا (= مِن + ما) often means *(a fact) which . . .*, referring to the immediately preceding sentence. Translate the following sentence:

فقرة ٩: وقد مرّ ابن بطوطة . . . ممّا يؤكد التداخل بين معنى الفندق ومعنى الخان.

تمرين ١٧ دراسة القواعد والتراكيب (في الصف)

1. Find all of the variations of ذو in the first two paragraphs. Give the reason for the case ending in each case. (Remember (أبو / أبا / أبي ؛ أخو / أخا / أخي)

٢ـ اكتبوا الإعراب في الكلمات التي تحتها خط في الجمل التالية واقرأوها بصوت عالٍ. What structure do they share?

فقرة ٣: ووضعت لها نظم وقواعد تكفل الوقاية الصحية .

فقرة ٧: فالمريض اذا دخل الحمام اعتبر ذلك اعلانا لشفائه .

فقرة ٨: ومثل هذا يقال عن المنشآت والمؤسسات التجارية.

والغالب في الخانات انها كانت تقام على امتداد الطرق التجارية.

هذا وإن كانت بعض الخانات قد اقيمت في المدن.

فقرة ٩: فأنه كان يسمح لهم بإقامة كنيسة صغيرة داخل الفندق .

٣ـ اكتبوا الإعراب في فقرتيْ ٤ و٥ ثم اقرأوا الفقرتين لبعضكم البعض.

القواعد

★ المماثلة *Assimilation* في وزن اِفتَعَل

The following verbs all belong to وزن افتعل. See if you can identify الجذر of each:

اِتّحد   اِتّبع   اِزدَحَم   ازدهر   اصطدم   اضطرّ

These verbs illustrate what happens when certain root letters combine with وزن افتعل.

Remember that verbs whose roots begin with و combine with وزن افتعل in such a way that the و is swallowed by the ت , as in اِتَّحَدَ (← اوتحد). Similarly, when roots beginning with ت combine with افتعل , the two ت 's are written as one with a شدة , as in اِتَّبَعَ (ت-ب-ع) .

Other spelling and pronunciation conventions reflect the combination of certain sounds with the ت of افتعل . For example, when the root ز-ح-م combines with افتعل , the voicing of ز carries over to the ت , resulting in the combination ازدحم . (To see why this happens, pronounce اِزْتَحَمَ aloud several times; you will hear ت become د as you say the word quickly.) Similarly, the emphatic sounds ص and ض also affect the sound of ت in افتعل so that it sounds like and is spelled ط . The following diagram summarizes the derivation of these verbs:[1]

						افتعل :	**+**	**الجذر**
اِتَّبَع	←	تّ :	←	ت + ت	←	(اِتْتَبَع)	←	ت-ب-ع
اِزدَحَم	←	زد :	←	ز + ت	←	(اِزْتَحم)	←	ز-ح-م
to collide اِصطَدَمَ	←	صط :	←	ص + ت	←	(اِصتَدَمَ)	←	ص-د-م
اِضطَرَّ إلى	←	ضط :	←	ض + ت	←	(اِضْتَرَّ)	←	ض-ر-ر

Similar shifts also occur in roots that begin with ذ , ط , and ظ (although such combinations are rare):

(ط-ل-ع) اِطَّلَع   (ذ-خ-ر) اِدَّخَر

Learn to recognize these combinations so that you can determine the وزن and جذر of similar verbs.

تمرين ١٨   معرفة وزن افتعل (في البيت)

Use the dictionary to find the meanings of the underlined words:

١- أحب أن أطَّلِع على الاخبار يوميًا عن طريق قراءة الصحف .

٢- فقد رِجله في الحرب وهو الآن يمشي على رجل اصطناعية .

٣- في الستينات، اتَّضَحَ أنّ التدخين يسبب أمراضًا كثيرة .

٤- اِضطَرَبَ عندما عرف بأننا اكتشفنا خيانته .

٥- اِتَّفَقت معهم على أن نتقابل أمام الدكان .

---

[1]It so happens that the verb اِتَّخَذَ shows the assimilation of أ with ت ; however, hamza does not usually assimilate in this وزن .

★ ما ... مِن

When the words ما and مِن occur in the same phrase or sentence, they often combine to form an expression meaning roughly *what in the way of*. This expression is difficult to translate into English because the English equivalent sounds convoluted, whereas the Arabic expression is commonly used and considered to be good style. In the text, you saw the example:

what is on its façade in the way of Quranic verses ما على واجهتها من آيات قرآنية

The sense given by this construction might also be rendered as *the various Quranic verses on its façade*. Note that ما in this expression serves as a place holder for the noun that follows من , which is the most important part of the phrase for understanding its meaning.

One way to understand ما . . . من constructions is to transform them using الذي (التي، الذين) . Change the phrase following من into a definite one and substitute it for ما (من then drops). For example:

ما على واجهتها من آيات قرآنية ← الآيات القرآنية التي على واجهتها

The resulting phrase is much easier to translate.

Another way to understand this construction is to read the phrase following من as *the various* . . . and to then substitute it for ما . For example:

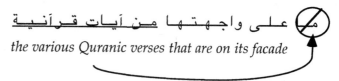

ما على واجهتها من آيات قرآنية

the various Quranic verses that are on its facade

تمرين ١٩ **ما .. من (في البيت)**

Rephrase the following sentences using الذي/التي /الذين as in the example:

مثال: هل فهمت ما درست من قواعد؟ ← هل فهمت القواعد التي درستها؟

١- وصف ابن بطوطة كل ما رآه من مناظر عجيبة.

٢- يجد الزائر في القاهرة كل ما يريده من نشاطات ثقافية.

٣- على الرغم من كل ما أعطيتها من نصائح فإنها فشلت.

٤- تمرّد على كل ما كان أهله يتّبعونه من أفكار وتقاليد.

٥- أُعجبتُ كثيراً بكل ما عندهم من بضائع ومُنتَجات.

٦- رغم كل ما بنته الحكومة من مدارس فإنّ عدد التلاميذ يزيد عن الأماكن المتوفرة.

٧- من الصعب أن تتوحّد الجالية العربية في أمريكا بسبب كل ما تضمّه من جنسيات.

★ أوزان الفعل

By now you should be able to recognize, derive, and conjugate all the أوزان الفعل that you have studied. You have also learned that some of the أوزان are related in meaning. In particular, you have examined the following relationships:

فَعَلَ — أفعَلَ : بَقِيَ — أبقى صَدَرَ — أصدَرَ

فَعَّلَ — تَفَعَّلَ : طَوَّرَ — تَطَوَّرَ خَرَّجَ — تَخَرَّجَ

These verb pairs demonstrate that certain أوزان form natural pairs whose meanings are related to each other. We will now examine the relationships of meaning among all of the أوزان . As you learn these meanings, remember that they are best understood in relation to each other, rather than in an absolute sense.

Understanding the relationships of meaning among الأوزان helps you guess the meaning of new verbs in context. Note that the meanings of some verbs can be easily derived from a noun or adjective of the same جذر . For example:

to face or head in the direction of	اتَّجَهَ الى	←	وَجه
to clean	نَظَّفَ	←	نظيف

In addition, knowing the meanings of الأوزان allows you to guess how a certain meaning might be expressed. For example, if you know the verb دخل , and you want to say *to insert*, you can use what you know about the relationship between فَعَلَ and أفعَلَ to guess that أدخَلَ might give you the meaning you want. However, you must always check your dictionary: some combinations of وزن and جذر , while theoretically possible, are simply not used.

A useful principle to remember is that the higher the number of the وزن , the more abstract the meaning of the verb. As Arab grammarians have said:

«زيادة في الوزن = زيادة في المعنى»

Note that a given English verb may not convey all the meanings of a similar Arabic verb; or it may convey several meanings, each of which requires a different وزن in Arabic. For example, English *walk* may be intransitive (*I walk a lot*) or transitive (*I walk* ***something,*** e.g., *my dog*). In Arabic, each of these two different senses is conveyed by a different وزن . When studying the meanings of the أوزان , note which of them take direct objects.

Finally, keep in mind that these relationships of meaning **do not constitute an exact science.** There are exceptions to every rule. However, these few exceptions will not hinder your ability to use these rules to improve your vocabulary and comprehension.

In this chapter, we will examine the basic meaning(s) of each وزن . Most of the أوزان carry several possible meanings; the following are the most common ones, for which you have learned a number of examples. In Part Three, more details of the أوزان will be discussed as you learn a greater number of verbs that carry additional meanings.

Read through the general descriptions below and learn the verbs introduced in each to help you internalize the concepts.

I وزن فَعُلَ   *basic meaning of* الجذر

In addition to the وزن فَعَل verbs you know, which carry the basic meaning of their roots, like شرب , كتب , مشى , and so forth, note that most simple adjectives have a corresponding verb and مصدر :

صغير: صَغُرَ ، يصغُرُ ، الصِغَر	to be big	كبير: كَبُرَ ، يكبُرُ ، الكِبَر
سهل : سَهُلَ ، يسهُلُ ، السُهولة		صعب: صَعُبَ ، يصعُبُ ، الصُعوبة
قصير: قَصُرَ ، يقصُرُ ، القِصَر		طويل: طالَ ، يطول ، الطول
قريب : قَرُبَ ، يقرُبُ ، القُرب		بعيد : بَعُدَ ، يبعُدُ ، البُعد

II وزن فَعَّلَ   *to make or cause someone (s.o.) or something (s.th.) to do or be* فعل

to make (s.th.) near(er)	قَرَّبَ (ﻫ) ←	*to be near* قَرُبَ
to make (s.th.) easy, to facilitate	سَهَّلَ (ﻫ) ←	*to be easy* سَهُلَ
to make (s.o.) recall, i.e., to remind (s.o.)	ذَكَّرَ (ﻩ) ←	*to recall* ذَكَرَ
to make (s.th.) "other," i.e., to change (s.th.)	غَيَّرَ (ﻩ) ←	(غَير)

III وزن فاعَلَ   *to do to (someone), to involve (someone) in* فعل

to treat (s.o.)	عامَلَ (ﻩ) ←	عَمِلَ
to separate, put distance between (two parties)	باعَدَ (بين) ←	*to be far* بَعُدَ
to correspond with (s.o.)	راسَلَ (ﻩ) ←	(رسالة)
to face (s.o.)	واجَهَ (ﻩ) ←	(وجه)

IV وزن أفعَلَ   *to make or cause (someone or something) to do or be* فعل

to set up, erect (event, housing); dwell, reside	أقامَ (ﻫ) ←	*to get up, be erect* قامَ
to make (s.th.) appear, to show, demonstrate	أظهَرَ (ﻩ) ←	*to appear* ظَهَرَ
to make (s.o.) laugh	أضحَكَ (ﻩ) ←	*to laugh* ضَحِكَ
to cause (s.th.) to happen	أحدَثَ (ﻫ) ←	*to happen* حَدَثَ
to arouse (s.th.), stir up	أثار (ﻩ) ←	*to rise up, revolt* ثارَ

You may have noticed that فعّل and أفعل overlap in function to some degree in that both carry causative meanings. The two are often—but not always—distinguished in usage in one of two ways:

(a) فعّل is more commonly used in spoken Arabic, whereas أفعل is more formal; or,

(b) the two may give different shades of meaning derived from the basic وزن فعل .

For example:

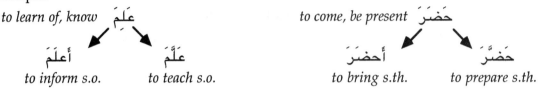

to learn of, know عَلِمَ		*to come, be present* حَضَرَ	
↙ أَعلَمَ	↘ عَلَّمَ	↙ أَحضَرَ	↘ حَضَّرَ
to inform s.o.	*to teach s.o.*	*to bring s.th.*	*to prepare s.th.*

This overlap does not pose a problem in guessing the meaning of new verbs of these أوزان , because the context will clarify the meaning of the وزن used.

وزن تَفَعَّلَ V ***reflexive of فعّل (to make oneself فعّل)***

to be certain, sure of (s.th.)	تَأَكَّدَ من	←	*to confirm, assure* أَكَّدَ
to make oneself near, draw near to	تَقَرَّبَ من	←	*to make near(er)* قَرَّبَ
to change (itself)	تَغَيَّرَ	←	*to change (s.th.)* غَيَّرَ
to develop (itself)	تَطَوَّرَ	←	*to develop (s.th.)* طَوَّرَ

This وزن may sometimes be translated into an English passive; however, the meaning expressed is not a grammatical passive but rather an action that has occurred on its own, with no outside agent mentioned or implied:

to be established	تَأَسَّسَ	←	*to establish (s.th.)* أَسَّسَ

In some cases, the meaning of this وزن is close to that of فعل or افتعل , except that it carries a sense of intentionality, urgency, or intensity:

to make oneself absent (intentional absence)	تَغَيَّبَ عن	←	*to be absent* غابَ عن
to require	تَطَلَّبَ	←	*to request* طَلَبَ
to move (oneself) around from place to place	تَنَقَّلَ	←	*to move (oneself)* انتَقَلَ
to gather together in a crowd	تَجَمَّعَ	←	*to meet* اجتَمَعَ

وزن تَفاعَلَ VI ***to do between or among each other; reflexive of فاعل***

to pass (news) around from one to another	تَناقَلَ	←	*to move s.th.* نَقَلَ
to enter into each other, i.e., to overlap	تَداخَلَ	←	*to enter* دَخَلَ
to correspond with each other	تَراسَلَ (مع)	←	*to correspond with* راسَلَ
to treat, deal with each other	تَعامَلَ (مع)	←	*to treat (s.o.)* عامَلَ

passive of **فعل**			VII **وزن انفَعَلَ**
to be cut, cut off	انقَطَعَ	←	*to cut* قَطَعَ
to be included into, i.e., to join	انضَمَّ الى	←	*to include* ضَمَّ

As you know, formal Arabic has a grammatical passive, المبني للمجهول , which is the exact equivalent of the passive voice in English. وزن انفعل is usually translated as a passive as well, but its meaning is that the action happens to the subject without an (implied) agent. For example, from قَطَعَ *to cut* we can derive قُطِعَ *to be cut (by an implied agent)* and انقطع *to become cut off (no agent)*. The electricity might *become cut off* تنقطع for a number of reasons, but if it *was cut off* قُطِعَت , the implication is that someone did the cutting. Because of the specialized meaning of this وزن , it occurs less frequently than others in formal Arabic.

to do, act, or have **فعل** ***for oneself, to oneself***			VIII **وزن افتَعَلَ**
to take on, take for oneself	اتَّخَذَ	←	*to take (s.th.)* أخَذَ
to gather together, i.e., to meet	اجتَمَعَ	←	*to collect, gather* جَمَعَ
to raise itself, i.e., to rise	ارتَفَعَ	←	*to raise up (s.th.)* رَفَعَ
to occupy oneself, take an occupation for oneself, work	اشتَغَلَ	←	*to occupy* شَغَلَ
to wash oneself	اغتَسَلَ	←	*to wash (s.th.)* غَسَلَ
to shorten oneself to, i.e., be limited to	اقتَصَرَ على	←	*to be short* قَصَرَ
to move (oneself)	انتَقَلَ	←	*to move (s.th.)* نَقَلَ

X **وزن استَفعَلَ**

1. ***to seek, ask for, require*** **فعل**

to seek the presence of, i.e., to send for, procure	استَحضَرَ	←	*to be present* حَضَرَ
to seek the service of, i.e., to use	استَخدَمَ	←	*to serve* خَدَمَ
to seek as one's goal	استَهدَفَ	←	(هَدَف)
to seek the bath, i.e., to bathe	استَحَمَّ	←	(حَمّام)
to seek the company of, i.e., to take (someone) along	استَصحَبَ	←	(صاحِب)

2. ***reflexive of*** **أفعل**

to prepare oneself	استَعَدَّ	←	*to prepare* أعَدَّ
to enjoy oneself, to find pleasure in	استَمتَعَ بـ	←	*to give pleasure* أمتَعَ
to give oneself comfort, be comfortable	استَراحَ	←	*to give comfort to* أراحَ

تمرين ٢٠ **أوزان الفعل ومعانيها (في البيت)**

كوّنوا أفعالاً جديدة مستخدمين الجذر والوزن المعطيين، وخمّنوا معانيها كما في المثال:

مثال: من اللازم أن **نكبّر** الصورة حتى نرى من فيها. *enlarge*

(كبير + **فعّل**)

١- القهوة ________ لكنها قد تكون خطيرة للصحة.

(نشيط + **فعّل**)

٢- موقفها ________ ني وأظهر لي أنها أصبحت إنسانة ناضجة.

(دهش + **أفعل**)

٣- مع أنّ رأيي ________ مع رأيك فإنني أحترم حقك في أن تعبر عنه.

(عارض + **تفاعل**)

٤- ________ الأطبّاء على طريقة جديدة للمعالجة وسيبدأون العمل بها غداً.

(وافق + **افتعل**)

٥- ________ العروس و________ قبل حفل الزفاف.

(عطور + **تفعّل**) (جميل + **تفعّل**)

٦- خلال أيام الحكم العثماني، ________ المجتمع الى أقسام حسب الملّة.

(قسم + **انفعل**)

٧- ________ نا أن نرى أن علاقتنا وصلت الى هذا المستوى.

(حزن + **أفعل**)

٨- أمره الطبيب بأن ________ عن الحلويات والمأكولات الثقيلة (غير خفيفة).

(بعيد + **افتعل**)

٩- أتيت اليك لِـ________ وجهة نظرك في الموضوع.

(واضح + **استفعل**)

١٠- القانون ________ بين جميع المواطنين من حيث الحقوق والواجبات.

(تساوى + **فاعل**)

تمرين ٢١ **فهم أوزان الفعل وقراءتها (في مجموعات داخل الصف)**

Use what you have learned about the meanings of أوزان الفعل together with the context of each sentence to derive the meaning of the underlined words and read them correctly:

١- استأذنت والديَّ في تنظيم حفلة لزملائي في بيتنا الاسبوع المقبل فوافقا.

٢- تباعدا عن بعضهما البعض وانقطعت كل الصلات بينهما.

٣- سافرت الى باريس بهدف استكمال دراستها هناك.

٤- مَرِضَ أخي ودخل المستشفى وبقي يومين في حالة الخطر الشديد.

٥- حاولنا كثيرا لكننا لم نستطع التوصّل الى اجابة عن سؤالك .

٦- اتّصلت بهم لأستفهم عن رغباتهم ومطالبهم.

٧- ناقشتهم في القضية وتفاهمت معهم حول طريقة معالجتها.

٨- التجارب الصعبة تُبرِز حقيقة الانسان .

٩- شُرب الكُحول باستمرار بهذا الشكل سيعرّضك لمشاكل كثيرة.

١٠- الموسيقى الكلاسيكية تُريحني كثيراً.

١١- اندهشت كثيراً عندما أمرتني أن أسكت!

١٢- تعرَّفت عليهم وصادقتهم من خلال نشاطنا في الجمعية.

١٣- من المشاكل الاقتصادية الكبيرة التي تُواجِهنا اليوم تَضَخّم الأسعار *prices*.

١٤- لا أحب الخروج من البيت عندما يشتدّ البرد.

١٥- اريد ان انتهز هذه الفرصة الآن لأني متأكّد انها لن تتوفّر لي مرة أخرى.

تمرين ٢٢ **نشاط قراءة ومراجعة قواعد**

أ ـــ اقرأوا النص مرة بدون قاموس وأجيبوا:

١- تتحدث هذه المقالة عن الصراع على نيويورك، بين أي دول أوروبية؟

٢- كم مرة تغير اسم نيويورك؟ ما هي الاسماء المختلفة التي أطلقت عليها؟

٣- الشيء الجديد الذي تعلمته من هذه المقالة هو ____________________

ب ـــ اقرأوا النص مرة ثانية وأجيبوا:

This is a test of your grammatical skill. Using your knowledge of الأوزان , other grammatical knowledge, and context, vowel and translate all the underlined structures in the text.

هذا اليوم في التاريخ

٩ نوفمبر (تشرين الثاني) ١٦٧٤

نيويورك تصبح مستعمرة بريطانية

في مثل هذا اليوم من عام ١٦٧٤ م. وبموجب اتفاقية وستمنستر اصبحت غالبية مستعمرة نيو نيذرلاند (أو هولندا الجديدة) الامريكية خاضعة للسلطة البريطانية، واستعادت اسم «نيويورك» الذي كان قد اطلق عليها عام ١٦٦٤.

قصة نيويورك، ولاية ومدينة، قصة طويلة. والمعروف ان اراضي المدينة وضواحيها كانت مسكونة منذ عصور بعيدة وانها قبل الاستيطان الأوروبي كانت غالبية السكان فيها من قبائل الالجونكوين الهندية الحمراء.

أول أوروبي دخل خلجان ما يعرف اليوم بمدينة نيويورك ومضائقها المستكشف الايطالي جيوفاني دي فيرازانو عام ١٥٢٤ م. وذلك في رحلة تبناها ملك فرنسا فرنسيس الأول. وكانت النتيجة اكتشاف جزيرة مانهاتن قلب مدينة نيويورك.

عام ١٦٠٩ زار المنطقة الرحالة هنري هدسون وأبحر على طول النهر الذي يحمل اليوم اسمه، باسم الشركة الهولندية لجزر الهند الشرقية.

عام ١٦١٤ اطلق الهولنديون اسم «نيو نيذرلاند» على المستعمرة الجديدة، وعام ١٦١٩ وصل أول العبيد الزنوج الى نيويورك (ومن قبيل المصادفة التاريخية انه بعد مرور ٣٧٠ سنة تمامًا يتولى ديفيد دينكينز منصب عمدة مدينة نيويورك ويصبح أول زنجي ينتخب لهذا المنصب الرفيع).

في الفترة اللاحقة تزايد توافد الهولنديين على المستعمرة، وعام ١٦٢٥ تأسست أول مستوطنة دائمة اطلق عليها اسم «نيو امستردام» (امستردام الجديدة). وخلال عام واحد اشترى بيتر مينويت جزيرة منهاتان من سكانها الهنود الحمر بما يعادل ٢٤ دولارًا.

عام ١٦٣٩ استقر الدنماركي يوهان برونك عبر نهر هارلم، في المنطقة التي هي اليوم حي «البرونكس» وعام ١٦٤٣ بنيت أول مستوطنة دائمة في ما هو اليوم حي كوينز.

عام ١٦٥٣ أصبح بيتر ستايفسنت عميداً للمستوطنين ومديراً لشؤونهم، وبمرور ٧ سنوات اصبحت المستوطنة مدينة لها دستورها بصورة رسمية، وقام ستايفسنت ببناء جدار لحمايتها في مكان ما يعرف الآن بشارع المال والاعمال «وول ستريت» (شارع الجدار). وفي العام التالي بدأ اليهود استيطانهم لامريكا في المستوطنة.

عام ١٦٦٤ تفجر الصراع على المستوطنة والمستعمرة بين القوى الاوروبية لاسباب تجارية، واستولى البريطانيون على مستوطنة نيو امستردام وسموها «نيويورك» تكريمًا لدوق يورك شقيق الملك شارل الثاني.

في عام ١٦٦٧ وقعت معاهدة بريدا بهولندا فوضعت حداً للصراع البريطاني ـ الهولندي على المستعمرات الامريكية وأكدت السيطرة البريطانية على نيو نيذرلاند مقابل احتفاظ الهولنديين بمستعمرة جيانا الهولندية (سورينام حاليًا)، واصبحت الانجليزية اللغة الرسمية في مدينة نيويورك بدلاً من الهولندية.

مع ذلك استعاد الهولنديون المستعمرة وسموها «نيو أورانج» (أورانج الجديدة) عام ١٦٧٣، قبل ان تعود مجدداً الى البريطانيين في مثل هذا اليوم من العام التالي بموجب معاهدة وستمنستر وتصبح اليوم مع لندن أكبر تجمعين مدنيين ناطقين بالانجليزية.

من جريدة «الشرق الاوسط» ٨٩/١١/٩

تمرين ٢٣ **نشاط قراءة**

اقرأوا النص بهدف إكمال الجدول التالي:

البربر	
العَناصِر *ethnic origins* التي يتكون منها البربر	
اختلاف أشكالهم وسبب ذلك	
أسماء البربر	
اللغات/اللهجات	
أماكن الانتشار الرئيسية والأعداد	
أماكن انتشار اخرى	
الدين	
أهمّيتهم في التاريخ الاسلامي	
شخصيات بربرية هامة	

البربر
هم الامازغ والشلوح
وأصولهم قوقازية

السائل بوب احمد سيدي -الجابون
السؤال: من هم البربر، وهل يشكلون امة؟

يتكون البربر من مجموعة من القبائل التي تعمر مناطق واسعة في افريقيا في المغرب. فضلا عن ذلك فهم يكونون فئات لا يستهان بها من سكان شمال موريتانيا وشمال مالي وشمال دولة النيجر.

وهم من ناحية العرق يعودون الى ما يسمى جنس البحر المتوسط الذي تطور في حوض هذا البحر قبل نحو اربعة عشر الف سنة، ومن فرعه القوقازي الابيض اصلا. ويبدو أن عناصر من مناطق القوقاز هاجرت نحو شمال افريقيا حوالي سنة ٢٠٠٠ قبل الميلاد، فطبعت الاصول الموجودة هناك بطابعها الخاص .

على أن الذي يجب ان يذكر دوما هو ان المنطقة التي تكونت فيها خصائص الشعوب البربرية، اي الشمال الافريقي تعرضت عبر التاريخ الطويل الى عناصر مختلفة هبطتها من جبال الالب، ومن الشعوب السامية بدءا بالفينيقيين وانتهاء بالعرب فاتحين ومن بني هلال، والى عناصر من اواسط افريقيا غلب عليها اللون الاسود . وفي العصور الاحدث عهدا كان هناك تطعيم، ولو ضئيل، من الاتراك والاوروبيين المحدثين. ومن هنا فاننا نجد ان البربر تظهر فيهم صفات طبيعية تبدو متناقضة: فبربر الريف في شمال المغرب وبربر الجبال الجزائرية في لونهم بياض وفي عيونهم زرقة وفي شعورهم شقار. فاذا اتجهت جنوبا وجدت الالوان جميعها تتبدل تدريجيا وتقترب من الافريقية - دون ان تصل الى درجة السواد.

ويرى العلماء ان البربر يتكلمون اصلا لغة واحدة لكن لها ثلاث لهجات اساسية مختلفة هي المسماة باسم القبائل البربرية الرئيسية: مصمودة وصنهاجة وزناته. لكن حتى هذه تفرعت، مع الوقت، الى عشرات من اللهجات.

وقد تأثر البربر بالدول التي استولت على شمال افريقيا وعلى الصحراء، وكان التأثر بالاولى اكبر. فقبسوا من ثقافات تلك الدول وحضارتها. على أن الاثر الاكبر كان للعرب والاسلام، فانتشر هذا بينهم وسادت اللغة العربية دوائر العلم والتعليم بكلتيه عندهم.

وهم مسلمون إلا فيما ندر. ومع انهم يتبعون الشريعة الاسلامية فانهم كانوا، الى بعض الوقت، ولا يزال البعض منهم يفعل ذلك حتى اليوم، يعتبرون الجماعة وهي فئة صغيرة لكل قبيلة أو عشيرة كبيرة هي التي تسن العرف لتصرف القبيلة، وهي التي تتولى القضاء.

وقد ظهر، في الأزمنة القديمة، رجال من البربر كانوا في قمة الفكر، منهم ابوليوس الكاتب الروماني، والقديس اوغسطين من اهل القرن الرابع/ الخامس للميلاد، احد اعمدة الكنيسة المسيحية. ولما انتشر الاسلام بينهم كان منهم عدد كبير من اهل الفقه مثل ابن سحنون، والطب مثل آل الجزار، والادب مثل القيرواني.

وقد كان للبربر دولتان مهمتان بالنسبة للتاريخ والحضارة العربية الاسلامية في الشمال الافريقي هما دولتا المرابطين والموحدين، من دول القرنين الخامس والسادس للهجرة (الحادي عشر والثاني عشر للميلاد). ولعل اكبر اثار هاتين الدولتين مدينة مراكش.

والبربر يسمون انفسهم الامازغ والشلوح، ولا يستعملون كلمة بربر قط. وبهذه المناسبة فليس ثمة من علاقة قط بين اسم البربر كشعوب وبين الأعمال البربرية الوحشية، فهذه التسمية مأخوذة من تصرف قبائل البرابرة الجرمان التي هاجمت الامبراطورية الرومانية بين القرن الثالث والخامس للميلاد.

د. نقولا زيادة، من مجلة «هنا لندن»، فبراير ١٩٩٢

البربر

ويُمكن، بالعودة الى الأعداد والانتشار، أن نشير الى أن البربر، يتواجدون في الدول التالية، كالآتي:

* في ليبيا، حيث ما زال البربر يعيشون في جوار طربلس، وإن كانوا يتكلّمون العربيّة؛ وحيث نجدهم في الواحات، وكذلك في منطقة برقة، ويُعدّ هؤلاء بعشرات الآلاف.

* في تونس، حيث ما زال أهالي جزيرة جربة يتكلمون باللهجات البربرية، وكذلك سكان الكهوف من مطماطة وبعض سكان جبل سند وقفصة، وفي جوار تطوين.ويُعدّ هؤلاء بعشرات الآلاف.

* وفي الجزائر، حيث يتجمّع البربر في بلاد القبائل في الشمال والأطلس الصحراوي في الجنوب الغربي؛ ويتواجدون الى الغرب من الجزائر العاصمة . وتقدر نسبة البربر في الجزائر بـ ٢٥٪ من عدد السكّان الإجمالي، فيكون عدد هؤلاء حوالى ٥ ملايين مطلع الثمانينيات، وقد يصل إلى حوالى ١٢ مليوناً مع حلول العام ٢٠٠٠.

* في المغرب، حيث توجد تجمعات البربر الكبرى في الريف، وفي الأطلس الأوسط وإلى الجنوب من فاس، وفي الأطلس والأطلس الداخلي.

ويتمتّع البربر بنسبة مرتفعة جداً من الزيادة السكّانيّة، وقد تجاوز عددهم في مطلع الثمانينيات الـ ١٣ مليون نسمة، وقد يصل مع حلول العام ٢٠٠٠ إلى نحو ٣٣ مليون نسمة ليس بالمستطاع تجاهلهم بعد الآن، أو تغييبهم عن الحياة السياسيّة والاقتصاديّة والاجتماعيّة العامّة، أو المرور مرور الكرام أمام مطالباتهم بهويّة ثقافيّة وحضاريّة مميَّزة.

* * *

من: المجموعات العرقية والمذهبية في العالم العربي، اشراف: ناجي نعمان، دار نعمان للثقافة، جونية، لبنان، ١٩٩٠.

تمرين ٢٤ **نشاط استماع: العمارة المدنية في الحضارة العربية** DVD

من برنامج "العمارة المدنية" مع وافر الشكر لتليفزيون جمهورية مصر العربية.

أ ـ الاستماع في الصف

١ـ ما هي المعلومات التي يقدّمها لنا البرنامج عن الحمامات والخانات والأسبلة والتي سبق لنا أن درسناها في النص؟

٢ـ ما هي المعلومات الجديدة التي عرفناها عن الحمامات والخانات والأسبلة من النص؟

٣ـ بالإضافة الى الحمامات والخانات والأسبلة، يتناول هذا البرنامج عدداً من المنشآت الأخرى المهمة في تاريخ العمارة الإسلامية. اختاروا ثلاثة من هذه المنشآت الأخرى وقدّموها لنا بكل ما عرفتم عنها.

٤ـ لماذا يذكر البرنامج اسبانيا؟

ب ـ الاستماع الدقيق (في البيت)

١ـ اكتبوا الكلمات التي تسمعونها:

أ - من 1:11 الى 1:24 « **بعض** ____

____ ».

ب - من 1:32 الى 1:38 «**فكانت** ________ **الخيّاطين** *tailors* ________________________ ».

جـ - من 2:37 الى 2:41 «**وما** ____ ».

د - من 5:39 الى 6:32 «**يعتبر قصر عمرة** ________________ **الصحراوية** ________

________________ **الصيد** *hunting*. ________________________

حوائطه *walls* ____

________ **الصيد و** ________ **متأثرة** ________________________ .

____ **وامتزاجها**

________________ ، ________________________________

________________________________**متماثلة.**»

٢ـ اكتبوا ثلاثة كلمات جديدة تعلّمتموها من هذا النص.

تمرين ٢٥ نشاط استماع: صور من تاريخ دمشق (في البيت أو في الصف) DVD

من برنامج "صور من تاريخ دمشق" مع خالص الشكر للتلفزيون السوري.

As you watch, listen for two اسم مكان, one from عبد and one from أذان *call to prayer.*

أ ـ الاستماع في الصف:

١ـ يتناول هذا البرنامج عدة موضوعات لها علاقة بدمشق، اذكروا أربعة منها:

٢ـ اذكروا شيئين قالهما البرنامج عن بداية تاريخ دمشق.

٣ـ ماذا يخبرنا البرنامج عن تاريخ مدينة دمشق؟

٤ـ يذكر البرنامج أن دمشق كانت مركزًا للآراميين: من هم الآراميون؟ وما الذي ذُكر عن أصلهم ولغتهم؟

٥ـ يتحدث البرنامج عن منشأة دينية هامة في دمشق. ما اسم هذه المنشأة وماذا عرفنا عن موقعها وتاريخها واستخداماتها عبر التاريخ؟

ب ـ الاستماع في البيت

استمعوا وأجيبوا:

١ـ بالنسبة للبرنامج، متى كان «العصر الذهبي» لدمشق؟

٢ـ يتحدث البرنامج عن حمّام مشهور وخان مشهور في دمشق. ماذا عرفتم عن كل واحد منهما؟

٣ـ اكتبوا الكلمات التي تسمعونها:

أ ـ من 2:22 الى 2:50 «ففي العهد ________________ (الديكابوليس)

________ الرعاية والامتيازات و________ القياصرة *Ceasars* ________

سيڤيروس. ________________ والأديرة *monasteries*

________________.»

ب ـ من 3:56 الى 4:12 «وحين ________________

إشعاع *radiating* ________________ «________ العروبة *Arabism*».»

جـ ـ من 6:22 الى 6:44 «ويعود ________________

________ . وحوانيت [دكاكين] ________________ ولاسيما

________ والأقمشة و________.»

العامية

أنا فاضي النهارده

أ ــ المفردات

تعلّموا DVD

اِستَأذِن ، يِستَأذِن (مِن)	to excuse oneself; to ask permission (from someone)
حِلو ، حِلوة ج. حِلوين	= جميل أو طيب أو كويس "sweet" (in all its meanings)
راح ، يِروح	= ذَهَبَ ، يَذهَب
رايِح - رايحة ج. رايحين	= ذاهِب
زيّ ما انت عايز	= كما تريد
عشان	= لِـ أو لأنّ
فاضي - فاضية ج. فاضيين	≠ مشغول free (not busy or occupied)
يِمكِن	might, possibly, perhaps

ب ــ القصة DVD

ليه مها لازم تستأذن من أمها؟ ليه بيقول خالد "أنا معايا فلوس؟ خالد زعلان ليه؟ تفتكروا ان مها فاهمة خالد زعلان ليه؟

جـ ــ تراكيب

١ــ عَشان

The word عشان (short for عَلَشان , which you will also hear) means both لِـ and لأنّ . It can be followed by any kind of جملة اسمية أو فعلية , and its only rule is that when used to mean *in order to,* it must be followed by a مضارع verb without a بِـ prefix.

أمثلة: أنا تعبانة عشان ما نمتش كويس.

اشتريت البنطلون دا عشان لونه حلو.

ما رحتش معاهم عشان كان عندي شغل كتير.

عايز اسافر مصر عشان اتكلّم عربي اكتر.

٢ـ تعلّموا فعل "راح"

الماضي

رُحتْ	رُحنا
رُحتْ رُحتي	رُحتوا
راحْ راحِت	راحوا

المضارع

اروح	نِروح
تِروح تِروحي	تِروحوا
يِروح تِروح	يِروحوا

د ـ نشاط

اسألوا زمايلكو:

١ـ ليه بيدرسوا عربي؟

٢ـ ليه هم مش فاضيين؟

٣ـ راحوا فين امبارح؟ في الأجازة؟ ليه؟

٤ـ حيروحوا فين في الصيف الجاي؟ ليه؟

٥ـ رايحين فين بعد الفصل؟ ليه؟

٩ ـ قضية الفصحى والعامية

مركز دراسات الوحدة العربية

سلسلة التراث القومي

الأعمال القومية لساطع الحصري: (١١)

في اللغـة والأدب وعلاقتهما بالقومية

أبو خلدون ساطع الحصري

الفصحى

في مُواجَهَةِ التَّحَدِّيات

يحيى حقي
في الصالون الثقافي في الأوبرا

لابد من تقريب المسافة بين العامية والفصحى

تاريخ الدعوة إلى العامية وآثارها في مصر

في هذا الدرس:

الثقافة:
- ساطع الحصري
- نشأة علوم العربية

النص
- الفصحى والعامية

الاستماع:
- القومية العربية
- حول اللهجات العربية
- تعليم العربية لأولاد المهاجرين

القراءة:
- نحو محكية عربية جديدة

التراكيب:
- أنواع المفاعيل
- الفعل الأجوف
- لا النافية للجنس

العاميّة:
- عايزة سلامتك
- الأمر والنهي

المفردات

تذكّروا وتعلّموا : DVD

أَثَر ج. آثار	← أَثَّرَ في/على، يُؤَثِّر في/على، التَأثير في/على	to influence, leave a mark on
أساسي ؛ أَسَّسَ	← أَساس ج. أُسُس	basis, foundation
مَجموعة ج. -ات	← جَماعة ج. -ات (من)	= مجموعة
	← الجَماعات الإسلامية	Islamist groups
جَواز سفر	← جازَ، يَجوز، الجَواز (لِـ ، أنْ)	to be permissible
حَدَّدَ	← حَدّ ج. حُدود	limit, border, extent
	← مَحْدود	limited
حَضَرَ ، يَحضُر	← الحاضِر	the present
اِحتَلَّ، الاِحتِلال	← مَحَلّ ج. -ات	place, location; store, shop
	← مَحَلّيّ	local
يَحتاج إلى؛ بِحاجة إلى	← حاجة ج. -ات (إلى)	need, necessity
حال ج. أحوال	← حالة ج. -ات	state, situation, case
	← تَحَوَّلَ الى، يَتَحَوَّل الى، التَّحَوُّل الى	to transform, change (itself) into
خاصّ	← خَصائِص (م. خاصِّيّة)	special characteristics, features
خُطِبَت لـ	← خاطَبَ، يُخاطِب، المُخاطَبة/الخِطاب	to speak to, address
	← خِطاب	speech, address; discourse
اِختَلَفَ عن/مع	← خالَفَ ، يُخالِف ، المُخالَفة	to violate (law), go against
دَرَجة ج. -ات	← (اللغة) الدارِجة	colloquial, popular (language)

to increase (intransitive)	ازدادَ ، يَزداد ، الازدياد	←	زادَ، يَزيد، الزيادة
to ask oneself, ponder	تَساءَلَ ، يَتَساءَل ، التَساؤُل (عن)	←	سُؤال
problem, question	مَسأَلة ج. مَسائِل	←	
fast, rapid, swift	سَريع	←	بسُرعة
sound, healthy (of body), correct (=صحيح)	سَليم	←	الحمد لله على السلامة
(also) correctness, soundness		←	صِحّة
flavor, taste	طَعْم	←	مَطعَم ؛ طَعام
to infuse with; to pollinate	طَعَّمَ بـ ، يُطَعِّم بـ ، التَّطعيم بـ	←	
to require (of)	تَطَلَّبَ ، يَتَطَلَّب، التَّطَلُّب (من)	←	طَلَبَ ؛ طالَبَ بـ
	تَعْبير ج. تَعابير (عن)	=	عِبارة ج. ـات
moderate	مُعْتَدِل ج. ـون	←	تَعديل ج. ـات
to arabize	عَرَّبَ، يُعَرِّب، التَّعريب	←	العربية
the masses, the general public	عامّة الناس	←	عامّ
to generalize	عَمَّمَ ، يُعَمِّم ، التَّعميم	←	
practical	عَمَلِيّ	←	عَمَل
to exaggerate	غالى ، يُغالي، المُغالاة (في)	←	غالٍ/الغالي
without (= بدون)	من غَيرِ (أنْ)	←	غَير
difference (= اختلاف)	فَرْق ج. فُروق (بين)	←	تَفَرَّقَ، يَتَفَرَّق
eloquence, fluency, purity of language	الفَصاحة	←	الفُصحى
eloquent	فَصيح ج. فُصَحاء	←	
detail	تَفْصيل ج. تَفاصيل	←	فَصل ج. فُصول

to lack, be in need of	← اِفْتَقَرَ الى، يَفْتَقِر الى، الافْتِقار الى	فَقير ج. فُقَراء
to distinguish something (from)	← مَيَّزَ، يُمَيِّز، التَّمييز (عن)	مُمتاز ؛ التَّمييز
positive distinguishing feature or quality	← ميزة ج. -ات	
		من ناحية . . .
side, direction, aspect	← ناحية ج. نواحٍ/النَواحي	ومن ناحية اخرى
toward	← نَحوَ	
logic	← مَنْطِق	مِنطَقة ج. مَناطِق
to direct (oneself) toward, head in (a direction)	← تَوَجَّهَ إلى ، يَتَوَجَّه إلى، التَّوَجُّه إلى	وَجه ج. وُجوه
alone, by oneself/itself	← وَحْدَ (وَحدي، وحدك، وحدَها..)	وِحْدة
(also) characteristic	←	صِفة ج. -ات
to communicate (with each other)	← تَواصَلَ، يَتَواصَل، التَّواصُل (مع)	اِتَّصلَ بـ، يَتَّصِل بـ
situation, status	← وَضْع ج. أوْضاع	وَضَعَ، يَضَع
temporary	← مُؤَقَّت / مُوَقَّت	وَقت ج. أوقات

* الحاجة أُمّ الاختراع! *

من القاموس DVD

to lead to	أدّى الى ، يُؤَدّي الى
simple, uncomplicated	بَسيط ج. بُسَطاء
mind, capacity of attention	بال
environment	بيئة ج. -ات

to clarify, make evident (أوضح =)	بَيَّنَ ، يُبَيِّن ، التَّبْيِين (لـ / أنّ)
statement	بَيان ج. -ات
to argue, debate	جادَلَ ، يُجادِل ، المُجادَلة / الجِدال
debate	جَدَل
to answer (a question)	أجابَ عن/على ، يُجيب عن/على ، الإجابة عن/على
to respond positively to (someone or something)	تَجاوَبَ مع، يَتَجاوَب مع، التَّجاوُب مع
answer (to)	جَواب ج. أجوبة / إجابة ج. -ات (عن)
شَعَر بـ =	أحَسَّ بـ ، يُحِسّ بـ ، الإحساس بـ (أنّ)
tangible	مَحسوس
to limit (something) to	حَصَرَ في ، يَحصُر في، الحَصر في
to abbreviate, abridge; to make a short cut	اختَصَرَ ، يَختَصِر، الاختِصار
to push (to, toward); to pay	دَفَعَ ، يَدفَع ، الدَّفع (لـ / إلى)
impetus, motive	دافِع ج. دَوافِع (لـ / إلى)
to indicate, point to	دَلَّ على ، يَدُلّ على ، الدَّلالة على (أنّ)
evidence, proof	دَليل ج. أدِلّة/ دَلائِل (على)
to write down, record (in writing)	دَوَّنَ ، يُدَوِّن ، التَّدوين
structure, (linguistic) construction	تَرْكيب ج. تَراكيب
to strive to, aim for	سَعى الى /وراء ، يَسعى الى /وراء، السَّعْي الى /وراء
style	أسْلوب ج. أساليب
to guarantee	ضَمِنَ ، يَضْمَن ، الضَّمان (لـ ، أنْ)
sect; group (in a society)	طائفة ج. طَوائِف
dictionary, lexicon	مُعجَم ج. مَعاجِم

مُعَقَّد	complicated (≠ بسيط)
تَعَمَّقَ في، يَتَعَمَّق في، التَّعَمُّق في	to penetrate deeply into, become absorbed in
عَميق	deep
اِسْتَفادَ من ، يَسْتَفيد من ، الاِسْتِفادة من	to benefit from
قَرْية ج. قُرى	village
قُطْر ج. أَقْطار	country (= بلد)
قَوِيّ ج. أَقْوِياء	strong
لَفَظَ ، يَلْفِظ ، اللَفْظ	to utter, pronounce
لَهْجة ج. لَهَجات	dialect
أمسَكَ بـ ، يُمسِك بـ ، الإمساك بـ	to grasp, take hold of
تَمَسَّكَ بـ ، يَتَمَسَّك بـ ، التَّمَسُّك بـ	to hold fast to, stick, adhere to (a principle or value)
تَماسَكَ ، يَتَماسَك ، التَّماسُك	to be cohesive, cohere, hold or stick together
مَيْدان ج. مَيادين	field, area (=مجال); (city)square

تعلّموا هذا الفعل: "أجاب عن/على"

الماضي

المفرد	المُثنّى	الجمع
أجابَ أجابَت	أجابا أجابَتا	أجابوا أجَبْنَ
أجَبْتَ أجَبْتِ	أجَبْتُما	أجَبْتُم أجَبْتُنَّ
أجَبْتُ		أجَبْنا

الأمر

المفرد	أجِبْ أجيبي!
المُثنّى	أجيبا!
الجمع	أجيبوا! أجِبْنَ!

المضارع المرفوع		
المفرد	**المُثنّى**	**الجمع**
يُجيبُ تُجيبُ	يُجيبانِ تُجيبانِ	يُجيبونَ يُجِبْنَ
تُجيبُ تُجيبينَ	تُجيبانِ	تُجيبونَ تُجِبْنَ
أُجيبُ		نُجيبُ

المضارع المجزوم		
المفرد	**المُثنّى**	**الجمع**
يُجِبْ تُجِبْ	يُجيبا تُجيبا	يُجيبوا يُجِبْنَ
تُجِبْ تُجيبي	تُجيبا	تُجيبوا تُجِبْنَ
أُجِبْ		نُجِبْ

تمرين ١ **المفردات الجديدة (في البيت)**

أ ـ اكتبوا كلمة لها معنى مماثل:

١ـ يحتاج الى تعديل ≈ ________

٢ـ أوضحت موقفها ≈ ________

٣ـ كتبته في ورقة ≈ ________

٤ـ يهدف الى عمل الخير≈ ________

٥ـ سؤال سهل ≈ ________

٦ـ يتكلّمون العاميّة ≈ ________

٧ـ مجموعات دينيّة ≈ ________

٨ـ عدّة مجالات ≈ ________

٩ـ البلاد العربية ≈ ________

١٠ـ الأحوال الاقتصادية ≈ ________

١١ـ اختلاف في اللون ≈ ________

ب ـ اكتبوا كلمة لها عكس المعنى:

١٢ـ ذات سُلطة واسعة ≠ ________

١٣ـ قهوة بحليب ≠ ________

١٤ـ هذا علاج دائم ≠ ________

١٥ـ مَهَمّة بسيطة ≠ ________

١٦ـ الجوانب النظرية ≠ ________

١٧ـ عددهم أصبح قليلا ≠ ________

١٨ـ سأل السؤال ≠ ________

١٩ـ أسكن مع آخرين ≠ ________

٢٠ـ احترموا القانون ≠ ________

٢١ـ أخبار دولية ≠ ________

٢٢ـ لا يُسمح لنا بذلك ≠ ________

تمرين ٢ **اختاروا الكلمة المناسبة: (في البيت)**

١ـ ما هو ـــــــ الذي بُنيت عليه هذه النظرية؟

أ . الحدّ ب . الوضع جـ . الأثر د . الأساس

٢ـ بدأت المناقشة بينهما بشكل عادي ولكنها تطوّرت الى ـــــــ عنيف.

أ . تعبير ب . جدل جـ . تداخل د . تركيب

٣ـ هي انسانة ذكيّة وواعية وذات قدرات ليس لها ـــــــ .

أ . حدود ب . حاجات جـ . اتجهات د . أُسس

٤ـ التغيُّرات السياسية التي حدثت في اوروبا الشرقية في التسعينات ـــــــ ظهور دول جديدة.

أ . انتسبت الى ب . تجاوبت مع جـ . كافحت ضدّ د . أدّت الى

٥ـ كان الخلاف بينهما في بادئ الأمر مجرّد اختلاف في وجهات النظر ولكنّه، فيما بعد، ـــــــ حرب كلامية على صفحات الجرائد.

أ . تحوّل الى ب . تمسّك بـِ جـ . سعى الى د . اقتصر على

٦ـ أكّد وزير المال للوفد التجاري الذي قام بزيارته أمس ان ـــــــ الاقتصادي في البلاد ثابت وسليم.

أ . الدافع ب . الأسلوب جـ . الركن د . الوضع

٧ـ أدّت الهجرة العربية الى الولايات المتحدة في أواخر القرن العشرين الى ازدياد ملحوظ في عدد افراد ـــــــ العربية في المدن الامريكية الكبرى.

أ . الجاليات ب . الطوائف جـ . الاقاليم د . الأقطار

٨ـ ما زلت ـــــــ السبب الذي يجعله يعتبرني عدوّا له!؟

أ . أتوجّه الى ب . أتساءل عن جـ . أقبل على د . أتجاوب مع

٩- النظام السياسي في لبنان يقوم على توزيع مقاعد المجلس النيابي (البرلمان) والوظائف الرئيسية في الدولة بين ______ الدينية المختلفة.

أ . الدوافع   ب . الميادين   جـ . التفاصيل   د . الطوائف

١٠- كلمة «U.N.E.S.C.O.» بالانكليزية تمثّل ______ لاسم «منظمة التربية والعلوم والثقافة التابعة للأمم المتحدة».

أ . اختصاراً   ب . تعبيراً   جـ . لفظًا   د . خطاباً

١١- بالاضافة الى قدراته السياسية، فهو متحدّث من الطراز الأول، يعرف كيف ______ الناس ويقنعهم بآرائه.

أ . يخالف   ب . يخاطب   جـ . يتّخذ   د . يختصر

١٢- اكتشف البوليس ان الانتقام كان ______ الذي جعله يقتل جاره.

أ . المنطق   ب . الدافع   جـ . السّحر   د . الميدان

١٣- إقبال الناس على شراء هذه البضاعة، بالرغم من انها أغلى من غيرها، ______ اهتمامهم بالجودة أولاً .

أ . يتعمّق في   ب . يتحوّل الى   جـ . يدلّ على   د . يؤدّي الى

١٤- هذا الكتاب مُعدٌّ للاطفال وهو يضمّ عدداً من قصص الخيال العلمي المكتوبة بـ ______ سهل ومسلٍّ .

أ . تركيب   ب . خطاب   جـ . منطق   د . أسلوب

١٥- ______ هذا المطعم في رأيي أنه نظيف، والخدمة فيه سريعة.

أ . فرق   ب . حالة   جـ . ميزة   د . واجهة

١٦- إذا لم نجد علاجًا للمشكلة في أسرع وقت فإنّ ______ ستخرج من يدنا.

أ . الامور   ب . الخصائص   جـ . التفاصيل   د . الحاجات

تمرين ٣ **المفردات الجديدة + أوزان الفعل (في مجموعات داخل الصف)**

استخدموا معرفتكم بمعاني أوزان الفعل لتكوّنوا أفعالاً ومصادر من أوزان اخرى من المفردات المعطاة وتكملوا بها الجمل:

مثال: لا يجوز، قانونياً وأخلاقياً، أن ______ بين الناس على أساس الجنس واللون. (تَفَرَّقَ)

← لا يجوز، قانونياً وأخلاقياً، أن نُفَرِّق بين الناس على أساس الجنس واللون.

١- في قصة «التاجر والجنّي»، زوجة التاجر سحرته و______ه الى كلب. (تَحَوَّلَ إلى)

٢- من اللازم أن ______ لغتك عندما تتكلم مع الأطفال. (بسيط + فعّل)

٣- لم ______ تدريس الطب في معظم الجامعات العربية حتى الآن. (عَرَّبَ)

٤- ______ كثيراً بجدّتي التي كانت تمثّل بالنسبة لي نموذجاً إنسانياً رائعاً. (أَثَّرَ في)

٥- ______ من الدراسة أن هذه الظاهرة تقتصر على المجتمعات الريفية فحسب. (بَيَّنَ)

٦- سيكون بإمكانكم أن ______ اسئلة الى المحاضِرة في نهاية حديثها. (تَوَجَّهَ)

٧- التكنولوجيا الحديثة ______ الحياة من ناحية ولكنها أيضا ______ها من ناحية اخرى. (سهل، معقّد)

٨- اللغة والتاريخ المشترك من الأشياء التي ______ الشعوب. (واحد)

٩- ______ مدينة نيوأورلينز عن غيرها من المدن الأمريكية بطابعها الفرنسي. (مَيَّزَ)

١٠- العرب يستخدمون لهجاتهم المحلّية في ______ والفصحى في الكتابة. (خاطب)

١١- أريدكم أن تكثروا من الضحك لأنه ______ الصحة! (اِستفادَ من)

١٢- أكّد رئيس البنك الدولي أن هذه المشاريع سـ______ الوضع الاقتصادي في افريقيا. (قَويّ)

١٣- لا ______ ظاهرة ازدياد حالات الطلاق في المجتمعات الغربية فحسب، بل إنها بدأت تنتشر في المجتمعات العربية أيضا. (حصر في)

تمرين ٤ **المفردات الجديدة (في الصف أو في البيت)**

اقرأوا العبارات في (أ) واختاروا صفة مماثلة من (ب) ثم ضعوا كل اسم + صفة في جملة:

أ	ب
١- طقس (غير بارد وغير حار)	قويّ
٢- خمر (مصنوع في هذه المنطقة)	محلّي
٣- شِعر (لا يمكننا أن نفهمه بسهولة)	مؤقّت
٤- شخص (يستطيع رفع ٥٠ كيلوغرامًا بيد واحدة)	سليم
٥- سياسي (مواقفه وآراؤه لا تثير ضجّة)	فصيح
٦- محيط (لا نقدر على الوصول الى قاعه *bottom*)	معتدل
٧- انسان (ليس به أي مرض)	محدود
٨- كلام (يُعجب الناس بجماله ووضوحه)	معقّد
٩- شيء (يمكن تحضيره بسرعة وبسهولة)	معتدل
١٠- تطوُّر (اقتصر على جانب واحد فقط)	عميق
١١- بريد (يصل الى المرسل اليه خلال ٢٤ ساعة)	عمليّ
١٢- جواز سفر (يُستخدم لمدة ٦ أشهر فقط)	سريع

تمرين ٥ **السؤال باستخدام أ ... ؟ (في الصف)**

Remember that the particle أ (= هل) may be used with لا , ليس , لم , and لن to ask a negative question that often implies surprise, e.g., ألا تحبّين القهوة؟ *Don't you like coffee?* (I had assumed you did), or appeals to the audience's emotions, as in:

Won't the future be better than the present? ألن يكون المستقبل أفضل من الحاضر؟

This rhetorical question adds emotional appeal to the implicit statement you are making. With a partner, use المفردات الجديدة listed below in rhetorical questions to express your surprise or to appeal to the emotions of your audience.

مثال: عميق: **أليست أفكار "ميشيل فوكو" عميقة جداً؟!**

مفردات: يتطلب - يجوز أنْ - تتساءل - يؤثر على - يفتقر الى - يستفيد من

تمرين ٦ **أكملوا الجمل بكلمة مناسبة من المفردات الجديدة: (في البيت)**

١- حسب القانون لا ـــــــ لأي شخص استخدام سيارته الخاصة لنقل البضائع بدون الحصول على إذن رسمي بذلك.

٢- «المِلّة» تضمّ ـــــــ من الناس يؤمنون بنفس الدين.

٣- قطع الأشجار وازدياد عدد السيارات يمثلاّن خطراً كبيراً على ـــــــ .

٤- نشأ علم ـــــــ وازدهر على يد الفَلاسِفة الإغريق *Greeks*.

٥- هذا النَّص غير مناسب لمستوانا لأنه يضمّ ـــــــ لغوية لم نتعرّض لها من قبل.

٦- الهدف الأساسي من نظام الـ tenure في الجامعات الامريكية هو ـــــــ حرية التعبير للاساتذة.

٧- لا عجب في أنّهما قررا الطلاق بعد أن شعرا بعدم القدرة على ـــــــ العاطفي والروحي.

٨- ما زلت أتساءل عن الأسباب التي غيّرته وجعلته ـــــــ الى إنسان آخر مختلف عن الإنسان الذي عرفته في الماضي.

٩- مشكلة هذا البحث هي أنّ فيه قدراً كبيراً من ـــــــ ، فهو يتناول المجتمع السوري بشكل عام دون اي تركيز على الاختلافات الاجتماعية والطبقية.

١٠- بعض الناس يظنّون ان صوت «العين» (ع) في العربية صعب ولكنني لا أجد أي صعوبة في ـــــــه.

١١- ما يعجبني في وصفها هو اهتمامها بـ ـــــــ الصغيرة التي قد لا يهتم بها الناس العاديّون.

١٢- بالرغم من ان عدد اعضاء الكونغرس الذين يطالبون بادخال تعديلات على القانون قد ازداد فان الرئيس ما زال ـــــــ بموقفه المعارض لهذه التعديلات.

١٣- سيتبع الاجتماع مؤتمر صحفي ـــــــ فيه الرئيسان عن اسئلة الصحفيين ومراسلي الاذاعة والتلفزيون.

١٤- لن يكون هناك وقت كافٍ لكل المشتركين في الندوة، ولذلك سنطلب من كل مشترك أن ـــــــ كلامه في عشرين دقيقة فقط.

تمرين ٧ **نشاط كتابة بالمفردات الجديدة (في البيت وفي الصف)**

في البيت: أجيبوا عن أربعة من هذه الأسئلة كتابة في فقرات على أوراق كبيرة، مستخدمين فيها أكبر عدد ممكن من المفردات الجديدة.

في الصف: علّقوا *hang* الأوراق في الصف ليقوم الآخرون بقراءتها.

١- ما هي الأشياء التي يجب أن تضمنها الحكومة في رأيك؟

٢- ما هي الأهداف التي تسعى/ين اليها في هذه المرحلة من حياتك؟

٣- إلى أي حدّ تؤثّر البيئة التي تعيش/ين فيها على أسلوب حياتك؟ كيف ذلك؟

٤- في رأيك، ما الأشياء التي تفتقر اليها المدينة أو المنطقة التي تسكن/ين فيها؟

٥- ما الاشياء التي تساعدك على التواصل مع الآخرين؟

٦- ما هي الدوافع التي جعلتك تتوجّه/ين الى ميدان دراستك الحالي؟

تمرين ٨ **نشاط محادثة (في الصف)**

أ ـ الانكليزية كلغة رسمية

في السنوات الأخيرة ظهرت في بعض الولايات دعوات لاتّخاذ اللغة الانكليزية لغةً رسمية لها. فما هي أسباب هذه الدعوة؟ وهل تؤيد/ين هذه الحركة؟ ناقش/ي الموضوع مع زملائك.

ب ـ دخول كلمات أجنبية الى لغة اخرى

هل دخول الكلمات الأجنبية الى أي لغة يجعلها تفقد هُويّتها *identity* ؟ ما رأيكم في هذه القضية، سواء بالنسبة الى اللغة العربية أو الانكليزية أو أي لغة اخرى؟

عبارات جديدة DVD

أ ـ خَطَر على بالـ (ـه) (أنْ / أنّ) it occurred to (someone) (to do/that)

- **لم يخطُر على بالي أنّكم** ستكملون المشروع بهذه السرعة.
- **هل خطر على بالك أنْ** تدوّني وجهة نظرك في التجارب التي عشتها في كتاب؟

ب ـ لا حاجةَ للبَيان أنّ there is no need to explain that . . .

- **لا حاجةَ للبَيان أنّ** الـ globalization أو العولمة كما نسميها بالعربية ظاهرة ذات تأثير واسع في وقتنا الحاضر وهي تدلّ على الدور الكبير الذي تلعبه الولايات المتحدة اقتصادياً وسياسياً في كل أنحاء العالم.

جـ ــ من المعلوم أنّ / من المعروف أنّ — it is well-known that . . .

- **من المعروف أن** العطور والخمور الفرنسية تتميّز بمستوى عالٍ من الجودة وتتمتع بشهرة عالمية كبيرة.
- **من المعلوم أنّ** هناك جالية كوبية ضخمة في ولاية فلوريدا وأنها ذات تأثير كبير في السياسة المحلّية للولاية.

د ــ وَلَو — if only, even if only

- أتمنى أن يكتب لي أهلي رسالة، **ولو** كلمات بسيطة، حتى أعرف أخبارهم.
- طلبنا منهم أن يعطونا فكرة عن الوضع الحالي في قطاع غزّة، **ولو** بشكل سريع.

هـ ــ على قَدر الإمكان / بقَدر الإمكان — as much as possible

- توفّر الحكومة مساكن للفقراء **على قدر الإمكان**، ولكن المشكلة تزداد سنة بعد سنة.
- حاولت أن أختصر بحثي **بقدر الإمكان**، ولكنه لا يزال أطول مما هو مطلوب.

و ــ من جهة . . . ومن جهة اخرى — = من ناحية . . . ومن ناحية اخرى

- يريد المهاجرون أن يتمسّكوا بعاداتهم من جهة وأن يتعلّموا ثقافة بلدهم الجديد من جهة اخرى.
- يدلّ كلامه على ذكائه من جهة وعلى تعمقه في ميدان التاريخ من جهة اخرى.

ز ــ يَجدُر بنا أنْ — we should, ought to (literally, it befits us to)

- **يجدر بنا أن** نسعى الى التواصل والتفاهم على كل المستويات.

حـ ــ واسِع النطاق — wide-ranging

- قامت الحكومة بإدخال تعديلات **واسعة النطاق** على نظام الضَمان *security* الاجتماعي.

تمرين ٩ **العبارات الجديدة (في البيت)**

(أ) ترجموا جمل العبارات الجديدة الى اللغة الإنجليزية .

(ب) اكتبوا فقرة لكل مجموعة من المفردات واستخدموا فيها العبارات الجديدة:

١ـ بيئة، أدّى الى، تحوّل الى، سعى الى، يضمن، قرى، سليم، ميادين

٢ـ مسائل، يتطلب، الحاضر، عامة الناس، يفتقر الى، وضع، مؤقت، يتعمّق في

٣ـ خالف، جماعات، أجاب عن، خاطب، دوافع، يدلّ على، معتدل، يتمسّك بـ

تمرين ١٠ **نشاط استماع (في البيت)** DVD

استمعوا الى النص التالي على الـ DVD واكتبوا الكلمات في الفراغات:

القومية العربية

واحدة من ـــــ ـــــ ـــــ والسياسية التي تركت ـــــ ـــــ ـــــ في تاريخ الفكر العربي الحديث والتي ـــــ الى وقتنا ـــــ ـــــ ـــــ ـــــ من ـــــ ـــــ العربي ـــــ .

وعلى الرغم من ـــــ ـــــ حول تاريخ حركة القومية العربية و ـــــ ـــــ ـــــ ـــــ ـــــ ـــــ ـــــ ـــــ بدأت تظهر كحركة فكرية وسياسية ـــــ ـــــ ـــــ ـــــ في بدايات القرن العشرين وارتبطت ـــــ ـــــ ـــــ عن الدولة العثمانية و ـــــ دولة عربية ـــــ ـــــ ـــــ . وفي فترة ما بعد الحرب العالمية الثانية ـــــ ـــــ ـــــ ـــــ ـــــ واصبحت من ـــــ ـــــ ـــــ في الفكر العربي. وساعدها في ذلك ـــــ ـــــ ـــــ في مقدمتها حركة ـــــ ـــــ في عدد من الأقطار العربية التي ـــــ ـــــ ضد الاستعمار وكذلك ـــــ ـــــ التي ـــــ الى قضية قومية عربية . وساعد الحركة على الانتشار ـــــ ـــــ من ـــــ ـــــ كميشيل عفلق وصلاح الدين البيطار وساطع الحصري الذين ـــــ ـــــ ـــــ الجوانب النظرية لفكرة القومية. وقد بلغت الحركة القومية ـــــ ـــــ ـــــ في ـــــ والستينات مع ظهور الرئيس جمال عبد الناصر ـــــ ـــــ بـ «بطل القومية العربية» وكذلك ـــــ حزب البعث الى ـــــ في كل من سوريا والعراق . وفي عام ـــــ جرت اول ـــــ ـــــ لتطبيق فكرة ـــــ ـــــ انشاء الجمهورية العربية ـــــ ، ولكن الخلافات بين المسؤولين المصريين والسوريين ـــــ ـــــ فشل ـــــ ـــــ ـــــ .

وقد ـــــ ـــــ ـــــ خلال السنوات ـــــ الأخيرة الى أزمات عديدة ـــــ ـــــ ـــــ اضعافها. ومن هذه الأزمات هزيمة ـــــ ثم ـــــ عبد الناصر وحرب الخليج عام ـــــ و ـــــ ـــــ ـــــ انقسامات عربية وأخيراً الحركات الاسلامية التي ـــــ ـــــ ـــــ ـــــ ـــــ ـــــ فكري او سياسي. وقد ـــــ ـــــ ـــــ ـــــ بأن فكرة القومية اليوم ـــــ على ـــــ ـــــ بين العرب لا على ـــــ ـــــ اذ لا يرى الكثيرون في ـــــ السياسية ـــــ وإن كان هناك ـــــ حول ـــــ الى ـــــ اقتصادية بشكل ـــــ ـــــ ـــــ الآن بين الدول الأوروبية.

الثقافة DVD

- ساطع الحصري (١٨٨١ - ١٩٧٠)
- نشأة علوم اللغة العربية

تمرين ١١ **الكتابة عن الثقافة**

اكتبوا عن أهمية ساطع الحصري والخليل بن أحمد وسيبويه من المعلومات على الـ DVD.

تمرين ١٢ **القراءة في البيت**

١ـ المشكلة التي يتناولها ساطع الحصري في هذه المقالة هي:

٢ـ الطريقة التي يقترحها لمواجهة هذه المشكلة هي:

٣ـ ماذا يقصد ساطع الحصري بـ «فصحى متوسطة، معتدلة» و«الفصحى التامّة»؟

٤ـ ماذا يذكر الكاتب بالنسبة لـ :

خصائص الفصحى	خصائص العامية
أ ـ	أ ـ
ب ـ	ب ـ
جـ ـ	جـ ـ
د ـ	د ـ

٥ـ كيف تغيرت اللغة العربية وتطورت في هذا القرن؟ اذكروا ٣ أوجه لهذا التطور.

٦ـ خمّنوا معاني الكلمات التي تحتها خط **بدون استخدام القاموس**:

فقرة ١: منذ مدة غير يسيرة

فقرة ٨: (أ) السعي وراء نشر وتعميم لغة من اللغات الدارجة

فقرة ٩: اللغة الفصحى، التي لها جذور عميقة وأسس متينة، وممثلون أقوياء

فقرة ١٠: أ(فـ)لا يحسن بنا أن نلجأ الى هذه الطريقة؟

فقرة ١١: تدرس القضايا بجميع تفاصيلها وتقلّب المسائل على جميع وجوهها

فقرة ١٨: فيحسن بنا ان نقتدي بهم

بين الزرّاع والعمّال، بين البنائين والتجار . . . بين الكهول والاطفال

قضية الفصحى والعامية

١ ان قضية الفصحى والعامية، من اهم المشاكل التي تثير الجدل والمناقشة بين رجال الفكر والقلم، في مختلف البلاد العربية، منذ مدة غير يسيرة.

٢ ذلك لأن الفصحى لا يعرفها الا المثقفون، ولا يتخاطب بها الا طوائف محدودة من هؤلاء.. واما العامية الدارجة فهي كثيرة الانواع، تختلف اختلافاً بيّناً لا من قطر الى قطر فحسب، بل من مدينة الى مدينة في القطر الواحد ايضاً. حتى انها تختلف بعض الاختلاف من حارة الى حارة، ومن جماعة الى جماعة، في المدينة الواحدة، في بعض الاحيان.

٣ اذن، فنحن – عرب اليوم – بين لغة فصحى، يتفاهم بها بعض الناس في جميع البلاد العربية، وبين لغات عامية عديدة، يتفاهم بكل منها جميع الناس، في بعض المناطق المحدودة من بعض البلاد العربية.

٤ ولا حاجة الى القول بأن هذه الحالة مخالفة لمقتضيات الحياة القومية السليمة، من وجوه عدة:

٥ فأن كل أمة من الامم تحتاج الى لغة «موحَّدة» تزيدها تجاوباً وتماسكاً، فتكون «موحِّدة».

٦ لأن مهمة اللغة في الحياة الاجتماعية المعقدة الحالية، لا تنحصر في ضمان التفاهم بين المتخاطبين الذين يعيشون في قرية واحدة او مدينة واحدة، او قطر واحد، بل هي ضمان التفاهم والتكاتب والتخاطب والتجاوب بين جميع ابناء الامة، على اختلاف مدنهم وأقطارهم.

٧ فنحن العرب نفتقر اليوم الى «لغة» يتفاهم بها جميع الناس، في جميع الاقطار العربية. ولكن، ما السبيل الى ذلك؟

٨ اذا تأملنا في هذا الامر بالمنطق المجرد، خطر على بالنا ثلاثة سبل أساسية:

(أ) السعي وراء نشر وتعميم لغة من اللغات الدارجة، اي لهجة من اللهجات العامية، على جميع البلاد العربية.

(ب) السعي وراء نشر اللغة الفصحى، بين جميع طبقات الشعب، في كل قطر من الاقطار العربية.

(ج) السير على طريقة متوسطة بين الاولى والثانية، على تطعيم اللغات الدارجة باللغة الفصحى.

٩ ولا حاجة للبيان ان الطريقة الاولى – اي طريقة تعميم لغة من اللغات الدارجة على جميع البلاد العربية – غير منطقية وغير عملية. فلا بد من التوجه الى اللغة الفصحى، التي لها جذور عميقة وأسس متينة، وممثلون أقوياء، في جميع البلاد العربية. ولذلك يحسن بنا ان نحصر البحث والنقاش في الطريقتين الاخيرتين وحدهما:

١٠ من المعلوم أن قواعد الفصحى في حالتها الحاضرة، معقدة كلّ التعقيد، وصعبة أشد الصعوبة، وبعيدة عن اللهجة الدارجة بعداً كبيراً. فيجدر بنا أن نتساءل: هل من الضروري أن نتمسك بجميع تلك القواعد التي وضعها او دوّنها اللغويون منذ قرون عديدة؟ ألا يمكن أن نختصر ونبسط اللغة الفصحى من غير ان نفقدها ميزتها التوحيدية؟ افلا نستطيع ان نطعِّم اللغات الدارجة باللغة الفصحى تطعيماً يوصلنا الى فصحى متوسطة، معتدلة؟ أفلا يحسن بنا ان نلجأ الى هذه الطريقة، ولو بصورة مؤقتة، كمرحلة من مراحل السير والتقدم نحو الفصحى التامة؟

١١ ان الاجابة عن هذه الاسئلة – اجابة صحيحة – تتطلب القيام «بأبحاث علمية» واسعة النطاق، تتناول اللغة الفصحى واللغات الدارجة في وقت واحد، وتدرس القضايا بجميع تفاصيلها، وتقلب المسائل على جميع وجوهها.

١٢ أولاً، يجب ان نبحث: ما هي الحدود الفاصلة بين الفصحى وبين العامية؟ ما هي الفروق التي تميز الاولى عن الثانية، من حيث المفردات وكيفية لفظها من ناحية، ومن حيث التراكيب واسلوب ترتيبها من ناحية اخرى؟

١٣ ثانياً: يجب علينا أن ندرس اللغات العامية واللهجات المحلية، المنتشرة في مختلف البلاد العربية: ما هي أنواعها؟ وما هي خصائص كل نوع منها، من حيث الكلمات والألفاظ والتعابير؟ وما هي حدود انتشار كل واحدة من تلك الكلمات والأساليب والتعابير؟ وما هي اسباب اختلاف هذه اللهجات عن الفصحى من ناحية، وبعضها عن بعض من ناحية اخرى؟ ألا يوجد بين اللغات الدارجة صفات واتجاهات عامة ومشتركة؟ ألا تدل هذه الاتجاهات العامة والمشتركة على وجود دوافع عامة وضرورات مشتركة؟ أفلا يجب علينا أن نستكشف هذه الدوافع والحاجات، لكي نستطيع أن نعالجها بأساليب أقرب الى الفصاحة على قدر الامكان؟

١٤ إن نظرة فاحصة وسريعة الى ما طرأ من تحولات على اللغة العربية في مختلف البلاد منذ انتهاء الحرب العالمية الاولى تكفي للتأكد من صحة ما قلناه آنفاً: لقد حدثت تطورات كبيرة في لغة الصحف، وفي لغة التخاطب في مختلف البيئات، في جميع البلاد العربية. فقد دخل في كل منها عدد كبير من الكلمات الجديدة، مشتقة من اصول فصيحة، او مقتبسة من اللغات الاجنبية.

١٥ ثم ان ازدياد التواصل والتعامل والتزاور بين المدن والارياف من جهة، وبين الاقطار المختلفة من جهة اخرى، أدى الى حدوث تغير محسوس في اوضاع اللهجات المحلية وفي التعابير العامية ايضاً: صارت لهجات بعض العواصم تؤثر تأثيراً كبيراً في اللهجات الفرعية، كما ان عامة الناس ايضاً اخذت تتهذب وتتطور بتأثير انتشار التعليم، وازدهار الصحافة.

١٦ ولا نغالي إذا قلنا: انه اخذ يتكون في بيئات المثقفين في جميع البلاد العربية نوع من «لغة التخاطب» اقتبست الشيء الكثير من خصائص الفصحى، وتباعدت عن الكثير من اساليب العامية. فيحسن بنا أن نتعمق ونتوسع في درس هذه التطورات وتدوينها، لنستفيد منها، ونستنير بها.

١٧ يتبين من كل ما تقدم، ان الابحاث اللغوية لا يجوز ان تبقى محصورة بين صحائف الكتب والمعاجم المعلومة، بل يجب ان تخرج الى ميادين الحياة الاجتماعية، وتدرس وتسجل ما يشاهد وما يلاحظ في تلك الميادين بصورة فعلية.

١٨ ويجب علينا أن لا ننسى ان علماء اللغة القدماء تجولوا بين القبائل ودوّنوا ما سمعوه وما لاحظوه بكل تفصيل واهتمام. فيحسن بنا ان نقتدي بهم: فنلاحظ ونسجل ما نسمعه من خصائص الكلام، في كل مدينة وفي كل بيئة، بين الزراع والعمال، بين البنائين والتجار، في المدن والارياف، بين الرجال والنساء، بين الكهول والاطفال.

من كتاب «في الادب واللغة وعلاقتهما بالقومية»، ابو خلدون ساطع الحصري، مركز دراسات الوحدة العربية، بيروت، ١٩٨٥.

تمرين ١٣ القراءة في الصف في مجموعات صغيرة

١- ما هي وظيفة اللغة في رأي الكاتب؟ وما هو وضع اللغة العربية بالنسبة لهذا؟

٢- ما هي أهم الأسئلة حول الفصحى والعامية التي تتطلب الإجابة في رأي الكاتب؟

٣- ما هي «لغة التخاطب» التي يذكرها الكاتب؟

٤- ماذا يقول ساطع الحصري عن وضع الأبحاث اللغوية السابقة؟

٥- إلى مَن يوجّه الكاتب كلامه؟ إذا كان كلامه يمثل رأيًا مخالفًا لآراء اخرى في هذا الميدان، فماذا نستطيع أن نفهم من هذه المقالة عن تلك الآراء؟

تمرين ١٤ دراسة القواعد والتراكيب في النص (في البيت)

1. Vowel, translate, and explain the grammar of المصدر and اسم الفاعل والمفعول :

فقرة ٥: فإن كل أمة تحتاج الى لغة موحدة تزيدها تجاوبًا وتماسكاً، فتكون موحدة

2. You know that المنصوب often marks adverbs, and can signal the answer to the question كيف؟ . Study the following passages from the text and note the use of المصدر with المنصوب ending. How might you translate these phrases?

فقرة ٢: تختلف اختلافًا بيّناً ... تختلف بعضَ الاختلاف

فقرة ١٠: معقّدة كلَّ التعقيد وصعبة كل الصعوبة

3. In paragraph 10, look for the development of the argument by the author. What connectors does he use? How would you translate the connectors here?

٤- ترجموا الجمل التالية الى الانجليزية بمساعدة القاموس عند الضرورة:

Remember to look first at the structure of each sentence as a whole, and to use parallelism to guess the meanings of unfamiliar phrases before you look them up. When you use the dictionary, look for the best meaning given the context.

فقرة ٨: اذا تأملنا في هذا الامر . . . ثلاثة سبل أساسية.

فقرة ١١: إن الإجابة عن هذه الأسئلة . . . على جميع وجوهها.

فقرة ١٤: إن نظرة فاحصة وسريعة . .. من صحة ما قلناه آنفًا.

فقرة ١٥: ثم ان . . . وازدهار الصحافة.

فقرة ١٦: ولا نغالي . . . ونستنير بها.

تمرين ١٥ **دراسة القواعد والتراكيب في النص (في الصف)**

١- **الإعراب:** اكتبوا الإعراب في فقرات ١ و٢ و١٣ و١٦ واقرأوها لبعضكم البعض.

٢- **للمناقشة:** كيف يختلف أسلوب هذا النص عن أساليب نصوص اخرى قرأناها؟
Pick out the features you think are effective in appealing to intellect and to emotion. What other stylistic features indicate the expository nature of the text? Choose one long paragraph to edit and rewrite it without its rhetorical stylistic features.

القواعد

★ «لا» النافية للجنس

لا النافية للجنس, literally, *the* لا *that negates the genus* or *class* (also called the لا of absolute negation), refers to the use of لا to negate a noun completely or absolutely: (*there is*) *no* . . . . The noun that is negated with لا must be **singular** and **indefinite**, and it takes المنصوب ending **without** tanwiin. You have seen several examples of this construction, including the expressions لا أحدَ , لا بُدَّ من and لا حاجةَ لِـ :

لا بُدَّ أن يسكن الأستاذ في قصر ليتّسع لعدد طلبة الفصل!

لا حاجةَ للبيان أنّ الطريقة الأولى غير عملية.

لا أحدَ يعرف الإجابة عن هذا السؤال.

لا شيءَ يعجبهم!

لا رأيَ لي في هذا.

لا علاقةَ لك بهذا الموضوع.

تمرين ١٦ **أجيبوا عن الأسئلة مستخدمين "لا" النافية للجنس: (في البيت)**

١- هل هناك فرق في المعنى بين كلمة «صحيفة» وكلمة «جريدة»؟

٢- هل هناك صعوبة في فهم هذه الجملة؟

٣- هل هناك صوت أجمل من صوتي؟!!

٤- هل عندك رغبة في أن تعمل جزّارًا؟

٥- هل هناك أحد منكم يريد امتحانا هذا الاسبوع؟

٦- هل هناك حياة على القمر؟

★ أنواع المفاعيل

مَفعول ج. مَفاعيل	(grammatical) object

You have learned several functions of the المنصوب case: it marks a direct object and it indicates an adverb of time or place. Arabic grammar defines a category of objects called مَفاعيل (plural of مَفعول) that all take المنصوب case ending. المفاعيل include direct objects and various kinds of adverbs. The main types of المفاعيل are:

- **المفعول بِه** *:direct object* **ماذا؟**

You know that direct objects take المنصوب :

مثال: قرأت هذا **الكتابَ** وكتبت **بحثاً** عنه.

Some verbs can have two objects, both of which take المنصوب :

أمثلة: أعطيتُ **الاستاذَ الواجبَ**. وهبَتْ **المؤسسةَ الخيريةَ كلَّ** أموالِها.

- **المفعول فيه: متى؟ أين؟**

The مفعول فيه category includes nouns with المنصوب ending that answer the questions متى and أين .[1]

أمثلة: ليلاً نهارًا أحيانًا شرقًا غدًا

Some of the nouns in this category correspond to English prepositions:

أمثلة: فوقَ داخلَ خارجَ بينَ أمامَ

Arabic grammar considers these and similar words to be nouns (not prepositions). They take المنصوب ending, and form إضافة with the noun that follows them.

أمثلة: في رأيها، تأتي البيئة **قبلَ** كلِ الاعتباراتِ الثانية.

أنشئت الخانات **داخلَ** المدنِ **وخارجَها**.

- **المفعول المُطلَق : كيف ؟**

The المفعول المُطلَق consists of an **indefinite** مصدر with المنصوب ending. This مصدر is derived from the main verb of the sentence and serves to emphasize or describe the action of the verb. For example:

Arabic dialects differ clearly/obviously تختلف اللهجات العربية **اختلافـًا** بيّنًا

---

[1]A noun in المنصوب that answers أين or متى is also called ظَرف, *adverb*. Note that this category does not include prepositional phrases, such as في الساعةِ الثالثة , since prepositions require المجرور .

In the example above, note that المصدر (اختلافاً) is derived from the verb (تختلف). Note also that المصدر is further modified by the adjective بيّناً , which specifies the kind of emphasis given by المصدر (think of المصدر as giving the emphasis and the adjective giving the meaning). This construction is usually best translated into English as an adverb.

أمثلة: نمت نوماً عميقاً. *I slept deeply.*

عبّرتُ عن أفكارها **تعبيرًا** واضحًا جميلاً. *expressed . . . clearly and beautifully*

You are expected to understand and produce this kind of المفعول المطلق .

Occasionally, المفعول المطلق takes slightly more complex forms, examples of which are found in the text of this chapter:

(أ) قواعد الفصحى . . . معقّدةٌ **كلَّ التعقيد**، وصعبةٌ **أشدَّ الصعوبة**.

The grammar of formal Arabic is utterly complicated and intensely difficult.

(ب) أفلا نستطيع أن نطعّم اللغات الدارجة باللغة الفصحى **تطعيمًا** يوصلنا الى فصحى متوسطة؟

Can we not infuse the Arabic dialects with formal Arabic in such a way as to bring us to a "middle" Arabic?

In (أ), the two examples of المفعول المطلق emphasize the adjectives معقدة and صعبة respectively. However, in each of these cases المصدر is the second term of an إضافة and takes المجرور ending. Thus the entire إضافة functions as المفعول المطلق , and the adverbial meaning given by المنصوب falls on the words كل and أشد . Example (ب) contains the most sophisticated type of المفعول المطلق . In this sentence, the indefinite المفعول المطلق is described by a جملة صفة beginning with the verb يوصلنا . You are expected to recognize and understand these complex types of المفعول المطلق.

Remember that المفعول المطلق is easy to recognize in all of its manifestations because of the repetition of المصدر of the same جذر as the main verb or adjective that precedes it. This repetition serves to emphasize and/or describe the action of the main verb and is considered to be good style in expository writing.

- **المفعول لأجْله** *purpose*: **لماذا ؟**

An indefinite مصدر with المنصوب ending can also answer the question لماذا ؟, giving the meaning *for the purpose of, out of, in ... for*. In this case المصدر is called المفعول لأجله (أجْل = *purpose*). This construction resembles المفعول المطلق (above) in form in that both consist of an indefinite مصدر with المنصوب ending. However, المفعول لأجله differs in meaning in that it gives a reason for the action of the main verb. You have seen several examples of this construction, among them:

النساء يقمن بعمل الحلويات **استعدادًا للعيد**. *in preparation for the celebration*

Note the use of preposition لـ (from استعدّ لـ) to connect the مصدر to its object. In the next example, *for you* is understood; however, in most sentences, a prepositional phrase is used to give similar information. Here are more examples

— **وقالت دنيازاد لأختها شهرزاد: يا أختي أتمّي لنا حديثك الذي هو حديث التاجر والجني،**
فقالت شهرزاد، حبًّا وكرامةً. *(I will,) out of love and honor (for you)*

— **تركت بلدها وانتقلت مع زوجها الى بلد آخر حبًّا له.** *out of love for him*

— **كان العلماء المسلمون يسافرون كثيرا طَلَبًا للعلم.** *in search of knowledge*

— **نشر إعلانا في المجلة رغبةً في الزواج.** *out of desire to marry*

As in التمييز , the preposition لِـ marks the direct object of المصدر and often gives the information *for whom/what*. Remember that لِـ is used **except** if the verb has its own preposition, as in the last example, رغبةً في .

تمرين ١٧ **دراسة المفاعيل (في البيت)**

اقرأوا الجمل واكتبوا الإعراب في كل المفاعيل التي تجيب عن أسئلة لماذا؟ كيف؟ ماذا؟ متى؟ واكتبوا كذلك نوع كل واحد (المفعول المطلق، المفعول لأجله، التمييز):

١- كلامها يدلّ دلالة واضحة على أنها ليست مقتنعة بالقرار الذي اتّخذته.

٢- نحاول أن نستخدم المفردات والقواعد في الكتابة استخداما صحيحا.

٣- في الماضي كان الأولاد يقبّلون أيدي آبائهم وأمهاتهم احتراما لهم.

٤- أعجبني الفيلم لأنه صوّر الحياة والمشاكل اليومية تصويرا رائعا.

٥- أعطى المدير يوم عطلة لكل الموظفين احتفالا بذكرى تأسيس الشركة.

٦- تختلف الحياة في المدينة عنها في الريف اختلافا واضحا.

٧- كتبت رسالة الى رئيس تحرير الجريدة تعبيرا عن غضبها من المقالة الاخيرة.

٨- شاركت النساء والفتيات الجزائريات في الثورة مشاركة فعالة.

٩- قضى حياته يتنقل من مدينة إلى اخرى بحثا عن منصب عالٍ ومال وفير.

١٠- أثرت أمه في حياته وطريقة تفكيره تأثيرا عميقا.

١١- غدا ، سأكون موجودة في مكتبي طوال اليوم.

١٢- التحق بالجيش وعمل فيه أربع سنوات خدمة لوطنه.

١٣- انتظرها أمام باب مكتبها أكثر من ساعة رغبة في مقابلتها.

١٤- احتل الاوروبيون البلاد العربية طلبا لأسواق جديدة لبضائعهم.

تمرين ١٨ **أجيبوا عن هذه الأسئلة مستخدمين أنواع المفاعيل المختلفة: (في البيت)**

١ـ كيف نمت ليلة أمس؟

٢ـ ما هو أكلك المفضل؟ الى أي حدّ تحبه؟

٣ـ لماذا يخرج الناس في يومي الجمعة والسبت عادة؟

٤ـ متى تغسل ثيابك عادة؟

٥ـ لماذا يؤسس الأغنياء مؤسسات خيرية ويهبون لها أموالهم؟

٦ـ كيف تَقدَّم زملاؤك وزميلاتك في الصف في قدراتهم اللغوية؟

٧ـ ماذا أعطيت أختك/أخاك في عيد ميلادها/ه؟ لماذا؟

تمرين ١٩ **لماذا؟ استخدام المفعول لأجله (في الصف)**

ماذا حدث؟ هنا الأسباب، ونريد منكم أن تقولوا ماذا حدث كما في المثال:

مثال: تأكيداً لـ : نشرت الجرائد الخبر على الصفحة الاولى تأكيداً لصحّته وأهمّيته.

١ـ بحثاً عن : ________________________________

٢ـ سعياً وراء : ________________________________

٣ـ احتراماً لـ : ________________________________

٤ـ تأييداً لـ : ________________________________

٥ـ احتفالاً بـ : ________________________________

٦ـ تمسّكاً بـ : ________________________________

تمرين ٢٠ **لماذا أو كيف فعلوا هذا؟ (في الصف)**

لماذا أو كيف: أجيبوا عن الأسئلة مستخدمين المفعول المطلق أو المفعول لأجله، وأكملوا الجمل التي فيها . . . بكلماتكم.

مثال: أثّر فيّ؟ أثّر أساتذتي فيّ تأثيراً قوياً وعميقاً.

١ـ كيف أجابت والديها؟

٢ـ لماذا تحجّبت كثير من النساء؟

٣ـ كيف تأثّرت بـ . . . ؟

٤ـ لماذا عرّبت الحكومات العربية التعليم؟

٥ـ لماذا / كيف قبّلته؟

٦ـ كيف استفدنا من تجربة . . . ؟

٧ـ لماذا قدّموا لـ . . . جائزة؟

٨ـ كيف/لماذا تمسّكت بـ . . . ؟

★ الفعل الأجوف

الفعل الأجوَف *the hollow verb* is one of the names for verbs whose جذر contains و or ي as the middle radical. You have learned many of these verbs across most of الأوزان , and now it is time to systematize that knowledge by learning to manipulate these roots and أوزان الفعل .

This chart shows the patterns of وزن فعل .[1] As with all verbs of this وزن , the internal vowels vary, and you need to memorize both stems for each verb.

وزن «فَعَلَ»

الوزن	الماضي: هو - أنا	المضارع	المصدر	اسم الفاعل
فَعَلَ	كانَ - كُنْتُ	يَكون	الكَوْن	كائِن
فَعَلَ	زادَ - زِدتُ	يَزيد	الزِّيادة	زائِد
فَعَلَ	نامَ - نِمْتُ	يَنام	النَّوم	نائِم

The patterns of أوزان II-X are fixed. In this chart you see الأوزان in which و and ي act as consonants. The chart includes examples with both و and ي for وزن فَعَّلَ ; similar patterns occur in فاعَلَ , تَفَعَّلَ , and تَفاعَلَ .

أوزان «فَعَّلَ» و«فاعَلَ» و«تَفَعَّلَ» و«تَفاعَلَ»

الوزن	الماضي	المضارع	المصدر	اسم الفاعل
فَعَّلَ	كَوَّنَ	يُكَوِّن	التَّكْوين	مُكَوِّن
	مَيَّزَ	يُمَيِّز	التَّمْييز	مُمَيِّز
فاعَلَ	حاوَلَ	يُحاوِل	المُحاوَلة	مُحاوِل
تَفَعَّلَ	تَغَيَّرَ	يَتَغَيَّر	التَّغَيُّر	مُتَغَيِّر
تَفاعَلَ	تَجاوَبَ	يَتَجاوَب	التَّجاوُب	مُتَجاوِب

[1]As you can see, these verbs fall into three main groups. The most common is the كان - كُنْتُ - يكون type, in which the vowel of المضارع is و and the short (أنا) stem of الماضي has a corresponding ضمّة : كُنْـ- . Less common are verbs of the زاد - يزيد type, in which the vowel of المضارع is ي and the short stem of الماضي has corresponding كسرة : زِدْ- . Verbs of the نام - ينام -نِمـ type, which take alif in المضارع and كسرة in the short stem of الماضي , are rare.

This chart shows the four أوزان in which the vowels follow set patterns whether the جـذر contains و or ي . The similarities between IV and X on one hand and VII and VIII on the other can help you memorize these patterns; choose a model for each set.

أوزان "أفْعَلَ" و"انْفَعَلَ" و"افْتَعَلَ" و"اسْتَفْعَلَ"

الوزن	الماضي: هو - أنا	المضارع	المصدر	اسم الفاعل
أفْعَلَ	أثارَ - أثَرْتُ	يُثير	الإثارة	مُثير
انْفَعَلَ	انقادَ - انقَدْتُ	يَنْقاد	الانقِياد	مُنقاد
افْتَعَلَ	احتاجَ - احتَجْتُ	يَحْتاج	الاحتِياج	مُحتاج
اسْتَفْعَلَ	استَفادَ- استَفَدْتُ	يَسْتَفيد	الاسْتِفادة	مُستَفيد

Finally, we introduce here a grammatical rule that has not been formally presented, but that you have seen in passing in sentences and texts in these materials. You may have noticed that the spelling of verbs such as يستطيع and يكون occasionally varies such that you see forms like لم أستطع and لم يكن . The rule that governs these spellings involves long vowels shortening in syllables ending in sukuun, as occurs in المضارع المجزوم .[1] For now we want you to be aware of this rule, to recognize the resulting forms, and to practice conjugating الفعل الأجوف in all its forms. Listen to and study the forms of these common verbs.

الفعل الأجوف في الجزم والأمر

فعل "كان" في المضارع المجزوم

المفرد	المُثنّى	الجمع
يَكُنْ تَكُنْ	يكونا تكونا	يكونوا يَكُنَّ
تَكُنْ تكوني	تكونا	تكونوا تَكُنَّ
أكُنْ		نَكُنْ

الأمر

المفرد	كُنْ! كوني!
المُثنّى	كونا!
الجمع	كونوا! كُنَّ!

[1]You have seen this occur in الأمر , where the long vowels و and ي shorten if their syllable ends in sukuun: قُل! - نَم! . This rule is presented in more detail in Part Three, الدرس الأول .

فعل «أرادَ» في المضارع المجزوم

الجمع	المُثنّى	المفرد
يُريدوا يُرِدْنَ	يُريدا تُريدا	يُرِدْ تُرِدْ
تُريدوا تُرِدْنَ	تُريدا	تُرِدْ تُريدي
نُرِدْ		أُرِدْ

فعل «استَطاعَ» في المضارع المجزوم

الجمع	المُثنّى	المفرد
يَستطيعوا يَستطِعْنَ	يَستطيعا تَستطيعا	يَستطِعْ تَستطِعْ
يَستطيعوا تَستطِعْنَ	تَستطيعا	تَستطِعْ تَستطيعي
نَستطِعْ		أَستطِعْ

فعل «اختارَ» في المضارع المجزوم

الجمع	المُثنّى	المفرد
يَختاروا يَختَرْنَ	يَختارا تَختارا	يَختَرْ تَختَرْ
تَختاروا تَختَرْنَ	تَختارا	تَختَرْ تَختاري
نَختَرْ		أَختَرْ

الأمر

اختَرْ! اختاري!	المفرد
اختارا!	المُثنّى
اختاروا! اختَرْنَ!	الجمع

تمرين ٢١   اكتبوا الأفعال التي تعرفونها في المكان المناسب: (في البيت)

Put the verbs listed below in the correct column of the chart: either medial و, like كان, or ي, like زادَ. List all three stems for each verb.

سار   عاش   ثار   باع
جاء   قام   غاب   عاد
صام   صار   بات   قال

زادَ - زِدتُ - يَزيد	كانَ - كُنتُ - يكون

- ٢٩٤ -

أكملوا الجمل بالشكل الصحيح للفعل/المصدر: (في البيت) | تمرين ٢٢

١- إذا حصلت على الشهادة إن شاء الله و_____ طبيبة فأريد أن أعمل في ميدان الطب النسائي. (صار)

٢- أتمنى أن _____ جدتي سنوات طويلة حتى ترى أولادي إن شاء الله. (عاش)

٣- لا _____ أن نضمن لك وصول الرسالة الى أوروبا في أقل من يومين. (استطاع)

٤- آه ! أردت _____ الليلة ولكن يبدو أن هذا غير ممكن. (استراح)

٥- ما هي القضايا التي _____ ها رجال السياسة كثيرا في خطاباتهم؟ (أثار)

٦- _____ على اسلوب تدريس الاستاذ الآن وبدأنا نشعر بالراحة معه. (اعتاد)

٧- لم _____ _____ عن السؤال الأخير! (استطاع ، أجاب)

٨- لا _____ أن تقاطع الآخرين وهم يتكلمون. (جاز)

٩- من الصفات التي لا أحبها في نفسي عدم قدرتي على _____ الاشياء. (اختار)

١٠- بدأ التجّار يعارضون المشروع حين اكتشفوا أنهم لن _____ منه شيئا. (استفاد)

١١- _____ سنة في القاهرة قبل أن ننتقل الى البحرين. (أقام)

١٢- قررت _____ انطباعاتي عن رحلاتي في كتاب. (دوّن)

١٣- _____ أن نبقى يوما آخر ولكننا لم نجد مكانا _____ فيه. (أراد ، بات)

١٤- إذا لم _____ قادراً على _____ الفرق بين طعم الكوكاكولا والبيبسي فهذا شيء غريب في رأيي! (كان ، ميّز)

الفعل الأجوف (في الصف) | تمرين ٢٣

Draw charts like the model for each جذر ووزن listed.

مثال: ك - و - ن في II :

المضارع	الماضي - أنا	الماضي- هو
يُكَوِّن	كَوَّنْتُ	كَوَّنَ

١- م - ي - ز في V وVIII ٤- ب - ي - ن في IV وVI

٢- ج - و - ب في III وX ٥- ن - و - م في II

٣- ط - و - ل في I وIV

تمرين ٢٤ الفعل الأجوف في الأوزان المختلفة (في الصف)

أ ـ اكتبوا كل الحركات *vowels* **على الكلمات التي تحتها خط وأعطوا الوزن والمعنى:**

١ـ لا يفيدنا ان نحصر مناقشتنا في الأمور البسيطة ونترك الأمور المعقّدة.

٢ـ يجب أن أعيد هذه المراجع الى المكتبة لأن غيري يحتاج اليها.

٣ـ التعايش بين جميع الطوائف ضروري لبقاء لبنان واستمراره.

٤ـ تناول وجبة كبيرة من الطعام وقت الغداء ينومني.

٥ـ الخروج من الغرفة خلال الامتحان غير جائز.

ب ـ كوّنوا أفعالاً جديدة من الجذر والوزن المعطيين وخمّنوا معانيها:

٦ـ سيحضر أهلي لزيارتي، ولذا من اللازم أن ـــــــ غرفة الجلوس الى غرفة نوم إضافية . (تحوّل + **فعّل**)

٧ـ ـــــــ المحاضرة جدا ليلة أمس وكانت مملة جدا لأن المحاضر ـــــــ الكلامَ في التفاصيل غير المهمة. (طويل + **فَعَلَ**) (طويل + **أفعل**)

٨ـ ـــــــ كتابات الدكتور طه حسين باسلوب أدبي عالٍ . (ميّز + **افتعل**)

٩ـ لا تستطيع صديقتنا أن تشاركنا في الغداء اليوم لأنها ـــــــ .
(الصوم + **اسم فاعل**)

تمرين ٢٥ اسألوا زملاءكم: الفعل الأجوف (في الصف)

١ـ على أي أساس يختارون أصدقاءهم؟

٢ـ إذا استطاعوا أن يغيّروا شيئا في حياتهم، فماذا سيغيرون؟

٣ـ من جاء لزيارتهم مؤخّراً؟ من سيجيء قريبا؟

٤ـ هل يقومون بأي تمرينات رياضية؟ متى يقومون بها؟

٥ـ ما هي الاشياء التي تثير غضبهم؟

٦ـ هل هناك أنواع من الأسئلة التي لا يحبون أن يجيبوا عنها؟ ما هي؟

٧ـ هل يستريحون أو ينامون خلال النهار؟ أين ومتى؟ الى كم ساعة نوم يحتاجون يوميا؟ إذا ناموا أقلّ من ذلك، فكيف يصيرون في اليوم التالي؟ هل ينامون جيّداً عندما يبيتون في مكان جديد لم يعتادوا عليه؟

تمرين ٢٦ **نشاط استماع: حول اللهجات العربية (في البيت)** DVD

من حديث للاستاذ فاروق شوشة حول "تعدّد اللهجات العربية"، برنامج "لكل سؤال جواب"، مع خالص الشكر للإذاعة البريطانية BBC .

تعلموا هذه العبارة:

نَتيجةً لِـ	as a result of

استمعوا الى حديث الأستاذ شوشة في البيت وأجيبوا:

١ـ في رأي الأستاذ شوشة، ما كان السبب الذي أدّى الى ظهور اللهجات العربية؟

٢ـ ماذا قال عن التأثير الذي سبّبه دخول اللغة العربية الى مصر؟

٣ـ كيف تكوّنت العامية المصرية في رأي الاستاذ شوشة؟

٤ـ ما هو الرأي الذي يقدّمه الاستاذ شوشة حول استخدام مفردات الفصحى في الحديث اليومي بالعامية المصرية؟

٥ـ اكتبوا ٧ من الكلمات في العامية المصرية التي يقول الاستاذ شوشة أنها من أصول أجنبية؟

٦ـ اكتبوا الكلمات التي تسمعونها في الجزء من من 1:32 الى 1:53:

«التي ____ .

____ أتيح ______________ والثراء والغنى ______________

______________ مصر .»

تمرين ٢٧ **نشاط قراءة: "محكية عربية جديدة في لحظة الولادة"**

أ ــ القراءة في البيت

١ـ **القراءة السريعة:**

Skim and map out mentally the various subtopics within the article, and mark the sections that are interesting and accessible to read more closely.

٢ـ **القراءة الثانية:** اكتبوا الأفكار التي قرأتم عنها في الأجزاء التي اخترتموها.

٣ـ الى أي درجة تختلف أفكار هذا الكاتب عن أو تتشابه مع أفكار اخرى سمعتموها أو قرأتم عنها؟

٤ـ ماذا يقول الكاتب عن اللهجة المصرية؟ لهجة المنطقة الغربية من السعودية؟ رواية «العصفورية»؟

أي مستقبل لها مع الفصحى؟ محكية عربية جديدة في لحظة الولادة

د. محمد جابر الأنصاري

يمر العرب اليوم بمصهر لغوي مشترك شديد التفاعل ستكون محصلته في تقديرنا نشوء وتطور محكية عربية جديدة وشاملة تنصهر فيها اللهجات العربية التي تتفاعل في هذه الحقبة عبر الفضائيات والأغنيات ووسائل الاتصالات المختلفة وعبر هجرة العمالة العربية الجارية منذ عقود والتعاملات التجارية والاستثمارية على صعيد رجال الأعمال والسياحة العربية المتزايدة بين مختلف أقطار الوطن العربي. ولا يغيب عن الاعتبار في هذا المجال أن اللهجة المصرية قد أصبحت لهجة عربية شبه مستوطنة في الذاكرة العربية مشرقاً ومغرباً على السواء عبر الإذاعة والفيلم والأغنية منذ ذيوع أغاني أم كلثوم وفريد الأطرش وغيرهما في الأربعينيات إلى تأثير المسلسلات التليفزيونية المصرية حالياً دون أن نغفل تأثير الخطاب السياسي المصري من عبد الناصر إلى حسني مبارك ... عندما يتطعّم باللهجة المصرية المحببة.

واليوم عندما أسمع اللهجة اللبنانية او أي لهجة اخرى في بعض الفضائيات العربية لم يعد يتملكني فزعي القديم على الفصحى. اللهجة اللبنانية اليوم – عبر الفضائيات – تتلاقح مع اللهجة المصرية المخزونة في الوعاء اللغوي للعرب مع لهجاتهم المحلية، ومع اللهجات المغاربية التي بدأت تألفها الأسماع المشرقية إلى اللهجات الخليجية المنتشرة عبر السياحة والأغنية – من مراكش للبحرين – والتي تنقلها أيضاً العمالة العربية الوافدة إلى الخليج عندما تعود إلى مواطنها. وجدير بالملاحظة أن محكية المنطقة الغربية من السعودية (لهجة الحجاز) هي بمنزلة مشروع أولي مصغر لمحكية عربية مشتركة تمزج بين اللهجات المحلية السعودية والعامية المصرية والعامية السودانية لتفاعل هذه اللهجات وانصهارها تاريخياً وبشرياً عبر أزمان.

والمؤكد أن درجة التقارب بين اللهجات العربية اليوم أفضل بكثير من حالة التباعد الذي كان حاصلاً بينها قبل نصف قرن أو أكثر وإن قصّر اللغويون العرب في دراسة واقعنا اللغوي على حقيقته.

من التباعد إلى التلاقح

هذه الحالة من التباعد اللساني بين العربي على صعيد الحياة اليومية والتفاعل اللغوي المعيش – حتى في البلد العربي الواحد أحياناً – نجدها تتحول اليوم تدريجياً إلى حالة من التلاقح والتمازج ثم الانصهار بين مختلف المحكيات المحلية العربية في مفرداتها وتعابيرها وتراكيبها بما يؤشر إلى ولادة محكية عربية متقاربة ومشتركة يمكن أن تتطور مع استمرار تفاعل ألسنة العرب فيما بينها للعوامل التي ذكرناها، وذلك انفتاح وتفاعل من نتائج التطورات العلمية وانتشار العولمة وربما كان ذلك من جوانبها الإيجابية بالنسبة لتعميق التفاعل اللغوي بين العرب على صعيد الحياة اليومية والواقع المعيش.

ولا بد من تأكيد خاصية مهمة في هذا التشكل اللغوي الجديد وهي أن اللهجات العربية بأصولها من الفصحى تصب في هذا الرافد العربي اللغوي الأوسع بينما تمده الفصحى بالكثير من مفرداتها وتعابيرها. فمع انتشار التعليم والثقافة في مختلف الأقطار العربية يتزايد القادرون على التحدث بلهجة مطعمة بالفصحى إلى حد كبير. هكذا فإن التقارب والتوحيد اللغوي العربي مرتبطان بانتشار التعليم ومحو الأمية، بينما سيادة اللهجات العامية الضيقة مردها التاريخي في الأساس الأمية اللغوية بالإضافة الى العزلة الجغرافية. وإذا كان التفاعل القائم بين العرب اليوم – بالتخطيط أو التغيير المقبل مع العولمة – يتجاوز بهم العاملين المعيقين المذكورين، فلنا أن ننتظر ولادة هذه المحكية العربية المشتركة التي ستشارك في توليدها مختلف اللهجات العربية المتفاعلة اليوم فيما بينها بالإضافة إلى العربية الفصحى. ولا بد من الإشارة إلى أن من إيجابيات الصحوة الإسلامية أنها تركز في خطابها على الفصحى – قرآناً وحديثاً ووعظاً – بما يشكل دعماً للفصحى ودورها في تشكيل هذه المحكية العربية الجديدة وذلك بعد غربلة الأسلوب اللغوي القديم والمتجمد الذي يشكل تهديداً لمستقبل اللغة.

شاهد لغوي

وربما مثلت رواية (العصفورية) للدكتور غازي بن عبد الرحمن القصيبي – فيما تمثله – أهم شاهد مكتوب على هذه الولادة اللغوية الجديدة حيث تتلاقح في حوارها العاميات العربية المتفاعلة فيما بينها. والواقع أن المؤلف شديد الوعي بالإشكال اللغوي الذي يعانيه العرب اليوم بالإضافة إلى استخدامه الفني لهذه الحواريات المولدة حيث يقدم الحوار في (العصفورية) لدارس هذه الظاهرة أمثلة حية على هذا التكوين اللغوي الجديد:

– عفواً يا بروفيسور ... شو يعني زيطة وزمبليطة؟

– زيطة وزمبليطة تعني ضجة وضوضاء. تستطيع إذا أردت الفصحى أن تقول بعد هياط ومياط كما استعمله المعري في «رسالة الغفران».

– عفواً ... شو يعني نشبّك الوايرات؟

– نشبّك يعني نوصّل. والوايرات أسلاك الكهرباء.

وإليك هذا (المندمج اللغوي) الذي يمثل في نظرنا نموذجاً مصغراً جداً، لكن معبراً جداً، عن طبيعة هذه المحكية المشتركة بين مختلف لهجات العرب:

– حاضر يا شيخ، كله تمام يا افندم ... باهي! مزيان! تهنّا ... صار.

هكذا تلتحم الكلمات الدارجة من مختلف اللهجات العربية في عبارة محكية واحدة من الخليج إلى المغرب عبر مصر ... وكلها إن عدنا إلى جذورها فصيحة. وهي نماذج على أهميتها في حد ذاتها يرافقها وعي لغوي واضح ... يقول القصيبي بعد أحد حواراته التي أوردناها: «... اللغة، يا حكيم، كائن حي يتطور وفق قوانينه الخاصة، يقتبس كلمة من هنا وكلمة من هناك ولا يحتاج إلى إذن من مجمع سدنة الخالدين ولا من الدكتور (نحوي) ولا من البروفيسورة (قاعدة) اللغوية ....»

وفي تقديرنا أن اللغة العربية الفصحى لا يمكن أن تبقى بمعزل عن هذه الولادة الجديدة. فهذه المحكية المشتركة ستمدها بقوة جديدة وتسهم في تبسيطها وتيسيرها وسيستمر التقارب بين المحكية الجديدة المولّدة والعربية الفصحى الميسرة والمبسطة إلى أن يحقق الواقع اللغوي للعرب توازنه المعاصر المنشود بما يتجاوز الفجوة الكبيرة بين الفصحى والعاميات المتباينة والفجوات الكبيرة المتوارثة تاريخياً بين اللهجات العامية ذاتها في الوطن الكبير وفي كل بلد عربي أحياناً.

الشفاهية والكتابية

وإذا تأملنا في علاقة التطور التاريخي، مثلاً، بين اللهجة الإيطالية المحكية والإيطالية المكتوبة منذ دانتي في الكوميديا الإلهية نجد أن لغة المشافهة ولغة الكتابة لا يمكن أن تظلا في عالمين مختلفين. ولا نحتاج في تفهم هذا القانون اللغوي إلى النموذج الإيطالي أو غيره، ففي العلاقة التاريخية بين لهجة قريش واللغة العربية الفصحى – وكيف تطورت الأولى لتصبح الثانية – ما يؤكد هذه الصلة الوثيقة والتي تدعونا إلى رؤية الجانب الإيجابي التفاعلي المثمر والمبدع بين العاميات الفصحى بدل البقاء في دائرة الحرب الأزلية بينهما شريطة أن يطور علماء الفصحى أساليبهم ومقارباتهم لواقع الحياة اللغوية، مثلما تتقارب اللهجات العربية في أكبر مصهر لغوي يعيشه العرب اليوم.

ونحن على ثقة أن العربية الفصحى ستجد في وليدها الجديد سلالة مباركة إذا عرف علماؤها وأنصارها كيف يعملون على تيسيرها ومقاربتها لواقع الحياة وطبيعة المحكية العربية الجديدة المشتركة. فالتفاعل بين محكية واحدة – مستمدة من الفصحى ومن لهجات أصولها عربية – وبين الفصحى ذاتها سيخلق واقعاً لغوياً جديداً نثق أنه سيقلل الخطر على الفصحى من العاميات القديمة، بل سيزيد من ترسيخها في الواقع اللغوي المعيش للعرب.

ففي اعتقادنا أخيراً أنه لن يكون للعربية حياة إلا إذا أصبحت لغة الحياة.

من مجلة «العربي» ٢٠٠٣/١١/١

ب ـ القراءة في الصف مع زميل/ة:

١- ناقشا وقارنا ما فهمتما من الأجزاء التي اشتركتما في قراءتها قبل الصف.

٢- كيف يرى الكاتب العلاقة بين اللهجات العربية المختلفة وما هي العوامل التي تؤثر في هذه العلاقة؟

٣- كيف يجب أن تكون العلاقة بين الفصحى والعامية في رأي الكاتب، ولماذا؟

تمرين ٢٨ نشاط استماع: تعليم اللغة العربية لأبناء المهاجرين العرب DVD

من برنامج "مراسلو الجزيرة"، مع خالص الشكر لتليفزيون الجزيرة.

أ ـ الاستماع في الصف:

١- ماذا عرفنا من البرنامج عن الهجرات العربية الى أوروبا؟

٢- من وجهة نظر البرنامج، ما الصعوبة التي يواجهها المهاجرون العرب في أوروبا؟

٣- يقول البرنامج إن تعلّم اللغة العربية مهم لأبناء المهاجرين العرب في أوروبا، لماذا؟ اذكروا سببين ذكرهما البرنامج.

٤- ماذا أخبرنا البرنامج عن الأماكن التي تدرّس فيها اللغة العربية في أوربا؟

٥- ما هي علاقة القنوات الفضائية *satellite channels* بالموضوع الذي يناقشه البرنامج؟

٦- ما هو الرأي الذي يقدّمه البرنامج حول أمكانية تعلّم الولد أكثر من لغة أجنبية؟ ما هو الدليل *evidence* الذي يقدّمه لنا؟

ب ـ الاستماع في البيت

اكتبوا الكلمة التي تسمعونها:

١- من 00:24 الى 00:38 «**يسعى** ______________

______________ **ترابط** ______________.»

٢- من 3:15 الى 3:29 : اكتبوا كلمات الأغنية التي تغنّيها البنت الصغيرة:

«______________ ______»

٣- من 5:20 الى 5:42 «**عدد** ______________

يستحيل *impossible* **معها اعتمادهم على** *depend on* **دعم** ______________.

وبات ______________ **بالاعتماد على** ______________

الذاتية *their own* ______________.»

العامية

عايزة سلامتك!

أ ــ مفردات وعبارات

تذكروا:

خارِج ج. -ين   راجِع ج. -ين   أصحاب   اِستأذن

تعلّموا:

بَعض — each other (= بعضـ البعض)

خُد بالَك من . . . ! — take care of (someone)

خُدي بالِك من - خدوا بالكو من

(عايز حاجة؟) - عايز سلامتك! — reply meaning "nothing, thank you" (literally, I want only your well-being)

اِتقابِل ، يِتقابِل — = تَقابَلَ

قَصدي — = أقصد

واحدة صاحبتي - واحد صاحبي — a friend of mine

(only in العامية can واحد be used in this way, and only in referring to human beings)

ب ــ القصة

خالد ومها بيعملوا ايه؟ ايه رأي الجدة في ده؟ مها وخالد بيتكلّموا عن ايه؟

جـ ــ تراكيب

١ ــ الأمر

الأمر in العامية follows the same patterns as الأمر in الفصحى. Listen on your DVD:

الأمر

شوف!	شوفي!	شوفوا!
اِمشي!	اِمشي!	اِمشوا!
اِشتَغَل!	اِشتَغَلي!	اِشتَغَلوا!

٢ ـ النهي

The negative imperative uses regular verbal negation, ما . . . ش . Listen to these examples on your DVD.

النهي

ما تروحش	ما تروحيش	ما تروحوش
ما تاكُلش	ما تاكليش	ما تاكلوش
ما تِتأخَّرش	ما تِتأخَّريش	ما تِتأخَّروش

د ـ نشاط

لاحظوا:

مش لازم + مضارع بدون بـ — must not or should not (depending on context)

قولوا لزمايلكو:

١ـ لازم يشوفوا أفلام ايه؟

٢ـ فين مش لازم يروحوا أو يمشوا بالليل؟

٣ـ فين مش لازم ياكلوا (مثلاِ مطعم مش كويس)؟

٤ـ لازم يشتغلوا ايه بعد ما يتخرّجوا؟

٥ـ لازم ياخذوا بالهم من مين؟

١٠ ـ زواج الجيل الجديد

في هذا الدرس:

الثقافة: • الزواج والعائلة
• أساليب عامّية

النص: • زواج الجيل الجديد

القراءة: • البنت لابن عمها
• الخادمات في المجتمع السعودي
• قصة «أنت طالق»

الاستماع: • قانون تعدّد الزوجات
• مشاهد من عرس عُماني
• الحناء والعرس السوداني

التراكيب: • الفعل الناقص
• «كاد» وأخواتها

العامّية: • ليكي بوي فريند؟
• «لـِ» و«مالـِ .. ش»

المفردات

تذكروا وتعلّموا

أهل ج. أهالٍ/الأهالي	←	مُؤَهِّلات	credentials, especially academic degrees
يَبدو أنّ	←	بَدا ، يَبدو	= ظَهَرَ
بَلَغَ، يَبلُغ ، البُلوغ (أنّ)	←	أَبْلَغَ، يُبلِغ، الإبلاغ (بـ/أنّ)	to inform someone (of/that)
جَميل	←	مُجامَلة ج. ـات	flattery, (insincere) praise
حَدَّدَ، يُحَدِّد، التَّحديد	←	حادّ (المصدر: الحِدّة)	sharp
أحسن؛ حَسَن	←	أَحْسَنَ ، يُحسِن ، الإحسان	to do well, be good at
مَحَلّ؛ اِحتَلَّ، يَحتَلّ	←	حَلَّ ، يَحُلّ ، الحَلّ	to solve
	←	حَلّ ج. حُلول	solution (to a problem)
خاصّ	←	خاصّ بـ	of special concern to (someone or something)
خُطِبَت لـ	←	خُطوبة	engagement
دَخَلَ، يَدخُل، الدُّخول (إلى)	←	دَخْل	income
دَخَّنَ، يُدَخِّن، التَّدخين	←	دُخان	smoke
رَئيس ج. رُؤَساء	←	رَأَسَ ، يَرْأَس ، الرِّئاسة	to be head of, president of
الإسلام ؛ مُسلِم	←	اِسْتَسْلَمَ ، يَستَسلِم ، الاِستِسلام (لِـ)	to surrender (to)
سَنة ج. سَنَوات	←	ج. سِنون / سِنين	= سنوات
أشرَفَ على، يُشرِف على	←	شَرَف	honor
ضَيْف، ضُيوف؛ اِستَضافَ	←	الضِّيافة	hospitality
طَلَّقَ، يُطَلِّق، الطَّلاق	←	أَطلَقَ ، يُطلِق ، الإطلاق	to let out, release
فَتاة ج. فَتَيات	←	فَتى ج. فِتيان	young man

الفُصحى؛ الفَصاحة؛ فَصيح	←	أفصَحَ عن ، يُفصِح عن ، الإفصاح عن	to state clearly
فِعل	←	فِعليّ	actual
فُلوس	←	فِلْس ج. -ات	unit of currency (≈ one penny)
تقدير	←	قَدَّرَ ، يُقَدِّر، التَّقدير	to appreciate, esteem, estimate, value, evaluate
قَطَعَ ؛ اِنقَطَعَ	←	قاطَعَ ، يُقاطِع ، المُقاطَعة	to cut someone off; interrupt
الشَرق الأوسَط؛ مُتَوَسِّط	←	وَسَطَ / وَسْطَ	amidst, in the middle of

من القاموس

(لا/لم/لن/ليس) .. أبَدًا	(not) at all, (n)ever
بَكى ، يَبْكي ، البُكاء (على)	to cry, weep (over)
جَدْوَل ج. جَداوِل	chart, table, schedule
جدول أعمال	agenda
جَدْوى	use, worth
جيل ج. أجْيال	generation
حَسَمَ ، يَحْسِم ، الحَسْم	to decide once and for all, settle (e.g., an issue)
حَظّ	luck
حَفيد ج. أحْفاد	grandson
حَفيدة ج. -ات	granddaughter
حَماة ج. حَمَوات	mother-in-law
حَمٌ (حَمو[1] في إضافة)	father-in-law

---

[1]Like أب/أبو , أخ/أخو , and ذو/ , this noun is written with a long vowel that shows إعراب endings:

هل هذا حموك؟ – هل قابلت حماك؟ – هل تحدّثت مع حميك؟

error, mistake	خَطَأ ج. أَخْطاء
to fail in (e.g., an exam)	رَسَبَ في ، يَرْسُب في ، الرُسوب في
sarcasm	سُخْرِيّة
sarcastic, mocking	ساخِر ج. ـون
to be or go bad, get worse	ساءَ ، يَسوء ، السّوء
to harm, wrong (someone)	أساءَ إلى، يُسيء إلى، الإساءة إلى
bad (≠ جيّد)	سَيِّء ج. ـون
counsel, advice	مَشورة
to insist on	أصَرَّ على، يُصِرّ على، الإصرار على
to be or become lost	ضاعَ ، يَضيع ، الضَّياع
emergency	طارِئ ج. طَوارِئ
party, side (e.g., to an agreement, dispute, etc.)	طَرَف ج. أَطْراف
to poll, survey, ask for an opinion	اِسْتَطْلَعَ ، يَستَطلِع ، الاِستِطلاع (رأيًا)
battle	مَعْرَكة ج. مَعارِك
storm	عاصِفة ج. عَواصِف
opposite, reverse	عَكْس
on the contrary, just the opposite	بالعكس ، على العكس (من)
to depend on	اِعْتَمَدَ على ، يَعتَمِد على ، الاِعتِماد على
fault, shortcoming; shame, disgrace	عَيْب ج. عُيوب
= ترك	غادَرَ ، يُغادِر ، المُغادَرة

happiness; happy occasion (especially a wedding)	فَرَح ج. أفراح
happiness (= سعادة), happy occasion	فَرْحة
to impose something on someone	فَرَضَ على ، يَفْرِض على ، الفَرْض على
to repeat	كَرَّرَ ، يُكَرِّر ، التَّكرار
to be on the verge of, to almost	كادَ ، يَكاد **(+ فعل مضارع)**
to barely . . .	لا يَكاد
tendency, inclination, leaning, bent (toward)	مَيْل ج. مُيول (إلى)
to save, rescue	أَنْقَذَ ، يُنقِذ ، الإنقاذ (من)
to whisper	هَمَسَ ، يَهْمِس ، الهَمْس
let, leave (imperative only)	دَعْ ! (دَعي! ، دَعوا!)
to accuse (someone) of	اِتَّهَمَ بـ ، يَتَّهِم بـ ، الاِتِّهام بـ
accusation	تُهمة ج. تُهَم

❋ *التَكرار يعلّم الشُطّار!* ❋

تعلّموا هذا الفعل: تصريف فعل "بكى" DVD

الماضي

المفرد	المُثنّى	الجمع
بَكى بَكَت	بَكَيا بَكَتا	بَكَوا بَكَيْنَ
بَكَيْتَ بَكَيْتِ	بَكَيْتُما	بَكَيْتُم بَكَيْتُنَّ
بَكَيْتُ		بَكَيْنا

المضارع المرفوع

المفرد	المُثنّى	الجمع
يَبكي تَبكي	يَبكِيانِ تَبكِيانِ	يَبكونَ يَبكينَ
تَبكي تَبكينَ	تَبكِيانِ	تَبكونَ تَبكينَ
أَبكي		نَبكي

المضارع المجزوم

المفرد	المُثنّى	الجمع
يَبكِ تَبكِ	يَبكِيا تَبكِيا	يَبكوا يَبكينَ
تَبكِ تَبكي	تَبكِيا	تَبكوا تَبكينَ
أَبكِ		نَبكِ

النهي

المفرد	لا تَبكِ! لا تَبكي!
المُثنّى	لا تَبكِيا!
الجمع	لا تَبكوا! لا تَبكينَ!

من خَمرية *wine poem* للشاعر العبّاسي أبي نواس (٧٦٢-٨١٣):

لا تَبكِ ليلى ولا تَطرَب الى هندِ

واشرَب على الوردِ من حمراءَ كالوردِ

("ليلى" و"هند" أسماء بنات أو نساء. و"حمراء" تدلّ على لون الخمر. و"ورد" تعني roses.)

تمرين ١ **اختاروا الكلمة المناسبة: (في البيت)**

١- عيّن في هذا المنصب على الرغم من انه يفتقر الى ——— اللازمة.

أ- الميول ب - الأطراف جـ- العيوب د - المؤهلات

٢- أبوك ، والله، طباخ من الطراز الاول، وهذه ليست ——— .

أ - سخرية ب - مجاملة جـ- تهمة د - ضيافة

٣- يتناول برنامج «Saturday Night Live» الأحداث السياسية والاجتماعية المعاصرة ويعالجها بطريقة ——— .

أ - فعلية ب - طارئة جـ- ساخرة د - حادة

٤- ما زلت غير مقتنعة بـ——— هذا الاسلوب في المطالبة بحقنا.

أ - جدوى ب - حل جـ- ميْل د - مظهر

٥- تعرضت القرى الجبلية الى ——— ثلجية شديدة أدت الى قطع الطرق وموت ثلاثة من أهاليها.

أ - مسألة ب - معركة جـ- عاصفة د - قرية

٦- . . . وأنتهز هذه الفرصة لأعبّر لكم عن شكري العميق لاختياركم لي لهذا المنصب الذي أعتبره ——— عظيما لي.

أ - خطأ ب - شرفا جـ- عيبا د - حظا

٧- تردّد كثيراً قبل أن يخبرها برغبته في بيع الارض لأنه كان يخاف أن ترفض الفكرة ولكنه أخيراً ——— وعبّر لها عن رأيه.

أ - أحسَنَ ب - تشجّع جـ- ضاع د - رسب

٨- لا تضع رجلك على الطاولة وأنت جالس مع الناس فهذا ——— كبير!

أ - عيب ب - شرف جـ- مظهر د - ميْل

٩- أعتقد أننا ناقشنا الموضوع بشكل كافٍ وبحثناه من كل الجوانب وجاء الآن وقت ——— واتخاذ القرار.

أ - المشورة ب - الحسم جـ- المنطق د - الاستطلاع

١٠- لم يخطر على بالي أبداً أنكم سـ——— في الطريق الى بيتي، فليست هذه أول مرة تأتون فيها الى عندي!

أ - تضيعون ب - تبلغون جـ- تكررون د - تبكون

تمرين ٢ **أكملوا بكلمة مناسبة من المفردات الجديدة: (في البيت)**

١- أعلن رئيس الحكومة في خطابه أن الدولة ستسعى الى زيادة ______ها السنوي من السياحة .

٢- أعطته الشركة ساعة ذهبية ______اً له بعد ثلاثين سنة من الخدمة.

٣- ما أدهشني في المؤتمر كان عدم وجود ______ ______ للقضايا التي ستناقش فيه.

٤- السؤال الذي يواجهنا هو: كيف نصل الى سلام يضمن حقوق كل ______ في الشرق الاوسط؟

٥- في بداية الدعوة الاسلامية وقعت عدة ______ عسكرية بين النبي محمد وأعدائه من قبيلة قريش وغيرها من القبائل.

٦- ما يميّزها عن إخواتها هو أنها مستقلّة ودائما ______ نفسها في كل ما تقوم به.

٧- المصانع الكثيرة في هذه المنطقة تمثل خطراً كبيرا على الصحة والبيئة بسبب ______ الذي يخرج منها.

٨- ساءت حالته كثيرا خلال الليل وارتفعت حرارته فاضطررنا الى أن نأخذه الى قسم ______ في المستشفى.

٩- ______ السلطات اللبنانية أحد الديبلوماسيين العراقيين بمحاولة قتل زميل له في السفارة واتخذت قرارا بطرده من لبنان فورا.

١٠- إذا استمررت في ______ رأيك على أولادك فستفقد احترامهم وقد يثورون عليك في يوم من الايام.

١١- من اللازم أن نسعى جميعنا للمحافظة على البيئة والموارد الطبيعية لتستفيد منها ______ التي ستأتي بعدنا.

١٢- قامت الحكومة القطرية ببناء قصر ضخم لـ ______ في الدوحة سيخُصّص لاستخدام كبار الزوار من ملوك ورؤساء.

١٣- أرجوك، ______ زميلك يكمل كلامه من غير مقاطعة !

١٤- من المعروف أن رفع العَلَم *flag* الأبيض يدلّ على الرغبة في ______ .

١٥ـ تعرّضت أختي لحادث سيارة عنيف ـــــــــ يؤدي الى موتها ولكن الأطباء تمكّنوا ، والحمد لله، من ـــــــــ حياتها.

١٦ـ بالرغم من المعارضة الشديدة التي واجهها وزير الخارجية فقد ـــــــــ متمسكًا بموقفه.

| تمرين ٣ | اسألوا زملاءكم (في الصف)

أ ـ استخدموا كلمة جديدة بنفس معنى الكلمات [بين قوسين] واسألوا زملاءكم:

١ـ هل [الشابات] أنضج من [الشباب] في رأيك؟

٢ـ إلى أين ستذهب/ين بعد أن [تترك/ي] هذا الصف؟

٣ـ هل [يظهر] على وجهي (وجه المتكلّم) التعب؟

٤ـ ما هو أكبر [شيء غير صحيح] عملته في حياتك؟

٥ـ هل تتمسك برأيك و[ترفض تغييره] في كثير من الأحيان؟

٦ـ ما هي أكبر مصادر [للسعادة] بالنسبة لك؟

٧ـ هل [خلّصت] أحداً من مشكلة كبيرة وقع فيها؟

٨ـ إلى أي حدّ أنت قادر/ة على [اتّخاذ القرار] في الأمور المهمة؟

٩ـ ماذا تتمنّى/ين أن تقول/ي [لأولاد أولادك] في المستقبل؟

١٠ـ كيف العلاقة بين أمك أو أختك و[والدة زوجها]؟

ب ـ اسألوا بكلمة لها عكس معنى الكلمات [بين قوسين] :

١ـ ماذا ستفعل/ين إذا [≠ نجحت] في امتحانك الكبير القادم؟

٢ـ لماذا في رأيك [≠ تتحسن] صحة الناس في الشتاء أحياناً؟

٣ـ ما هي الأشياء التي تجعلك [≠تضحك/ين]؟

٤ـ هل تستفيد/ين من [≠ القيام بها مرة واحدة فقط] المفردات الجديدة حين تدرسها؟

٥ـ ماذا يفعل اساتذتك عندما [≠ تتحدث بصوت عالٍ] مع زملائك في الصف؟

٦ـ إذا وقع اختلاف في الرأي بينك وبين صديق فمَن [≠ يقاوم] رغبة الآخر عادةً؟

٧ـ من [≠ عاملهم بشكل جيد] وماذا فعلوا لمعالجة الوضع؟

تمرين ٤ المفردات الجديدة وأوزان الفعل (في الصف)

أ ـ خمّنوا معاني الكلمات التي تحتها خط واقرأوها بصوت عالٍ لتبيّنوا الوزن:

١- هل صحيح أن أحداث التاريخ تتكرر كما يقال؟

٢- لقد شرّفتموني كثيراً بحضوركم الحفلة في بيتي!

٣- لا أفهم لماذا لم يبدوا آراءهم، ألا يعرفون أن الديمقراطية تعتمد على المشاركة؟!

٤- تهامس الطلاب متسائلين عما تريده الاستاذة.

٥- أخطأت عندما أخذت السيارة بدون إذن، ولن أكرر الخطأ.

٦- طلب الجيش الأمريكي من العساكر العراقيين أن يسلّموا أنفسهم إلى السلطات العسكرية الامريكية؟

ب ـ أكملوا بالوزن المناسب من أحد الجذور التالية (كل جذر يستخدم مرة واحدة)

ح - س - ن	ض - و - ع	ح - د - د	ف - ر - ح
و - ق - ف	ش - و - ر	ق - ط - ع	س - و - ء

١- حاول كثير من الناس أن ـــــــ الحرب قبل أن تبدأ عن طريق إقامة مظاهرات تدعو للسلام، ولكن بدون جدوى، فالأمر كان محسوماً منذ شهور.

٢- لم تستطع صديقتي أن تتخذ قرارا في أمر الزواج فـ ـــــــ أمها وصديقاتها.

٣- لماذا ـــــــ مثل هذا السلوك الى سُمعة *reputation* الفتاة وليس سمعة الفتى؟

٤- الأخبار التي سمعتها عنك ـــــــ ني وأدخلت السعادة الى قلبي.

٥- «من فضلك، هل يمكنك أن تساعدني؟ أظنّ أني ـــــــ الطريق - أبحث عن رقم ٢٨٦ شارع مراد ..»

٦- إذا أردتم أن ـــــــ مستواكم اللغوي، فمن المفيد أن تسافروا الى العالم العربي.

٧- تقع البوّابة *gate* الرئيسية للجامعة عند ـــــــ شارعيْ ماين وبرودواي.

٨- ـــــــ مواعيدُ الامتحانات النهائية قبل بدء الفصل الدراسي ولن تتغير.

تمرين ٥ **توسيع المفردات (في البيت)**

أ ـ كيف نقول؟ ترجموا هذه العبارات الى العربية مستخدمين معرفتكم بالقواعد والأوزان ثم اكتبوا كل عبارة في جملة:

1. an opinion poll
2. I solved the problem
3. self-dependency
4. the accused
5. lack of appreciation
6. to make (someone) cry
7. host and hostess
8. guest of honor
9. I am [= have gotten] lost!
10. they are insistent on [doing]

ب ـ ما معنى هذا؟ استخدموا هذه العبارات في جمل من عندكم لتبيّنوا المعنى:

١ـ عندك امتحان؟ حظاً سعيداً!!

٢ـ لِحُسن الحظ ، كان الطقس جميلا يوم الرحلة.

٣ـ لِسوء الحظ ، نسيت الفلوس في البيت!

٤ـ حاولت أن أقنعهم برأيي ولكن، بدون جدوى.

تمرين ٦ **لماذا؟ المفردات الجديدة والمفعول لأجله (في البيت)**

أجيبوا عن الأسئلة واستخدموا المفعول لأجله ومفردات جديدة في إجاباتكم:

١ـ لماذا تقوم الصحف ومحطات التليفزيون باستطلاع آراء القرّاء والمشاهدين أحياناً؟

٢ـ لماذا كانت شهرزاد تحكي للملك شهريار قصة كل ليلة؟

٣ـ لِمَن تحبون أن تقدّموا جائزة ولماذا؟

٤ـ لماذا وقف جميع الحاضرين حين دخلت الرئيسة الى قاعة الاجتماع؟

٥ـ لماذا يكتب الناس المشهورون سيرهم الذاتية؟

٦ـ ماذا قال الزوج لحماته ولماذا؟

٧ـ لماذا تتمسكون بهذا الموقف وتصرّون عليه؟

تمرين ٧ **نشاط كتابة بالمفردات الجديدة (في البيت وفي الصف)**

في البيت: أنتم صحفيون، تغطّون الأخبار السياسية، وحضرتم أمس اجتماعا للكونغرس (أو أي برلمان دولي) والمطلوب الآن أن تكتبوا تقريراً *report* عنه لجريدة عربية، مركّزين على استخدام المفردات الجديدة للتعبير عمّا سمعتم وشاهدتم.

في الصف: قدّموا تقريركم إلى الصحفيين الآخرين وناقشوا تقاريرهم.

تمرين ٨ **الى أي حدّ ؟ (في الصف)**

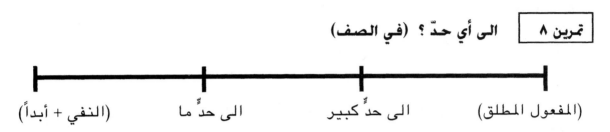

(المفعول المطلق) — الى حدٍّ كبير — الى حدٍّ ما — (النفي + أبداً)

المطلوب منكم أن تعرفوا من زملائكم الى أي حدّ :

١- استفادوا من تجربة العمل في الصيف الماضي؟

٢- يعتمدون على «الإنترنيت» في حياتهم؟

٣- يؤثر الأصدقاء في تكوين أفكارهم؟

٤- هم مقتنعون بما يفعلونه في حياتهم الآن؟

٥- يرغبون في التخرج وبدء حياتهم العملية؟

٦- يظنّون أن السياسيين يعبّرون عن آراء الناس؟

عبارات جديدة

أ ـ من المستحيل (انْ) — it is impossible to

- الصورتان متشابهتان الى درجة انه **من المستحيل أن** نميّز الواحدة منهما من الاخرى.
- أعلن قائد المعارضة انه **من المستحيل** الابقاء على الوضع الحالي لأن ذلك سيؤدي الى أزمة اقتصادية خطيرة.

ب ـ لا علاقة لِـ بِـ — has no relation to, has nothing to do with

- **لا علاقة لـ**دخل الانسان **بـ**مستوى ثقافته وأخلاقه.
- ما قلتِه **لا علاقة له بـ**الموضوع الذي نتكلم فيه!

جـ ــ بكامل . . . (في اضافة) in/with complete

- وافقت عليه وتزوجته **بكامل إرادتها**.
- تدل تصرفات جدي على أنه لا يزال **بكامل وعيه وعقله** وأنه ليس مريضا كما يقولون.

د ــ بَينَما while, whereas

- هل سمعت؟ تعرّض المدير لأزمة قلبية **بينما** كان في المطعم فنقلوه الى المستشفى!
- قوموا أنتم بترتيب غرفة السفرة **بينما** أبدأ أنا بإعداد العشاء .
- لن نصل الى اتفاق ، فهي لا تريد أن تبيع البيت، **بينما** رأيي أنا هو العكس.

هــ ــ لا (تفعلْ) . . . وإلا (فـ) . . . do not . . . or else

- **لا تعتمدي** على الآخرين **وإلّا فلن** تحققي ما تريدين.
- **لا تخاطبْ** أولادك بهذه الطريقة **وإلا فسوف** يخاطبونك بنفس الطريقة.

و ــ في يوم من الايام one day, some day

- **في يوم من الأيام** ستفهم موقفي وتقدّر ما عملته لأجلك.

تمرين ٩ **العبارات الجديدة (في البيت)**

(أ) ترجموا جمل العبارات الجديدة الى اللغة الإنجليزية .

(ب) استخدموا كل مجموعة من المفردات والعبارات في فقرة:

١ـ طرف ، أساء الى ، اتّهم بـ ، فرض على ، أصرّ على ، أبلغ (أنّ) ، لا .. وإلاّ

٢ـ بكى ، تشجع ، فرح ، دع! ، خطوبة ، دخل ، أحسم ، بكامل

٣ـ معركة ، استسلم لـ ، عاصفة ، ضاع ، أنقذ ، بدا ، طوارئ ، بينما

٤ـ الضيافة ، مجاملة ، أحسَنَ ، عيب ، غادر ، من المستحيل أن

٥ـ حظ ، حلّ ، رسب ، كرّر ، كاد ، خطأ ، اعتمد على ، جدوى ، لا علاقة لـ .. بـ

تمرين ١٠ **نشاط محادثة: مشكلة عائلية ومشورة (في الصف)**

ينقسم الصف الى مجموعات وفي كل مجموعة يلعب الطلاب أدوار أفراد عائلة يعرضون مشكلتهم الى متخصص/ة في حلّ المشاكل العائلية ويطلبون مشورته/ـها.

تمرين ١١ **نشاط كتابة (في الصف)**

اقرأوا هذا النص ثم أكملوه باستخدام أدوات الربط *connectors* المناسبة من:

و　　أو　　وكذلك　　وبالاضافة الى ذلك　　ومن جهة أخرى

فـ　　لِذا　　ولذلك　　كما أنّ　　بينما　　وفوق هذا كله

يشهد الوطن العربي منذ فترة غير قصيرة تحوّلات مهمة امتدت الى مختلف مجالات الحياة ـــــ مظاهرها ـــــ تركت أثرا واضحا في المؤسسات الاجتماعية خصوصا . ـــــ الأسرة هي احدى المؤسسات التي اصبحت ميدانا لبروز الظواهر الجديدة ـــــ انتشارها .

لقد أخذت سلطة الاب في الأسرة تتراجع ، ـــــ انتشرت روح التمرد على الأسرة بين الأبناء ـــــ بدأت تضعف صلاتهم بأفراد العائلة الآخرين كالأعمام ـــــ الأخوال ـــــ غيرهم . ـــــ خرجت المرأة الى سوق العمل ، ـــــ غيّرت بذلك صورتها التقليدية كـ «سيدة بيت»، ـــــ بدأت تشارك في تحمّل تكاليف معيشة الأسرة من دخلها الشخصي من العمل ، ـــــ ضربت بذلك نظرية اعتمادها على الرجل . ـــــ المرأة بدأت تناقش زوجها في مختلف القضايا ـــــ المواضيع التي تؤثر على حياتهما المشتركة .

ـــــ أصبح الحب ـــــ العاطفة يشكلان الأساس الذي يقوم عليه الزواج بعدما ظلّ لوقت طويل قائماً على الترتيبات ـــــ الرغبات العائلية ـــــ قلّت نسبة الزواج من أبناء الأعمام ـــــ ازدادت نسبة الزواج المختلط . ـــــ فقد أدت الأوضاع الاقتصادية الى تأخير سن الزواج بشكل ملحوظ ـــــ خاصةً في المدن، فـ ـــــ كان الشاب في الماضي يقبل على الزواج في سن السابعة عشرة ـــــ الثامنة عشرة صرنا نجده اليوم غير قادر على الزواج قبل سن الرابعة والعشرين على الأقل . ـــــ ازدادت حالات الطلاق بين الأزواج ـــــ أصبحت الخلافات بينهم بيّنة ظاهرة للآخرين بعد ان كانت تبقى محصورة في نطاق ضيق .

ـــــ بدأت علاقات جديدة كالمساواة والديمقراطية والحوار تحاول فرض نفسها على العلاقة بين مختلف أعضاء الأسرة .

أمام هذه التغيرات التي أصابت مؤسسة الأسرة في بنيتها وشكلها وحجمها ومشاكلها ظهرت كتابات كثيرة حاولت ان تتناول هذه القضايا ـــــ الأمور ـــــ تعالجها .

_____ الحقيقة ان الدارس لأوضاع الأسرة العربية بشكل عام ، يجد ان الدراسات التي تتناول الأسرة العربية متأثرة الى حد بعيد بالقوانين _____ التنظيمات الاسلامية . _____ قد لجأ معظم هذه الدراسات الى الدين ليظهر خطأ التطور الذي تعرضت له الأسرة _____ ليبين ان ما أدى الى هذا كله هو ابتعاد المسلمين عن الدين في حياتهم .

_____ يلاحظ الدارس قلة عدد الأبحاث التي قام بها علماء الاجتماع _____ علماء النفس الاجتماعيون _____ الانثروبولوجيون العرب في هذا المجال. _____ مثل هذه الدراسات ، اذا توفرت، يمكنها ان تساعد على بلوغ فهم أعمق _____ أشمل للتحولات التي تعرضت لها الأسرة العربية .

_____ فإننا نقدم هذا الكتاب كمحاولة متواضعة منا لرفع مستوى الوعي الاجتماعي للأسباب الحقيقية التي أدت الى حدوث هذه التحولات .

من مقدمة كتاب «تطور بنى الأسرة العربية» (بتصرف)
تأليف : د. زهير حطب ، معهد الانماء العربي ، بيروت ، ١٩٨٣

الثقافة DVD

من العلاقات العائلية الزوجية

«العمّ» = الحَمو	صِهْر ج. أَصْهار
كَنّة ج. كَنائِن	نَسيب/ة ج. أَنْسِباء

أساليب عامّية

قرأنا في الدرس التاسع عن استخدام بعض الكتّاب للعامّية في كتاباتهم وخاصة في الحوار. وهذه بعض العبارات التي يستخدمها كاتب المقالة التي ستقرأونها. استمعوا اليها والى معانيها في الـ DVD:

- «حَبَّك بورْص!»
- الله يبارِك فيك
- الله يِحفَظك
- سَلامِتْها!
- يا دوبَك
  - يا دوبك تفكّ الخط
- يا عالَم اِتْكَلّموا !
- ما لُه؟ (ما لَك؟ ما لْهُم؟)

تمرين ١٢ القراءة في البيت

اقرأوا المقالة وأجيبوا عن الأسئلة

١ـ اكتبوا وصفاً مختصراً لكل فرد من أفراد العائلة الذين نتعرف عليهم في هذا النص.

٢ـ ما موضوع اجتماع الاسرة؟ ما رأي كل فرد من افراد الاسرة في هذا الموضوع؟

٣ـ كيف تُتّخذ القرارات المهمة في هذه العائلة؟ من يشترك في اتّخاذ هذه القرارات؟

٤ كيف انتهى الاجتماع؟

٥ـ ما هو الاتّهام الذي وجّهته الحماة ضد صهرها؟ وكيف دافع الصهر عن نفسه؟

٦ـ لماذا وقفت الجدة ضد زواج الحفيدة؟ اعطوا ٣ اسباب:

٧ـ **يمكنكم استخدا م القاموس هنا:** ماذا فعل الحمو («العمّ») خلال الاجتماع وماذا قال؟

تمرين ١٣ القراءة في الصف

ناقشوا مع زملائكم القضايا التالية:

١ـ ما هي الصورة التي يرسمها الكاتب لدورالحماة في هذه العائلة المصرية؟ الى أي حدّ تمثّل هذه الصورة الصورة النَمَطية *stereotype* للعلاقة بين زوج الابنة والحَماة؟ لماذا؟

٢ـ إذا غيّرنا لغة الحوار الى اللغة الانجليزية، هل يمكن أن تكون هذه العائلة أمريكية؟ لم/لم لا؟

٣ـ أين نجد سخرية في هذا النص؟ ابحثوا عن أمثلة.

٤ـ ناقشوا النص من وجهة نظر الدراسات النسائية: علامَ [على ماذا] يدلّ موقف الحماة وآرائها في الزواج؟ أين السلطة الحقيقية في هذه العائلة؟ لماذا يقول الأب إن «رئاسة المجلس الشرفية والمظهرية للأب، أما الرئاسة الحقيقية فهي للحماة»؟ هل هذا صحيح؟

بقلم
محسن محمد

زواج الجيل الجديد

♥ اجتمع مجلس الاسرة بكامل اعضائه .

ورئاسة المجلس الشرفية والمظهرية للأب، اما الرئاسة الفعلية فهي للحماة . ومجلس الاسرة لا يجتمع الا في الملمات واحوال الطوارئ.

والموضوع الوحيد في جدول الاعمال زواج البنت الوحيدة.. الحفيدة. وهي مسألة لا تحتاج الى طوارئ. فالزواج حدث سعيد يمكن ان يتم وسط فرحة جماعية.

ولكن في الزواج طرفان. واختيار الطرف الثاني هو المشكلة التي دعت الى هذا الاجتماع الطارئ.

افتتحت الرئيسة الاجتماع بكلمات حادة اتهمت فيها زوج ابنتها بانه لا يتكلم، ولا يعلن رأيا، ولا يتخذ موقفا، بينما الموضوع خاص بحفيدتها وابنتها الوحيدة ويجب ان يكون له رأي محدد .

قال: منذ اليوم الاول لزواجي قبل سنوات بعيدة، ورأيي مرفوض. ما من شيء قلته واخذتم به، ولذلك اعتدت الموافقة على ما تقولون، هذا اذا كان هناك اهتمام في يوم من الايام باستطلاع رأيي.

قالت الحماة : هذا غير صحيح. انا أؤمن بالمشورة طول حياتي.

قال زوج البنت والد الفتاة التي ستتزوج: تكلم يا عمي.

. . يقصد حماه.

قال العم وهو يبتسم: اعلنت رأيي منذ البداية.

لم يفصح العم العزيز عن رأيه. فموقفه لا يختلف عن موقف زوج ابنته، وهو انه بلا رأي. وظل طوال الاجتماع يلهو باشعال الغليون، ولا يفتح فمه الا لاطلاق الدخان.

واخيرا تشجع والد الفتاة : من حق ابنتي ان تختار زوجها. هي ترى انه سيكون زوجا ناجحا ، وابا بارا لاولادها، ورجلا تستطيع الاعتماد عليه ويوفر لها الحياة المناسبة.

قالت الحماة: انها تحمل شهادة عالية، وتدرس للماجستير. وهو راسب في الثانوية العامة . اين التكافؤ؟ اين الميول المشتركة؟

قال الاب: اعرف ان ابنتي تحسن الاختيار. اردنا ان نفرض عليها نوع الدراسة، فأبت واختارت الكلية التي تريدها، وتفوقت فيها و . .

قالت الحماة : ارجوك لا تفتح صفحات الماضي، والا ضاع الوقت كله في تاريخك وتاريخ ابنتك. انها مثل امها .

رفض الاب ان يتطرق الى معارك جانبية. تريد القول بان ابنتها اساءت اختيار الزوج، والحفيدة تكرر الخطأ مرة ثانية بعد عشرين سنة.

ولكن الاب لم يستسلم بسهولة. قال: انا احمل شهادات عليا، وابنتك «يا دوبك تفك الخط». ومع ذلك عشنا سعيدين.

قالت الحماة: تريد ان تعايرنا الان بعد كل هذه السنين الطويلة. ومن الذي ارغمك على الزواج من ابنتي؟ اتنسى توسلاتك ؟

قال الاب: ما نسيت شيئا. ولو عادت بنا السنون لتوسلت مرة اخرى لاتزوجها.

فتحت الزوجة فمها لاول مرة: انت حبيبي .

قالت الحماة: حبك «بورص»، وهل هذا وقته! انا لا اوافق ابدا على ان تتزوج حفيدتي من شاب لا يحمل مثل مؤهلاتها. اذا كان الزوج هو الذي يحمل شهادات عليا فهذا هو الوضع الطبيعي، والمنطق يقول بذلك. فان الفتاة في كل مكان تأخرت في الالتحاق بالمدارس، وسبقها الفتى لاسباب كثيرة، ولكن اذا حدث العكس، فهذا امر غير طبيعي، ولا يجب ان يكون.

قال الاب: نسأل البنت.
قالت الحماة: لا يجب ان يكون لها رأي.
قال الاب: هي التي ستتزوج لا نحن. حياتها هي.
ثم اخذ يصرخ: يا عالم اتكلموا.
قالت الزوجة هامسة: انت تعرف حالة ماما الصحية. قلبها.
قال الاب ساخرا وبهمس ايضا: سلامة قلبها!
قالت الحماة: بهذه الطريقة لن نصل الى حل.
قال الاب: الحل موجود. البنت اختارت زوجها.
قالت الحماة: هذا هو المنطق المعكوس، منذ متى تختار البنت الزوج؟ هو الذي يختار وهي توافق او ترفض.
قال الاب: انها تعرفه منذ الصغر. وقد نجحت في التعليم، ونجح هو فيما يفضله ويتقنه.
قالت الحماة: مبروك عليه وعليك.
قال الاب: الله يبارك فيك ويحفظك يا حماتي الغالية.
قالت الحماة: دخلنا في مرحلة السخرية.
قال الاب: لم يخطر لي ذلك على بال. نحن كلنا نقدرك ونحبك ونحترمك ونأخذ بمشورتك.
قالت الحماة: لا يبدو ذلك واضحا.
قال الاب: هذا هو الجيل الجديد. انه يختار بطريقته واسلوبه. لا نستطيع ان نعيش زماننا وزمانه. اصبح من المستحيل ان نفرض عليه رأينا.
قالت الحماة: عشت طول حياتي اقرر للاسرة. انظر الى ابنائي اخترت لهم زوجاتهم واخترت لابنائهم وبناتهم ايضا.
قال الاب: وكم عدد حالات الطلاق بينهم ؟
قالت الحماة: سوء حظ.
قال الاب: و..
قالت الزوجة هامسة ومقاطعة: ارجوك، دع العاصفة تمر.
قالت الحماة: اكمل حديثك ومجاملاتك. اننا في بيتك وهذا جزء من كرم الضيافة.
قال الاب: هذا الموضوع لا علاقة له بالمجاملات. انه المستقبل، مستقبل ابنتي.

قالت الحماة: وما الذي دعاني لمغادرة سرير المرض الا مستقبل البنت؟ جئت لانقذها.
قال الاب: لتزوجيها بحفيد شقيقتك.
قالت الحماة: يعني عارف؟
قال الاب: وهل تخفى الحقيقة على احد!
قالت الحماة: وما له الشاب؟ شهادته عالية مثلها.
قال الاب: ودخله فلسات محدودة.
قالت الحماة: انت تبحث عن المال.
قال الاب: المال ليس عيبا، المال والبنون.[1]
قالت الحماة : ما اروعك .
قال الاب: ابنتي بكت واصرت.
قالت الحماة: ابنتي بكت اكثر منها ..
قال العم بصوت لا يكاد يسمعه احد الا صهره: كلكن تملكن هذا المطر الذي ينزل حسب الطلب.
قالت الام: لنحسم الامر.
قال الاب: لقد حسمناه.
قالت الزوجة : ارجوك. كفى.
قالت الحماة: وكيف تم الحسم؟
قال الاب: ابلغت الشاب اني موافق على زواجه من ابنتي. وابلغت ابنتي بذلك.
قالت الحماة: وما جدوى اجتماعنا إذن؟
قال الاب: لتشهدوا حفل الخطوبة الليلة.
قالت الحماة بصوت بدا ضعيفا واهنا تلاشت حدته: قلبي ..آه يا قلبي!

مجلة «سيدتي» ١٩٨٩/٧/٣١

---

[1]It is not uncommon to see and hear Quranic phrases in a wide range of contexts. These phrases reflect cultural values, and their use signals in part an affirmation of these shared values. Here, المال والبنون [الأبناء] refers to هذه الآية (18:46):

«المالُ وَالبَنون زينَةُ الحَيوةِ [الحياة] الدُنيا»

تمرين ١٤   دراسة القواعد والتراكيب في النص   (في البيت)

1. Identify the word order of the following passages by marking الفعل والفاعل والمفعول به and the indirect object (the object of *to* or *for*), then write الإعراب :

اخترت لهم زوجاتهم	لم يخطر لي ذلك على بال
رجلا ... يوفر لها الحياة المناسبة	يجب ان يكون له رأي محدد

What conclusion can you draw about the position of *pronoun* + ـل in sentences?

2. Look at paragraph 6 and find ما من شيء قلته واخذتم به . Remember that one of the meanings of ما is a negative. In this sentence, the grammatical clue that helps you identify the meaning of ما as a negative is the phrase من شيء immediately following it:

ما مِن + *indefinite noun* = ليس هناك

Now translate the entire paragraph (hint: one of the sentences contains الحال « و »).

3. In the middle of the last column, find: قالت الجدة: ما أروعك! . What is this grammatical structure? What is the tone? Give the derivation and translate.

٤ـ ترجموا الى الانكليزية بمساعدة القاموس إذا احتجتم:

أ ـ **العمود** *column* **الأول:** «ولكن في الزواج طرفان . . . هذا الاجتماع الطارئ»
«وأخيرا تشجع . . . الحياة المناسبة.»

بـ ـ **العمود الثاني:** «رفض الأب أن يتطرق الى معارك جانبية.»
«قالت الحماة: تريد أن تعايرنا . . . أتنسى توسلاتك؟»

جـ ـ **العمود الثالث:** «قالت الحماة: عشت طول حياتي أقرر . . . دع العاصفة تمر.»

د ـ **العمود الرابع:** «قالت الحماة: وما الذي دعاني لمغادرة . . . فلسات محدودة.»

تمرين ١٥   دراسة القواعد والتراكيب في النص   (في مجموعات داخل الصف)

١ـ ابحثوا في النص عن كل الجمل التي فيها <u>فعل الأمر</u> واقرأوها لبعضكم البعض.

٢ـ ابحثوا عن جمل <u>الحال</u> في النص واقرأوها لبعضكم البعض.

٣ـ اكتبوا الإعراب في فقرة ٥ («افتتحت ...») واقرأوا الفقرة لبعضكم البعض.

٤ـ ابحثوا عن كل <u>الضمائر المنفصلة</u> *subject pronouns* (أنا، أنت، هو ..).

Where does the pronoun function as المبتدأ ? Where does it separate المبتدأ and الخبر ? Find examples that indicate contrastive emphasis, as in *you* (and not *her*).

القواعد

★ «كاد» وأخواتها

The category of verbs called كاد وأخواتها includes verbs that mean *to almost, to be on the verge of,* and *to begin*. These verbs function like كان وأخواتها , that is, their sentences are جمل اسمية consisting of اسم وخبر . The most commonly used verbs in this category are:

began to	بدأ ، أخذ ، جعل (في الماضي فقط) + المضارع المرفوع
to almost . . .	كاد ، يكاد + المضارع المرفوع / أنْ + المضارع المنصوب

Note that the verbs جعل and أخذ are **only** used with this meaning in الماضي .

The most important thing to remember about these verbs is that their خبر consists of a جملة فعلية beginning with a فعل مضارع :

أمثلة: شعرت بغضب شديد الى درجة أنها **كادت تضربه/أن تضربه**. — *she almost hit him*

جعل الطفل **يبكي** حين لم يجد أمه بجانبه. — *he began to cry*

تقابلنا في رحلة صيفية، **وأخذنا نتراسل** عبر الانترنيت. — *we began to correspond*

Arabic grammars note that the verb كاد may also be used with أنْ ; this usage appears to be less common.

تمرين ١٦ **ماذا كادوا أو جعلوا يفعلون؟ "كاد" وأخواتها (في البيت)**

أكملوا هذه الجمل بأفكار من عندكم واستخدموا "كاد وأخواتها":

١- شعرت بفرح كبير لدرجة أنّ ______________________ .

٢- عندما رأى كل هؤلاء الناس أمامه ______________________ .

٣- سمعوا أن الحكومة أعلنت حالة طوارئ ______________________ .

٤- أخيراً طلب منها أن تتزوجه وساعتئذ ______________________ .

٥- لمّا فهمت أنها تحتاج الى مؤهلات عالية ______________________ .

٦- ضاعوا في الطريق ______________________ .

٧- أصررت على قراري بمغادرة البيت ______________________ .

★ الفعل الناقص *Weak verbs*

In Lesson 9, we presented a systematic overview of الفعل الأجوف , verbs whose middle radical consists of و or ي . Here we will do the same for الفعل الناقص , verbs whose final root consonant is و or ي . You know many أفعال ناقصة of varying أوزان and have some sense of the conjugation patterns. Now we want you to begin to systematize your knowledge of these patterns and note how الوزن والجذر combine in these verbs. We will also take a look at المجزوم endings of these verbs.

Like الفعل الأجوف , الأفعال الناقصة are best learned in groups of similar أوزان , which share conjugation patterns. The key to learning these patterns is to remember which stems take و , which take ا , which take ى , and which take ي . In these verbs, the correspondence of الماضي to المضارع is highly predictable, so if you learn the patterns, you can easily conjugate any verb you come across.

وزن "فعل"

The verbs that belong to this وزن follow three main conjugation patterns, depending on their stem vowels.[1] The most common of these is the مشى – يمشي type. Note the correspondence of vowels between الماضي and المضارع : ى in one stem corresponds to ي in the other, and vice-versa, while ـا in الماضي corresponds to و in المضارع .

وزن "فَعَلَ" DVD

اسم الفاعل	المصدر	المضارع	الماضي: هو - أنا
ماشٍ	المَشي	يَمشي	مَشى - مَشَيْتُ
داعٍ	الدَّعوة	يَدعو	دَعا - دَعَوْتُ
ناسٍ	النِّسيان	يَنسى	نَسِيَ - نَسيتُ

Patterns of the derived أوزان (II-X) are predictable as well and follow the vowel patterns of their وزن . Knowing these patterns allows you to derive new verbs from any جذر ending in و or ي . The first two groups share the pattern ى في الماضي – ي في المضارع . Note the patterns of المصدر as well: II and III end in ة and the rest end in ء .

---

[1]A fourth pattern also exists, that of سَعى – يَسعى , in which both الماضي and المضارع have ى .

أوزان "فعّل" و"فاعل" و"أفعل"

الوزن	الماضي: هو - أنا	المضارع	المصدر	اسم الفاعل
فَعَّلَ	غطّى - غطَّيْتُ	يُغطّي	التَّغطِية	مُغَطٍّ
فاعَلَ	نادى - نادَيْتُ	يُنادي	المُناداة	مُنادٍ
أفعَلَ	أعطى - أعطَيتُ	يُعطي	الإعطاء	مُعطٍ

وزنا "تفعّل" و"تفاعل"

الوزن	الماضي: هو - أنا	المضارع	المصدر	اسم الفاعل
تَفَعَّلَ	تَمَنّى - تَمَنَّيتُ	يَتَمَنّى	التَّمَنّي	مُتَمَنٍّ
تَفاعَلَ	تَساوى - تَساوَيتُ	يَتَساوى	التَّساوي	مُتَساوٍ

أوزان "انفعل" و"افتعل" و"استفعل"

الوزن	الماضي: هو - أنا	المضارع	المصدر	اسم الفاعل
اِنْفَعَلَ	اِنقَضى - —	يَنقَضي	الاِنقِضاء	مُنقَضٍ
اِفْتَعَلَ	اِنتَهى - اِنتَهَيْتُ	يَنتَهي	الاِنتِهاء	مُنتَهٍ
اِسْتَفْعَلَ	اِستَدعى - اِستَدعَيتُ	يَستَدعي	الاِستِدعاء	مُستَدعٍ

Learn these patterns by choosing a verb you know well of each وزن and using it to serve as your model for others. Remember that اسم الفاعل of these verbs belong to the category الاسم الناقص (درس ٦) .

الفعل الناقص في الجزم والأمر

In Lesson 7 you saw that the أنتَ imperative of الفعل الناقص ends in a short vowel, as in !اِحكِ and !أعطِ . In Lesson 9 you saw that the long vowels of الفعل الأجوف shorten in syllables ending in sukuun in المجزوم and الأمر . The same thing happens in الفعل الناقص :

فعل "مشى" في المضارع المجزوم

الجمع	المُثنّى	المفرد
يَمشوا يَمشِينَ	يَمشِيا تَمشِيا	يَمشِ تَمشِ
تَمشوا تَمشِينَ	تَمشِيا	تَمشِ تَمشي
نَمشِ		أَمشِ

الأمر

اِمشِ! اِمشي!	المفرد
اِمشِيا!	المُثنّى
اِمشوا! اِمشِينَ!	الجمع

فعل "بقي" في المضارع المجزوم

الجمع	المُثنّى	المفرد
يَبقَوا يَبقَينَ	يَبقَيا تَبقَيا	يَبقَ تَبقَ
تَبقَوا تَبقَينَ	تَبقَيا	تَبقَ تَبقَي
نَبقَ		أَبقَ

اِبقَ! اِبقَي!	المفرد
اِبقَيا!	المُثنّى
اِبقَوا! اِبقَينَ!	الجمع

فعل "أعطى" في المضارع المجزوم

الجمع	المُثنّى	المفرد
يُعطوا يُعطِينَ	يُعطِيا تُعطِيا	يُعطِ تُعطِ
تُعطوا تُعطِينَ	تُعطِيا	تُعطِ تُعطي
نُعطِ		أُعطِ

أعطِ! أعطي!	المفرد
أعطِيا!	المُثنّى
أعطوا! أعطِينَ!	الجمع

تمرين ١٧ تصريف الفعل الناقص (في البيت)

اختاروا فعلاً مناسباً لكل جملة واكتبوه في الشكل الصحيح:

نادى - اشترى - قضى - دعا - بكى - سلّى - أعطى
مشى - بقي - انتهى - نسي - تمنّى - تساوى

١- دُهشت عندما سمعت أنهم ـــــــــ ـني الجائزة ولم ـــــــــ ـها لزميلي.

٢- عندما اقترب الكلب من الاولاد شعروا بالخوف وبدأوا ـــــــــ .

٣- ـــــــــ في باريس سنة كاملة ـــــــــ خلالها من كتابة رسالة الدكتوراه.

٤- لم ـــــــــ شيئًا من السوق مع أنَّهم ـــــــــ ما يزيد عن أربع ساعات هناك.

٥- هل يجب أن ـــــــــ الرجل والمرأة في كل الحقوق والواجبات؟

٦- كبرت جدتي وأصبحت ـــــــــ الاسماء، فبدأت ـــــــــ ني باسم خالتي.

٧- ـــــــــ منذ طفولتها أن تغادر تلك القرية الفقيرة الى المدينة الكبيرة.

٨- هل ـــــــــ من تنظيف غرفتكم؟ - لا، لم ـــــــــ حتى الآن.

٩- التليفزيون ـــــــــ ني كثيرا وخاصة في الليالي التي لا استطيع النوم فيها.

١٠- على رغم الازدحام الدائم في شوارع مدينتنا فإنَّ اختي ترفض أن ـــــــــ وتفضّل استخدام السيارة في تنقلاتها.

١١- قرَّرت كليّة العلوم السياسية ان ـــــــــ عددًا من كبار الصحفيين للمشاركة في الندوة التي ستقيمها تحت عنوان «حرية الصّحافة في لبنان : إلى اين؟»

١٢- أنا فعلا أشعر بالخجل منهم ، فقد ـــــــــ ني لزيارتهم عدة مرات ولكني ما ـــــــــ هم الى بيتي حتى الآن.

تمرين ١٨ جذور ناقصة في الأوزان المختلفة (في الصف)

Expand your vocabulary and practice using جذور ناقصة in أوزان الفعل . Look up the following familiar جذور in the dictionary, and make a chart for each جذر that includes all the verb أوزان given, their meanings, and الماضي and المضارع stems for each verb.

١- د - ع - و ٢- ن - هـ - ي ٣- ع - ل - و ٤- ن - س - ي

تمرين ١٩ **اسألوا زملاءكم: كاد وأخواتها والفعل الناقص (في الصف)**

١- هل انتهوا ممّا أرادوا أن يقوموا به أمس؟

٢- لمن يعطون نصائح؟ من يعطيهم نصائح؟

٣- هل سيبقون في نفس مكان سكنهم السنة القادمة؟

٤- ما بعض النشاطات أو الأعمال التي كادوا يقومون بها ولكن لم يفعلوها؟

٥- ما هي الأشياء التي أخذوا يفعلونها بعد أن التحقوا بالجامعة؟

٦- ماذا يحدث عندما يمشون في منطقة لا يعرفونها؟

٧- ما هي الأشياء التي نسوها أو كادوا ينسونها من الماضي؟

تمرين ٢٠ **نشاط قراءة : "البنت لابن عمّها"**

تعلموا هاتين الكلمتين ثم اقرأوا النص وأجيبوا عن الأسئلة:

شَرْط ج. شُروط — condition

مَظْلوم — treated unfairly, unjustly blamed

أ ـ القراءة في البيت

١- ما هي المعلومات التي تقدمها البنت عن نفسها وعائلتها؟

٢- ما هي صورة الأب كما ترسمها لنا البنت؟

٣- كيف تطورت العلاقة بين البنت وابن عمها؟

٥- ما هو الشرط الذي وضعته البنت للزواج من ابن عمها؟

ب ـ القراءة والمناقشة في الصف

١- تقول البنت إنها مظلومة — لماذا؟ هل توافقونها؟

٢- ما كانت الدوافع التي جعلت أخت البنت ترفض الزواج من ابن عمها؟

٣- اعطوا نصيحة الى «م. أ.» تقترحون فيها حلاً لمشكلتها.

البنت لابن عمها

سيدتي

مشكلتي قديمة جديدة في نفس الوقت . فرغم تغير الدنيا والتقدم الذي طرأ على حياتنا ، الا ان هناك بعض الناس الذين ما زالوا يقولون البنت لازم تتزوج ابن عمها.

انا فتاة ابلغ من العمر ٢٢ عاما. لي ثلاث اخوات: واحدة متزوجة وواحدة اكبر مني وواحدة اصغر مني بسنتين. وانا تقريبا الوسطى بينهن. ولقد حباني الله بقسط كبير من الجمال.

نعود الان الى المشكلة وهي انه لي ثلاثة اعمام جميعهم لهم اولاد ذكور تتراوح اعمارهم بين ١٨ و٢٥ عاما ، ولي ١٦ ابن عم. ارأيت هذا العدد الهائل من ابناء العم ؟! ورغم ذلك فان المشكلة ليست بكثرة عدد ابناء العم . منذ الصغر واهلي وبيت عمي يقولون هذه البنت لابن عمها فلان، وهذه البنت لابن عمها فلان. وهكذا كنت صغيرة ولا ادرك معنى كلامهم ، بل اصدقك القول حين اقول انني كنت افرح وأسعد حينما يقولون ذلك. وينتهي الامر وانسى الموضوع. وتمر السنين وتكبر البنات، ويكبر الاولاد ويصبحون رجالا في سن الزواج. ويأتي الخطاب يطرقون باب بيتنا لخطبة البنات (نحن) انا واختي الاكبر مني. وفي كل مرة كان الاهل يقولون البنات لاولاد العم، ويأتي اناس اخرون . . . ودائما الجواب نفسه. هل تصدقين انه كان يأتي ناس لخطبتنا ويتحدثون مع اهلنا دون ان نعرف نحن شيئا ، وفي النهاية نفس الجواب ويذهبون.

نافذة خاصة جدًا
لقاء اسبوعي
مع فوزية سلامة

من مجلة «سيدتي»
١٩٨٨/٦/١٣

ابي رجل عصامي كون نفسه بنفسه. ونحن الان نعيش في بحبوحة من العيش والحمد لله. كل رجال العائلة يحبون ابي. ورغب عدد كبير منهم في مصاهرتنا ولكنهم طبعا سمعوا ان اولاد عمنا يريدوننا، فذهبوا اليهم وقالوا لهم اذا لم تقوموا بخطبة البنات فنحن عندنا من يريد الزواج. فجاء عمي وطلب اختي التي تكبرني بسنة، فرح ابي وأمي جدا وقالا لعمي نحن ما عندنا مانع ولكن لازم نسأل البنت. وسألا اختي ورفضت الزواج من ابن عمي. ابي رجل ديمقراطي لا يرغمنا على فعل شيء لا نريده وخاصة موضوع الزواج. وانتهى الموضوع بسلام. وكانت اسباب رفض اختي لابن عمي عديدة منها انه غير متعلم وهي متعلمة، وانه انسان بلا شخصية وهي ذات شخصية قوية، وانها تريد ان تعمل اولا ثم تفكر في الزواج بعد ذلك.

هنا تنتهي مشكلة اختي وتبدأ مأساتي.

قلت لك انهم منذ الصغر كانوا يقولون لي انت لابن عمك فلان، وكبرت وانا اعرف اني لابن عمي فلان. ولكني كنت اخذ الموضوع بالمزاح واقول لهم اني موافقة. ابن عمي هذا يشبهني. منذ ان تجاوزت سن الطفولة وبدأت علامات الانوثة في

الظهور بدأت الاحظ ان ابن عمي هذا ينظر الي خفية دون ان يدع احدا يراه او يلاحظ ذلك. وكبرت وكبرت معي افكاري واحلامي وامالي. وبعد دخولي الكلية اصبحت اتخيل صورة فتى الاحلام وزوج المستقبل ولكني كنت دائمة التفكير في ابن عمي المرشح لان يكون زوجا لي.

ابن عمي حصل على الثانوية العامة ولم يكمل تعليمه لان والده توفي. وكان لا بد ان يعمل ليعاون اخوته. وفعلا عمل في مجال البناء وعمله مربح جدا ويكسب منه الكثير. حاليا يعيش مع امه ولا يوجد لديه البيت الذي يمكن ان نسكن فيه، الا انني افضله على الجميع ربما لانني احبه... نعم احبه من زمن طويل، ولكني لم ادرك ذلك الا عندما كبرت. افرح حينما يذكرونه امامي. افكر فيه. احلم انني وهو في بيتنا وحدنا. احلم اننا نحيا حياة سعيدة.

وهو يحبني ايضا. لقد قالها لي عندما طلب ان يخطبني من ابي وسألني ان كنت موافقة، قلت له لماذا انا دون سائر البنات؟ قال: لاني احبك منذ كنت صغيرة. لا يمكن ان تتصوري السعادة والفرحة التي احسست بها عندما عرفت ان حبي له يقابله حبه لي. لقد كنت اعرف انه يحبني من نظراته ومن اهتمامه بي... الى هنا تسير الامور بطريقة جيدة.

وافقت على الزواج ولكني اشترطت عليه شرطا وهو الا يطلب مني ان اعيش مع امه في بيت واحد. يجب ان يكون لي بيت مستقل. فأمه، رغم انها زوجة عمي، الا انها سيدة متسلطة جدا. وكان ذلك شرطي الوحيد، ووافق على ذلك. وجاء عمي الاخر ليطلبني من ابي له، فطلب ابي ان يعطوه فرصة ليسألني، وفعلا سألني ابي فاخبرته اني موافقة وقلت له عن شرطي الوحيد. وسألني اذا كان ابن عمي قد وافق على هذا الشرط فاجبته بالايجاب. وعادوا بعد يومين فقال لهم ابي اني موافقة ولكني اريد بيتا مستقلا فما رأيكم؟ فقالت زوجة عمي: الامر يعود لابني اسأله بنفسك. فسأله ابي. فقال: انا لا استطيع ان اوفر البيت الان. وانكر انه تحدث معي بهذا الخصوص وانه وافق على ان نستقل في المعيشة. لا يمكن ان تتصوري الألم الذي شعرت به وانا اسمع انكاره. تصورت ان يحدث اي شيء في العالم الا هذا الشيء لم اكن اتصوره ابدا ان يحدث. عندها قال له ابي ان البيت المستقل هو الشرط الاساسي لإتمام الزواج، وذهبوا بعد ذلك الى بيتهم وانتهى الموضوع عند هذا الحد. واعتبر اهلي الامر منتهيا ولم يفكروا بمشاعري. لا استطيع سيدتي ان اصف لك مشاعري في تلك اللحظة، احسست ان الدنيا سوداء، احسست اني مظلومة..نعم مظلومة..لقد ظلمني اهلي وظلمتني الظروف وظلمني ابن عمي منذ صغري يقولون لي سنزوجك ابن عمك وعندما كبرت استمروا في هذه الاقاويل. وعندما جاء ليخطبني منهم سألني ابي رأيي واخبرته اني موافقة ولكن في تلك الليلة صارحتني امي ان ابي غير موافق ولا يعتبر ان ابن عمي هو الشخص المناسب، وان اخي ايضا غير مرتاح لذلك الارتباط.

ما زال ابن عمي واخواته يزوروننا بحكم القرابة. ولكن منذ وقوع تلك الاحداث اصبحت اتحاشى مقابلته. مرة واحدة التقت عيناي بعينيه فرأيت نفس النظرة التي تعودت ان اراها منذ صغري..نظرة شوق ومحبة. وعلمت فيما بعد انه فاتح امه بخصوص استقلالنا في المعيشة فرفضت قائلة انها غير مستعدة لان تفقد ابنها وذكرته بمسؤوليته نحو اخواته. لقد طلب من ابي ان يمهله عاما او عامين ولكن ابي غضب ولم يوافق.

لقد مضت اربعة شهور. لقد ذهب غضبي منه وبقي الحب. لا يمر يوم دون ان افكر فيه، واحلم به. اني متعلقة به جدا ولا اتصور الزواج بغيره. انا متأكدة انه يحبني واني احبه ولا اريد ان افقده.

افكر في الاتصال به ولكني اخشى ان افقد كرامتي واحترامي لنفسي اذا بدأت بطلب اللقاء. اخشى ان افقد احترامه ايضا. ماذا يمكنني ان افعل؟

الحائرة

م. أ

تمرين ٢١ نشاط استماع (في البيت)

من كتاب "دراسات عن المرأة والرجل في المجتمع العربي" للدكتورة نوال السعداوي، المؤسسة العربية للدراسات والنشر، بيروت ، ١٩٩٠.

استمعوا أول مرة بدون توقف وبدون النظر الى النص المكتوب، ثم استمعوا واكتبوا الكلمات في الفراغ، وحاولوا أن تعرفوا كلمة بمعنى patriarchal وأخرى بمعنى impartiality, fairness .

المرأة وقانون تعدّد الزوجات

انّ ___ ___ ___ ___ ___ حول موضوع ___ ___ ___ يرى ان
آراء ___ ___ ___ ___ ___، فريق من هؤلاء يرى ان الدين الاسلامي يمنع
___ ___، ويستند في ذلك الى ___ ___ ___ في سورة ___ «فانكحوا ما طاب
لكم من النساء مثنى وثلاث ورباع فان خفتم الا تعدلوا فواحدة» و___ ___ ___ ان هذه الآية
___ ___ ___ ___ لانها تشترط العدل بين الزوجات و___ ___ ___ ___ ___ ___
___ ___ لأن ___ ___ ___ ___ ___، ___ الزوجة اللاحقة ___ ___ ___
___، و___ ___ ___ انه ___ العدل ___ ___ ___ ___ ___ .

و___ ___ في الدين الاسلامي ___ ___ ___ في الاسلام ليس ___ ___ ___ ___ كما
هو في قوانين معظم البلاد العربية ومنها مصر، و___ ___ ___ ___ ___ الزوج الى
القاضي.

وفي ضوء ما سبق ___ ___ ___ ___ ___ ___ ___ ___ ___ تخلفا
في البلاد العربية واكثرها ظلما للمرأة، هذا القانون الذي صدر في سنة ١٩٢٩، ___ ___ ___
___ ___ ___ ___ و___ ___ ___ ___ مصائر ___ ___ .

و___ ___ في قانون الزواج والطلاق في مصر وعدد من البلاد العربية ___
___ ___ ___ «___ الطاعة» و___ ___ التي تطلق على ___ احيانا وهي «النشوز».

ان قانون الزواج والطلاق في مجتمعنا العربي ___ ___ ___ ___ ___ ___
الاقطاع *feudalism* ___ التي ___ ___ ___ ___ ___ ___ ___ ___ ملكية تامة و___
___ ___ ___ . ولست اظن ان الزوجة العربية ___ ___ ___ ___ ___ مع الرجل
___ ___ ___ ما دام المجتمع العربي ___ ___ . ___ ___ ___ هي ___
___ لنشوء ___ ___ ___ ___ ___ ___ .

تمرين ٢٢ **نشاط قراءة**

أ ـ القراءة في البيت

١ـ **القراءة السريعة:** ما هي الظاهرة الاجتماعية التي تعالجها الدراسة المذكورة هنا؟

٢ـ **القراءة الثانية، بدون قاموس:**

أ ـ لماذا تمثّل هذه الظاهرة مشكلة أو خطراً بالنسبة للمجتمع السعودي؟

ب ـ ما هي بعض الأشياء التي تطالب بها هذه الدراسة؟

جـ ـ لماذا تذكر الدراسة الجد والجدة؟

٣ـ اكتبوا ٣ كلمات جديدة خمنتم معانيها من المقالة:

٤ـ **القراءة الثالثة، بالقاموس:** اختاروا ٥ كلمات فقط لتبحثوا عن معانيها في القاموس. اختاروا كلمات مهمة تساعد على فهم الأفكار الرئيسية. ما هي الأشياء الجديدة التي فهمتموها بمساعدة القاموس؟ Do **not** look up words whose meaning you can guess.

ب ـ القراءة في الصف

اقرأوا وناقشوا مع الزملاء:

١ـ ما هي صورة الخادمة التي تظهر في هذه المقالة؟

٢ـ بالنسبة للدراسة المذكورة، ما هي التغييرات التي حدثت بين سنة ١٩٩٣ و٢٠٠٢؟ ما هي أسباب هذا التغيير؟

٣ـ ماذا تقول المقالة عن رأي النساء (النسوة) السعوديات في عمل المرأة خارج البيت؟

٤ـ **معرفة أوزان الفعل:** اعطوا الوزن والمعنى واكتبوا الـ voweling:

فقرة ٢: برنامج وطني للتوعية .. توعية الآباء والأمهات

فقرة ٤: السلوك المظهري والتفاخري في المجتمع

فقرة ٦: الضرورة القصوى (ما هو المذكر؟ :Hint)

الأمراض المزمنة أو المقعدة عن الحركة

٥ـ **دراسة التراكيب في النص:**

Mark and draw arrows on the first paragraph to show the structure of each sentence, including basic sentence parts and parallel phrases. Remember to pay attention to لـ .

ازدياد الطلب على الخادمات في المجتمع السعودي

دراسة تحذر من المخاطر على الأسرة والقيم

الرياض - «الحياة»

حذرت دراسة اجتماعية استطلاعية ميدانية أفراد المجتمع السعودي من وجود الخادمة الأجنبية في المنزل، «لما تمثله من خطر حقيقي على الدين والعقيدة، وخصوصا إذا كانت غير مسلمة» وكذلك لتأثيرها في تعريف الطفل بالعادات والأعراف، اضافة الى امكان انصرافه عن أمه وتعلقه بها.

وكشفت الدراسة التي صدرت اخيراً في كتاب بعنوان «المرأة السعودية والخادمة» من تأليف سلمان بن محمد العُمري، أن غياب الأسرة المتواصل عن المنزل «أدى الى ضعف اساسي في عملية التنشئة الاجتماعية للأبناء والبنات، التي كان يقوم بها آباؤنا وأجدادنا وكبار السن في الأسرة، لكونهم مصادر التوجيه الوحيد الذي يتشرب الطفل من خلاله العادات والتقاليد»، وشددت على أهمية رعاية كبار السن للأطفال في حال تعذر وجود الأم أو غيابها بعض الوقت للعمل أو التعليم.

وطالبت الدراسة بإعداد برنامج وطني للتوعية، وتدعيم الوظائف التقليدية للمرأة، ونبذ الاتكالية، وترسيخ فكرة أن الاعتماد على الخادمة ليس مظهراً حضارياً ويلغي دور المرأة التقليدي بل يضر بتربية النشء. كما طالبت الدراسة بأن يشمل البرنامج توعية الآباء والأمهات من خلال وسائل الإعلام والمؤسسات الثقافية والتربوية كالأندية والمدارس والجمعيات، عن أهمية دور الأم في التربية، مع التأكيد على أن «وجود الخادمة في المنزل يعكس فشل الأم في اداء دورها، ما يعرض الأبناء للضياع والانحراف تربوياً ودينياً وأخلاقياً بتأثير الخادمة.»

ومن خلال تحليل معطيات الاستبيانات الميدانية، استخلص المؤلف عدداً من النتائج: زيادة اتجاه النسوة غير المؤيدات لخروج المرأة الى العمل؛ زيادة انخراط المرأة في العمل خارج الأسرة؛ زيادة رغبتها في القيام بدورها في المجتمع؛ وزيادة عدد المؤيدات لإمكان التوفيق بين عمل المرأة وبين تربية الأولاد وتدبير شؤون المنزل. وترى غالبية المستطلعة آراؤهن أن تربية الأولاد عامل حاسم في حياتهن وأنه اهم من العمل بالنسبة إليهن؛ وترى الغالبية أيضاً ان هناك وسائل عدة للتوفيق بين العمل وتربية الأولاد.

وارتكزت الدراسة على استطلاعين للرأي فصلت بينهما ١٠ سنوات (١٩٩٣-٢٠٠٢). وتبين للباحث ان معظم اللواتي شاركن في الاستطلاع الأول لم يكن يرغبن في استقدام خادمة (٦٧,٦١ في المئة)، بينما بلغت نسبتهن في الاستطلاع الثاني أقل من النصف (٤٧,١٢ في المئة). وعزت الدراسة هذا التراجع الى اسباب عدة أهمها التقليد والمحاكاة، واعتبار استخدام الخادمة مؤشراً الى المكانة الاجتماعية الراقية، ونوعاً من السلوك المظهري والتفاخري في المجتمع. وخلصت الدراسة الى ان الراغبات في وجود خادمة، يتّسمن بعدد من الخصائص اهمها ان معظمهن في سن الإنجاب (٢٠-٣٩ سنة)، سبق لهن الزواج، لديهن اولاد، يؤيدن العمل، الطالبات منهن يدرسن في المرحلة الجامعية. اما غير الراغبات في وجود الخادمة، فأكثريتهن في فئة الأعمار من ٢٠ الى ٢٩ سنة، ومن العازبات، «ما يشير الى اتجاه المرأة المتزوجة الى استخدام الخادمة».

ورأت الدراسة ان استخدام الخادمة «شر تمليه الضرورة احياناً ومن اجل التخلص منه لا بد من العمل في شكل مدروس ومنظم، كما لا بد من تضافر الجهود على المستويين الرسمي والشعبي». واعتبرت ان لا مبرر في كثير من الحالات للخادمة، مشددة على وجوب «تعويد ابنائنا منذ الصغر على الاعتماد على النفس في قضاء حاجاتهم، وتعليمهم النظام، والبدء بعملية التوعية قبل دخولهم المدارس»، ومركّزة في هذا السياق على أهمية دور الجد والجدة او كبار السن في العائلة.

ودعت الدراسة الى العمل على تقليص اعداد الخادمات تدريجياً، وعدم استقدام الخادمة، او استخدامها إلا عند الضرورة القصوى كحالات الإعاقة والأمراض المزمنة او المقعدة عن الحركة، او لكبر السن وعدم القدرة، وذلك بعد اجراء بحث اجتماعي مستوف للأسرة. وأشارت الدراسة الى ان «من المهم إعداد دورات تدريبية للخادمات قبل التحاقهن بالعمل لدى الأسرة السعودية، وتزويدهن بمبادئ اللغة العربية، ومبادئ وعادات وتقاليد المجتمع السعودي».

جريدة «الحياة» يونيو ٢٠٠٣

تمرين ٢٣ نشاط قراءة ثقافية (في الصف)

أ ــ مفردات كلاسيكية:

بَعْض = أحد (في النصوص القديمة فقط)

أَحْسَن من = أجمل من (حَسَن = جميل)

غَدا الى = ذهب الى

أَصْبَحَ = قام في الصباح

ب ــ الثقافة:

قَمَر كلمة نقولها لوصف إنسان جميل جداً

المَنْصور الخليفة العبّاسي الثاني

أبو حَنيفة founder of one of the four Sunni schools of law, the Hanafi school

فَقيه ج فُقَهاء jurisprudent, legal scholar

فَتْوَى legal decision or ruling

« الفَرَج بعد الشدّة » *Release after Hardship*: كتاب للقاضي التنوخي (ت. سنة ٣٨٤ هـ)، جمع فيه قصصًا تحكي عن ناس وقعوا في مشكلة صعبة ثم تمّ حلّها بفضل الله.

جـ ــ القواعد

You know that واللهِ can mean *really?!* The literal meaning is *by God?!* and the و here marks this phrase as an oath (much like *by* or *upon* in *by God!* and *upon my life!*). People commonly swear on their loved ones' lives, the holy books, and their marriages, using oaths such as زوجتي طالق إنْ / إذا . . . , literally, *my wife will be divorced if . . . !* The « و » in oaths is called « و » القَسَم (*waaw of swearing*) and is followed by اسم مجرور (remember ! واللهِ).

د ــ القراءة

Read the story, including the footnotes, carefully, paying attention to both sentence structure and plot. These questions will help you to figure out what is implied but not directly said.

١ـ لماذا قال عيسى بن موسى لزوجته « أنت طالق إن لم تكوني أحسن من القمر »؟

٢ـ لماذا ظنّت زوجته أنه قد طلّقها؟ هل كان يريد أن يطلقها؟

٣ـ « بات بليلة عظيمة » : هل هذا يعني ليلة ممتازة أو العكس؟ كيف عرفت ذلك؟

٤ـ الى من ذهب عيسى بن موسى ليساعده في حلّ المشكلة؟

٥ـ لماذا أحضر الخليفة المنصور الفُقَهاء؟ ما هي المسألة التي بحثوها؟

٦ـ ماذا قال الفقيه الحَنَفي (من أصحاب أبي حنيفة)؟ لماذا قال هذا؟

٧ـ كيف انتهت القصة؟

٤٨٠

أنت طالق إن لم تكوني أحسن من القمر

ووجدت في بعض الكتب :

أنّ عيسى بن موسى[١] ، كان يحب زوجته حبًّا شديداً ، فقال لها يوماً : أنتِ طالق ، إن لم تكوني أحسن من القمر .

فنهضت ، واحتجبت عنه ، وقالت : قد طلقتني ، فبات بليلة عظيمة .

فلمّا أصبح غدا الى المنصور ، وأخبره الخبر ، وقال : يا أمير المؤمنين ، إن تمّ طلاقها ، تلفت نفسي غمًّا ، وكان الموت أحبّ إليّ من الحياة .

وظهر للمنصور منه جزع شديد ، فأحضر الفقهاء ، واستفتاهم ، فقال جميع من حضر ، قد طلّقت ، إلاّ رجلاً من أصحاب أبي حنيفة ، فإنّه سكت .

فقال المنصور : ما لك لا تتكلم ؟

فقال : ﴿ **بسم الله الرحمن الرحيم * والتين والزيتون * وطور سنين * وهذا البلد الأمين * لقد خلقنا الإنسان في أحسن تقويم** ﴾[٢] ، فلا شيء أحسن من الإنسان .

فقال المنصور لعيسى بن موسى : قد فرّج الله تعالى عنك ، والأمر كما قال ، فأقم على زوجتك .

وراسلها أن أطيعي زوجك ، فما طلقت .

---

[١] أبو موسى عيسى بن موسى بن محمد (١٠٢–١٦٧ هـ): ابن أخ للسفّاح الخليفة العباسي الأول، أمير ، من الولاة القادة.

[٢] القرآن الكريم، سورة التين ، ٩٥: ١–٤ .

تمرين ٢٤ **نشاط استماع: "مشاهد من عرس عماني" (في الصف)** DVD

من برنامج "مراسلو الجزيرة" مع جزيل الشكر لتليفزيون الجزيرة في قطر.

شاهدوا وأجيبوا:

١- يقدّم لنا البرنامج وصفاً طويلا للمراحل المختلفة التي يمرّ بها العرس العماني. ما هي هذه المراحل؟ وما هي الكلمات المهمة التي تتّصل بكل مرحلة؟

٢- كم من الوقت يمتدّ العرس العماني عادةً؟

٣- ما هو الدور الذي يلعبه الأهل والجيران في الزواج في المجتمع العماني؟

٤- كيف وصف العريس في نهاية البرنامج الطريقة العمانية في الزواج؟

٥- في رأي المراسل في نهاية البرنامج، لماذا يعطي العمانيون كل هذا الاهتمام للعرس؟

٦- **اكتبوا الكلمات التي تسمعونها في الجزء من 00:56 الى 1:08:**

«وسواء ____

____ الشيء.»

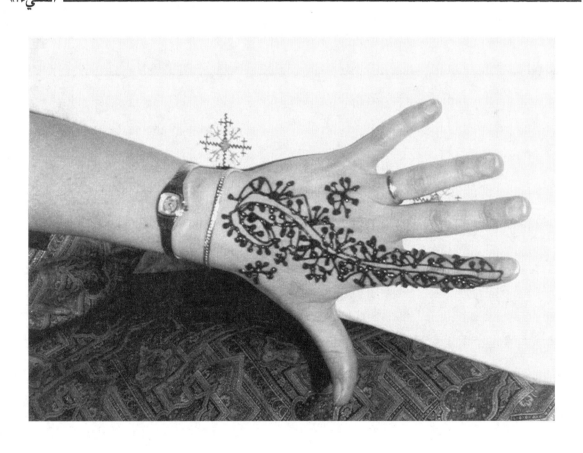

تمرين ٢٥ **نشاط استماع: "الحنّاء والعرس السوداني" (في البيت)** DVD

من برنامج "مراسلو الجزيرة" مع جزيل الشكر لتليفزيون الجزيرة في قطر.

شاهدوا وأجيبوا:

١ـ يقدّم لنا هذا البرنامج معلومات عن الحنّاء في السودان فما الذي عرفتم عن:

أ ـ أهمية الحنّاء بالنسبة للمجتمع السوداني　　　د ـ أماكن شراء الحناء

ب ـ متى وعلى مَن وأين يُوضع الحنّاء　　　هـ ـ انتشاره

جـ المصدر الذي يجيء منه الحناء　　　و ـ استخداماته الاخرى

٢ـ لماذا يذكر البرنامج مصر والمصريين في الحديث عن الحناء؟

٣ـ اكتبوا ما عرفتموه من البرنامج عن:

أ ـ القيدومة　　　ب ـ الحنّانة

٤ـ ما هي الكلمة الاخرى التي يستخدمها البرنامج لـ« الحنّاء » أو « الحنّة »؟

٥ـ **اكتبوا الكلمات التي تسمعونها في الجزء من 3:26 الى 3:36:**

«وصاحبت ______________________________

______________________________ العربية».

العامية

ليكي "بوي فريند"؟

أ ـ مفردات وعبارات DVD

حَصَل ، يِحصَل　　= حَدَث

اِتْخَطَبِت　　= خُطِبَت

كام + **المفرد**　　how many (كم =); a few

حاشتري كام كتاب　　= سأشاري بعض الكتب / عدّة كتب

ب ـ القصة DVD

مها وخالد بيتكلّموا عن ايه؟ مها بتعرف ايه عن خالد؟ ايه شعور مها وخالد هنا في رأيك؟

جـ ـ تراكيب

١ـ لـ و مالـ ..ش

Learn the forms for possessive لـ in العامية and its negation:

لـ + الضمائر

لِيَّ	لينا (لِنا)
ليك (لَك) ليكي (لِك)	ليكو (لُكو)
ليه (لُه) ليها (لَها)	ليهُم (لُهُم)

مالـ .. ش

ماليش	مالْناش
مالَكش مالْكيش	مالْكوش
مالوش مالْهاش	مالْهُمش

٢ـ المجهول: اتفَعَل

In العامية , there exists a special وزن for the passive voice: اِتْفَعَل . Listen on your DVD:

البنت اِتْخَطَبِت.   الأكل اِتعَمَل من شوية.   الرواية اِتْكَتَبِت أصلاً بالفرنساوي.

د ـ نشاط

١ـ كوّنوا المبني للمجهول للأفعال دي بالعامية وقولوها في جملة:

رَسَم	حَسَم	نِسي	قال	نَقَل
فَتَح	وَزَّع	نَظَّم	شاف	نَشَر

٢ـ اسألوا زمايلكو:

ليك/ليكي أصحاب بيدرِسوا في جامعة تانية؟ بيشتغلوا؟

ليك/ليكي قرايب عايشين في أوروبا أو آسيا؟ فين؟

حصل ايه امبارح؟

*** تمّ بحمد الله ***

قاموس عربي-إنجليزي

* أ *

interrogative particle used to introduce a yes/no question	أ
interrogative particle used to introduce a question to which a positive answer is expected	ألا
August	آب (أغُسطُس)
(not) at all, (n)ever	(with negative) أبَداً
father	أب ج. آباء
see ب - ن	ابن
to refuse	أبى ، يَأْبى
to come	أتَى ، يَأْتي ، الإتيان
to bring	أتى بِ
to be influenced by	تَأَثَّرَ بِ ، يَتَأَثَّر ، التَأَثُّر
to influence, leave a mark on	أثَّرَ في/على ، يُؤَثِّر ، التَأْثير
mark, trace; (plural) antiquities, ancient monuments	أثَر ج. آثار
to rent	اِسْتَأْجَرَ ، يَسْتَأْجِر ، الاِسْتِئْجار
rent	إيجار ج. -ات
one (of)	أحَد ، مؤنث: إحدى
Sunday	الأحَد
no one, none (of)	لا أحد (مِن)
see أ - خ - و	أخ
to take	أخَذَ ، يَأْخُذ ، الأخْذ
to begin	**أخَذَ (في الماضي) + المضارع المرفوع**

to take up, take on, adopt	اتَّخَذَ ، يَتَّخِذ ، الاتِّخاذ
to delay	أخَّرَ ، يُؤَخِّر ، التَّأْخير
to be late, fall behind	تَأَخَّرَ (في) ، يَتَأَخَّر ، التَأَخُّر
last, last ones (e.g., years or days)	آخِر ج. آخِرون/أواخِر
other	آخَر ج. آخَرون ، (مؤنّث : أُخرى ج. أُخريات)
final, latest, latter	أخير
finally, at last	أخيرًا
late	متَأَخِّر ج. -ون
brother	أخ ج. إخْوة
sister	أُخْت ج. أَخَوات
literature	أَدَب ج. آداب
litterateur, writer	أديب ج. أُدَباء
connectors	أدَوات الرَبْط
to lead to	أدّى الى ، يُؤَدّي
because, since	إذْ
if	إذا + **الماضي**
March	آذار (مارِس)
to permit someone (to)	أَذِنَ لـ(ـه) ، يأذَن ، الإِذْن (بـ/في)
ear	أُذُن ج. آذان
minaret	مِئْذَنة ج. مَآذِن
to write history; to give the date of	أرَّخَ ، يُؤَرِّخ ، التَّأريخ
date; history	تاريخ ج. تَواريخ
Jordan	الأُرْدُنّ
rice	أُرُزّ
earth, land, ground	أرْض ج. أراضٍ/ الأراضي
predicament, dilemma	مَأزِق ج. مآزِق

to found, establish	أسَّسَ ، يُؤَسِّس ، التَّأسيس
to be founded, established	تَأسَّسَ ، يَتَأسَّس ، التَّأسُّس
basis, foundation	أساس ج. أُسُس
basic	أساسيّ
foundation, establishment, commercial firm	مُؤَسَّسة ج. -ات
professor, teacher	أُسْتاذ ج. أساتِذة
family	أُسْرة ج. أُسَر
Israel	إسرائيل
descent, origin	أصْل ج. أُصول
the ancient Greeks	الإغْريق
to confirm, give assurance, emphasize	أكَّد (أنّ) ، يُؤَكِّد ، التَأكيد
to eat	أكَلَ ، يَأكُل ، الأكْل
food	مَأكول ج. -ات
not to	ألاّ (أنْ + لا)
except	إلاّ
do not . . . or else	لا (تفعلْ) . . . وإلا (فـ) . . .
which *(definite, feminine)*	الَّتي ج. اللّواتي / اللاّتي
which *(definite, masculine)*	الَّذي ج. الَّذينَ
thousand	ألْف ج. آلاف / أُلوف
until	الى أنْ **+ الماضي أو المضارع المنصوب**
or	أم
mother	أمّ ج. أمَّهات
nation, people	أُمّة ج. أُمَم
United Nations	الأُمَم المُتَّحِدة
in front of, before	أمامَ
(prayer or religious) leader	إمام ج. أئِمّة

as for . . . ,	أمّا . . . ، فـ . . .
empire	اِمبَراطوريّة
to order, give an order to	أمَرَ (بـ) ، يأمُر ، الأمر
matter, affair, concern	أمْر ج. أُمور
at first	في بادِئ الأمر
in truth, in reality	في حقيقة الأمر
order, command	أمْر ج. أوامِر
imperative	(فعل) الأمْر
commander	أمير ج. أُمَراء
United Arab Emirates	الإمارات العَرَبيّة المُتَّحِدة
conference	مُؤْتَمَر ج. -ات
yesterday	أمْسِ
to believe in/that	آمَنَ (بـِ / أنّ) ، يُـؤمِن ، الإيمان
Umayyads (Arab dynasty, ruled 661-750)	الأُمَوِيّون
not to	ألاّ (أنْ + لا)
although, despite the fact that . . ., . . .	مع أنَّ . . . (فـ /فإنّ) . . .
Nonetheless, . . . ; However, . . .	على أنّ
if	إنْ
even if	وإنْ (كان) . . .
feminine	مُؤَنَّث
English	إنْجليزي (إنكليزي) ج. إنْجليز (إنكليز)
people	ناس
human being	إنْسان/ة
Miss	آنِسة ج. -ات
to resume	اِسْتَأْنَفَ ، يَسْتَأْنِف ، الاِسْتِئْناف
nose	أَنف ج. أُنوف

people (of); family	أَهْل ج. أهالٍ /(الـ)أهالي
credentials, especially academic degrees	مؤَهِّلات
Europe	أوروبا
first *(masculine)* , first ones (often: years or days)	أوَّل ج. أُوَل /أوائِل
first *(feminine)*	أُولى ج. أولَيات
(of) first-rate, first class (quality)	من الطِراز الأوَّل
now	الآن
sign (from God); verse (of the Quran)	آية ج. -ات
i.e.	أيْ
which . . .?	أيّ . . .؟
any	أيّ /أيّة
Ayyubids (Islamic dynasty in Egypt and Syria 1169-1250)	الأيّوبيّون
to support	أيَّد ، يُؤَيِّد ، التَأييد
May	أيّار (مايو)
also	أيْضاً
September	أيلول (سِبتَمبِر)
Classical particle of address (vocative)	أيُّها (مؤنث : أيَّتُها)

* ب *

eggplant	باذِنجان
okra; okra stew	باميا
to look for, search for	بَحَثَ عن ، يَبْحَث ، البَحث
research	بَحْث (علمي) ج. أبحاث
sea	بَحْر ج. بِحار /بُحور
the Mediterranean	البَحر الأبيَض المُتَوَسِّط
Bahrain	البَحْرَيْن

it is necessary, inevitable that	لا بُدَّ (من) أنْ
to begin	بَدَأَ ، يَبْدَأ ، البَدْء
beginning	بِداية ج. -ات
primary	ابْتِدائي
at first	في بادِئ الأمر
subject of a nominal clause	مُبْتَدَأ
marvelous, amazing, unique	بَديع
to exchange	تَبادَلَ ، يَتَبادَل ، التَّبادُل
suit	بَدلة ج. بَدَلات /بِدَل
fat *(adjective)*	بَدين
to appear, seem that	بَدا ، يَبْدو أنَّ
see د-و-ن	بِدون
cold *(noun)*	بَرْد
cold *(adjective)*	بارِد
mail, post	بَريد
to come out, appear	بَرَزَ ، يَبْرُز ، البُروز
prominent	بارِز ج. -ون
skill, talent	بَراعة
to seek the blessings of (someone/something holy)	تَبَرَّكَ بـ ، يَتَبَرَّك ، التَّبَرُّك
blessings	بَرَكة ج. -ات
congratulations!	مَبْروك
hat	بُرنَيطة ج. بَرانيط
program	بَرْنامَج ج. بَرامِج
game, match	مُباراة ج. مُبارَيات
simple, uncomplicated	بَسيط ج. بُسَطاء
good news	بِشارة

onions	بَصَل
goods, merchandise	بِضاعة ج. بَضائِع
ticket, card	بِطاقة ج. -ات
belly, stomach	بَطن ج. بُطون
mission, delegation, group of exchange students	بَعْثة ج. -ات
after	بَعدَ أنْ **+ الماضي/المضارع المنصوب**
(a day/a week/a year) after	بعد . . . بـ(يوم /أسبوع /سنة . . .)
(not) yet	(لم) . . . بَعدُ
afternoon	بَعْدَ الظُّهْر
afterward, later	فيما بعدُ
far, distant (from)	بَعيد (عن)
some of	بَعْض
each other	بعضـ . . . البعض/بعضاً
mule	بَغْل ج. بِغال
to remain, to keep on	بَقِيَ ، يَبْقى ، البَقاء
to make stay, to retain, to preserve, to keep, let remain	أبْقى (على) ، يُبْقي ، الإبْقاء
the rest, remainder of	بَقِيّة ج. بَقايا
bachelor's degree	بَكالورْيوس
to originate, create	ابْتَكر ، يَبْتَكِر ، الابْتِكار
to cry, weep	بَكى ، يَبْكي ، البُكاء
country	بَلَد ج. بِلاد/بُلدان
small town	بَلْدة
blouse	بلوزة ج. بلوزات
to reach, attain (number, place)	بَلَغَ ، يَبلُغ ، البُلوغ
(I) heard that, (news) reached me that . . .	بَلَغَ(ني) أنّ
to inform someone of	أبلَغَ (ـه) بـ ، يُبْلِغ ، الإبْلاغ

pullover, sweater	بلوفر ج. بلوفرات
son	اِبْن ج. أَبْناء
daughter	اِبنة ج. بَنات
girl, daughter	بِنْت ج. بَنات
brown	بُنِّيّ
(a pair of) pants	بَنْطَلون ج. بَنْطَلونات
purple	بَنَفْسَجِيّ
to build	بَنى ، يَبْني ، البِناء
building	بِنايَة ج. -ات
building	مَبْنى ج. مَبانٍ / المباني
door	باب ج. أَبْواب
doorman	بَوّاب ج. -ون
gate	بَوّابة ج. -ات
environment	بيئة ج. -ات
to spend the night	باتَ ، يَبيت ، المَبيت
house	بَيْت ج. بُيوت
permissible	مُباح
white	أَبْيَض ج. بيض (مونّث : بَيْضاء ج. بَيْضاوات)
egg	بَيْضة ج. بَيض
whiteness	بَياض
to clarify, make evident	بَيَّنَ (أنّ) ، يُبيِّن ، التَّبيين
between	بَيْنَ
while	بَيْنَما
clear, obvious	بَيِّن

* ت *

تَبِعَ ، يَتْبَع ، التَّبَع	to follow (e.g., someone), pursue, be attached to
أَتْبَعَ بِـ ، يُتْبِع ، الإتْباع	to follow (something) with (something)
اِتَّبَعَ ، يَتَّبِع ، الاتِّباع	to follow (e.g., instructions)
التِّجارة	commerce, trade
تِجاريّ	commercial
تاجِر ج. تُجّار	merchant, trader
تَحْتَ	below
مَتْحَف ج. مَتاحِف	museum
تُراث	see و-ر-ث
تَرجم ، يُترجِم ، التَرْجَمة	to translate
مُتَرْجِم ج. -ون	translator
تَرَكَ ، يَتْرُك ، التَّرْك	to leave (something)
تُركِيّ ج. الأتراك	Turk, Turkish
تِشرين الأوّل (أُكتوبر)	October
تِشرين الثّاني (نوفَمبِر)	November
تَعْبان ج. -ون	tired
تُفّاح	apples *(collective)*
تِلْكَ ج. أولـئِكَ (مذكّر: ذلِك)	that *(demonstrative pronoun, feminine)*
تِلْميذ ج. تَلاميذ / تَلامِذة	pupil, student
تالٍ /(الـ)تالي	following
تَـمَّ ، يَتِمّ ، التَّمام **+ المصدر**	to be completed
أتمَّ ، يُتِمّ ، الإتمام	to complete (something)
تَماماً	completely
تَمَر هِنديّ	tamarind juice

July	تَمّوز (يوليو)
skirt	تَنّورة ج. تَنانير
Tunisia or the city of Tunis	تونس
to allow, make (something) possible for (someone)	أتاحَ (لـِ) ، يُتيح ، الإتاحة

* ث *

fixed, firmly established, proven	ثابِت
to prove	أَثْبَتَ ، يُثْبِت ، الإثْبات
culture	الثَّقافة
educated, intellectual, cultured (elite)	مُثقَّف ج. -ون
heavy (in weight or density)	ثَقيل
one-third	ثُلُثْ
Tuesday	الثَّلاثاء
snow, ice	ثَلْج
snowy	مُثْلِج
then	ثُمَّ
Monday	الاثْنَيْن
second	ثانٍ /الثاني
secondary	ثانَويّة
Baccalaureate	الثَّانَويّة العامَّة
the dual	المُثَنَّى
reward from God	ثَواب
clothes	ثِياب
like, equivalent to, functioning as	بِمَثابةِ + اسم في إضافة
to revolt against	ثارَ (على) ، يَثور ، الثَّورة
to stir up, arouse	أثارَ ، يُثير ، الإثارة

revolution	ثَوْرة ج. ‑ات
garlic	ثوم

* ج *

mountain	جَبَل ج. جِبال
cheese	جُبن / جُبنة
grandfather	جَدّ ج. جُدود / أجداد
grandmother	جَدّة ج. جَدّات
very	جِدًّا
new	جَديد ج. جُدُد
we should, we ought to (literally, it behooves us to)	يَجدُر بِنا أنْ
to debate, dispute (with someone)	جادَلَ ، يُجادِل ، المُجادَلة / الجِدال
debate	جَدَل
chart, table, schedule	جَدْوَل
agenda	جَدوَل أعمال
use, worth	جَدْوى
root	جَذر ج. جُذور
genitive case (of nouns)	المَجْرور
experience	تَجرِبة ج. تَجارِب
mere	مجرَّد + اسم في إضافة
newspaper	جَريدة ج. جَرائِد
to run; happen	جَرَى ، يَجْري ، الجَري
part of	جُزْء (من) ج. أجْزاء
butcher	جَزّار ج. ‑ون
island	جَزيرة ج. جُزُر
Algeria or the city of Algiers	الجَزائِر

jussive mood *(of verbs)*	المَجزوم
body	جسم ج. أجسام
to cause, make (someone/something)	جَعَلَ ، يَجْعَل ، الجَعْل
to begin	جَعَلَ **(في الماضي) + المضارع المرفوع**
magazine, journal	مَجَلّة ج. -ات
to bring	جَلَبَ ، يَجْلِب ، الجَلْب
traditional gown-like garment worn by both men and women	جَلاّبيّة ج. -ات
to sit	جَلَسَ ، يَجْلِس ، الجُلوس
gathering	جَلْسة ج. -ات
(representative) assembly	مَجلِس (نِيابي) ج. مَجالِس
evacuation (by an occupying force)	الجَلاء عن
foreign community	جالية ج. -ات
to gather, collect (something)	جَمَعَ ، يَجْمَع ، الجَمع
to link, bring together	جَمَعَ بين ، يَجمَع ، الجَمْع
to gather together, gather	تَجَمَّعَ ، يَتَجَمَّع ، التَّجَمُّع
to convene, meet (with)	اِجْتَمَعَ (مع) ، يَجْتَمِع ، الاِجْتِماع
plural	جَمْع
Friday	الجُمْعة
society, organization	جَمْعِيّة ج. -ات
group (of people)	جَماعة ج. -ات
all; everyone	جَميع ؛ الجَميع
together, altogether	جَميعًا
meeting	اِجْتِماع ج. اِجْتِماعات
sociology	(عِلْم) الاِجْتِماع
social	اِجْتِماعيّ
mosque	جامِع ج. جَوامِع

university	جامِعة ج. ـات
group	مَجْموعة ج. ـات
society	مُجْتَمَع ج. ـات
sentence; clause	جُمْلة ج. جُمَل
beauty	جَمال
aesthetics	عِلم الجَمال
beautiful	جَميل
flattery, insincere praise	مُجامَلة ج. ـات
genie, demon	جِنّيّ ج. جانّ
genies *(collective plural)*	الجِنّ
paradise	جَنّة ج. ـات
south	جَنوب
side, aspect	جانِب ج. جَوانِب
next to	بِجانِب
foreign, foreigner	أَجْنَبيّ ج. أجانِب
sex, gender; class, genus	جِنس
nationality	جِنْسِيّة ج. جِنْسِيّات
to struggle, to exert oneself for a purpose	جاهَدَ ، يُجاهِد ، الجِهاد
to be ignorant of	جَهِلَ (أنّ) ، يَجْهَل ، الجَهْل
weather	جَوّ ج. أجْواء
to answer (a question)	أجابَ (عن) ، يُجيب ، الإجابة
to respond positively to	تَجاوَبَ (مع) ، يَتَجاوَب ، التَّجاوُب
good	جَيِّد ج. ـون /جِياد
(good) quality, goodness	الجودة
neighbor	جار ج. جيران
to pass, be permissible	جازَ ، يَجوز ، الجَواز

passport	جَواز سَفَر ج. جَوازات سَفَر
vacation, leave of absence	إجازة ج. –ات
prize	جائِزة ج. جَوائِز
to roam around in, circulate	تَجَوَّلَ (في) ، يَتَجَوَّل ، التَجَوُّل
field, area (e.g., of inquiry, study)	مَجال ج. –ات
to come	جاءَ ، يَجيء ، المَجيء
to bring	جاءَ بِـ ، يَجيء بِـ ، المَجيء بِـ
army	جَيْش ج. جُيوش
generation	جيل ج. أجْيال

* ح *

to love	أحَبَّ ، يُحِبّ ، الحُبّ
darling, dear, loved one	حَبيب ج. أحِبّاء
until	حَتّى
so as to	حَتّى + المضارع المنصوب
the pilgrimage to Mecca	الحَجّ
pilgrim (especially one who has performed pilgrimage to Mecca)	حاجّ ج. حُجّاج
veil or scarf covering the hair	حِجاب
veiled woman	مُحَجَّبة ج. –ات
to determine, set (e.g., a time or limit)	حَدَّدَ ، يُحَدِّد ، التَّحْديد
limit, border, extent	حَدّ ج. حُدود
to the greatest extent; to a large extent	الى أقصى حَدّ ، الى حدّ كبير
to some extent	الى حَدٍّ ما
sharp	حادّ (المصدر: الحِدّة)
limited	مَحْدود
to happen	حَدَثَ ، يَحْدُث ، الحُدوث

to speak to someone	حَدَّثَ ، يُحَدِّث
to talk, speak (about, with)	تَحَدَّثَ (عَن ، مع) ، يَتَحَدَّث ، التَحَدُّث
event	حَدَث ج. أَحْداث
speech; Prophetic tradition	حَديث ج. أَحاديث
modern, new	حَديث
conversation	مُحادَثة ج. ـات
accident	حادِث ج. حَوادِث
garden, park	حَديقة ج. حَدائِق
challenge	تَحَدٍّ/التَحَدّي ج. تَحَدِّيات
(pair of) shoes	حِذاء ج. أَحْذِية
to liberate (from); to edit, pen	حَرَّرَ (مِن) ، يُحَرِّر ، التَّحرير
freedom	حُرِّيّة ج. ـات
silk	حَرير
editing, writing; liberation	التَّحْرير
hot	حارّ
editor-in-chief	رَئيس/ة التَّحرير
war	حَرب ج. حُروب
civil war	حَرب أهليّة
the Crusades	الحُروب الصَليبيّة
to be keen on	حَرَصَ (على) ، يَحْرِص ، الحِرْص
movement, motion	حَرَكة ج. ـات
to forbid (something) (to someone)	حَرَّمَ (على) ، يُحَرِّم ، التَّحْريم
to respect	اِحتَرَمَ ، يَحْتَرِم ، الاِحْتِرام
wife	حَرَم
women or their (secluded) quarters	الحَريم
unlawful (in religion or moral code); shameful	حَرام

(political) party	حِزْب ج. أَحْزاب
June	حَزيران (يونيو)
sadness, sorrow	حُزْن ج. أَحْزان
(feeling) sad	حَزين ج. حُزَناء / حِزان
to calculate	حَسَبَ ، يَحْسُب ، الحِساب
to decide once and for all, settle (e.g., a question)	حَسَمَ ، يَحْسِم ، الحَسْم
to do well, be good at	أَحْسَنَ
good *(adjective)*	حَسَن
best	أَحْسَن
stuffed vegetables	مَحشي ج. مَحاشي
to limit (something) to	حَصَرَ في ، يَحصِر ، الحَصْر
to get, obtain	حَصَلَ على ، يَحْصُل ، الحُصول
to come (to), attend	حَضَرَ (إلى) ، يَحْضُر ، الحُضور
to prepare (e.g., food, a lesson)	حَضَّرَ ، يُحَضِّر ، التَّحْضير
the present	الحاضِر
civilization	حَضارة ج. -ات
lecture	مُحاضَرة ج. -ات
large city	حاضِرة ج. حَواضِر
station	مَحَطّة ج. -ات (أوتوبيس ، قِطار ، راديو ، بنزين . . .)
luck	حَظّ
grandchild	حَفيد/ة ج. أَحْفاد
to memorize; to keep, preserve	حَفِظَ ، يَحْفَظ ، الحِفْظ
province	مُحافَظة ج. -ات
to celebrate	اِحْتَفَلَ بـ ، يَحْتَفِل ، الاِحْتِفال
party	حَفلة ج. حَفَلات
concert	حفلة موسيقيّة

to realize, achieve	حقّقَ ، يُحَقّق ، التَحْقيق
to be realized, achieved	تَحَقَّقَ ، يَتَحقَّق ، التَّحَقُّق
right(s)	حَقّ ج. حُقوق
law	الحُقوق
truth, reality	حَقيقة ج. حَقائِق
actually, in truth	في الحَقيقة
in truth, in reality	في حقيقة الأمر
real, actual	حَقيقِيّ ج. -ون
to rule	حَكَمَ ، يَحْكُم ، الحُكْم
government	حُكومة ج. -ات
to tell, relate (a story)	حَكى (لِـ) ، يَحْكي ، الحِكاية
story, tale	حِكاية ج. -ات
professional storyteller	الحَكَواتي ج. -ون
to solve	حَلَّ ، يَحُلّ ، الحَلّ
to occupy	اِحْتَلَّ ، يَحْتَلّ ، الاِحتِلال
solution (to a problem)	حَلّ ج. حُلول
place	مَحَلّ ج. -ات
local	مَحَلّيّ
milk	حَليب
to dream of	حَلَمَ بِـ ، يَحْلُم ، الحُلْم
dream	حُلْم ج. أَحْلام
sweet	حُلْو
desserts	حَلَوِيّات
how beautiful is . . . !	ما أَحْلى . . . !
to bathe	اِسْتَحَمَّ ، يَسْتَحِمّ ، الاِسْتِحمام
bathroom	حَمّام ج. -ات

swimming pool	حَمّام سِباحة
red	أحْمَر ج. حُمْر (مؤنّث : حَمْراء)
carry	حَمَلَ ، يَحْمِل ، الحَمْل
offensive, campaign	حَمْلة ، ج. حَمَلات
carrier	حامِل ج. -ون /حَمَلة
father-in-law	حَمٌ (حَمو + **إضافة**)
mother-in-law	حَماة ج. حَمَوات
lawyer	مُحامٍ /(الـ)مُحامي ج. مُحامون
tenderness, affection	حَنان
longing, yearning	حَنين
shop	حانوت ج. حَوانيت
Eve	حَوّاء
to need, be in need of	اِحْتاجَ (الى) ، يَحْتاج ، الاِحْتِياج
need, necessity	حاجة ج. -ات
in need of	بِحاجة إلى
neighborhood; small street	حارة ج. -ات
dialogue	حِوار ج. -ات
courtyard	حَوْش
ocean; environment	مُحيط ج. -ات
to stand in the way of	حَالَ (دون) ، يَحول ، الحَيْلولة
to try, attempt	حاوَلَ ، يُحاوِل ، المُحاولة
to transform, change into	تَحَوَّلَ (الى) ، يَتَحوَّل ، التَّحوُّل
state, condition	حال ج. أحْوال
in this manner, in this state	على هذه الحال
personal status (legal term)	الأحوال الشخصية
state, situation, case	حالة ج. -ات

presently, immediately	حالاً ، في الحال
present	حاليّ ج. -ون
roughly, around	حَوالَيْ
impossible	مُسْتَحيل
to contain	اِحتَوى (على) ، يَحتَوي ، الاِحتِواء
quarter (of a city)	حَيّ ج. أَحْياء
life	الحَياة
where *(not a question)*	حَيْثُ
in terms of, regarding	من حيثُ
(a) time	حين ج. أحيان
when *(not a question)*	حينَ
whereas	في حين
sometimes	أَحْيانًا

* خ *

to inform (someone) of (news)	أَخْبَرَ (بـ) ، يُخْبِر ، الإِخْبار
news; predicate of a nominal clause	خَبَر ج. أَخْبار
experience	خِبْرة ج. -ات
bread	خُبْز
shyness, abashment	الخَجَل
shy, abashed	خَجول ج. -ون
drugs	مُخَدِّرات
to serve	خَدَمَ ، يَخْدِم ، الخِدمة
to use	اِسْتَخْدَمَ ، يَسْتَخْدِم ، الاِسْتِخْدام
(female) servant, housemaid	خادِمة ج. -ات
to go out	خَرَجَ ، يَخْرُج ، الخُروج

to graduate (someone)	خَرَّجَ ، يُخَرِّج ، التَّخريج
to cause to go/come out, produce	أَخْرَجَ ، يُخْرِج ، الإِخْراج
to graduate	تَخَرَّجَ ، يَتَخَرَّج ، التَّخَرُّج
(a) graduate (of)	خِرِّيج ج. –ون
outside	خارِجَ
ministry of foreign affairs, State Department	الخارِجيّة: وِزارة الخارجية
to invent	اِخْتَرَعَ ، يَخْتَرِع ، الاِخْتِراع
fall, autumn	الخَريف
to set aside, designate	خَصَّصَ (لِـ) ، يُخَصِّص ، التَّخْصيص
to specialize	تَخَصَّصَ ، يتَخَصَّص ، التَّخَصُّص
special characteristics	خاصِّيّة ج. خَصائِص
special; (its) own, private	خاصّ
of special concern to (someone)	خاصّ بِـ
especially	خاصّةً
specializing, specialist in	مُتَخَصِّص في ج. –ون
especially since	خُصوصاً وأنّ ...
to abbreviate, abridge	اِخْتَصَرَ ، يَخْتَصِر ، الاِخْتِصار
vegetables	خُضار
green	أَخْضَر (مؤنث: خَضْراء)
to err, make a mistake	أَخْطَأَ (في) ، يُخْطِئ
error, mistake	خَطَأ ج. أَخْطاء
to get engaged; to deliver a speech, to preach	خَطَبَ ، يَخْطُب ، الخُطْبة/الخُطوبة
to speak, address (someone)	خاطَبَ ، يُخاطِب ، المُخاطَبة / الخِطاب
discourse; public speech	خِطاب
it occurred to (e.g., of an idea)	خَطَرَ على بالِـ(ـه) (أنْ) ، يَخْطُر
dangerous, serious	خَطير / خَطِر

light (in weight or density)	خَفيف
during	خِلالَ
through, by way of, from	مِن خِلال
(Arabian/Persian) Gulf	الخَليج (العَرَبي/الفارِسي)
to save, rescue, rid (someone) of	خَلَّص (مِن) ، يُخلِّص ، التَّخْليص
to take off (clothes)	خَلَعَ ، يَخْلَع ، الخَلْع
to succeed, be a successor of	خَلَفَ ، يَخْلُف ، الخِلافة
to violate (law), go against	خالَفَ ، يُخالِف ، المُخالفة
to differ from	اِخْتَلَفَ (مِن /عَن) ، يَخْتَلِف ، الاِخْتِلاف
to disagree on, about	اِخْتَلَفَ على
behind, beyond	خَلْف
caliph, successor *(masculine)*	خَليفة ج. خُلَفاء
caliphate	الخِلافة
background	خَلْفِيّة ج. -ات
irrespective of the difference . . ., of all different . . .	على اخْتِلاف **+ اسم في إضافة**
different (from)	مُخْتَلِف (عن) ج. -ون
morals	أَخْلاق
to be empty of	خَلا (مِن) ، يَخْلو ، الخُلُوّ
wine	خَمْر ج. خُمور
Thursday	الخَميس
to guess	خَمَّنَ ، يُخَمِّن ، التَّخْمين
pig, pork	خِنْزير ج. خَنازير
to fear, be afraid (of)	خافَ (مِن) ، يَخاف ، الخَوْف
scared	خائِف ج. -ون
uncle (maternal)	خال ج. أَخْوال
aunt (maternal)	خالة ج. -ات

to betray, to cheat, to be disloyal	خانَ ، يَخون ، الخِيانة
to choose	اِخْتارَ ، يَخْتار ، الاِخْتِيار
well, fine (said of people only)	بِخَيْر
charitable, philanthropic	خَيْريّ ج. خَيِّرون
imagination	خَيال
imaginary	خَيالِيّ

* د *

chicken *(collective)*	دَجاج
to enter	دَخَلَ ، يَدْخُل ، الدُّخول
to overlap with each other	تَداخَلَ ، يَتَداخَل ، التَّداخُل
income	دَخْل
to smoke	دَخَّنَ ، يُدَخِّن ، التَّدْخين
smoke	دُخان
degree; class, rate (e.g., first, second, etc.)	دَرَجة ج. -ات
colloquial, popular (language)	الدّارِجة (اللغة أو اللَهْجة)
gradually, by degrees	تَدْريجِيّاً
to study	دَرَسَ ، يَدْرُس ، الدِّراسة
to teach	دَرَّسَ ، يُدَرِّس ، التَّدْريس
lesson	دَرْس ج. دُروس
study (of), studies	دِراسة ج. -ات
school	مَدْرَسة ج. مَدارِس
to overtake; realize	أَدْرَكَ ، يُدرِك ، الإدْراك
to call for; invite (someone) to	دَعا الى ، يَدعو ، الدَعْوة
to call or send for someone, summon	اِسْتَدْعى ، يَسْتَدْعي ، الاِسْتِدْعاء
invitation; call	دَعْوة ج. دَعَوات

notebook	دَفْتَر ج. دَفاتِر
impetus, motive	دافِع ج. دَوافِع
cannon	مِدْفَع ج. مَدافِع
minute	دَقيقة ج. دَقائِق
doctor	دُكتور/ة ج. دَكاتِرة
Ph.D.	الدُّكْتوراه
store, shop	دُكّان ج. دَكاكين
to indicate, point to	دَلَّ (على) ، يَدُلّ ، الدَّلالة
blood	دَم ج. دِماء
the world	الدُّنْيا
to be amazed	دُهِشَ ، يُدْهَش ، الدَّهْشة
to revolve (around)	دارَ (حَول) ، يَدور ، الدَّوَران
house	دار ج. دور
Casablanca	الدّار البَيْضاء
role	دَوْر ج. أدوار
periodical	دَورِيّة ج. -ات
business administration	إدارة الأعْمال
director	مُدير ج. -ون /مُدَراء
nation, state	دَولة ج. دُوَل
international	دَوْليّ/دُوَليّ
always	دائِمًا
to write down, record (in writing)	دَوَّنَ ، يُدَوِّن ، التَّدْوين
without	دونَ / بِدونِ
roar, reverberation	دَوِيّ
religion	دين ج. أدْيان

* ذ *

to be richly supplied with	ذُخِّرَ بـِ
arm	ذِراع ج. أذرِعة
that *(demonstrative pronoun, masculine)*	ذ'لِك ج. أولـٰئِكَ (مؤنّث : تِلْكَ)
also, likewise	كَذ'لِك
so, thus	لِذ'لِك
so, thus	لِذا
moreover, . . .	وفوق ذلك (هذا) كلّه (فَـ/فإنّ) . . .
nonetheless, nevertheless, in spite of that,	ومع ذلك (فَـ/فإنّ)
to recall; mention	ذَكَرَ ، يَذْكُر ، الذِّكْر
to remind (someone) (of)	ذَكَّرَ (بـ) ، يُذَكِّر ، التَّذْكير
to study, review lessons, do homework	ذاكَرَ ، يُذاكِر ، المُذاكَرة
to remember	تَذَكَّرَ ، يَتَذَكَّر ، التَّذَكُّر
memory	ذِكرى ج. ذِكْرَيات
masculine	مُذَكَّر
memoirs, notes	مُذَكِّرات
smart, intelligent	ذَكِيّ ج. أذْكِياء
to go	ذَهَبَ ، يَذْهَب ، الذَهاب
to take (someone)	ذهب بـِ
gold	ذَهَبيّ
religious sect; (Islamic) legal school	مَذهَب ج. مَذاهِب
possessing	ذو (ذا ، ذي) ج. ذَوو (ذَوي) ، (مؤنث:) ذات ج. ذَوات
self, same	ذات ج. ذَوات

* ر *

to preside over	رَأَسَ ، يَرْأَس ، الرِّئاسة
presidency	رئاسة ج. -ات
head	رأس ج. رُؤوس
president	رَئيس ج. رُؤَساء
to see	رأى ، يَرى ، الرُّؤْية
opinion	رأي ج. آراء
God, Lord	(الـ)رَبّ
perhaps	رُبَّما
one-quarter	رُبْع ج. أرْباع
Wednesday	الأرْبِعاء
spring	الرَّبيع
education	التَّرْبِية
jam	مُرَبّى
to arrange, prepare	رَتَّبَ ، يُرَتِّب ، التَّرْتيب
to return	رَجَعَ ، يَرْجِع ، الرُّجوع
to review	راجع ، يُراجِع ، المُراجَعة
reference work	مَرْجِع ج. مَراجِع
man	رَجُل ج. رِجال
foot	رِجْل ج. أرجُل
to hope; to wish (for someone) to	رَجا (أنْ) ، يَرْجو ، الرَّجاء
to welcome	رَحَّبَ (بِـ) ، يُرَحِّب ، التَّرْحيب
to travel, to set out, depart	رَحَلَ ، يَرْحَل ، الرَّحيل /التَّرحال
trip, journey, flight	رِحْلة ج. -ات
great traveler, explorer	رَحّالة (مذكر و مؤنث) ج. رَحّالون

level, stage, phase	مَرْحَلة ج. مَراحِل
deceased	مَرْحوم ج. ـون
cheap, inexpensive	رَخيص
to hesitate in (doing)	تَرَدَّدَ (في) ، يَتَرَدَّد ، التَرَدُّد **+ مصدر**
to frequent, stop repeatedly at	تَرَدَّدَ على (مكان)
rice	رُزّ / أَرُزّ
to fail (e.g., in an examination)	رَسَبَ ، يَرْسُب ، الرُسوب
to correspond, exchange letters	راسَلَ ، يُراسِل ، المُراسَلة
to send	أَرْسَلَ ، يُرْسِل ، الإِرْسال
letter	رِسالة ج. رَسائِل
prophet, messenger	رَسول ج. رُسُل
to draw	رَسَمَ ، يَرْسُم ، الرَّسْم
official; formal	رَسْميّ
to sprinkle, spray	رَشَّ ، يَرُشّ ، الرَّشّ
humidity	رُطوبة
to care for, take charge of	رَعى ، يَرْعى ، الرِّعاية
to attract (attention)	اِسْتَرْعى ، يَسْتَرْعي (النَّظَر)
to want, have a desire to	رَغِبَ في ، يَرْغَب ، الرَغْبة
despite	رَغمَ / بالرَّغْم من / على الرَّغْم من . . . (فـ / فإنّ) . . .
to refuse	رَفَضَ ، يَرْفُض ، الرَّفْض
to raise (something)	رَفَعَ ، يَرْفَع ، الرَفْع
indicative mood *(verbs)*, nominative case *(nouns)*	المَرفوع
neck	رَقَبة ج. رِقاب
to dance	رَقَصَ ، يَرقُص ، الرَّقْص
to lie down	رَقَدَ ، يَرْقُد ، الرُّقود
number	رَقْم ج. أَرْقام

knee	رُكبة ج. رُكَب
boat, ship	مَرْكَب ج. مَراكِب
structure, (linguistic) construction	تَرْكيب ج. تَراكيب
to concentrate, focus (on)	رَكَّزَ (على) ، يُرَكِّز ، التَّرْكيز
center	مَرْكَز ج. مراكِز
corner, cornerstone, pillar (literal and figurative)	رُكْن ج. أرْكان
grey	رَمادِيّ
Ramadan (month during which Muslims fast)	رَمَضان
to rest, relax	اِسْتَراحَ ، يَسْتَريح ، الاِسْتِراحة
comfort, ease	راحة
spirit, soul	روح ج. أرْواح
spiritual	روحيّ
comfortable	مُريح
to want to	أرادَ (أنْ) ، يُريد ، الإرادة
leader, pioneer	رائِد/ة ج. رُوّاد
wonderful, awesome	رائِع ج. -ون
how amazing!	ما أروَعَ !
sports	الرِّياضة
to narrate, tell, relate; to irrigate	رَوى (لِـ) ، يَرْوي ، الرِّواية
relator, narrator, storyteller	راوٍ/(الـ)راوي ج. رُواة
novel	رِوايّة ج. -ات
novelist	رِوائيّ ج. -ون
countryside, rural area	ريف ج. أرْياف

* ز *

type of poetry/song in colloquial	زَجَل ج. أزْجال
to be (over)crowded	اِزْدَحَمَ ، يَزْدَحِم ، الازْدِحام
to plant, sow	زَرَعَ ، يَزْرَع ، الزِّراعة
agriculture	زِراعة
agricultural	زِراعِيّ
blue	أَزْرَق ج. زُرْق (مؤنّث : زَرْقاء)
upset	زَعلان ج. -ون
wedding celebration	زِفاف
alms (one of the five pillars of Islam)	الزَّكاة
skiing	التَزَلُّج
classmate; colleague	زَميل/ة ج. زُمَلاء
collegiality	زَمالة
time (abstract)	الزَّمَن / الزَّمان
to flourish	اِزْدَهَر ، يَزْدَهِر ، الازْدِهار
pink	زَهْرِيّ
to get married	تَزَوَّجَ ، يَتَزَوَّج ، الزَّواج
husband	زَوْج ج. أزْواج
wife	زَوْجة ج. -ات
married	مُتَزَوِّج ج. -ون
to visit	زارَ ، يَزور ، الزِّيارة
to continue to, still (literally, to not cease)	ما زالَ ، لا يَزال **+ المضارع المرفوع /اسم**
corner; center of a Sufi order	زاوِية ج. زَوايا
clothes	أزْياء
oil	زَيْت ج. زُيوت

olives	زَيْتون
to be or become more (than)	زادَ (عن) ، يَزيد ، الزِيادة
to increase, give (someone) more of (something)	زادَ ، يَزيد (ـه)
to increase *(intransitive)*	اِزدادَ ، يَزْداد ، الاِزْدِياد
to decorate	زيَّنَ ، يُزَيِّن ، التَّزْيين

* س *

(future marker)	سَـ / سَوفَ + **المضارع المرفوع**
to ask oneself, ponder	تَساءَلَ (عن) ، يَتَساءَل ، التَّساؤل
question	سُؤال ج. أَسْئِلة
problem, question	مَسأَلة ج. مَسائِل
reason, cause	سَبَب ج. أَسباب
because of, on account of	بِسَبَب + **اسم في إضافة**
Saturday	السَّبْت
swimming	سَبَحَ ، يَسبَح ، السِّباحة
swimming pool	حَمّام سِباحة
week	أُسْبوع ج. أَسابيع
previous to, earlier than	أَسْبَق من
previous, former	سابِق
path, way; public water fountain	سَبيل ج. سُبُل / أَسْبِلة
mosque	مَسْجِد ج. مَساجِد
to record	سَجَّلَ ، يُسَجِّل ، التَّسْجيل
prison	سِجْن ج. سُجون
to put a spell on, to charm (someone), enchant	سَحَرَ ، يَسْحَر ، السِّحْر
magic, sorcery	السِّحْر
meal eaten before dawn during Ramadan	السَّحور

one who wakes people up for the سُحور	المُسَحِّراتي /المُسَحِّر
bed	سَرير ج. أَسِرّة
theater	مَسْرَح ج. مَسارِح
play	مَسْرَحيّة ج. –ات
sarcasm	سُخْرِيّة
facetious, sarcastic	ساخِر ج. –ون
speed	سُرْعة
quickly	بِسُرْعة
fast, rapid, swift	سَريع
in a hurry, quickly	مُسْرِع ج. –ون
to help (in, with)	ساعَدَ (في ، على) ، يُساعِد ، المُساعَدة
happy	سَعيد ج. سُعَداء
price	سِعْر ج. أَسْعار
to strive, aim to/after	سَعى (الى /وراء) ، يَسْعى ، السَّعْي
to travel	سافَرَ ، يُسافِر ، السَّفَر
ambassador	سَفير ج. سُفَراء
barefaced	سافِرة الوَجْه
to fall silent	سَكَتَ ، يَسْكُت ، السُّكوت
sugar	سُكَّر
to live, reside	سَكَنَ ، يَسْكُن ، السَّكَن
inhabitant	ساكِن ج. سُكّان
style	أُسْلوب ج. أَساليب
series, serial	مُسَلْسَل ج. –ات
power	سُلْطة ج. سُلُطات
salad	سَلَطة ج. –ات
sultan	سُلْطان ج. سَلاطين

sultanate	سَلطَنة
behavior, manners, way of acting	سُلوك
to surrender to	اِسْتَسْلَمَ لِـ ، يَسْتَسْلِم ، الاِسْتِسْلام
peace	سَلام
safety, well-being	سَلامة
sound, healthy (of body), correct	سَليم
to entertain, amuse	سَلَّى ، يُسَلِّي ، التَّسْلِية
entertaining, fun	مُسَلٍّ / (الـ)مُسَلِّي
name, noun	اِسْم ج. أَسْماء
see و-س-م	سِمة
to permit (someone) to do (something)	سَمَحَ (لِـ بِـ) ، يَسْمَح ، السَّماح
dark-complexioned	أَسْمَر ج. سُمْر (المؤنّث : سَمْراء ج. سَمْراوات)
to hear	سَمِعَ ، يَسْمَع ، السَّماع
to listen to	اِسْتَمَعَ (إلى) ، يَسْتَمِع ، الاِسْتِماع
fish *(collective)*	سَمَك
to name	سَمَّى ، يُسَمِّي ، التَّسْمِية
year	سَنة ج. سَنَوات / سِنون
age	سِنّ
tooth	سِنّ ج. أَسْنان
Sunna, sayings and doings of the Prophet	السُنّة
Sunnis	أهل السُنّة
to have a basis in, rest on	اِسْتَنَدَ (الى) ، يَسْتَنِد ، الاِسْتِناد
to stay up late	سَهِرَ ، يَسْهَر ، السَّهَر
easy	سَهْل
ease	سُهولة
to be or go bad, get worse	ساءَ ، يَسوء ، السّوء

to harm, wrong (someone)	أساءَ الى ، يُسيء ، الإساءة
bad luck	سوء حَظّ
bad	سَيِّء ج. ـون
open square, space, courtyard	ساحة ج. ـات
tourism	السِّياحة
black	أسْوَد ج. سود (مونّث : سَوْداء ج. سَوْداوات)
the Sudan	السّودان
Mr., sir	سَيِّد ج. سادة
Mrs., lady	سَيِّدة ج. ـات
chapter of the Quran	سورة ج. سُوَر
hour; o'clock; clock	ساعة ج. ـات
(future marker)	سَوْف + **المضارع المرفوع**
driver	سائِق ج. ـون
market, marketplace	سوق ج. أسْواق
to equal	ساوى ، يُساوي ، المُساواة
to be equal (to someone)	تَساوى (مع) ، يَتَساوى ، التَّساوي
except	سِوى
alike	على السَّواء
whether . . . or . . .	سَواء + **كان/الماضي** . . . أو / أم . . .
level	مُسْتَوى ج. مُسْتَوَيات
to walk, march	سارَ ، يَسير ، السَّيْر
tale, epic, biography	سيرة ج. سِيَر
autobiography	سيرة ذاتِيّة ج. سِيَر ذاتِيّة
car	سَيّارة ج. ـات
politics	السِّياسة
political; politician	سِياسيّ ج. ـون

to control	سَيْطَرَ على ، يُسَيْطِر ، السَّيْطَرة
cinema, theater	سينما
especially	لا سيَّما

* ش *

Damascus; Greater Syria	الشّام / بِلاد الشّام
tea	شاي
young man	شابّ ج. شُبّان
youth *(abstract or collective)*	الشَّباب
February	شُباط (فَبراير)
window	شُبّاك ج. شَبابيك
semi-	شِبْه + **اسم في إضافة**
to resemble	أَشْبَهَ ، يُشبِه
winter	الشِّتاء
trees *(collective)*	شَجَر ج. أَشْجار
to encourage (to), cheer (on)	شَجَّعَ (على) ، يُشَجِّع ، التَّشْجيع
to find courage, be encouraged	تَشَجَّعَ ، يَتَشَجَّع ، التَشَجُّع
person	شَخْص ج. أَشْخاص
personal	شَخْصِيّ
personality, character	شَخْصِيّة ج. -ات
strong, severe	شَديد ج. أَشِدّاء
to drink	شَرِبَ ، يَشْرَب ، الشُّرْب
sweet drink made from fruit syrup, served on special occasions	شَراب
drink	مَشْروب ج. -ات
soup	شوربة
condition	شَرْط ج. شُروط

police	شُرْطة
Islamic law	الشَّريعة
street	شارِع ج. شَوارِع
project, plans	مَشْروع ج. -ات / مَشاريع
honor	شَرَف
to supervise	أَشْرَفَ (على) ، يُشْرِف ، الإشْراف
to study the Orient	اِسْتَشْرَقَ ، يَسْتَشْرِق ، الاِسْتِشْراق
east	شَرْق
Near East	الشَّرق الأَدْنى
Far East	الشَّرق الأَقصى
Middle East	الشَّرْق الأَوْسَط
orientalist, one who studies the Middle East	مُسْتَشرِق ج. -ون
to join (someone) in, share with (someone)	شارَكَ (في) ، يُشارِك ، المُشارَكة
to have in common	اِشْتَرَكَ (في) ، يَشْتَرِك ، الاِشْتِراك
company	شَرِكة ج. -ات
to buy	اِشْتَرى ، يَشْتَري ، الشِّراء
chess	الشَّطَرَنْج
(a) people	شَعْب ج. شُعوب
popular	شَعْبيّ
to feel (e.g., an emotion)	شَعَرَ بِـ ، يَشْعُر ، الشُّعور
hair	شَعْر
poetry	شِعْر ج. أَشْعار
feelings	مَشاعِر
poet	شاعِر ج. شُعَراء
to occupy, preoccupy	شَغَلَ ، يَشْغَل ، الشُّغْل
to be occupied, preoccupied (with)	اِنْشَغَلَ (بِـ) ، يَنْشَغِل ، الاِنْشِغال

to work	اِشتَغَلَ ، يَشتَغِل
work	شُغْل ج. أشْغال
busy with	مَشْغول بِـ ج. -ون
too busy for	مَشْغول عَن ج. -ون
to be cured, healed, to recover	شُفِيَ ، يُشْفى ، الشِّفاء
hospital	مُسْتَشفى ج. مُستَشفَيات
derived from	مُشْتَقّ من
apartment	شَقّة ج. شِقَق
(full) brother	شَقيق ج. أشِقّاء
(full) sister	شَقيقة ج. -ات
blond, fair-skinned	أشْقَر ج. شُقْر (مؤنّث: شَقْراء ج. شَقْراوات)
form, shape	شَكْل ج. أشْكال
in a . . . manner/way	بِشكلٍ + **صفة**
problem	مُشْكِلة ج. -ات / مَشاكِل
sun	شَمْس
sunny	مُشْمِس
candles	شُموع
north	شَمال
to witness	شَهِدَ ، يَشهَد ، الشَّهادة
to attest to	شَهِدَ على
to watch	شاهَدَ ، يُشاهِد ، المُشاهَدة
degree, diploma	شَهادة ج. -ات
fame	الشُّهْرة
to be famous for; known as	اِشْتَهَرَ (بِـ) ، يَشْتَهِر ، الاِشْتِهار
month	شَهْر ج. أشهُر /شُهور
fame	شُهْرة

famous	مَشْهور ج. ـون
counsel, advice	مَشورة
thing	شَيْء ج. أَشْياء
grey/white-haired	أَشْيَب ج. شيب (مؤنّث : شَيْباء)
elder; chief, head, religiously learned or aged man	شَيخ ج. شُيوخ
men of religious learning *(plural)*	مَشايِخ
Shi'ites (collective)	الشيعة

* ص *

hall, large room	صالة ج. ـات
to become; to reach a state	أَصْبَحَ ، يُصْبِح
morning	صَباح
tint, shade, coloring	صِبْغة
soap	صابون
correctness, soundness; health	صِحّة
true, correct	صَحيح
friend, boyfriend; owner, possessor, holder of	صاحِب ج. أَصْحاب
deserves the most credit for	صاحِب الفَضْل الأوّل في . . .
the Companions of the Prophet	الصَّحابة
desert	صَحْراء ج. صَحارٍ / صَحارى
desert *(adjective)*	صَحْراويّ
newspaper	صَحيفة ج. صُحُف
(the) press; journalism	الصِّحافة
to wake up	صَحا ، يَصْحو ، الصَّحْو
to come out, be issued or published	صَدَرَ ، يَصْدُر ، الصُّدور
to publish	أَصْدَرَ ، يُصْدِر ، الإصْدار

source, point of origin; verbal noun	مَصْدَر ج. مَصادِر
friend	صَديق ج. أَصْدِقاء
friendship	صَداقة ج. –ات
shock	صَدْمة ج. صَدَمات
to insist on	أَصَرَّ على ، يُصِرّ ، الإصْرار
action (i.e.: way of acting), behavior	تَصَرُّف ج. –ات
struggle, conflict	صِراع ج. –ات
hard, difficult	صَعْب
difficulty	صُعوبة
to rise, ascend (in an abstract sense)	تَصاعَدَ ، يَتَصاعَد ، التَصاعُد
small	صَغير ج. صِغار
smallness	صِغَر
class, classroom; rank, file, line	صَفّ ج. صُفوف
page	صَفْحة ج. صَفَحات
yellow	أَصْفَر ج. صُفْر (مؤنّث : صَفْراء)
و–ص–ل see	صِلة
cross	صَليب
the Crusades	الحُروب الصَليبيّة
to be proper, suitable for	صَلَحَ (لـ) ، يَصْلُح ، الصَّلاح
to repair; to reform	أَصْلَحَ ، يُصْلِح ، الإصْلاح
suitability, properness	صَلاحِيّة
reform	إصْلاح ج. –ات
technical term	اِصْطِلاح ج. –ات
technical term	مُصْطَلَح ج. –ات
bald	أَصْلَع ج. صُلْع
to pray	صَلَّى ، يُصَلّي ، الصَّلاة

prayer	صَلاة ج. صَلَوات
a special set of prayers performed after the evening prayer	صَلاة التَراويح
to persevere	صَمَدَ ، يَصْمُدُ ، الصُّمود
to make, produce	صَنَعَ ، يَصْنَع ، الصُّنْع
production, industry	صِناعة ج. -ات
industrial	صِناعِيّ
husband of daughter or sister, son-in-law or brother-in-law	صِهْر ج. أَصْهار
voice; sound; vote	صَوْت ج. أَصْوات
to depict, illustrate; film, take pictures	صَوَّرَ ، يُصَوِّر ، التَّصْوير
picture; (literary) image	صورة ج. صُوَر
stereotype	صورة نَمَطِيّة ج. صُوَر نَمَطِيّة
in a . . . manner/way	بِصورةٍ **+ صفة**
photography	التَّصْوير
Sufis, Muslims who practice mystical Islam	الصوفِيّة (م. صوفيّ)
Sufism, Islamic mysticism	التَّصَوُّف
to fast, abstain	صامَ ، يَصُوم ، الصَّوْم /الصِّيام
pharmacy	صَيْدَلِيّة ج. صَيْدَلِيّات
to become; to begin to; to happen	صارَ ، يَصير **(من أخوات كان)**
summer	صَيْف ج. أَصياف
China	الصّين

* ض *

officer	ضابِط ج. ضُبّاط
noise, outcry; controversy	ضَجّة
to laugh	ضَحِكَ ، يَضْحَك ، الضَّحِك
very large, huge	ضَخْم ج. ضِخام

against, anti-	ضِدَّ
to be forced to	أُضْطُرَّ إلى ، يُضْطَرّ ، الاضْطِرار
necessary	ضَروريّ
to hit, strike	ضَرَبَ ، يَضْرِب ، الضَّرْب
present/incomplete tense	المُضارِع
weak	ضَعيف ج. ضُعَفاء /ضِعاف
double, multiple (of a number)	ضِعْف ج. أضْعاف
doubled	مُضَعَّف
to contain, comprise	ضَمَّ ، يَضُمّ ، الضَّمّ
pronoun	ضَمير ج. ضَمائر
to guarantee	ضَمِنَ (لِـ) ، يَضْمَن ، الضَّمان
to become lost	ضاعَ ، يَضيع ، الضَّياع
to add to, to attach, to connect	أضافَ إلى ، يُضيف ، الإضافة
to host (a guest)	اِسْتَضافَ ، يَسْتَضيف ، الاسْتِضافة
guest	ضَيْف ج. ضُيوف
hospitality	الضِّيافة
iDaafa, possessive construction	الإضافة
in addition to	بِالإضافة إلى

* ط *

medicine	الطِّبّ
to cook	طَبَخَ ، يَطْبُخ ، الطَّبْخ
kitchen	مَطْبَخ ج. مَطابِخ
to print	طَبَعَ ، يَطْبَع ، الطِّباعة
of course, naturally	طَبْعًا
printing, edition	طَبْعة ج. طَبَعات

nature	طَبيعة
natural	طَبيعيّ
character	طابَع ج. طَوابِع
print shop, printing press	مَطْبَعة ج. مَطابِع
impression	اِنطِباع ج. -ات
(social) class	طَبَقة ج. -ات
floor, story	طابِق ج. طَوابِق
drum	طَبْلة ج. -ات
to occur	طَرَأ ، يَطْرَأ
emergency	طارِئ ج. طَوارِئ
to drive out, dismiss, evict	طَرَدَ ، يَطْرُد ، الطَّرْد
(of) first-rate, first class (quality)	من الطِراز الأوّل
party (e.g., to an agreement, dispute, etc.)	طَرَف ج. أطْراف
to go into (a subject)	تَطَرَّقَ الى ، يَتَطَرَّق ، التَّطَرُّق
road	طريق ج. طُرُق /طُرُقات
way, path (abstract)	طَريقة ج. طُرُق
by way of, by means of	عَن طَريق
on (one's) way to	في طَريقـ(ـه) إلى
a Sufi order	طَريقة صوفِيّة
to infuse (something) with	طَعَّمَ بِـ ، يُطَعِّم ، التَّطْعيم
restaurant	مَطْعَم ج. مَطاعِم
child	طِفْل ج. أطْفال
childhood	طُفولة
weather	طَقْس
to ask	طَلَبَ (مِن) ، يَطْلُب ، الطَّلَب
to demand	طالَبَ (بِـ) ، يُطالِب ، المُطالَبة

to require	تَطَلَّبَ (مِن) ، يَتَطَلَّب ، التَطَلُّب
demand(s)	مَطْلَب ج. مَطالِب
student	طالِب /ة ج. طُلّاب / طَلَبة
sought, asked for, in demand	مَطْلوب
to poll, survey, ask for an opinion	اِستَطلَعَ (رأيًا) ، يَستَطلِع ، الاِستِطلاع
beginning	مَطْلَع
to divorce	طَلَّقَ ، يُطَلِّق ، الطَّلاق
to release, let go	أطْلَقَ ، يُطْلِق ، الإطْلاق
to name, give a name to	أطْلَقَ (اسمًا) على
to take off, start off, go off	اِنطَلَقَ ، يَنْطَلِق ، الانطِلاق
divorced (of a woman)	طالِق
ambition	طُموح ج. –ات
tomatoes	طَماطِم
to develop (something)	طَوَّرَ ، يُطَوِّر ، التَّطْوير
to develop (intransitive)	تَطَوَّرَ ، يَتَطوَّر ، التَطَوُّر
to be able to	اِسْتَطاعَ ، يَسْتَطيع ، الاِسْتِطاعة
obedience	طاعة
faction, sect, party	طائِفة ج. طَوائِف
table	طاوِلة ج. –ات
height, length	طول ج. أطْوال
throughout	طولَ
during, throughout	طِوالَ
long, tall	طَويل ج. طِوال
delicious (of food); good-hearted (of people)	طَيِّب ج. –ون
flying	طَيَران
airline	شَرِكة طَيَران

airport	مَطار ج. ـات
airplane	طائِرة ج. ـات

* ظ *

to remain, continue, keep (doing)	ظَلّ ، يَظَلّ **(من أخوات كان)**
to wrong, be unjust to	ظَلَم ، يَظْلِم ، الظُّلْم
treated unfairly, unjustly blamed	مَظْلوم ج. ـون
to think that, consider	ظَنَّ (أنَّ) ، يَظُنّ ، الظَنّ
to appear	ظَهَرَ ، يَظْهَر ، الظُّهور
to reveal, demonstrate	أظْهَر ، يُظْهِر ، الإظهار
noon	ظُهْر
afternoon	بَعدَ الظُّهر
appearance; *(plural)* manifestations	مَظْهَر ج. مَظاهِر
phenomenon	ظاهِرة ج. ظَواهِر
(public) demonstration	مُظاهَرة ج. ـات

* ع *

burden	عِبْء ج. أعْباء
wool cloak, wrap ***15***	عَباءة ج. عَباءات
to worship	عَبَدَ ، يَعبُد ، العِبادة
slave; servant	عَبْد ج. عَبيد
temple	مَعْبَد ج. مَعابِد
across	عَبْرَ
to express	عَبَّرَ (عن) ، يُعَبِّر ، التَعْبير
to consider	اِعْتَبَرَ ، يَعْتَبِر ، الاِعْتِبار
expression, idiom	عِبارة ج. ـات

expression, idiom	تَعْبِير ج. ـات / تَعابِير
Abbasids (Islamic dynasty 750-1258)	العَبّاسِيّون
genius	عَبْقَرِيّ ج. عَباقِرة
Ottomans (Turkish Islamic dynasty c. 1300-1923)	العُثْمانِيّون
to please (someone)	أَعْجَبَ (ـه) ، يُعْجِب ، الإعْجاب
to be pleased with, to admire, like	أُعْجِبَ بـ
amazing, incredible	عَجِيب
(it is) no wonder (that)	لا عَجَبَ (أنْ / أنّ)
to hurry, rush	عَجِلَ ، يَعْجَل ، العَجَلة
dictionary	مُعْجَم ج. مَعاجِم
to count, reckon, consider	عَدَّ ، يَعُدّ ، العَدّ
to prepare, make	أَعَدَّ ، يُعِدّ ، الإعْداد
to prepare (for)	اسْتَعَدَّ (لـ) ، يَسْتَعِدّ ، الاسْتِعْداد
several	عِدّة + **جمع** indefinite
number	عَدَد ج. أَعْداد
preparatory (school, ≈ junior high)	إعْدادِيّ
in preparation for	اسْتِعْداداً لـ
prepared, ready	مُسْتَعِدّ
justice	عَدْل
amendment, modification	تَعْدِيل ج. ـات
moderate	مُعْتَدِل ج. ـون
non-, lack of	عَدَم + **المصدر**
enemy	عَدُوّ ج. أعْداء
to Arabize	عَرَّبَ ، يُعَرِّب ، التَّعْرِيب
Arab, Arabic	عَرَبِيّ ج. عَرَب
bride	عَروس ج. عَرائِس

the bride and groom	العَروسان
bridegroom	عَريس ج. عِرسان
to oppose	عارَضَ ، يُعارِض ، المُعارَضة
to be exposed to, to undergo	تَعَرَّضَ (لِـ) ، يَتَعَرَّض ، التَعَرُّض
to know	عَرَفَ ، يَعْرِف ، المَعْرِفة
to get to know	تَعَرَّفَ (على) ، يَتَعَرَّف ، التَعَرُّف
to get to know each other	تَعارَفَ ، يَتَعارَف ، التَّعارُف
definite (in grammar)	مَعْرِفة
licorice root; licorice juice	عِرق سوس
battle	مَعركة ج. مَعارِك
dear	عَزيز ج. أعِزّاء
bachelor	عازِب /أعْزَب ج. عُزّاب
soldier	عَسْكَريّ ج. عَساكِر
military (adjective)	عَسْكَريّ
dinner	عَشاء
age, era	عَصْر ج. عُصور
the Middle Ages	العُصور الوُسْطى
modern, contemporary	عَصْريّ
contemporary	مُعاصِر ج. -ون
storm	عاصِفة ج. عَواصِف
capital (city)	عاصِمة ج. عَواصِم
member	عُضْو ج. أعْضاء
scent, perfume	عِطْر ج. عُطور
thirsty	عَطْشان ج. -ون
affection, tender emotion	عاطِفة ج. عَواطِف
emotional, romantic	عاطِفيّ

vacation	عُطْلة ج. ـات / عُطَل
to give	أعْطى ، يُعْطي ، الإعْطاء
bone	عَظْم ج. عِظام
great	عَظيم ج. عُظَماء / عِظام
most of	مُعْظَم
to come after	أعْقَبَ ، يُعْقِب
complicated	مُعَقَّد
to reflect	عَكَسَ ، يَعْكِس ، العَكْس
opposite, reverse, antonym	عَكْس
perhaps	**لَعَلَّ (من أخوات إنّ)**
to treat (subject; disease)	عالَجَ ، يُعالِج ، المُعالجَة
treatment	عِلاج
relationship; *(plural)* relations	عَلاقة ج. ـات
has no relation to, has nothing to do with	لا عَلاقةَ لِـ بـ
to learn of, find out about	عَلِمَ (بـ) ، يَعْلَم ، العِلْم
to teach, educate	عَلَّم ، يُعلِّم ، التَّعْليم
to learn	تَعَلَّمَ ، يَتَعَلَّم ، التَعَلُّم
science, knowledge, learning	العِلْم ج. العُلوم
anthropology	عِلْم الإنْسان
sociology	عِلم الاجْتِماع
psychology	عِلم النَّفْس
political science	العُلوم السِّياسِيّة
flag	عَلَم ج. أعْلام
the world	العالَم
secular	عِلْمانيّ
learned person, scientist	عالِم ج. عُلَماء

information	مَعْلومات
to announce	أَعْلَنَ ، يُعْلِن ، الإِعْلان
announcement, advertisement	إعْلان ج. -ات
nonetheless; however	على أنّ
high	عالٍ /(الـ)عالي
He is exalted above all	(الله) تَعالى
uncle (paternal)	عَمّ ج. أَعْمام
general, public	عامّ
the masses, the general public	عامّة النّاس
colloquial or spoken Arabic	العامِّيّة
to generalize	عَمَّمَ ، يُعَمِّم ، التَّعْميم
generalization	تَعْميم ج. ات
to depend on	اعتَمَدَ على ، يَعْتَمِد ، الاعْتِماد
to colonize	اسْتَعْمَرَ ، يَسْتَعْمِر ، الاِسْتِعْمار
age	عُمْر ج. أَعْمار
architecture	(فنّ) العِمارة
to go deeply into, become absorbed in	تَعَمَّقَ (في) ، يَتَعَمَّق ، التَّعَمُّق
deep	عَميق
to work	عَمِلَ ، يَعْمَل ، العَمَل
to treat (someone)	عامَلَ ، يُعامِل ، المُعامَلة
currency	عُمْلة ج. -ات
practical	عَمَليّ
worker	عامِل ج. عُمّال
factor	عامِل ج. عَوامِل
pastry with pistachio or walnut stuffing	مَعمول
blind	أَعْمى ج. عُمْي / عُمْيان (مؤنّث : عَمْياء)

on, about what. . . ?	عَمَّ (عَنْ+ماذا) . . . ؟
about whom. . . ?	عَمَّن (عَنْ+مَن) . . . ؟
at (place, time); in the view, practice of	عِنْدَ
when *(not a question)*	عِنْدَما + **فعل**
at that time	عِنْدَئِذٍ
violence	عُنْف
violent	عَنيف
address; title (e.g., of a book)	عُنْوان ج. عَناوين
to mean	عَنى ، يَعْني
meaning	مَعْنى ج. معانٍ / (الـ)مَعاني
to return	عادَ ، يَعود ، العَوْدة
to get used to	اِعْتادَ (أَنْ) ، يَعْتاد ، الاِعْتِياد
custom, habit	عادة ج. ـات
usually	عادةً
normal, usual, ordinary	عاديّ
graduate fellow, teaching assistant	مُعيد ج. ـون
(extended) family	عائِلة ج. عائِلات
year	عام ج. أَعْوام
fault, shortcoming; shame, disgrace	عَيْب ج. عُيوب
holiday, feast-day, day of celebration	عيد ج. أَعْياد
Father's Day	عيد الأب
Mother's Day	عيد الأُمّ
Feast of sacrifice, during the pilgrimage to Mecca	عيد الأضحى
Labor Day	عيد العُمّال
Passover; Easter	عيد الفِصح
Feast at the end of Ramadan	عيد الفِطر

birthday	عيد ميلاد
Christmas	عيد الميلاد
to find fault with	عايَرَ ، يُعايِر ، المُعايَرة
to live, be alive	عاشَ ، يَعيش ، العَيْش / المَعيشة
to appoint (someone)	عَيَّن ، يُعَيِّن ، التَّعْيين
specific	مُعَيَّن
eye	عَيْن ج. عُيون /أَعيُن

* غ *

to leave (e.g., a place)	غادَرَ ، يُغادِر ، المُغادَرة
tomorrow	غَدًا
lunch	الغَداء
west	غَرْب
feeling of alienation, not belonging	الغُرْبَة
strange; stranger	غَريب ج. غُرَباء
room	غُرْفة ج. غُرَف
to wash	غَسَلَ ، يَغسِل ، الغَسْل
to get angry	غَضِبَ ، يَغْضَب ، الغَضَب
to cover	غَطَّى ، يُغَطّي ، التَّغْطِية
to overcome, prevail, defeat (e.g., in a game)	غَلَبَ ، يَغْلِب ، الغَلَبَة
prevailing, dominant	غالِب
to exaggerate	غالى (في) ، يُغالي ، المغالاة
expensive	غالٍ /(الـ)غالي
pipe	غليون
to sing	غَنّى ، يُغَنّي ، الغِناء

rich	غَنيّ ج. أغنياء
song	أُغْنِية ج. أغانٍ/(الـ)أغاني
to be absent	غابَ ، يَغيب ، الغِياب
to be absent from, miss	تَغَيَّبَ (عن) ، يَتَغَيَّب ، التَّغَيُّب
to change (something or someone)	غَيَّرَ ، يُغَيِّر ، التَّغْيير
to change (intransitive)	تَغَيَّرَ ، يَتَغَيَّر ، التَّغَيُّر
other than . . .; not, non-/un-	**غير + صفة**
others (other than those)	غير ذلك
without	من غَيرِ
cloudy, overcast	غائِم

* ف *

thus, so, consequently, . . .	فَـ . . .
dish made with yoghurt, chick peas, and bread	فَتّة
to open	فَتَحَ ، يَفْتَح ، الفَتْح
to open, inaugurate, initiate	افْتَتَحَ ، يَفْتَتِح ، الافْتِتاح
young man	فَتى ج. فِتيان
young woman (unmarried)	فَتاة ج. فَتَيات
legal decision or ruling	فَتْوى ج. فَتاوى / فَتاوٍ
luxurious, splendid	فاخِر
happiness, happy occasion	فَرْحة
individual	فَرْد ج. أفْراد
unique	فَريد
singular	المُفْرَد
Persian	فارِسيّ ج. فُرْس
bed, blanket, cushion	فِراش

furnished	مَفروش
opportunity	فُرْصة ج. فُرَص
to seize the opportunity to	اِنتَهَزَ الفُرْصة لِـ . . . ، يَنتَهِز ، الاِنتِهاز
to impose (something) on someone	فَرَضَ على ، يَفرِض ، الفَرض
subsidiary, secondary	فَرعيّ
to be finished with, free of	فَرِغ مِن ، يَفْرَغ ، الفَراغ
(blank) space, emptiness	فَراغ ج. ـات
to be dispersed, scattered	تَفَرَّق ، يَتَفَرَّق ، التَّفَرُّق
difference	فَرق ج. فُروق
Franks, Europeans (a premodern term)	الفَرَنج
dress	فُسْتان ج. فَساتين
to fail	فَشِلَ ، يَفْشَل ، الفَشَل
to state or announce clearly	أَفْصَحَ عن ، يُفْصِح ، الإفْصاح
formal or written Arabic	الفُصْحى
eloquence, fluency, purity of language	الفَصاحة
eloquent	فَصيح ج. فُصَحاء
to dismiss, fire (from a job)	فَصَلَ (مِن) ، يَفْصِل ، الفَصْل
class, classroom; season	فَصْل ج. فُصول
comma; decimal point	فاصِلة ج. فَواصِل
detail	تَفْصيل ج. تَفاصيل
silver *(noun)*	فِضّة
silver *(adjective)*	فِضّيّ
to prefer (something/someone) over	فَضَّل على ، يُفَضِّل ، التَّفْضيل
thanks to	بِفَضْل + **اسم**
please	مِنْ فَضْلك
deserves the most credit for	صاحِب الفَضْل الأوّل في . . .

not to mention	فَضلاً عن
favorite	مُفَضَّل
to eat breakfast	فَطَرَ ، يَفْطُر ، الفُطور
to break fast	أَفْطَرَ ، يُفطِر ، الإفطار
breakfast	الفُطور
meal in evening to break Ramadan fast	الإفْطار
to do	فَعَلَ ، يَفْعَل ، الفِعل
verb	فِعْل ج. أَفْعال
category of verbs whose medial radical و or ي	الفِعْل الأَجْوَف
category of verbs whose first radical is و	فِعل المِثال
category of verbs whose final radical is و or ي	الفِعْل الناقِص
really!, indeed	فِعْلاً
actual	فِعْليّ
effectively	بصورة فِعْلية
effective	فَعّال
subject *(grammatical)*	فاعِل
object *(grammatical)*	مَفْعول ج. مَفاعيل
direct object	المَفْعول بِهِ
adverb of time/place	المَفْعول فيهِ
accusative of purpose	المَفْعول لأجْلِهِ
cognate accusative	المَفْعول المُطْلَق
to lose	فَقَدَ ، يَفقِد ، الفَقْد
deceased	فَقيد ج. فُقَداء
to lack, be in need of	اِفْتَقَرَ (الى) ، يَفْتَقِر ، الافْتِقار
poor	فَقير ج. فُقَراء
paragraph	فِقْرة ج. -ات

only	فَقَط
jurisprudent, legal scholar	فَقيه ج فُقَهاء
to think about, ponder	فَكَّرَ (في /بِـ) ، يُفَكِّر ، التَّفْكير
thought (abstract)	الفِكْر
idea, thought	فِكْرة ج. أَفْكار
fruit	فاكِهة ج. فَواكِه
unit of currency (≈ one penny)	فِلْس ج. -ات
money	فُلوس
philosophy	الفَلْسَفة
Palestine	فِلَسْطين
to do (something) in an artistic or creative way	تَفَنَّنَ (في) ، يَتَفَنَّن ، التَّفَنُّن
art	فَنّ ج. فُنون
artist	فَنّان ج. -ون
hotel	فُنْدُق ج. فَنادِق
to understand	فَهِمَ ، يَفْهَم ، الفَهْم
understood; concept	مَفْهوم ج. مَفاهيم
immediately	فَوْراً /على الفَوْر
immediate, instant	فَوْرِيّ
towel	فوطة ج. فُوَط
above	فَوْقَ
furthermore, moreover	وفَوقَ هذا /ذلك كلِّه
superior, outstanding	مُتَفَوِّق ج. -ون
fava beans	فول
due to what (it) contains in the way of . . .	لِما فيـ(ـه) مِن . . .
to benefit, be useful for (someone)	أَفادَ ، يُفيد ، الإِفادة
to benefit from	اِستَفادَ (مِن) ، يَستَفيد ، الاِستِفادة

* ق *

to borrow, adopt (a word)	اِقْتَبَسَ ، يَقْتَبِس ، الاقْتِباس
to kiss	قَبَّل ، يُقَبِّل ، التَّقْبيل
to meet (formally or for the first time)	قابَلَ ، يُقابِل ، المُقابَلة
interview	مُقابَلة ج. -ات
to embark upon, give one's attention to	أَقبَلَ (على) ، يُقْبِل ، الإقبال
to receive, welcome	اِسْتَقْبَلَ ، يَسْتَقْبِل ، الاِسْتِقْبال
kiss	قُبْلة ج. قُبُلات
(a day a week/a year) before	قَبْلَ . . . بـ (يوم /أسبوع /سنة . . .)
previously, before (now)	مِن قَبْل
admissions	قُبول
tribe	قَبيلة ج. قَبائِل
coming, next	مُقْبِل
acceptable, passing	مَقْبول
future	المُسْتَقْبَل
to kill	قَتَلَ ، يَقْتُل ، القَتْل
particle that emphasizes that action has taken place	قَد + **الماضي**
might, perhaps	قَد + **المضارع**
to be able to	قَدَرَ على ، يَقْدِر ، القُدْرة
to appreciate, estimate, value, evaluate	قَدَّرَ ، يُقَدِّر ، التَّقْدير
(an) amount of	قَدْر من الـ . . .
(having) quite a lot of . . .	على قَدْر كَبير من . . .
as much as possible	على قَدْر الإمْكان /بِقَدْر الإمْكان
(comprehensive) evaluation, grade	تَقْدير ج -ات
Jerusalem	القُدْس

to present, offer	قَدَّمَ (لِـ) ، يُقَدِّم ، التَّقْديم
to advance, progress; to precede, come before	تَقَدَّمَ ، يَتَقَدَّم ، التَّقَدُّم
to apply for	تَقَدَّمَ بطلب لِـ
foot	قَدَم ج. أقدام
ancient, of long ago	قَديم ج. قُدَماء
coming, next	قادِم ج. -ون
advanced; preceding	مُتَقَدِّم ج. -ون
introduction	مُقَدِّمة ج. -ات
to decide	قَرَّرَ ، يُقَرِّر ، التَّقْرير
to stabilize, become settled	اِسْتَقَرَّ ، يَسْتَقِرّ ، الاِسْتِقْرار
decision	قَرار ج. -ات
seat, headquarters	مَقَرّ ج. مَقار
continent	قارّة ج. -ات
to read	قَرَأَ ، يَقْرَأ ، القِراءة
the Holy Quran	القُرآن الكَريم
reader	قارِئ ج. قُرّاء
close	قَريب ج. -ون
family relative	قَريب ج. أقارِب /أقْرِباء
approximately	تقريباً
to suggest	اِقتَرَحَ (أنْ) ، يَقْتَرِح ، الاِقتِراح
suggestion	اِقْتِراح ج. -ات
century	قَرْن ج. قُرون
to compare	قارَنَ (بَينَ) ، يُقارِن ، المُقارَنة
comparative	مُقارَن
village	قَرْية ج. قُرى
department	قِسْم ج. أقْسام

to divide, partition	قَسَّمَ ، يُقَسِّم ، التَّقْسيم
story	قِصّة ج. قِصَص
to mean, intend, aim at (a meaning or place)	قَصَدَ ، يَقْصِد ، القَصْد
economics	الاقْتِصاد
to be limited to	اِقْتَصَرَ (على) ، يَقْتَصِر ، الاقْتِصار
palace	قَصْر ج. قُصور
short	قَصير ج. قِصار
farthest, utmost, maximum	أَقْصى
to spend, pass (time); to carry out (a task)	قَضى ، يَقْضي ، القَضاء
issue	قَضِيّة ج. قَضايا
judge	قاضٍ / (الـ)قاضي ج. قُضاة
requirements, exigencies	مُقْتَضَيات
country	قُطْر ج. أَقْطار
train	قِطار ج. -ات
to cut, cut across	قَطَعَ ، يَقْطَع ، القَطْع
to cut (someone) off; interrupt	قاطَعَ ، يُقاطِع ، المُقاطَعة
to be cut off	اِنْقَطَعَ ، يَنْقَطِع ، الانْقِطاع
piece	قِطْعة ج. قِطَع
pastry covered in sweet syrup	قَطايِف
caravan	قافِلة ج. قَوافِل
to sit	قَعَدَ ، يَقعُد ، القُعود
seat	مَقْعَد ج. مَقاعِد
rule	قاعِدة ج. قَواعِد
(rules of) grammar	القَواعِد
to become independent	اِسْتَقَلَّ ، يَسْتَقِلّ ، الاِسْتِقْلال
little; the least	قَليل ج. قَلائِل

a little	قَليلاً
at least	على الأقَـلّ
heart	قَلْب ج. قُلوب
tradition	تَقْليد ج. تَقاليد
traditional	تَقليديّ ج. ـون
pen	قَلَم ج. أقْلام
province, district	إقليم ج. أقاليم
a dessert made from apricots	قَمَر الدين
dictionary	قاموس ج. قَواميس
cloth, fabric	قُماش ج. أقمِشة
shirt	قَميص ج. قُمْصان
law, statute	قانون ج. قَوانين
to be convinced (of)	اِقتَنَعَ (بـ) ، يَقْتَنِع ، الاقْتِناع
channel, canal	قَناة ج. قَنَوات
coffee	قَهْوة
cafe	مَقْهَى ج. مَقاهٍ/(الـ)مَقاهي
to lead; to drive, fly (e.g., car, plane)	قادَ ، يَقود ، القِيادة
leader	قائِد ج. قادة
say	قالَ ، يَقول ، القَوْل
article (e.g., in a newspaper)	مَقالة ج. ـات
to get up	قامَ ، يَقوم ، القِيام
to undertake, carry out	قامَ (بـِ)
to be based on	قامَ (على)
to reside; to set up, put on (e.g., a celebration)	أقامَ ، يُقيم ، الإقامة
nationalism	قَوميّة ج. ـات
strong	قَويّ ج. أقْوِياء

* ك *

كَـ + اسم	like, as
كَأَنَّ + جملة اسمية	as if
كَذٰلِك	also, likewise
كَما + فعل	like, as
كَما أنّ + جملة اسمية	as also, just as, in addition
كَأس ج. كُؤوس	glass, cup
كَبَّرَ ، يُكَبِّر ، التَّكْبير	to enlarge
كَبير ج. كِبار	important, powerful; big; old (of people)
كَتَبَ ، يَكْتُب ، الكِتابة	to write
كِتاب ج. كُتُب	book
كُتّاب ج. كَتاتيب	Quran school for young children
مَكْتَب ج. مَكاتِب	office
مَكْتَبة ج. ـات	library
كاتِب ج. كُتّاب	writer, author
كَتِف ج. أكتاف	shoulder
أَكْثَرَ (من) ، يُكْثِر ، الإكْثار	to do a lot of
كَثير ج. ـون	many
كَثيراً	much, a lot
كَرَّرَ ، يُكَرِّر ، التَّكْرار	to repeat
كُرديّ ج. أكراد	Kurd, Kurdish
كُرْسي ج. كَراسٍ/(الـ)كَراسي	chair
كَرامة	honor, pride
كَريم	generous; noble
كُرة السَّلّة	basketball

volleyball	الكُرة الطّائِرة
soccer	كُرة القَدَم
to discover	اكْتَشَفَ ، يَكْتَشِف ، الاكْتِشاف
to explore	اسْتَكشَفَ ، يَسْتَكشِف ، الاسْتِكْشاف
cookie-like sweet made for Eid feasts	كَعك
mutual compatibility	التَكافُؤ
to fight, struggle	كافَحَ ، يُكافِح ، الكِفاح
to ensure, guarantee	كَفَل (لِـ) ، يَكْفُل ، الكَفالة
to suffice	كَفَى ، يَكفي ، الكِفايَة
enough	كافٍ /(الـ)كافي
all	كُلّ + **اسم جمع** definite
each, every	كُل + **اسم مفرد** indefinite
college, school (in a university)	كُلِّيّة ج. -ات
dog	كَلْب ج. كِلاب
to speak	تَكَلَّمَ ، يَتَكَلَّم ، الكَلام
word	كَلِمة ج. -ات
to complete, finish	أكْمَلَ ، يُكْمِل ، الإكمال
entire, whole	كامِل
in/with complete	بكامِلِ + **اسم في إضافة**
daughter-in-law	كَنّة ج. كَنائِن
December	كانون الأوّل (ديسَمبِر)
January	كانون الثّاني (يَنايِر)
a kind of pastry often made with cheese	كُنافة
name formed with name of eldest son (أبو . . . / أُمّ . . .)	الكُنْيَة
electrical	كَهْرَبائِيّ
cave	كَهف ج. كُهوف

small jug	كوز ج. أكْواز
zucchini squash	كوسا
to be	كانَ ، يَكون ، الكَوْن
to form, make, create	كَوَّن ، يُكَوِّن ، التَّكْوين
to consist of	تَكَوَّنَ (مِن) ، يَتَكَوَّن ، التَّكَوُّن
place	مَكان ج. أماكِن / أمْكِنة
position, status	مَكانة ج. -ات
in order to	كَيْ / لِكَيْ + **المضارع المنصوب**
to be on the verge of, to almost	كادَ ، يَكاد + **المضارع المرفوع**
to barely	لا يكاد + **المضارع المرفوع**

* ل *

for, belonging to	لِـ + **اسم**
in order to	لِـ + **مصدر / المضارع المنصوب**
emphatic particle in very formal Arabic	لَـ
not only . . . but (also)	لا/لم/ليس . . . فَحَسْب (فقط) بَل . . . أيضاً (كذلك)
because	لأنَّ + **جملة اسمية**
due to what (it) contains in the way of . . .	لِما فيـ(ـه) مِن . . .
to wear; get dressed	لَبِسَ ، يَلْبَس ، اللُّبْس
clothes	مَلابِس
yoghurt; milk (*Egypt*)	لَبَن
to accept (an invitation or request)	لَبَّى ، يُلَبّي ، التَّلْبِية
to notice	لاحَظَ ، يُلاحِظ ، المُلاحَظة
noticeable, remarkable	مَلحوظ
to enroll, enlist in (e.g., school or army)	اِلْتَحَقَ بِـ ، يَلْتَحِق ، الاِلْتِحاق
meat	لَحْم ج. لُحوم

delicious (of food); delightful	لَذيذ
necessary	لازِم
tongue; language	لِسان ج. أَلْسِنة /أَلْسُن
to vanish	تَلاشى ،يَتَلاشى ، التَّلاشي
nice, kind, pleasant	لَطيف ج. لِطاف ، لُطَفاء
to play	لَعِبَ ، يَلْعَب ، اللَّعِب
language	لُغة ج. -ات
to utter, pronounce	لَفَظَ ، يَلْفِظ ، اللَفْظ
nickname or title based on a personal characteristic or achievement	لَقَب ج. أَلْقاب
bite (of food)	لُقْمة ج. لُقَم
a small bite (of food)	لُقَيْمة ج. -ات
to meet, encounter	اِلْتَقى ، يَلْتَقي ، الاِلْتِقاء
past negation particle	**لَمْ + المضارع المجزوم**
when *(not in a question)*	**لَمّا + الماضي**
to hint	لَمَّحَ ، يُلَمِّح ، التَّلْميح
future negation particle	**لَنْ + المضارع المنصوب**
dialect	لَهجة ج. لَهَجات
if . . . then *(hypothetical)*	**لَوْ . . . لَـ . . . + الماضي**
if not for . . . (then) . . .	**لَولا . . . لَـ . . . + الماضي**
(green) beans	لوبيا
to color (something)	لَوَّنَ ، يُلَوِّن ، التَّلوين
color; type, kind, "flavor"	لَوْن ج. أَلْوان
is not *(present tense negation of* to be*)*	لَيْسَ
night; eve	لَيْلة ج. لَيالٍ /(الـ)لَيالي
New Year's Eve	ليلة رَأس السَّنة
27th of Ramadan, the night on which God revealed the Quran	ليلة القَدْر

* م *

what? *(in questions without verbs)*	ما؟ **+ اسم**
what; whatever	ما **+ فعل**
past negation particle	ما **+ الماضي**
what? *(in questions using verbs)*	ماذا؟ **+ فعل**
why?	لِماذا؟
still, continue to (literally, to not cease)	ما زالَ /لا يَزال **+ المضارع المرفوع /اسم**
what's wrong with (him)?	ما لـ(ـه)؟
master's degree	الماجِسْتير
hundred	مِئَة (مائَة) ج. مِئات
to give pleasure to	أَمْتَعَ ، يُمْتِع ، الإِمْتاع
to enjoy	اِسْتَمْتَعَ بِـ ، يَسْتَمْتِع ، الاِسْتِمْتاع
fun	مُمْتِع
when?	مَتى؟
like, equivalent to, functioning as	بِمَثابةِ **+ اسم في إضافة**
to act, act for, represent	مَثَّل ، يُمَثِّل ، التَّمْثيل
like, similar to	مِثْل **+ إضافة**
for example, for instance	مَثَلاً
example	مِثال ج. أَمثِلة
category of verbs whose first radical is و	المِثال
assimilation *(grammatical)*	المُماثَلة
similar, resembling	مُماثِل
to erase	مَحا ، يَمْحو ، المَحو
to extend, stretch (for a distance or period of time)	اِمْتَدَّ ، يَمْتَدّ ، الاِمْتِداد
period (of time)	مُدّة ج. مُدَد

city	مَدينة ج. مُدُن
to pass (of time); to pass by/through	مَرَّ (بـ) ، يَمُرّ ، المُرور
to continue	اِسْتَمَرَّ ، يَسْتَمِرّ ، الاِسْتِمْرار
once, (one) time	مَرّة ج. مَرّات
woman	اِمْرَأة / المَرْأة ج. نِساء
to rebel	تَمَرَّدَ (على) ، يَتَمَرَّد ، التَمَرُّد
sick	مَريض ج. مَرْضى
drill	تَمْرين ج. تَمارين
mixture (of)	مَزيج (مِن)
Christian	مَسيحِيّ ج. ـون
Christianity	المَسيحِيّة
to hold fast to, stick to, adhere to	تَمَسَّكَ (بـ) ، يتمسَّك ، التَّمسُّك
to be cohesive, cohere, hold or stick together	تَماسَكَ ، يَتماسَك ، التَّماسُك
evening	مَساء
apricots *(collective)*	مُشمُش
to walk	مَشَى ، يَمْشي ، المَشْي
Egypt	مِصْر
Egyptian	مِصْرِيّ ج. مِصْرِيّون
to pass (said of time)	مَضى ، يَمضي ، المُضِيّ
to pass (since)	مضى (على)
past, last; the past tense	ماضٍ / (الـ)ماضي
rain	مَطَر ج. أمطار
rainy, raining	مُمْطِر
together	معًا
nonetheless, however	ومع ذلك فـ
see ك-و-ن	مكان

it is possible to	أمْكَنَ (أنْ) ، يُمْكِن ، الإمْكان
possible	مُمكِن
community of a religious denomination	مِلّة ج. مِلَل
boring	مُمِلّ
to own, possess	مَلَكَ ، يَمْلِك ، المُلْك
king	مَلِك ج. مُلوك
Mamluks (Islamic dynasty 1250-1517)	المَماليك (م. مَملوك)
sheet	مِلاية ج. ـات
among	مِن + **الجمع**
through, by way of, from	مِن خلال
scholarship award, grant	مِنْحة ج. مِنَح
since; ago	مُنْذُ
to hope, wish that	تَمَنّى (أنْ) ، يَتَمَنّى ، التَّمَنّي
in preparation for	تَمهيدًا لِـ
work, occupation	مِهْنة ج. مِهَن
to die	ماتَ ، يَموت ، المَوْت
music	الموسيقى
money	مال ج. أموال
water	ماء ج. مِياه
table	مائدة ج. مَوائِد
field, domain	مَيْدان ج. مَيادين
to distinguish (something) from	مَيَّزَ عن/من ، يُمَيِّز ، التَّمْييز
grammatical construction answering in what way? *with* مصدر منصوب	التَّمييز
distinguishing, positive feature or aspect	ميزة ج. ـات
excellent	مُمْتاز
tendency, inclination, leaning, bent	مَيْل ج. مُيول (الى)

* ن *

see أ-ن-س	ناس
giftedness, exceptional talent	النُّبوغ
prophet	نَبِيّ ج. أَنْبِياء
to produce	أَنْتَجَ ، يُنْتِج ، الإِنْتاج
as a result of	نَتيجةً لـ
to succeed, pass	نَجَحَ (في) ، يَنْجَح ، النَّجاح
thin	نَحيف ج. نِحاف
grammar, syntax	النَّحْو
toward	نَحْوَ
grammarian	نَحْوِيّ ج. -ون /نُحاة
all over the world	في (كل) أَنْحاء العالَم
with respect to, from a . . . standpoint	من ناحية . . . / من الناحية الـ . . .
to call (for), to call, call out	نادى (بـ) ، يُنادي ، المُناداة /النِداء
seminar, symposium	نَدْوة ج. نَدَوات
club	نادٍ /النّادي ج. نَوادٍ /النّوادي
to descend	نَزَلَ (من) ، يَنْزِل ، النُّزول
to lodge, room, stay (e.g., in a hotel)	نَزَلَ في
house, residence	مَنْزِل ج. مَنازِل
to be related to, belong to	اِنْتَسَبَ (الى) ، يَنْتَسِب ، الاِنْتِساب
nisba adjective; percentage, proportion	نِسْبة
for, in relation to	بالنِّسْبة لـ
in-laws	نَسيب ج. أنسِباء
appropriate, suitable	مُناسِب
women	نِساء (م. اِمْرَأة ، المَرْأة)

to forget	نَسِيَ ، يَنْسى ، النِّسْيان
to grow up	نَشَأَ ، يَنْشَأ ، النُّشوء
to found, establish, erect	أَنْشَأَ ، يُنشِئ ، الإِنْشاء
establishment, institution (physical)	مُنْشَأة ، مُنشَآت
to publish	نَشَرَ ، يَنْشُر ، النَّشْر
to spread	اِنْتَشَرَ ، يَنْتَشِر ، الاِنْتِشار
activity	نَشاط ج. -ات / أنشِطة
text	نَصّ ج. نُصوص
position, job	مَنْصِب ج. مَناصِب
subjunctive mood *(verbs)*, accusative case *(nouns)*	المَنْصوب
(piece of) advice	نَصيحة ج. نَصائِح
to be in the middle	اِنْتَصَفَ ، يَنْتَصِف ، الاِنتِصاف
half	نِصْف
middle, mid-way	مُنْتَصَف
to mature or ripen	نَضَجَ ، يَنْضُج ، النُّضج
mature (of people), ripe (of food)	ناضِج
logic	مَنْطِق
area, region	مِنْطَقة ج. مَناطِق
wide-ranging	واسع النِّطاق
to look (at)	نَظَرَ (الى) ، يَنْظُر ، النَّظَر
to wait for	اِنْتَظَرَ ، يَنْتَظِر ، الاِنْتِظار
point of view	وِجْهة نَظَر ج. وِجْهات نَظَر
theory	نَظَرِيّة ج. -ات
(pair of) eyeglasses	نَظّارة ج. -ات
view	مَنْظَر ج. مَناظِر
cleanliness, tidiness	نَظافة

clean, tidy	نَظيف ج. نِظاف
to organize, regulate	نَظَّمَ ، يُنَظِّم ، التَّنْظيم
system, order	نِظام ج. أَنْظِمة / نُظُم
regularity, orderliness	اِنْتِظام
same; self	نَفْس ج. أَنْفُس
negation	النَّفي
veil that covers the face	نِقاب
to criticize	نَقَدَ ، يَنْقُد ، النَّقْد
to save, rescue	أَنقَذَ ، يُنْقِذ ، الإِنْقاذ
to discuss	ناقَشَ ، يُناقِش ، المُناقَشة
discussion	نِقاش / مُناقَشة ج. ـات
to move (something); to translate	نَقَلَ ، يَنْقُل ، النَّقْل
to move around	تَنَقَّلَ ، يَتَنَقَّل ، التَنَقُّل
to pass on (news), relate, transmit to each other	تَناقَلَ (الخبر) ، يَتَناقَل ، التَّناقُل
to move (to)	اِنْتَقَلَ (إلى) ، يَنْتَقِل ، الاِنْتِقال
to take revenge on	اِنْتَقَمَ (من) ، يَنْتَقِم ، الاِنتِقام
indefinite (in grammar)	نَكِرة
stereotype	صورة نَمَطيّة
sample, model, type	نَموذَج / نُموذَج ج. نَماذِج
pastry made from semolina	نَمّورة
daytime	نَهار
to seize (the opportunity to)	اِنْتَهَزَ (الفرصة لِ) ، يَنْتَهِز ، الاِنتِهاز
rebirth, renaissance	نَهْضة ج. ـات
to finish	اِنْتَهَى (مِن) ، يَنْتَهي ، الاِنْتِهاء
negative imperative	النَّهي
to be of various kinds, types	تَنَوَّعَ ، يَتَنَوَّع ، التَنَوُّع

type, kind, variety	نَوْع ج. أَنْواع من
various	مُتَنَوِّع
to take, have (a meal); to take up, treat (a topic)	تَناوَلَ ، يَتَناوَل ، التَّناوُل
within reach of	في مُتَنَاوَل
to sleep, go to sleep	نامَ ، يَنام ، النَّوْم
sleeping	نائِم ج. -ون
to intend to	نَوَى (أَنْ) ، يَنْوي ، النِيّة
intention	نِيّة ج. -ات /نَوايا
parliamentary	نِيابيّ
April	نيسان (أبريل)

* هـ *

thus, so, in this way, that way	(و) هـٰكَذا (فـ)
telephone	هاتِف
to emigrate	هاجَرَ ، يُهاجِر ، الهِجْرة
year of Islamic calendar	(سنة) هِجْرِية (هـ.)
to attack	هاجَمَ ، يُهاجِم ، الهُجوم /المُهاجَمة
Pacific (Ocean)	(المُحيط) الهادي / الهادئ
to aim to	هَدَفَ (لِـ/إلى) ، يَهدُف ، الهَدْف
to seek (something) as a goal	اِسْتَهدَفَ ، يَسْتَهْدِف ، الاِسْتِهداف
goal, aim	هَدَف ج. أَهْداف
gift, present	هَدِيّة ج. هَدايا
this *(masculine)*	هـٰذا ، هـٰذانِ / هـٰذَيْنِ ج. هـٰؤُلاءِ
this *(feminine)*	هـٰذِهِ ، هاتانِ / هاتَيْنِ ج. هـٰؤُلاءِ
to become refined, educated	تَهَذَّبَ ، يَتَهَذَّب ، التَّهَذُّب
to be moved; tremble, shake	اِهْتَزَّ ، يَهْتَزّ ، الاِهْتِزاز

crescent moon *(after new moon)*	هِلال
to be important, of concern to	هَمَّ ، يَهُمّ ، الهَمّ
to be interested in	اِهْتَمَّ (بِـ) ، يَهتَمّ ، الاهْتِمام
more or most important	أهَمّ
importance	أهَمِّيّة
mission, function, important task	مَهَمّة ج مَهامّ
important	هامّ ج. ـون
important, momentous	مُهِمّ ج. ـون
to whisper	هَمَسَ ، يَهمِس ، الهَمْس
there; there is/are	هُناك
Indian (Asian or Native American)	هِنديّ ج. هُنود
engineering	الهَنْدَسة
engineer	مُهَنْدِس ج. ـون
to fascinate, enthrall; to attract, entice	اِسْتَهْوى ، يَسْتَهْوي ، الاِسْتِهْواء
hobby	هِواية ج. ـات

* و *

(in oaths): (I swear) by . . .	**و + اسم مجرور**
by God! I swear to God!	واللهِ
if only, even if	وَلَو
it is necessary to *(impersonal)*	يَجِب أنْ
meal, main dish	وَجْبة ج. وَجَبات
duty; homework	واجِب ج. ـات
to find	وَجَدَ ، يَجِد ، الوجود
to head toward, turn to	تَوَجَّهَ (الى) ، يَتَوَجَّه ، التَّوَجُّه
to head in the direction of	اِتَّجَهَ (الى) ، يَتَّجِه ، الاِتِّجاه

face; facet, aspect	وَجْه ج. وُجوه / أَوْجُه
facade, front	واجِهة ج. ـات
point of view, opinion	وِجْهة نَظَر ج. وِجْهات نَظَر
direction	اتِّجاه ج. ـات
side, direction	جِهة ج. ـات
on one hand . . . and on the other hand	مِن جِهة . . . ومِن جِهة أُخْرى
to unite	اتَّحَدَ ، يَتَّحِد ، الاتِّحاد
union	اتِّحاد ج. ـات
unity	وَحْدة
alone, by (one's) self	وَحْدَ (ه)
only; lonely	وَحيد ج. ـون
let, leave (imperative only)	دَعْ (دَعي ، دَعوا)
(literary and cultural) heritage	تُراث
rose	وَرد ج. وُرود
rosewater	ماء الوَرد
paper	وَرَق ج. أَوْراق
behind	وَراءَ
through, by means of	مِن وَراءِ
minister	وَزير ج. وُزَراء
ministry	وِزارة ج. ـات
ministry of foreign affairs, State Department	وِزارة الخارِجيّة
to distribute	وَزَّعَ ، يُوَزِّع ، التَّوْزيع
morphological pattern, verb form	وَزْن ج. أَوْزان
amidst, in the middle of	وَسَطَ
intermediate	مُتَوَسِّط
to be wide enough for	اتَّسَعَ (لِـ) ، يَتَّسِع ، الاتِّساع

wide, spacious	واسِع
encyclopedia	مَوْسوعة ج. ـات
characteristic	سِمة ج. ـات
to describe	وَصَفَ ، يَصِف ، الوَصْف
to possess as a characteristic, be described by	اِتَّصَفَ (بِـ) ، يَتَّصِف ، الاِتِّصاف
description	وَصْف ج. أَوْصاف
adjective; characteristic	صِفة ج. صِفات
to arrive	وَصَلَ ، يَصِل ، الوُصول
to continue	واصَلَ ، يُواصِل ، المُواصَلة
to make reach, bring/take to	أَوْصَلَ ، يُوصِل ، الإيصال
to communicate with (each other)	تَواصَلَ (مع) ، يَتَواصَل ، التَّواصُل
to contact, get in touch with	اِتَّصَلَ (بِـ) ، يَتَّصِل ، الاِتِّصال
connection, link, tie, bond	صِلة ج. ـات
to clarify, explain	أَوْضَحَ ، يُوضِح ، الإيضاح
clear	واضِح
to put, place; to set down in writing	وَضَعَ ، يَضَع ، الوَضْع
situation, position	وَضْع ج. أَوْضاع
subject, topic	مَوْضوع ج. ـات/مَواضيع
modest, humble	مُتَواضِع ج. ـون
homeland	وَطَن ج. أَوْطان
native; patriotic	وَطَنيّ
citizen	مُواطِن ج. ـون
work, position	وَظيفة ج. وَظائِف
employee	مُوَظَّف/ة ج. ـون
to assimilate, absorb	اِسْتَوْعَبَ ، يَسْتَوْعِب ، الاِسْتيعاب
appointment	مَوْعِد ج. مَواعيد

to be aware, conscious	وَعى ، يَعي ، الوَعي
to send, dispatch (a delegation)	أوْفَدَ ، يوفِد ، الإيفاد
delegation	وَفْد ج. وُفود
to provide (in abundance), to make abundant	وَفَّرَ ، يُوَفِّر ، التَّوْفير
abundant	وَفير
to agree with (someone) about; to accept (e.g., a proposal)	وافَقَ على ، يُوافِق ، المُوافَقة
passed away	تُوُفِّيَ
death	وَفاة ج. وَفَيات
time	وَقْت ج. أوْقات
temporary	مُؤَقَّت
to fall; happen, occur, be located	وَقَعَ ، يَقَع ، الوُقوع
position, site	مَوقِع ج. مَواقِع
to stop	تَوَقَّفَ ، يَتَوَقَّف ، التَوَقُّف
position, stance	مَوقِف ج. مَواقِف
to take precautionary measures to protect	وَقى ، يَقي ، الوِقاية
public prosecutor (similar to district attorney)	وَكيل نِيابة ج. وُكَلاء نِيابة
to be born	وُلِدَ ، يولَد ، الوِلادة
son, boy; child	وَلَد ج. أوْلاد
father	والِد ج. والِدون
mother	والِدة ج. -ات
birth	ميلاد
year in Christian calendar	(سنة) ميلاديّة (م.)
to undertake, assume (e.g., a duty or position)	تَوَلّى ، يَتَوَلّى ، التَّوَلّي
to follow each other in succession	تَوالى ، يتوالى ، التَّوالي
holy person, popular saint	وَلِيّ ج. أوْلياء
ruler, governor	والٍ / (الـ) والي ج. وُلاة

state, province	وِلاية ج. -ات
to give (as a gift), donate, grant	وَهَبَ ، يَهَب ، الوَهْب
present, donation, gift	هِبة ج. -ات
to accuse (someone) of	اِتَّهَمَ بـ ، يَتَّهِم ، الاتِّهام

* ي *

Japan	اليابان
hand	يَد ج. أيادٍ /(الـ)أيادي
at the hands of	على يَد / أيْدي
left (side/direction)	يَسار
comfortable, well-off	مَيْسور ج. -ون
to wake (someone) up	أيْقَظَ ، يوقِظ ، الإيْقاظ
to wake up (oneself)	اِستَيقَظَ ، يَستَيقِظ ، الاِستيقاظ
right (side/direction)	يَمين
Jew, Jewish	يَهوديّ ج. يَهود
Judaism	اليَهوديّة
day	يَوْم ج. أيّام
in those days	أيّامَـها
today	اليَوْمَ

قاموس العبارات

This glossary of expressions is included to help you in your writing. Expressions are listed in alphabetical order according to the first word in the English translation. Numbers in italics indicate the lesson in which the expression is presented.

(a day/week/year) after . . . *2*	بعد . . . بـ (يوم / أسبوع / سنة . . .)
afterward, later *5*	فيما بعد
all over the world *8*	في (كل) أنحاء العالم
also, in addition, just as *2*	كما أنّ (+ جملة اسمية)
although, despite the fact that . . . *3*	مع أنَّ . . . (فَـ / فإنّ) . . .
as much as possible *9*	على قَدر الإمكان / بقَدر الإمكان
at least *4*	على الأقَلّ
at most *4*	على الأكثَر
at the beginning *7*	في بادِئ الأمر
at the hands of *1*	على يد
(a day/week/year) before . . . *2*	قبل . . . بـ (يوم / أسبوع / سنة . . .)
despite . . . *3*	بالرَّغْمِ من / على الرغَمِ من . . . (فـ / فإنّ)
do not . . . or else *10*	لا (تفعلْ) . . . وإلا (فـ) . . .
each other *2*	بعضـ(ـهم) البعض / بعضـ(ـهم) بعضاً
especially since *6*	خصوصاً وأنّ . . .
even if, even though *6*	وإنْ (كان) . . .
even if, even though *9*	ولَو
first-rate, first class (quality) *8*	من الطِراز الأوّل
for example, for instance *4*	(فـ . . .) مَثَلاً

has no relation to, has nothing to do with *10*	لا علاقة لـ بـ
if not for . . . (then) . . . *1*	لولا . . . لَـ
in a . . . manner, way *5*	بشكلٍ (+ صفة)
in a . . . way *3*	بصورة (+صفة)
in terms of, regarding *3*	من حيثُ
in this manner, way; in this state *7*	على هذه الحال
in those days *4*	أيّامَها
in truth *8*	في حقيقة الأمر
it is impossible to *10*	من المستحيل (انْ)
it is necessary, must *4*	لا بُدَّ (من) أنْ / لا بُدَّ من
it is well-known that *9*	من المعلوم أنّ / من المعروف أنّ
let alone, to say nothing of, besides *8*	فَضلاً عن
like, equivalent to, functioning as *8*	بِمَثابةِ (+ اسم في إضافة)
mere, merely *6*	مجرَّد (+ اسم في إضافة)
moreover, . . . *3*	وفوقَ هذا (ذلك) كلّهِ (فـ / فإنّ) . . .
Nevertheless, However . . . *8*	على أنّ
nonetheless, nevertheless, in spite of that, . . . *3*	ومع ذلك (فـ / فإنّ) . . .
not only . . . but also . . . *6*	لا/لم/ليس . .. فَحَسْب (فقط) بَل . . . أيضًا (كذلك)
occur to (someone) *9*	خَطَر على بالـ(ـه) (أنْ / أنّ)
of all different . . . , irrespective of the different . . . *5*	على اختلافِ
on one hand . . . and on the other . . . *9*	من جِهة . . . ومن جهة اخرى . . .
one day, some day *10*	في يوم من الايام
(having) quite a lot of, a large amount of *7*	(على) قَدر كبير من
seize the opportunity to *6*	اِنتَهَز / يَنتَهِز الفرصة لِـ . . .
the person who deserves the most credit for *1*	صاحب / ة الفَضل الأوّل في
there is no need to explain that *9*	لا حاجةَ للبَيان أنّ

through, by way of, from *5*	مـن خِلالِ
thus, so, in this way, that way *3*	(و) هـٰكَذا (فـ)
until *7*	الى أنْ (+ المضارع المنصوب / الماضي)
was and still is *2*	كان وما زال
we should, it behooves us to *9*	يَجدُر بنا أنْ
whereas *3*	في حينِ
whether . . . or . . . *8*	سَواءٌ / سَواءً (+ كان / الماضي) . . . أو/أم . . .
while *10*	بَينَما
wide-ranging *9*	واسِع النِطاق
with complete . . . *10*	بكامل (في اضافة)
with respect to, from a . . . standpoint *5*	من ناحيةِ . . . / من الناحية الـ . . .

الجسم والألوان

أعضاء الجسم

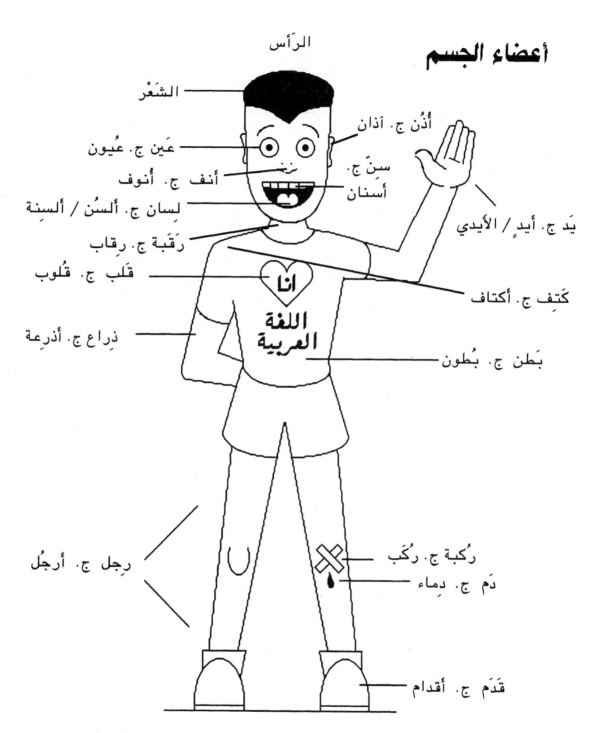

الرَّأْس

الشَّعْر

أُذُن ج. آذان

عَين ج. عُيون

سِنّ ج. أسنان

أنف ج. أُنوف

لِسان ج. ألسُن / ألسِنة

رَقَبة ج. رِقاب

قَلْب ج. قُلوب

يَد ج. أيدٍ / الأيدي

كَتِف ج. أكتاف

ذِراع ج. أذرعة

بَطن ج. بُطون

رُكبة ج. رُكَب

دَم ج. دِماء

رِجل ج. أرجُل

قَدَم ج. أقدام

انا ❤ اللغة العربية

الرسم للدكتور مايكل كوبرسون

- ٤١٣ -

الألوان

الألوان في وزن "أفعل"

المعنى	الجمع	المؤنث	المذكر
blue	زُرق	زَرقاء	أزرَق
red	حُمر	حَمراء	أحمَر
white	بيض	بَيضاء	أبيَض
black	سود	سَوداء	أسوَد
green	خُضر	خَضراء	أخضَر
yellow	صُفر	صَفراء	أصفَر
dark-complexioned	سُمر	سَمْراء	أسْمَر
blond, fair-complexioned	شُقر	شَقْراء	أشْقَر

الألوان في المثنى وجمع المؤنث

جمع المؤنث	المثنى المؤنث	المثنى المذكر
زَرقاوات	زَرقاوان	أزرَقان
بَيضاوات	بَيَضاوان	أبيَضان
سَوداوات	سَوداوان	أسوَدان
سمراوات	سمراوان	أسمران
شَقراوات	شَقراوان	أشقَران

الألوان في النسبة

grey	رَماديّ / ة	brown	بُنّيّ / ة
gold	ذَهَبيّ / ة	purple	بَنَفْسَجيّ / ة
silver	فِضّيّ / ة	pink	زَهريّ / ة

أوزان الفعل

أوزان الفعل

الوزن	الماضي	المضارع	المصدر	اسم الفاعل	اسم المفعول
I	فَعَُلَ	يَفعَُِل	(varies)	فاعِل	مَفْعول
II	فَعَّلَ	يُفَعِّل	تَفْعيل	مُفَعِّل	مُفَعَّل
III	فاعَلَ	يُفاعِل	مُفاعَلة	مُفاعِل	مُفاعَل
IV	أَفْعَلَ	يُفْعِل	إفْعال	مُفْعِل	مُفْعَل
V	تَفَعَّلَ	يَتَفَعَّل	تَفَعُّل	مُتَفَعِّل	مُتَفَعَّل
VI	تَفاعَلَ	يَتَفاعَل	تَفاعُل	مُتَفاعِل	مُتَفاعَل
VII	اِنْفَعَلَ	يَنْفَعِل	اِنْفِعال	مُنْفَعِل	مُنْفَعَل
VIII	اِفْتَعَلَ	يَفْتَعِل	اِفْتِعال	مُفْتَعِل	مُفْتَعَل
IX	اِفْعَلَّ	يَفْعَلّ	اِفْعِلال	مُفْعَلّ	مُفْعَلّ
X	اِسْتَفْعَلَ	يَسْتَفْعِل	اِسْتِفْعال	مُسْتَفْعِل	مُسْتَفْعَل

الفعل المبني للمجهول في الأوزان المختلفة

الفعل	المبني للمجهول	
	الماضي	المضارع
نَشَرَ	نُشِرَ	يُنْشَر
وَجَدَ	وُجِدَ	يُوجَد
قالَ	قيلَ	يُقال
بَنى	بُنِيَ	يُبْنى
أَسَّسَ	أُسِّسَ	يُؤَسَّس
شاهَدَ	شوهِدَ	يُشاهَد
أَنْشَأَ	أُنْشِئَ	يُنْشَأ
أَعْطى	أُعْطِيَ	يُعْطى
اِعْتَبَرَ	أُعْتُبِرَ	يُعْتَبَر
اِخْتارَ	أُخْتيرَ	يُخْتار
اِسْتَخْدَمَ	أُسْتُخْدِمَ	يُسْتَخْدَم
تَرْجَمَ	تُرْجِمَ	يُتَرْجَم

تصريف الفعل المضعّف: مرّ بـ

مَرَّ بـ	
الوزن: فَعَلَ	المصدر: المُرور

الضمير	الماضي	المضارع المرفوع	المضارع المنصوب	المضارع المجزوم	الأمر
هو	مَرَّ	يَمُرُّ	يَمُرَّ	يَمُرَّ	
هما	مَرّا	يَمُرّانِ	يَمُرّا	يَمُرّا	
هم	مَرّوا	يَمُرّونَ	يَمُرّوا	يَمُرّوا	
هي	مَرَّت	تَمُرُّ	تَمُرَّ	تَمُرَّ	
هما	مَرّتا	تَمُرّانِ	تَمُرّا	تَمُرّا	
هنّ	مَرَرْنَ	يَمْرُرْنَ	يَمْرُرْنَ	يَمْرُرْنَ	
أنتَ	مَرَرْتَ	تَمُرُّ	تَمُرَّ	تَمُرَّ	مُرَّ
أنتما	مَرَرْتُما	تَمُرّانِ	تَمُرّا	تَمُرّا	مُرّا
أنتم	مَرَرْتُم	تَمُرّونَ	تَمُرّوا	تَمُرّوا	مُرّوا
أنتِ	مَرَرْتِ	تَمُرّينَ	تَمُرّي	تَمُرّي	مُرّي
أنتما	مَرَرْتُما	تَمُرّانِ	تَمُرّا	تَمُرّا	مُرّا
أنتنّ	مَرَرْتُنَّ	تَمْرُرْنَ	تَمْرُرْنَ	تَمْرُرْنَ	اُمْرُرْنَ
أنا	مَرَرْتُ	أَمُرُّ	أَمُرَّ	أَمُرَّ	
نحن	مَرَرْنا	نَمُرُّ	نَمُرَّ	نَمُرَّ	

الفعل الأجوف في الأوزان المختلفة

اسم الفاعل	المصدر	المضارع	الماضي: أنا	الماضي: هو	الوزن
كائِن	الكَوْن	يكوْن	كُنْتُ	كانَ	فَعَـلَ
زائِد	الزِّيادة	يَزيد	زِدْتُ	زادَ	
نائِم	النَّوْم	يَنام	نِمْتُ	نامَ	
مُكَوِّن	التَّكْوين	يُكَوِّن	كَوَّنْتُ	كَوَّنَ	فَعَّلَ
مُمَيِّز	التَّمْييز	يُميِّز	مَيَّزْتُ	مَيَّزَ	
مُحاوِل	المُحاوَلة	يُحاوِل	حاوَلْتُ	حاوَلَ	فاعَلَ
مُثير	الإِثارة	يُثير	أَثَرْتُ	أَثارَ	أَفْعَلَ
مُتَغَيِّر	التَّغَيُّر	يَتَغَيَّر	تَغَيَّرْتُ	تَغَيَّرَ	تَفَعَّلَ
مُتَجاوِب	التَّجاوُب	يَتَجاوَب	تَجاوَبْتُ	تَجاوَبَ	تَفاعَلَ
مُنقاد	الانْقِياد	يَنْقاد	اِنْقَدْتُ	اِنْقادَ	اِنْفَعَلَ
مُحتاج	الاِحْتِياج	يَحْتاج	اِحْتَجْتُ	اِحتاجَ	اِفْتَعَلَ
مُستَفيد	الاِسْتِفادة	يَسْتَفيد	اِسْتَفَدْتُ	اِسْتَفادَ	اِسْتَفْعَلَ

تصريف الفعل الأجوف: «قال»

قال	
الوزن: فَعَلَ	المصدر : القَوْل

الضمير	الماضي	المضارع المرفوع	المضارع المنصوب	المضارع المجزوم	الأمر
هو	قالَ	يَقولُ	يَقولَ	يَقُلْ	
هما	قالا	يَقولانِ	يَقولا	يَقولا	
هم	قالوا	يَقولونَ	يَقولوا	يَقولوا	
هي	قالَت	تَقولُ	تَقولَ	تَقُلْ	
هما	قالَتا	تَقولانِ	تَقولا	تَقولا	
هنّ	قُلْنَ	يَقُلْنَ	يَقُلْنَ	يَقُلْنَ	
أنتَ	قُلْتَ	تَقولُ	تَقولَ	تَقُلْ	قُلْ
أنتما	قُلْتُما	تَقولانِ	تَقولا	تَقولا	قولا
أنتم	قُلْتُم	تَقولونَ	تَقولوا	تَقولوا	قولوا
أنتِ	قُلْتِ	تَقولينَ	تَقولي	تَقولي	قولي
أنتما	قُلْتُما	تَقولانِ	تَقولا	تَقولا	قولا
أنتنّ	قُلْتُنَّ	تَقُلْنَ	تَقُلْنَ	تَقُلْنَ	قُلْنَ
أنا	قُلْتُ	أقولُ	أقولَ	أقُلْ	
نحن	قُلْنا	نَقولُ	نَقولَ	نَقُلْ	

الفعل الناقص في الأوزان المختلفة

الوزن	الماضي: هو	الماضي: أنا	المضارع	المصدر	اسم الفاعل
فَعَـُـِلَ	مَشى	مَشَيْتُ	يَمْشي	المَشْي	ماشٍ
	دَعا	دَعَوْتُ	يَدعو	الدَّعْوة	داعٍ
	نَسِيَ	نَسيتُ	يَنْسى	النِّسْيان	ناسٍ
فَعَّلَ	غَطّى	غَطَّيْتُ	يُغَطّي	التَّغْطِية	مُغَطٍّ
فاعَلَ	نادى	نادَيْتُ	يُنادي	المُناداة	مُنادٍ
أفْعَلَ	أعْطى	أَعْطَيْتُ	يُعْطي	الإعْطاء	مُعْطٍ
تَفَعَّلَ	تَمَنّى	تَمَنَّيْتُ	يَتَمَنّى	التَّمَنّي	مُتَمَنٍّ
تَفاعَلَ	تَساوى	تَساوَيْتُ	يَتَساوى	التَّساوي	مُتَساوٍ
اِفْتَعَلَ	اِنْتَهى	اِنْتَهَيْتُ	يَنْتَهي	الاِنْتِهاء	مُنْتَهٍ
اِسْتَفْعَلَ	اِسْتَدْعى	اِسْتَدْعَيْتُ	يَسْتَدْعي	الاِسْتِدْعاء	مُسْتَدْعٍ

تصريف الفعل الناقص: «أعطى»

أعطى	
الوزن: أفْعَلَ	المصدر: الإعطاء

الضمير	الماضي	المضارع المرفوع	المضارع المنصوب	المضارع المجزوم	الأمر
هو	أَعْطى	يُعْطي	يُعْطِيَ	يُعطِ	
هما	أَعْطَيا	يُعْطِيانِ	يُعْطِيا	يُعْطِيا	
هم	أَعْطَوا	يُعْطونَ	يُعْطوا	يُعْطوا	
هي	أَعْطَت	تُعْطي	تُعْطِيَ	تُعْطِ	
هما	أَعْطَتا	تُعْطِيانِ	تُعْطِيا	تُعْطِيا	
هنّ	أَعْطَيْنَ	يُعْطينَ	يُعْطينَ	يُعْطينَ	
أنتَ	أَعْطَيْتَ	تُعْطي	تُعْطِيَ	تُعْطِ	أَعْطِ
أنتما	أَعْطَيْتُما	تُعْطِيانِ	تُعْطِيا	تُعْطِيا	أَعْطِيا
أنتم	أَعْطَيْتُم	تُعْطونَ	تُعْطوا	تُعْطوا	أَعْطوا
أنتِ	أَعْطَيْتِ	تُعْطينَ	تُعْطي	تُعْطي	أَعْطي
أنتما	أَعْطَيْتُما	تُعْطِيانِ	تُعْطِيا	تُعْطِيا	أَعْطِيا
أنتنّ	أَعْطَيْتُنَّ	تُعْطينَ	تُعْطينَ	تُعْطينَ	أَعْطينَ
أنا	أَعْطَيْتُ	أُعْطي	أُعْطِيَ	أُعْطِ	
نحن	أَعْطَيْنا	نُعْطي	نُعْطِيَ	نُعْطِ	

جداول الإعراب

إعراب أقسام الجملة

المرفوع	المنصوب	المجرور
المبتدأ الخبر الفاعل اسم كان وأخواتها خبر إنّ وأخواتها	المفعول به *direct object* المفعول فيه *adverb of time/place* اسم «إنّ وأخواتها» اسم «لا النافية للجنس» التَمييز المفعول المُطلَق: كيف؟ المفعول لأجله: لماذا؟ اسم الفاعل/المفعول في «الحال»	بعد حَرف جَرّ *preposition* الكلمة الثانية في الإضافة

إعراب الجملة الاسمية

الجملة	Subject		Predicate	
	Sentence Part	Case Ending	Sentence Part	Case Ending
الجملة الاسمية	المُبْتَدَأ	مَرفوع	الخَبَر	مَرفوع
كان وأخواتها	اسم «كان»	مَرفوع	خبر «كان»	مَنصوب
إنّ وأخواتها	اسم «إنّ»	مَنصوب	خبر «إنّ»	مَرفوع

إنّ وأخواتها

لَعَلَّ	كَأَنَّ	لكِنَّ	لأَنَّ	أَنَّ	إِنَّ

إعراب الفعل المضارع		
المرفوع	**المنصوب**	**المجزوم**
default form عندما يجيء الفعل بعد: لا سـ/سوف	عندما يجيء الفعل بعد: أنْ لن لـ ، لِكَي ، حتّى	النهي (لا تَفعَلْ!) عندما يجيء الفعل بعد: لم إنْ (في النصوص الكلاسيكية)

حروف النفي *Negation*		
الحرف	**ماذا ينفي؟**	**المعنى**
ما	الفعل الماضي	نفي الماضي
لا	المضارع المرفوع	نفي المضارع
لن	المضارع المنصوب	نفي المستقبل
لم	المضارع المجزوم	نفي الماضي
ليس	جملة اسمية	is/are not
غير	صفة (في إضافة)	not, non-, un-
عَدَم	مصدر (في إضافة)	non-, lack of
لا النافية للجِنس	اسم مفرد indefinite منصوب بفتحة واحدة	there is/are no

إعراب الاسم

الاسم المفرد والجمع العادي			
	المرفوع	المنصوب	المجرور
Definite	ـُـ	ـَـ	ـِـ
Indefinite	ـٌـ	ـًا	ـٍـ

المثنّى			
	المرفوع	المنصوب	المجرور
	ـانِ	ـَيْنِ	ـَيْنِ

جمع المذكّر السالم			
	المرفوع	المنصوب	المجرور
	ـونَ	ـينَ	ـينَ

إعراب جمع المؤنّث السالم			
	المرفوع	المنصوب	المجرور
Definite	اتُ	اتِ	اتِ
Indefinite	اتٌ	اتٍ	اتٍ

إعراب الاسم المنقوص المفرد			
المجرور	المنصوب	المرفوع	
ي	يَ	ي	Definite
ـٍ	ـيًا	ـٍ	Indefinite

إعراب الاسم المنقوص الجمع			
المجرور	المنصوب	المرفوع	
ي	يَ	ي	Definite
ـٍ	يَ	ـٍ	Indefinite

الممنوع من الصرف			
المجرور	المنصوب	المرفوع	
ـَ	ـَ	ـُ	Indefinite

This category includes indefinite جمع التكسير *broken plurals* with three or more syllables, adjectives of patterns « فَعْلاء » و« أفْعل » , and feminine proper nouns.

الاسم الموصول				
	مُفرَد	مُثنّى		جَمع
		مرفوع	منصوب ومجرور	
مذكر	الّذي	اللّذانِ	اللّذَيْنِ	الّذينَ
مؤنث	الّتي	اللّتانِ	اللّتَيْنِ	اللّواتي/ اللائي

اسم الإشارة				
	مفرد	مثنى		جمع
		مرفوع	منصوب/مجرور	
مذكر	هٰذا	هٰذانِ	هٰذَيْنِ	هٰؤُلاءِ
مؤنث	هٰذِهِ	هاتانِ	هاتَيْنِ	هٰؤُلاءِ
مذكر	ذٰلِكَ	ذانِكَ	ذَيْنِكَ	أولٰئِكَ
مؤنث	تِلكَ	تانِكَ	تَيْنِكَ	أولٰئِكَ

فهرست القواعد

Numbers in plain font refer to page numbers in this volume, and numbers in parentheses refer to pages in *Al-Kitaab Part One*. References include grammatical information presented in the vocabulary as well as the grammar sections of each lesson.

COMPONENTS OF THE *AL-KITAAB* LANGUAGE PROGRAM

Group checkout:
1 book
3 DVDs

Alif Baa
Alif Baa with DVDs: Introduction to Arabic Letters and Sounds
Second Edition
ISBN 1-58901-102-3, paperback with 2 DVDs bound in
ISBN-13: 978-1-58901-102-1
(All audio and video materials combined on DVD)

Answer Key to Alif Baa with DVDs
Second Edition
ISBN 1-58901-036-1, paperback
ISBN-13: 978-1-58901-036-9

....

Part One
Al-Kitaab fii Ta^{c}allum al-^{c}Arabiyya with DVDs
A Textbook for Beginning Arabic, Part One
Second Edition
ISBN 1-58901-104-X, paperback with 3 DVDs bound in
ISBN-13: 978-1-58901-104-5
(All audio and video materials combined on DVD)

Answer Key to Al-Kitaab, Part One with DVDs
Second Edition
ISBN 1-58901-037-X, paperback
ISBN-13: 978-1-58901-037-6

....

Part Two
Al-Kitaab fii Ta^{c}allum al-^{c}Arabiyya with DVDs
A Textbook for Arabic, Part Two
Second Edition
ISBN 1-58901-096-5, paperback with 3 DVDs bound in
ISBN-13: 978-1-58901-096-3
(All audio and video materials combined on DVD)

Answer Key to Al-Kitaab, Part Two with DVDs
Second Edition
ISBN 1-58901-097-3, paperback
ISBN-13: 978-1-58901-097-0

....

Part Three
Al-Kitaab fii Ta^{c}allum al-^{c}Arabiyya
A Textbook for Arabic, Part Three
ISBN 0-87840-272-1, paperback
ISBN-13: 978-0-87840-272-4

Audio CDs for Al-Kitaab, Part Three Textbook
Set of 5 CDs, ISBN 0-87840-875-4
ISBN-13: 978-0-87840-875-7

For price and ordering information, visit our website at
www.press.georgetown.edu or call 800-537-5487.
For more information on teaching the *Al-Kitaab* language program, visit
www.alkitaabtextbook.net.